JACINDA ARDERN

UN PODER DIFERENTE

JACINDA ARDERN

Ex primera ministra de Nueva Zelanda

UN PODER DIFERENTE

Las memorias de una mujer que gobernó su país desde la empatía y está redefiniendo el liderazgo en el mundo

Traducción de RENATA SOMAR

PLAZA & JANÉS

Papel certificado por el Forest Stewardship Council®

Un poder diferente
Las memorias de una mujer que gobernó su país desde la empatía y está redefiniendo el liderazgo en el mundo

Título original: *A Different Kind of Power. A Memoir*

Primera edición: agosto de 2025

ISBN: 978-607-386-270-7

Impreso en México – *Printed in Mexico*

Para quienes lloran,
para quienes se preocupan,
para quienes abrazan

Índice

Prólogo

Era un baño común. Como los que se podían encontrar en la típica casa de madera de cualquier lugar de Nueva Zelanda en la década de los cincuenta. Tenía piso de linóleo oscuro y un pequeño lavamanos con suficiente espacio para lavarte, pero no para contener toda el agua mientras lo hacías. Acababa de cerrar la tapa de plástico rígido del inodoro y ahora me encontraba sentada sobre ella, esperando. Mi corazón latía un poco más rápido de lo usual.

Desde donde estaba alcanzaba a escuchar a mi amiga Julia, al otro lado de la puerta, caminando en su cocina. Escuchaba también las sartenes para rostizar golpear el costado del fregadero y los platos tintinear al chocar, mientras ella los apilaba. Seguramente estaba limpiando las sobras de una cena más, durante la que yo solo hice a un lado mi plato que, en esta ocasión, contenía pollo con *kūmara* rostizado, calabaza, papas y ejotes verdes frescos. Julia era una cocinera excelente, pero yo era nerviosa para comer. En especial en ese momento.

En las últimas siete semanas había sobrevivido con un régimen de queso, galletas saladas y las gloriosas bolitas caseras de la felicidad que preparaba mi madre: gigantes trozos desbordantes de energía con dátiles, nueces de la India y semillas de chía que tenían la tendencia a ocupar el hueco entre mis dientes frontales. Esto no habría representado un problema si hubiera podido consumir aquellos bocadillos del tamaño de pelotas de golf en la privacidad de mi propio hogar, pero esta vez los tuve que comer en el camino, en medio de una campaña electoral. La campaña que determinaría si yo ocuparía el puesto de cuadragésimo primer ministro de Nueva Zelanda, o no. Habían pasado varias semanas desde la noche de la elección y yo aún no tenía respuesta a esta incógnita.

En ese momento, sin embargo, mientras estaba sentada en el baño de Julia, esa no era la incógnita que en verdad me inquietaba resolver.

Bajé la vista y miré mi teléfono. *Solo unos minutos más.*

Se suponía que esa noche en casa de Julia tomaría un descanso, sería la oportunidad de darme un respiro mientras Clarke, mi pareja, filmaba un programa de televisión en el norte. Esa tarde, en cuanto entré a casa de mi amiga arrastrando mi bolso de viaje, me quité la ropa de vestir del trabajo y me puse los tenis blancos con negro, los *leggings* de licra y la sudadera morada con capucha que aún llevaba puestos ahora. Luego atravesamos juntas el parque que está cerca de su casa, sintiendo el aire fresco del final de la tarde. Yo no podía enfrentar una noche más en mi pequeño apartamento-estudio en la ciudad, en el que vivía cuando desempeñaba mi trabajo gubernamental en Wellington. Al menos, no después de aquellos intensos días de negociación y espera.

La noche de la elección, los dos partidos políticos más importantes de Nueva Zelanda, el conservador Partido Nacional y el progresista Partido Laborista que yo dirigía, terminaron sin que se determinara una clara mayoría, lo que significaba que ninguno de los líderes podría formar un gobierno aún. Para que uno de nosotros ganara y se convirtiera en primer ministro, se necesitaría formar una coalición con un partido más pequeño llamado Nueva Zelanda Primero. Por esta razón, en los últimos ocho días, los representantes de ambos partidos habíamos sostenido pláticas con ellos para determinar a quién elegirían. A pesar de todo el parloteo durante las negociaciones y de las discusiones respecto a cuáles políticas implementaríamos y cuáles no, en realidad el proceso sería bastante simple: o Nueva Zelanda Primero elegía al Partido Nacional, o nos elegía a nosotros.

Al terminar cada reunión yo salía con varias páginas de notas, pero en lo que en verdad había estado enfocando mi atención era el lenguaje corporal. La forma de asentir con la cabeza, el contacto visual, cualquier cosa que me indicara a quién elegirían. Y aun así, no obtenía respuesta. Todas las noches los medios reportaban de manera diligente lo acontecido durante las pláticas, pero como tampoco tenían indicios de lo que podría suceder, solo continuaron repitiendo lo que yo ya percibía en el fondo: "Las apuestas son muy elevadas". Nada nuevo, las apuestas de todas formas me parecieron colosales a lo largo de la campaña. Después de todo, yo tenía treinta y siete años, llevaba menos de ochenta días como líder de mi partido y, para cuando la campaña empezó, íbamos perdiendo por más de veinte puntos. Nunca se supuso que ganaríamos, nunca se supuso que me convertiría en líder.

Tiré un poco de la licra de mis *leggings*, estaba nerviosa. *Estoy segura de que ya pasó el tiempo*, pensé mientras bajaba de nuevo la vista para mirar mi teléfono. *Un minuto más.*

• • •

A LO LARGO DE MI BREVE VIDA había luchado con la idea de que yo no era lo bastante buena, de que no era lo suficientemente capaz. Había enfrentado la noción de que en cualquier momento me haría falta alguna cualidad, lo que significaba que, sin importar a qué me dedicara, no tenía por qué dedicarme a ello. Esta era la razón por la que creía que mi personalidad era más adecuada para un trabajo tras bambalinas. Era el tipo de empleada que realizaba sus tareas de manera constante, estable y sin llamar la atención. No era lo bastante ruda para ser una verdadera política. Mis codos no eran lo bastante afilados, tenía la piel demasiado delgada. Era idealista y sensible.

Cuando me convertí en miembro del Parlamento, estaba convencida de que había sido mera casualidad, pero lo que sucedió en realidad fue que a mi miedo al fracaso y a decepcionar a la gente los opacó un agobiante sentido de la responsabilidad. Por eso, a pesar de lo improbable que alguna vez me pareció, llegué a ser la líder adjunta de mi partido, luego la líder y, ahora, posiblemente sería la siguiente primera ministra.

EL RUIDO EN LA COCINA había cesado para ese momento. Era probable que Julia estuviera sentada de nuevo en la mesa del comedor, manteniéndose ocupada hasta que yo regresara. Era más joven que yo, pero, tal vez debido a sus antecedentes laborales en el área del cuidado de la salud, también tenía un marcado instinto maternal. Nuestras conversaciones siempre empezaban de la misma forma, con ella preguntándome: "¿Cómo te sientes?". Hoy, cuando le dije que no me sentía del todo bien y le describí algunos síntomas inusuales, salió de casa y fue a comprar una prueba de embarazo. Cuando terminamos de cenar, la sacó de una de las bolsas de las compras como si fuera un pequeño caramelo de menta para después de la cena.

"Por si acaso", dijo.

Esa misma prueba de embarazo se encontraba ahora sobre el borde del lavabo mientras yo esperaba la gran revelación. Miré de nuevo el temporizador de mi teléfono.

25 segundos, 23 segundos… 21.

Estaba a días de saber si dirigiría un país y, ahora, en un baño en Tawa, Nueva Zelanda, también estaba a segundos de averiguar si lo debería hacer al mismo tiempo que tendría un bebé.

Cerré los ojos, eché la cabeza hacia atrás y miré el techo. Luego respiré profundo, abrí los ojos y bajé la vista.

UNO

Murupara

UNO PODRÍA CONDUCIR 50 KILÓMETROS en el Bosque Kāingaroa y preguntarse si aún quedaría algo en la tierra además de árboles. Ese es el panorama: pinos insignes de treinta metros de altura erigiéndose en un impecable diseño reticular que se extiende hasta donde uno alcanza a ver. El bosque es igual de vasto que denso: árbol tras árbol, hilera tras hilera, kilómetro tras kilómetro. A la monotonía solo la interrumpen dos cosas: primero, la carretera que va penetrando en el sombrío paisaje y, luego, los retoños de insignes que surgen de la tierra de forma esporádica, con aire desafiante. Estos pinos, que son mucho más pequeños y silvestres, me recuerdan a los árboles de Navidad de mi infancia: pinos alegres pero un tanto patéticos con sus ralas ramas, suficientes apenas para sostener una solitaria guirnalda que jamás podría ocultar su desnudo tronco.

A pesar de que el bosque de Kāingaroa fue diseñado por el hombre, dado que es la segunda plantación maderera más grande del hemisferio austral, es muy fácil sentirse aislado ahí. Se sabe que este bosque ha engullido a cazadores y excursionistas perdidos entre los pinos. Las neblinas húmedas son comunes y a la luz le cuesta penetrar las ramas de los árboles, en especial después de que el sol se oculta tras las verdes cimas de la distante cordillera Te Urewera. En el suelo del bosque se acumulan las agujas y los conos, y el aire se siente denso debido al olor de la resina y el pino.

Sin embargo, tras una hora de viaje, justo cuando uno empieza a sentirse seguro de que llegó a la mitad de la nada, entre los árboles se abre un espacio y las señales de vida humana aparecen de nuevo. Un edificio de silvicultura en ruinas con un letrero herrumbroso. Un motel con habitaciones pequeñas pero pulcras, construido de madera. Luego, al dar la vuelta en la esquina, uno se encuentra una gasolinera con tres bombas que indican la entrada a un pueblo llamado Murupara.

Ese viaje a través del bosque lo realicé incontables veces cuando era solo una jovencita. Hoy, al cerrar mis ojos, aún me es posible volver al pasado y ver la prolongada franja de pavimento asfáltico, la enorme y grisácea cordillera y los rugosos troncos perforando el cielo.

La primera vez que visité Murupara tenía cuatro años. Viajé en el asiento trasero del Toyota Corona gris 1979 de mi familia, sintiéndome mal porque tenía gripe. En aquellos tiempos, además, era propensa a marearme cuando viajaba en automóvil, lo que sin duda se exacerbó porque iba sobre un asiento infantil elevado de los de aquel tiempo: apenas una cuña de espuma aglomerada forrada con tela. El asiento me daba altura, pero también me obligaba a percibir con mayor intensidad cada giro en la carretera. A mi lado iba sentada mi hermana Louise, quien es solo dieciocho meses mayor que yo. También iba en un asiento elevado y sintiéndose mareada, pero eso no le impedía hacerles preguntas continuamente a mis padres: *¿Cuánto falta para llegar? ¿Por qué no podemos detenernos? ¿Qué pasará si necesito ir al baño?* Ambas íbamos aferradas a nuestros respectivos osos de peluche, a los que, por alguna razón insólita, nos parecíamos. El mío tenía rostro redondo y amigable, cuerpo rechoncho y extremidades cortas. Se llamaba simplemente Teddy. Cookie, el oso de mi hermana, casi duplicaba la altura del mío y tenía cuerpo delgado y piernas largas.

Las ventanas iban abiertas solo lo suficiente para permitirme sacar los dedos y agitarlos al aire. Mis piernas colgaban del asiento y, bajo mis pies, se encontraban los artículos que mi madre siempre se aseguraba de traer en nuestros viajes en carretera largos: una toalla vieja y un contenedor de plástico vacío de dos litros de helado, en caso de que necesitáramos vomitar. Mamá nunca tiraba nada a la basura; más adelante, ese contenedor tal vez sería reutilizado para almacenar *muffins* de arándanos azules hechos en casa. En el espacio entre Louise y yo, atrapado en una caja de cartón con pequeños agujeros en la parte superior, viajaba el pasajero que más incomodidad sufría entre todos: Norm, un gato negro que rescatamos. Cuando empezó a disminuir el efecto del sedante que le administró el veterinario, Norm presionó su pequeño hocico contra la parte superior de la caja y sus bigotes salieron por los agujeros.

Era un día de mudanza. Atrás dejamos amigos y familiares, en la ciudad de Hamilton, a más de dos horas al noroeste. Mi padre tenía un nuevo empleo, sería el sargento de policía de Murupara, un lugar que yo nunca había visitado.

PAPÁ CRECIÓ en una familia numerosa en Te Aroha, una comunidad agrícola que se extendía a lo largo del río Waihou, a la sombra de las montañas. Como todas las regiones de Nueva Zelanda, Te Aroha fue fundada por los maoríes, quienes navegaron desde Polinesia en *waka* (canoas), teniendo como guía las estrellas, el oleaje y la vida marina. Las tribus maoríes habían habitado esta tierra durante cientos de años. Según cuenta la leyenda, el gran jefe Kahu escaló hasta la cumbre de una montaña para orientarse y se sintió tan conmovido al ver su hogar desde ese punto de observación, que lo nombró *Te Muri-aroha-o-Kahu, te aroha-tai, te aroha-uta*: "El amor de Kahu por aquellos en las costas y aquellos en la tierra". Ahora se le conoce simplemente como monte Te Aroha, la montaña del amor.

La familia de mi papá manejaba un negocio de tendido de drenaje en Te Aroha que había cavado casi todas las zanjas para el desagüe del área: Ardern and Sons. Cuando era un muchacho, papá ayudaba en el negocio, pero luego su familia se convirtió a la Iglesia de Jesucristo de los Santos de los Últimos Días, o lo que la mayoría de la gente conoce como mormonismo, y entonces tuvo que dejar su hogar y estudiar en el internado mormón de Temple View. Tras un periodo breve en el que trabajó en una mina de plomo y zinc, se incorporó a la Policía de Nueva Zelanda; tenía diecinueve años y primero sirvió como agente uniformado en Auckland y luego en la División de Investigación Criminal, en Hamilton.

Papá mide un metro setenta y siete centímetros, y siempre se ha visto más joven de lo que es. Tenía el cabello grueso y oscuro; en aquel tiempo lo llevaba desprolijo de la parte de atrás y, con el remolino que tenía en la frente, se parecía a Fonzie, el personaje de la serie *Días felices*. Mi padre es extrovertido pero considerado, tiene una voz apacible que rara vez le escuché levantar. Incluso durante los encuentros televisados de los All Blacks, el amado equipo de rugby de Nueva Zelanda, papá observaba con intensidad y reserva al mismo tiempo, y solo levantaba los pies de golpe cuando no podía contener más su euforia o su decepción.

A lo largo de toda mi infancia, papá corrió. Hacía recorridos de 10 kilómetros y, al volver a casa, se quitaba los tenis, se ponía unas pantuflas desgastadas de piel de oveja y se acomodaba en su sillón reclinable para leer el periódico. Leer es lo que más feliz hace a papá, en especial si se trata de historia mundial, de la exploración de la Antártida o del gran explorador Ernest Shackleton.

Lo que más le interesaba era la gente, siempre quería saber sobre la vida de los otros. En su papel como oficial de policía no solo deseaba averiguar qué crímenes fueron cometidos, también quería saber el *porqué*. A menudo lo escuchaba decir que la policía no podía solo arrestar a los individuos para solucionarlo todo; creía que, si en verdad deseabas resolver un crimen, para empezar tenías que entender por qué sucedió. Hacía buenas preguntas y la gente hablaba con él. No era inusual que alguien a quien estuviera interrogando hiciera una pausa para señalar: "Al menos me está usted escuchando". Esto, sin embargo, no quiere decir que fuera un oficial indulgente. Dudo que se pueda decir eso de alguien que investiga el tipo de crímenes que atendía mi papá: homicidios, violaciones, robos y actividades de las pandillas. La cuestión era que él veía los problemas desde una perspectiva distinta.

Por otra parte, ser policía en Nueva Zelanda es muy distinto a lo que significa serlo en muchos otros países. Para empezar, los oficiales no suelen portar armas y, aunque tienen la autoridad para realizar arrestos, se rigen por el principio del Reino Unido conocido como vigilancia policial por consentimiento. La idea es que, en esencia, los agentes de policía son ciudadanos uniformados y su autoridad proviene de la aprobación y la cooperación de la comunidad. Aunque es posible citar ejemplos de abuso del poder en la fuerza policiaca de Nueva Zelanda, la vigilancia por consentimiento continúa siendo el punto de referencia, el modelo que se espera que obedezcan los oficiales, y eso era en lo que mi papá creía.

En 1980, cuatro años antes de nuestro primer recorrido familiar en carretera para ir a Murupara, papá empezó a estudiar para el examen que lo ascendería al cargo de agente detective. Para ese momento, llevaba varios años casado y, mi mamá, una mujer menuda pero con gran energía y con la actitud práctica de alguien que fue criado en una granja lechera, estaba en el noveno mes de su segundo embarazo y vomitaba día y noche. La simple cercanía con los alimentos la llegó a incomodar tanto que la orilló a extender un colchón de plástico en el suelo de la cocina y poner sobre él la silla alta de bebé de mi hermana. Luego colocaba la comida sobre la charola de la silla y dejaba que Louise comiera sin su ayuda. Se asomaba desde la puerta para supervisarla de lejos y no tener que oler los alimentos, pero permanecía lo bastante cerca para llegar a ella si la necesitaba.

El día que papá presentó el examen de tres horas para ser agente detective, mamá le deseó suerte cuando él salió de casa, era una fría pero soleada mañana de invierno. No había llegado muy lejos cuando mamá, sintiendo la urgencia de vomitar de nuevo, caminó apresurada hasta el baño por el corredor de la pequeña casa de tablones. Y ahí fue cuando sucedió: se le rompió la fuente. En esos tiempos no había teléfonos celulares ni manera de contactar a mi padre rápidamente, pero incluso si los hubiera habido, dudo que mamá lo hubiese llamado porque estaba decidida a que él presentara su examen sin "distracciones", una manera bastante sutil de referirse a un nacimiento. En lugar de eso, le llamó a mi abuela y le pidió que fuera a casa a recoger a Louise, luego le marcó a un vecino que tenía un camión con plataforma. Cuando el antiguo vehículo rojo apareció en la entrada de la casa, mi madre se levantó impulsándose por sí misma, le pidió a su vecino que la dejara en las puertas del hospital e insistió en que estaría bien.

Así es mamá: nada de aspavientos, directa, lista para hacer las cosas y punto: una clásica mujer kiwi.

Ese mismo día, cuando papá terminó su examen, recibió el mensaje que lo había estado esperando tres horas: *Ven al hospital*, y llegó a tiempo para darme la bienvenida a este mundo.

Papá disfrutaba de su trabajo en Hamilton y también llegó a ser agente detective, sin embargo, más que solo trabajar en una estación de policía, quería dirigirla. Por eso, cuando yo apenas gateaba, empezó a estudiar a fin de presentar los exámenes necesarios para ascender a sargento, una tarea que exigía un esfuerzo considerable. Ya tenía un empleo de tiempo completo, una incipiente familia y, además, era miembro activo de la Iglesia mormona. Para prepararse tenía que levantarse antes del amanecer y estudiar entre una y dos horas antes de que despertáramos los demás. Luego, en la noche, tenía otra sesión de estudio.

Una vez que papá aprobó todos los exámenes y fue elegible para ocupar su nuevo cargo como sargento, enfrentó otra dificultad, tenía que encontrar una vacante. Los empleos como sargento eran escasos y muy codiciados, y como papá carecía de experiencia en liderazgo, sabía que sería casi imposible que lo ascendieran en Hamilton o en una estación similar en otro sitio. Eso solo significaba una cosa: ir a un lugar donde casi nadie más quisiera ir.

AHÍ ESTÁBAMOS, llegando a Murupara como familia por primera vez. Mis padres en el asiento del frente, sus dos pequeñas con náuseas en el asiento de atrás y, en la caja de cartón, un gato gris desesperado por que lo liberaran.

La altura del bosque que rodeaba Murupara era imponente, pero los edificios bajos y funcionales que constituían el pequeño pueblo hacían que se sintiera abierto y espacioso. A pesar de que muchas de las calles tenían nombres de árboles, como Kauri, Rimu o Pūruri, en realidad había muy pocos a lo largo de ellas. Era un pueblo que vivía de los árboles, pero no tenía árboles propios.

Nuestra casa nueva se encontraba en Kōwhai Avenue, cuyo nombre hacía honor a un pequeño árbol leñoso que en la primavera se cubría de destellos de brillantes flores amarillas. La construcción era un rectángulo compacto de ladrillos color crema, simple y práctica, que tenía a un lado una cochera hecha de placas de hierro corrugado. No había jardín, solo un sendero de concreto que conducía a la puerta del frente; sin embargo, casi desde el instante en que llegaron los camiones de mudanza, mi madre se propuso convertir el lugar en un hogar para nosotros. Empezó por colgar las cortinas y plantar pensamientos en el patio.

A mamá le gustaba entretenerse y siempre estaba restregando, desempolvando o separando cosas mientras se narraba a sí misma lo que hacía y lo que planeaba hacer a continuación. Su alegría era constante, incluso en las mañanas, cuando entraba a nuestra habitación para abrir las cortinas que ella misma había colgado y exclamaba: "¡Hora de despertarse!".

La habitación que Louise y yo compartíamos era lo bastante grande para que cupieran dos camas individuales y una pequeña serie de cajones que usábamos como línea divisoria. La "suya" era la zona arreglada. La habitación de mis padres era un poco más espaciosa, en ella cabían una cama *queen size* y algunos muebles de chapa de madera color marrón. Al final del estrecho corredor había una tercera habitación en la que mi madre confeccionaba prendas a mano y doblaba interminables pilas de ropa recién lavada. En la sala había una chimenea sencilla que en el invierno permanecía encendida toda la noche para calentar la casa. La cocina era exclusivamente funcional, tenía gabinetes de madera color rosa, manijas de metal y una encimera de acero inoxidable.

Mis padres acomodaron en aquel modesto espacio sus posesiones más preciadas: un sofá de estructura de pino con brazos de madera dura y cojines de áspera tela escocesa. La fotografía de su boda en un marco ornamental de oro. Una vajilla Crown Lynn color café mate que les habían dado como regalo de bodas y que mamá declaró que solo sería usada en ocasiones especiales, por lo que la mayoría del tiempo permanecía en exhibición en un gabinete. Una antigua televisión y, sobre ella, nuestra posesión más reciente: una voluminosa videograbadora plateada de Panasonic que les costó a mis padres el equivalente a *un mes de salario*. Yo conocía esta información porque ellos se encargaban de recordárnoslo casi cada vez que utilizábamos el aparato.

La falta de espacio en nuestra casa nueva lo compensaba el enorme jardín trasero abierto. Era lo bastante grande para colocar en él una cama elástica y un tendedero rotatorio que Louise y yo rodeábamos sin cesar mientras aprendíamos a andar en bicicleta, y, si saltábamos lo bastante alto en la cama elástica, alcanzábamos a ver aparecer y desaparecer el techo azul de la estación de policía.

En la casa de al lado vivía un compañero de trabajo de papá. Se llamaba Hamish, era agente de policía y vivía con su esposa, Joan. De ella casi no recuerdo nada, excepto que era muy cordial. Hamish tenía más o menos la misma edad que papá, era delgado y tenía cabello muy rubio que empezaba a caérsele, por lo que lo llevaba casi a rape. En la estación de policía había un tercer oficial asignado, y él, mi papá y Hamish conformaban la fuerza policiaca completa de Murupara. No solo atendían al pueblo, también cubrían las extensas y remotas áreas rurales de alrededor. Los refuerzos, en caso de ser requeridos, tenían que venir de un lugar a casi una hora de distancia.

A PRIMERA VISTA, Murupara era un pueblo hostil y algunas de las razones de ello databan de cientos de años atrás.

El pueblo fue establecido oficialmente en 1953 como base de la Kāingaroa Logging Company y del Servicio Forestal del gobierno. Para la década de los setenta, la población se triplicó y el pueblo había dejado de ser un diminuto puesto fronterizo con solo tres tiendas y se había convertido en una floreciente comunidad. La mayoría de los hombres de Murupara trabajaban en la industria forestal y, al resto, los habían empleado negocios que los apoyaban. Para 1980, el centro del pueblo estaba usualmente lleno de gente y no tenía uno, sino *dos* restaurantes de *fish and chips*.

No obstante, en los primeros años de esa década las cosas empezaron a cambiar. La Kāingaroa Logging Company fue adquirida por Tasman Forestry, lo que provocó la pérdida de cientos de empleos.

En 1984 fue elegido un nuevo gobierno dirigido por David Lange, líder del Partido Laborista, y por Roger Douglas, ministro de Finanzas que introdujo reformas que convirtieron a la economía de Nueva Zelanda en una de las más abiertas del mundo a pesar de que, hasta entonces, había sido una de las más reguladas y protegidas. Sectores de la economía que el Estado poseyó hasta entonces, incluyendo la industria forestal, fueron privatizados y reducidos a cenizas como parte de una estrategia que la gente denominó *Rogernomics*.

En Murupara las transformaciones resultaron un castigo y, tan solo en los años previos a nuestra llegada, más de la mitad de la fuerza laboral forestal del pueblo perdió su empleo. Muchos de los que pudieron irse lo hicieron, los negocios tuvieron que cerrar y muchas familias empobrecieron aún más.

Ese, sin embargo, no fue el primer golpe. Los maoríes, que constituían la mayor parte de la población, ya llevaban consigo las cicatrices de la colonización. En 1642, el explorador neerlandés Abel Tasman posó por primera vez su vista en la tierra que ahora conocemos como *Aotearoa*, Nueva Zelanda: la tierra de la larga nube blanca. Luego vino James Cook, seguido de los balleneros, los comerciantes, los misioneros cristianos y los colonos. Con frecuencia, estas oleadas de recién llegados tuvieron consecuencias brutales para los *tangata whenua*, la gente del lugar, como confiscación de la tierra, conflictos armados, pérdida de vidas, de ingresos y de *mana*: dignidad. La estrategia *Rogermonics* solo agravó esta historia.

Para cuando nosotros llegamos a Murupara, parecía que algunos de los individuos más adinerados del pueblo formaban parte de las pandillas locales: *Mongrel Mob*, la Pandilla del Perro Mestizo; y *The Tribesmen,* los Miembros de la Tribu. Las pandillas eran identificables gracias a los parches que sus integrantes adherían en la espalda de sus chaquetas de cuero. Los miembros de *Mongrel Mob* usaban la imagen de un bulldog con un collar con picos metálicos y, a veces, incluso un casco alemán de acero: el *Stahlhelm*. El símbolo de *The Tribesmen* era un cráneo. La primera pandilla tenía su sede en un pueblo cercano y la otra en Murupara. La guarida de Murupara tenía una gran valla de placas de acero corrugado, lo bastante alta para impedir que la gente viera la casa.

A menudo escuchaba a los miembros de las pandillas antes de siquiera verlos. El rugido de sus motocicletas de manubrios altos era tan ruidoso que Louise a veces tenía que dejar de caminar para taparse los oídos. Si las motocicletas pasaban junto a la escuela, los niños corrían a las ventanas para verlas porque, después de todo, nadie tenía motocicletas como las de los pandilleros.

En Murupara asistí a la escuela por primera vez. No había cumplido ni cinco años, pero en el kínder dijeron que no tenía caso esperar hasta mi cumpleaños, que podría empezar cuando Louise entrara a segundo grado. La primera vez que asistimos estábamos en pleno invierno, nos tomamos de las manos y salimos de casa caminando juntas.

Esa mañana, la maestra tomó lista en orden alfabético. Por mi apellido, me encontraba en los primeros lugares de la lista y, cuando la maestra lo pronunció, me incorporé en la alfombra con las piernas cruzadas y grité: "¡Sí!" con entusiasmo. La maestra continuó tomando lista y los otros niños respondieron de manera distinta, diciendo "Ae", la palabra que en maorí quiere decir "sí". Lo noté, eso fue todo. Yo había crecido usando palabras en maorí de forma indistinta con las palabras en inglés; con frecuencia decíamos *puku*, *whānau*, *pākehā* y *aroha* en lugar de "estómago", "familia", "europeo" y "amor".

Asimismo, tenía parientes maoríes por ambos lados de la familia y éramos mormones, lo cual resultaba natural, ya que en Nueva Zelanda los maoríes constituían buena parte de los miembros de las iglesias mormonas. Esa, sin embargo, fue la primera vez que estuve rodeada de niños que hablaban de una manera libre y abierta el *te reo* maorí, es decir, la lengua maorí.

Ahora sé que me encontraba en la tierra del pueblo Ngati Manawa, la tribu maorí del área. En décadas anteriores, los reiterados conflictos en su región condujeron a la pérdida de cosechas; la Corona renegó de los acuerdos de arrendamiento y las enfermedades diezmaron a la población.

Cuando tenía cinco años no estaba al tanto de todo esto, solo me daba cuenta de las palabras de la misma forma que notaba otras cosas. Como que el terreno de la escuela era enorme, suficientemente grande para jugar juegos de *tag*, de toque. Que teníamos colchonetas y nos contaban historias. Que los viernes nos permitían ordenar *fish and chips* y que llegaban muy bien envueltos en papel periódico que teníamos que rasgar de la parte superior para llegar al humeante pescado. Que a los otros niños les gustaba andar descalzos en el verano igual que a mí, a veces incluso en la escuela.

Poco después de que empezamos a asistir a clases, un día que Louise y yo íbamos caminando de vuelta a casa, escuchamos a alguien llorar. Era un niño pequeño, incluso más pequeño que yo, creo. Estaba solo. Para ese momento ya hacía mucho frío, el tipo de frío que hace cuando la nieve se instala en las cordilleras y el hielo se endurece en los charcos, el tipo de frío que cala los huesos. Y, sin embargo, el niño solo llevaba shorts y estaba descalzo. Llevaba a cuestas una gran mochila que lo abrumaba por completo. Debajo de sus shorts era posible ver franjas cafés de diarrea que corrían a lo largo de sus piernas.

Mi hermana y yo desaceleramos. Los gemidos del niño eran tan sonoros que parecía que se estaba ahogando. Yo era todavía muy pequeña, pero tenía edad suficiente para que un pensamiento creciera hasta obsesionarme. *Este niño no debería estar solo.* Mi hermana y yo nos tomamos de la mano y lo miramos en silencio, creo que a ambas nos pareció que sería mejor que no se diera cuenta de que lo habíamos visto. Continuamos observándolo, se alejó de nosotros y todo ese tiempo solo deseé, con toda mi fuerza, pero en silencio: *Por favor, que alguien venga y lo encuentre.*

Murupara era tan pequeño que a Louise y a mí nos dejaban ir solas al pequeño grupo de tiendas en el centro, era un recorrido de menos de cinco minutos si tomábamos un atajo y caminábamos por la parte trasera de la estación de policía. A veces, en medio del estacionamiento, veíamos al guardia local asignado para cuidar las tiendas dormitando en el interior de su patrulla. En otras ocasiones, veíamos alguna camioneta estacionada por ahí, con el enorme cuerpo de un jabalí o de un venado muerto sobre la plataforma, y al conductor matando un poco el tiempo antes de hacer un último recorrido victorioso por el pueblo y llevar el cadáver a casa para desollarlo y cortarlo en trozos.

El grupo de locales comerciales incluía una farmacia, una oficina postal, una carnicería, un pequeñísimo minisúper Four Square, el único restaurante de *fish and chips* que había en ese momento y una tienda de lácteos. Las tiendas de lácteos eran como pequeñas tiendas de conveniencia en las que vendían un poco de todo, incluso dulces. Nosotras solíamos acercarnos al mostrador con algunas monedas. Por veinte centavos podíamos comprar una bolsa blanca de papel, torcida en la parte superior, llena de dulces chiclosos en forma de botellas de leche, paletas de caramelo efervescente y gomitas en forma de aviones de propulsión a chorro, entre otros.

Para ir a la tienda de lácteos y regresar, teníamos que pasar por el Hotel Murupara que en realidad no era un hotel, sino un *pub*. Era un insulso edificio blanco con techo verde descolorido y ventanas con persianas que no permitían ver nada del interior. Cuando veías el lugar desde la calle, era difícil saber si estabas en la parte del frente o en la de atrás. En las puertas había pesadas barras de metal y, sobre ellas, letreros que decían VENTA AL MAYOREO. Cualquiera podía entrar al hotel. A la hora de cerrar, con frecuencia los parroquianos más tenaces decidían no volver a casa, solo se acomodaban alrededor de un pequeño transformador eléctrico en la parte de atrás, y ahí continuaban bebiendo toda la noche. A ese improvisado lugar de reunión incluso le pusieron un nombre muy creativo: *Transformer Bar*.

Cuando nuestra familia necesitaba víveres, todos abordábamos el Toyota Corona y hacíamos un largo recorrido al Pak 'n Save de Rotorua. Nos internábamos en el profundo y oscuro bosque hasta que la fragancia de los pinos daba paso al hedor sulfúrico de las aguas termales de Rotorua. Un sábado, las náuseas que siempre me invadían cuando viajábamos en automóvil fueron superiores a mi fuerza, y terminé vomitando en mi ropa. El resto del recorrido lo hicimos con las ventanas abiertas mientras mamá maldecía por no haber traído esa vez el recipiente de helado. Cuando llegamos a Rotorua, mi padre me llevó a la estación de policía y me bañó literalmente a manguerazos mientras mamá me compraba ropa nueva. Recuerdo todo muy bien, era una falda floral color verde claro con un borde de encaje y una blusa de cuello redondo que combinaba con la falda. Ese fue uno de los pocos atuendos que tuve en aquella época que no era ni confeccionado a mano ni heredado de alguien más. Después de recibir ese regalo, dejé de temerle a la sensación de náusea en el automóvil.

A PESAR DEL LARGO RECORRIDO, a Louise y a mí nos entusiasmaba mucho la idea de ir los sábados a Rotorua, en especial al principio, cuando no teníamos muchos amigos. Los otros niños de la escuela nos tenían miedo, y era comprensible, no solo éramos las niñas nuevas, las forasteras, también éramos las hijas del sargento de policía: el hombre que encerraba a la gente en una celda. Louise fue quien se llevó la peor parte. Como le pusieron apodos y la molestaban, empecé a seguirla por todos lados a la hora del almuerzo; me nombré su protectora.

Pasaron muchos años antes de que yo comprendiera que en Murupara la gente llevaba muchísimo tiempo desconfiando del Estado de distintas maneras, pero incluso siendo niña tenía la impresión de que desconfiaban en particular de la policía, e incluso entendía por qué. La policía no solo arrestaba a los criminales, a esos individuos malos sin nombre y sin rostro, también a personas de la comunidad. A padres, hermanos, hermanas, tías y mamás. Si llegaban a arrestar al padre de alguno de los niños de la escuela, la probabilidad de que mi papá tuviera algo que ver era elevada. Yo trataba de imaginar lo que se sentiría: alguien en uniforme se presenta en la puerta y se lleva a un miembro de tu familia. *Pero es que no conocen a mi papá*, me decía. Estaba convencida de que las cosas mejorarían si lo conocieran.

Tal vez por eso papá quiso dirigir su propia estación de policía desde el principio. Desde que se convirtió en oficial, notó que, en cuanto lo veían uniformado, los padres o madres se inclinaban y les susurraban a sus hijos algún tipo de advertencia al oído. *¿Ves a ese oficial ahí? Si te portas mal, vendrá y te arrestará.* Papá me decía lo mucho que detestaba que los padres les hicieran esas advertencias a sus hijos; él quería que la gente creyera que su vida sería mejor gracias a que la policía estaba presente, pero ese tipo de vigilancia requiere de confianza, y la confianza requiere de tiempo.

Un día, me dirigí al pueblo y tomé el atajo que iba del patio trasero hasta el estacionamiento de la estación de policía. Ahí vi a un grupo de hombres vestidos con pantalones y chaquetas de cuero reunidos en torno a alguien enfundado en uniforme azul. Era papá. Se veía más pequeño que los hombres que lo rodeaban y, además, estaba solo. Ellos se movían lentamente a su alrededor, en una danza amenazante, pateando la grava suelta al avanzar. A pesar de la distancia noté la tensión en el cuerpo de papá, tenía el brazo levantado frente a sí, como si tratara de mantenerlos calmados y a cierta distancia. Aunque yo era demasiado pequeña para entender lo que sucedía, intuí que la situación no era la ideal.

No quería que papá me viera, pero me pareció que dar media vuelta y volver por el mismo camino tenía la misma probabilidad de atraer su atención que si solo tratara de pasar rodeando la zona. Por eso continué avanzando. Me acerqué de puntitas, iba descalza, colocando un pie frente al otro a cada paso y tratando de hacerme pequeñita. Lo que no pude hacer fue despegar la vista de lo que estaba sucediendo. De pronto, papá me miró directo a los ojos y me quedé paralizada.

Cuando habló, su voz se escuchó lenta y serena.

"Continúa caminando, Jacinda", me dijo.

Eso hice, me moví tan rápido como me lo permitieron mis pies descalzos sobre la dolorosa grava esparcida en el acceso vehicular. Cuando llegué a la acera de concreto, comencé a correr, pero estaba tan preocupada por mi papá que me arriesgué a que se enojara conmigo y, para regresar a casa, lo hice por la misma ruta. Cuando pasé por el estacionamiento, estaba vacío.

Esa noche, cuando papá volvió a casa, le pregunté cómo se había librado de la situación; no imaginaba ninguna salida posible que no implicara el uso de la fuerza. Debí de haberle dicho algo parecido a eso porque solo frunció el ceño y su expresión dejó claro que estaba decepcionado de mí.

"Jacinda —dijo—. Mis palabras siempre serán mi herramienta más importante".

DESPUÉS DE VARIOS MESES DE VIVIR EN MURUPARA, hubo una riña en el jardín que se extendía entre nuestra casa y la de Hamish. Alrededor de veinte hombres que salieron de una fiesta cercana se esparcieron por el lugar. Mi madre los vio desde la ventana de la cocina, estaban ebrios e iban maldiciendo y tratando de golpearse entre sí. Las trifulcas como esa no eran raras, pero solían terminar rápido. Esta, sin embargo, continuó y, en algún momento, dejaron de prestarse atención entre sí y cobraron conciencia de dónde se encontraban.

"¡Vamos a romper las ventanas del sargento!", gritó uno de los pandilleros.

Las ventanas más cercanas a ellos estaban donde mi hermana y yo dormíamos. Mi madre hizo un cálculo rápido. ¿Debería despertarnos y sacarnos de ahí o permitir que continuáramos durmiendo? Decidió evitarnos a Louise y a mí el pánico de que alguien nos despertara a medianoche y se enfocó en invocar la mejor protección que se le ocurrió. Comenzó a rezar.

Mi madre fue criada como presbiteriana, era hija de granjeros conservadores y creció en una granja lechera de cincuenta y ocho hectáreas en el Waikato rural. El pueblo más cercano era muy pequeño y se encontraba a 8 kilómetros de distancia. Fue una de cinco hijos, habrían sido siete, pero mi abuela perdió a sus hijos gemelos poco después de su nacimiento.

Siempre vinculó esta pérdida con lo difícil que era la vida en la granja y con el hecho de que ordeñó vacas hasta poco antes de que los niños nacieran.

La vida rural era dura, mis abuelos se levantaban a las cinco de la mañana y se preparaban para la primera ordeña del día; luego, el trabajo continuaba hasta después del anochecer. Eric, mi abuelo, era un hombre directo; si cometías un error o hacías algo tonto o insensato, suspiraba indignado y te corregía enseguida y de manera muy estricta. En su opinión, había demasiadas cosas que hacer para desperdiciar el tiempo cometiendo errores. Margaret, mi abuela, era casi igual de práctica, era el tipo de mujer que dejaba a sus hijos pequeños en un corral junto al cobertizo mientras ella ordeñaba a las vacas.

En su infancia, mamá trabajó de manera muy ardua, primero en la granja, luego llevando la contabilidad en la gasolinera y, finalmente, en la oficina postal de Te Aroha. Eso era justo lo que estaba haciendo cuando conoció a mi papá. No fue el primer hombre con el que salió, pero sí el primero con el que se propuso casarse.

Papá andaba en motocicleta, llevaba el cabello largo y vestía pantalones de mezclilla acampanados y camisa a cuadros. Sin embargo, le abría la puerta del automóvil a mi madre y, como era mormón, no bebía, lo cual era un alivio para ella. Papá nunca trató de convertirla, pero cuando empezaron a salir, mamá fue de vacaciones a la Costa Dorada de Australia y ahí conoció a algunos misioneros mormones y leyó el Libro del Mormón por vez primera. Algo la conmovió. Le gustaba la doctrina, también la relación directa y personal que los miembros tenían con Dios, y el enfoque en el servicio y en cuidar de los otros. Sintió que era algo legítimo, no necesitaba la bendición de sus padres para convertirse ni intentó obtenerla. Mis abuelos eran bautistas y consideraban que el mormonismo no era una religión de verdad. A pesar de sus objeciones, ella se bautizó como mormona y se casó en la Iglesia mormona.

Y, por todo esto, aquella noche en que una turba de hombres ebrios estaba considerando romper las ventanas donde sus hijas dormían, se puso a rezar. No sé si se haya debido a la intervención divina o al excelente entrenamiento policiaco, pero mi padre y Hamish llegaron y, poco después, lograron dispersar a la horda. Nuestras ventanas permanecieron intactas, pero después de eso, la policía instaló una reja frente a nuestra casa.

La casa, sin embargo, siempre fue solo una extensión de la estación de policía. Cuando esta cerraba, la gente iba a nuestro hogar. El diario que mi madre escribía en esos tiempos es testimonio de las visitas y de las llamadas telefónicas incesantes. Un día mi padre terminó de trabajar a las seis de la tarde, pero luego, a las nueve de la noche, alguien llamó a la puerta y, una hora después, a las diez, alguien más lo hizo. A las once y media sonó el teléfono, dos jóvenes acababan de atropellar a un hombre que caminaba por una calle del pueblo. Papá regresó a casa tras atender ese incidente a las tres de la mañana. Apenas se estaba metiendo en la cama cuando un hombre de nuestra iglesia local tocó con fuerza a la puerta. Le habían robado su automóvil y sus herramientas estaban dentro, quería que mi padre le ayudara a buscarlas. Papá lo ayudó hasta las cinco y media. Llevaba solo una hora acostado en la cama cuando volvió a sonar el timbre y un día nuevo empezó. Estas interrupciones permanentes no eran inusuales. Un día, mamá se enojó por los timbrazos constantes y amenazó con hacer pedazos el timbre con un martillo.

A pesar del incidente del timbre, mamá continuaba siendo muy cautelosa respecto a importunar a mi padre. Cautelosa en extremo. Una noche vi las esposas de papá y tuve la buena idea de ponérmelas para jugar. Me quedé con las manos esposadas y mamá buscó la llave, pero no la encontró en ningún lugar de la casa. Entonces, a pesar de que papá estaba en la estación de policía, a unos pasos de casa, me tuve que quedar sentada con las pesadas esposas aprisionando mis muñecas y aprendiendo la lección hasta que él volvió a casa.

Toda esta actividad representaba una carga pesada para mamá, apenas tenía veintinueve años cuando nos mudamos a Murupara y estaba muy ocupada cuidando a dos niñas pequeñas. Su familia vivía lejos y papá siempre estaba trabajando. Ni siquiera el empleo pagado que tenía le ofrecía un respiro. Cuando papá regresaba a casa, ella iba a la estación de policía a limpiarla sola. Le pagaban cuatro dólares y dieciocho centavos por hora.

Mientras tanto, Louise tenía problemas en la escuela. Era muy alta para su edad, pero también muy delgada y mucho más tímida que yo. Al final de un día en que me quedé en casa porque estaba enferma, ella llegó llorando. Le dijo a mi madre que un grupo de chicos la habían inmovilizado y que se sentaron sobre ella, que la golpearon en la cabeza y en el cuerpo.

Mamá sabía que a Louise le costaba trabajo hacer amigos y que los chicos nos molestaban a veces, pero hasta esa tarde no se había enterado de que yo seguía a mi hermana en el patio de la escuela para protegerla ni que la situación era tan extrema que podrían lastimarla físicamente; cuando se enteró, fue demasiado para ella.

Mamá fue manejando hasta una escuela fuera del pueblo, a casi 13 kilómetros, y pidió que nos inscribieran. El director se negó, pero ella esperó una semana y volvió a ir para solicitar de nuevo la inscripción. Tal vez el director cambió de opinión o solo se dio cuenta de que mamá insistiría hasta que él aceptara, así que cedió. Después de eso, todas las mañanas, a las siete cuarenta y cinco, Louise y yo abordábamos el autobús escolar frente al Hotel Murupara y hacíamos el recorrido de treinta minutos para asistir a la escuela en Galatea.

En el diario que mi madre escribió en los primeros tiempos en Murupara hay un registro que daba cuenta de la realidad. A papá lo habían enviado a hacer un arresto en un asentamiento cercano y regresó con el uniforme desgarrado. Cuando le preguntó qué había sucedido, él respondió de una manera demasiado breve y, por lo que no mencionó, ella comprendió que lo habían atacado durante el arresto. La impasible manera en que mamá describió este suceso es notable, estaba relatando hechos, nada más.

Poco después, describe que tenía problemas para respirar. Al leer estas páginas ahora, me resulta evidente que había empezado a tener ataques de pánico, pero estábamos en los años ochenta, mucho antes de que el término "ataque de pánico" se usara de manera común. Y, a pesar de su situación, en su diario no había descripciones detalladas ni quejas respecto a lo difícil que le resultaba la vida. Solo una nota diciendo que había momentos en que no podía respirar.

Mamá continuó siendo estoica y optimista hasta el momento en que no pudo más.

En general, casi no recuerdo que mi mamá tenía problemas. Creo que se esforzó mucho por ocultarnos la situación. En su diario menciona que cuando volvíamos en automóvil a Murupara, después de comprar víveres, había una desviación a Rainbow Mountain en la que, invariablemente, empezaba a llorar en silencio. Sin embargo, estaba decidida a que Louise y yo no la viéramos así.

Pero en una ocasión la vi. Ella y yo estábamos solas en casa, entré a la cocina y la encontré apoyada en la encimera. No volteó a verme como solía hacerlo, tampoco me preguntó qué necesitaba en esa manera habitual en que les preguntaba a todos los que amaba y le importaban. Solo pareció no notar que yo estaba ahí, a pesar de que no estaba matando el tiempo ni afanándose; tampoco estaba horneando panecillos ni preparando el almuerzo.

Estaba de espaldas y yo podía ver las cintas de su delantal atadas en su cintura. Tenía las manos apoyadas en el borde de la encimera de acero inoxidable y, con una de ellas, estaba apretando un trapo con tanta fuerza que parecía que trataba de destruirlo. Se mecía de atrás hacia delante de una forma muy sutil y no necesité ver su rostro para saber que estaba llorando.

Quería que supiera que estaba ahí, pensé que eso la distraería de cualquier cosa que la estuviera entristeciendo. Me acerqué hasta quedar al lado de su pierna, pero cuando traté de tocarla, ella giró sobre los talones, se dirigió a la puerta trasera y, aferrada aún al trapo, desapareció.

Me quedé mirando la puerta y luego la seguí; troté un poco para alcanzarla, pero mis cortas piernas no pudieron mantener su paso. Cuando la vi alejarse, la confusión y el miedo se agitaron en mi pecho. Quería asegurarme de que estuviera bien, pero también quería confirmar que yo no estaba sola, porque era demasiado pequeña.

Mamá cruzó el patio hasta la puerta que conectaba nuestra propiedad con la de Hamish y luego volvió a desaparecer. Para cuando llegué a la puerta trasera de la casa y entré a la cocina, estaba sentada en la mesa con la cabeza hundida en el trapo de cocina. Joan, la esposa de Hamish estaba a su lado. Hoy en día, cuando recuerdo ese momento, me es imposible ver el rostro de Joan. La recuerdo más como una presencia, de pie al lado de mamá y tocando su hombro con la mano. Joan siempre había sido amable conmigo y con Louise, pero ese día, cuando se apartó de mamá y se dirigió hacia mí, estaba concentrada y seria.

"Ve a casa, Jacinda", dijo con voz clara y firme.

Pero mi casa está aquí, pensé. *Mamá está aquí.*

DOS

La esposa del sargento

En realidad, no recuerdo los días subsecuentes a la crisis nerviosa de mamá. Sé que estaba en casa con nosotros, pero, según ella, pasó la mayor parte del tiempo en cama. Nadie nos explicó gran cosa, no creo que sea posible explicarle a un niño lo que es una crisis nerviosa, pero ahora entiendo lo que sucedió.

También entiendo que mi padre hizo lo que pudo para ayudarla. Al terminar su turno regresaba a casa y preparaba la cena o planchaba y nos ayudaba a limpiar nuestra habitación. Nos llevó a todos a Mount Maunganui para darnos un respiro y, al parecer, funcionó.

A nuestro regreso, sin embargo, también volvieron las lágrimas silenciosas que siempre abrumaban a mamá en la desviación a Murupara en Rainbow Mountain. Después del viaje, escribió en su diario que se sentía "indispuesta de nuevo". A la mañana siguiente, se levantó y estuvo de pie el tiempo necesario para que mi hermana y yo nos fuéramos a la escuela, pero luego se volvió a meter a la cama.

Seis semanas después, Hamish y Joan terminaron el periodo que tenían asignados en Murupara y se prepararon para volver a su casa en Nelson. Mi madre les preparó la cena en esa última ocasión y, a la mañana siguiente, mientras el personal de la mudanza subía sus pertenencias al camión, también les dio de desayunar. Registró esto en su diario y señaló que mi padre planeaba hablar con su supervisor porque ella "no estaba mejorando".

Cuando escribió esas palabras, aún le quedaban dos años y medio más en Murupara.

• • •

Al final, creo que hubo tres cosas que ayudaron a mamá a continuar: su fe, la comunidad de la iglesia y la pesca de trucha.

Cerca de Murupara hay varios ríos y, en algún punto, mamá decidió que aprendería a pescar truchas por su cuenta. Este pasatiempo le dio la oportunidad de escaparse por momentos y, quizá, también una forma de volver a asumir el control de su vida. Tomaba su caña de pescar, nos metía de mala gana a mí y a Louise en el automóvil y conducía hasta la mitad de la nada. Aún puedo verla parada en el borde de la corriente de agua con sus enormes lentes, sus shorts deportivos color verde brillante, de los que tenían ribetes blancos en los bordes, y una camiseta entallada con bolsillo. Se sentaba ahí, se concentraba durante horas y, mientras tanto, Louise y yo nos paseábamos por las riberas, aburridas a más no poder. Jugábamos con ramas e inventábamos juegos hasta que llegábamos a nuestro límite.

—Mamáaaaaaaa... —decíamos en tono quejumbroso—. ¿Podemos volver a casa?

Mamá volvía a lanzar el anzuelo en silencio.

—Mamáaaaaaaa, ¡necesitamos ir al baño!

Ella mantenía la vista fija en el agua.

—Bueno, pues vayan a buscar un árbol —respondía con impaciencia.

Y, al final, eso era lo que hacíamos.

A veces la gente le ofrecía ayudarle a pescar y ella recibía la peculiar lección o escuchaba los consejos que le daban sobre nuevos lugares en los que podía tratar de pescar, pero creo que prefería estar ahí sola, obstinada en llegar a dominar su nueva habilidad. Aunque la vi lanzar el anzuelo incontables veces, solo recuerdo haberla visto atrapar un pez en una ocasión. No era muy grande, pero sí lo suficiente para que papá lo ahumara en el patio trasero y para que todos le dijéramos a ella lo delicioso que sabía el pescado que tanto le costó pescar.

Mamá también se comprometió con la iglesia mormona de Murupara de la misma forma en que se comprometía con todas las iglesias a las que asistía. Cuando estábamos en Hamilton, solíamos ir a una capilla en Dinsdale. Era un gran edificio en una colina, con alfombras de color claro y largos reclinatorios de madera sólida. En Murupara, los servicios los realizaban en el salón de una primaria local y solo unos cuantos miembros de la iglesia asistían cada semana. Sin embargo, algo agradable de la iglesia mormona era que siempre que se reunían ya fuera en una sala improvisada o en una capilla recién inaugurada, encontrabas los mismos objetos. El himnario verde de tapa dura con letras doradas grabadas en relieve. Las copias del Libro del Mormón eran negras y encuadernadas en cuero si comprabas tu propia copia, o azules y en tapa blanda si te la daban los misioneros. Las imágenes de Jesús con el cabello y los ojos oscuros, la túnica color borgoña y la expresión reconfortante. Y, sin importar dónde te encontraras, siempre cantabas los mismos himnos: "Bendice, Dios, a nuestro Profeta", "En las cumbres de los montes", "Las familias pueden ser eternas". Siempre escuchabas la misma oración durante el sacramento y veías a la gente desempeñando los mismos puestos como obispos o maestros voluntarios.

Y, sin importar dónde te encontraras, siempre eras bienvenido.

Todos los domingos nos reuníamos tres horas en ese salón de clases para participar en el servicio. La primera hora la dedicábamos al sacramento y a escuchar algunas charlas. En el caso de mis padres, asistir a los servicios de un pueblo tan pequeño significaba que debían estar preparados para ponerse de pie de un salto y ofrecer una charla en cualquier momento, si acaso el miembro que había sido asignado como orador no se presentaba. Después de esa primera hora, Louise y yo nos dirigíamos a nuestras lecciones y actividades mientras los adultos asistían a la escuela dominical. Luego nos dividíamos en grupos: las mujeres iban a la sociedad de socorro que atendía a la sociedad y los hombres a las reuniones de sacerdocio.

Llegamos a conocer a varios de los otros miembros de la iglesia y mamá siempre iba más allá de lo que se esperaba de ella para ayudar a quien lo necesitara. Hubo una pareja que se divorció cuando acababa de comprar una casa. Mamá les ayudó a arreglar sus asuntos, en especial a la esposa, quien de pronto se encontró siendo madre soltera de dos niños y con uno más en camino. Mamá la visitaba con frecuencia y hacía uso de sus conocimientos de contabilidad para ayudarla a hacer sus presupuestos y en cualquier otro asunto que la necesitara. Cuando nació el bebé, la visitó en el área de maternidad del hospital. Recuerdo que, desde la puerta, vi cómo se iluminó el rostro de la mujer cuando mamá la abrazó.

Yo también hice un amigo en la iglesia. Se llamaba Walter y era un niño muy dulce, más o menos de mi edad. Walter era delgado y delicado, tenía cabello oscuro y unos enormes ojos cafés. A pesar de que apenas tenía cinco años, ya era un alma antigua y amable, una persona con un corazón enorme y la capacidad de asombrarse de todo. Walter visitaba nuestra casa con frecuencia. Nos sentábamos durante horas en el suelo, él, Louise y yo, y jugábamos a las muñecas y a disfrazarnos. El día en que se montó una obra de teatro infantil en la iglesia, mi mamá nos confeccionó disfraces. Yo fui Caperucita Roja y Walter fue el lobo, pero me di cuenta de que le habría encantado ponerse mi capa roja.

A veces Walter traía a casa su colección de tarjetas. Mientras que a muchos niños de nuestra edad les gustaba coleccionar tarjetas de luchadores, él juntaba las tarjetas que acompañaban a los pequeños frascos de perfumes de muestra, cada uno conteniendo la misma fragancia. Walter las pegaba en un viejo cuaderno escolar que hojeábamos juntos mientras él señalaba cuáles eran sus favoritas, pero a veces también jugábamos con ellas fingiendo que trabajábamos en una farmacia. Yo me acercaba el cuaderno al rostro para tratar de oler lo que quedaba del aroma a flores silvestres o a vainilla. Con frecuencia, no olía nada, pero fingía que sí porque, más allá de la fragancia, lo que importaba era el gozo puro en el rostro de Walter mientras hundíamos la nariz en sus preciadas tarjetas.

Papá también progresaba, trabajaba con ahínco para poder estar presente dondequiera que se le necesitara. Además, la gente había empezado a confiar en él un poco. En una ocasión que estaba en el pueblo, vio al miembro de una pandilla sobre el que pesaba una orden de arresto. Papá se acercó, estaba listo para detenerlo y llevarlo a la estación, que estaba a menos de cien metros de distancia. El hombre miró a su alrededor y, al ver a varios de sus compañeros cerca de ahí, se inclinó para hablar con papá.

—¿Podríamos hacer esto de alguna otra manera? —le preguntó susurrando.

Mi padre miró alrededor también y vio que los otros pandilleros observaban la escena. Entonces comprendió que el hombre había aceptado su destino, pero estaba tratando de salvar al menos un poco de su dignidad en medio de aquella situación.

—Te puedo arrestar aquí —le dijo mi padre con calma—. O puedes ir tú mismo a la estación de policía en los próximos cinco minutos —agregó y se fue. Cinco minutos después, el pandillero entró por su propio pie a la estación para ser procesado.

Esa estrategia no siempre producía el mismo tipo de resultados. En una ocasión, mi padre fue a Ruatāhuna, un asentamiento cercano en el que solo vivían unas cien personas, y ahí habló con un hombre que había estado cultivando grandes cantidades de cannabis. El lugar estaba a una hora en automóvil de Murupara, por lo que mi padre le pidió que, la próxima vez que estuviera en el pueblo, se presentara en la estación de policía.

El hombre, sin embargo, enloqueció y se internó en lo profundo del bosque para ocultarse en una cabaña. Todos estaban al tanto de su repentina reubicación, pero él contaba con que la lejanía del lugar tuviera un efecto disuasorio. Mi padre es amable, pero también firme, y si no haces lo que te pide, intervendrá. El día que mamá cumplió treintaiún años, se levantó a las seis de la mañana, se colgó la mochila en la espalda y salió de casa. Hizo la caminata de cuatro horas en las afueras de Ruatāhuna y cruzó ocho veces un río profundo para llegar a la cabaña del hombre.

El hombre lo recibió con una expresión de derrota en el rostro. "He estado preocupado, pensando que vendría en algún momento", dijo con un suspiro.

A más o menos un año de vivir en Murupara, mi padre se ofreció como voluntario para participar en el tanque de zambullidas que instalaron en la feria escolar local. Hacía frío. En las fotografías de ese día, muchas personas visten sudaderas y chaquetas. En una de las fotos aparece papá colgado de la precaria plancha de madera sobre el tanque de agua helada. Está descalzo, pero, fuera de eso, lleva su uniforme de policía completo. Sonríe valerosamente, tiene las manos en los muslos, pero sus dedos están separados y extendidos, como preparándose para el momento en que alguien lograra dar en el blanco con la pelota y hacerlo caer al agua. Alrededor hay gente del pueblo, niños, padres y maestros, y todos están listos para tratar de zambullir al jefe de policía en el tanque, cuando les toque su turno.

En la siguiente fotografía, papá aparece mojado, es obvio que aún se está recuperando de la conmoción por una de las muchas zambullidas. La gente alrededor de él se ríe. Mamá no aparece porque estaba fuera del encuadre de la cámara, pero recuerdo que estaba justo al lado, sonriéndole a papá y ofreciéndole una toalla seca y un cambio adicional de ropa.

También hay una fotografía de Louise y de mí en una de esas ferias escolares. Estamos en la parte trasera de un remolque convertido en un carro de heno para pasear, creo. Yo aparezco de pie, muy erguida y vistiendo un suéter y una chaqueta encima, ambos rojos, lo que hace que mi cabello rubio y cortado tipo *mullet* resalte. Louise está agachada junto a mí, asomándose con temor al borde del remolque, como esperando a que se moviera. Nos rodean otros niños de distintas edades. Uno de ellos, un chico de unos doce años con camisa de franela a cuadros, agita la mano, saludando con alegría a la persona que captura la imagen. Otro se está chupando el dedo y agita la otra mano. Varias chicas están formadas al frente del remolque, dando la espalda a la cámara; se están preparando para el paseo. Al ver esa fotografía ahora, me doy cuenta de cosas que no recuerdo haber notado entonces, como las señales de pandilleros que algunos de los niños estaban haciendo, y que los únicos rostros de neozelandeses europeos, de *Pākehā*, son el mío y el de Louise. En aquel entonces éramos solo un grupo de niños. A algunos nos gustaba el rugby y a otros el *kingasini*, jugar a atraparnos; a otros nos gustaban las paletas heladas, el *fish and chips* y las parrilladas de salchichas. Algunos no tenían zapatos y otros tal vez vivían en hogares con ventanas rotas, pero todos disfrutábamos del paseo en el remolque de la feria escolar del pueblo.

A PRINCIPIOS DE 1988, después de haber vivido casi tres años en la pequeña casa detrás de la estación de policía, mi familia volvió a llenar de objetos el Toyota Corona mientras un gran camión entraba en reversa a nuestro patio del frente para recoger la vajilla Crown Lynn y nuestro sofá de madera con ásperos cojines de tela escocesa. Para ese momento, yo había pasado la mitad de mi vida en Murupara, pero tuvimos que irnos porque papá había conseguido otro empleo.

Después de partir, cuando la gente me preguntaba de dónde era, nunca respondía "de Murupara", pero un día, dos décadas después, estando en mi oficina como la flamante primera ministra, una periodista me hizo una pregunta distinta. Estábamos sentadas frente a frente, ella tenía sobre el regazo una libreta y, con el brazo extendido, sostenía un dictáfono.

"Entonces —me preguntó—, ¿cuándo se convirtió en una persona política?".

Empecé a tamborilear los dedos sobre mi regazo, miré a la periodista y luego el dictáfono. Detrás de ella había un gran librero de madera lleno de copias de las legislaciones empastadas en color azul. Detrás de mi escritorio, con sus incrustaciones de cuero verde y la silla alta reclinable, había una ventana que daba al atrio del Parlamento.

Por un instante miré la resplandeciente luz de la lámpara en la esquina y pensé en un lugar por completo distinto. Visualicé una serie de casas en calles amplias y abiertas. Vi el sol reflejarse en el tambor negro de la cama elástica, los pies descalzos saltando por encima de las grietas en el pavimento y montones de bolsas apiladas de paletas de caramelo de veinte centavos. Vi a un niño aferrado al cuaderno de su colección de tarjetas perfumadas y a otro abrumado cargando una enorme mochila y llorando solo. Pensé en la justicia y en la manera en que las circunstancias pueden obligar a una comunidad a vivir en dificultad, pensé en la manera en que, a pesar de todo, la gente de dicha comunidad continuaba aferrándose a su *mana*, a su dignidad. Pensé en mis padres, en papá esforzándose por ayudar más allá de su propio dolor, pensé en mamá, haciendo su mayor esfuerzo también. Y entonces lo supe: la respuesta era Murupara.

Si me convertí en un ser político fue porque viví en Murupara.

TRES

Un huerto y nuevas cicatrices

TENGO UN RASGO FACIAL DISTINTIVO y no es lo que la gente educada llamaría "una amplia sonrisa". Si te colocaras a mi lado izquierdo lo verías. Se trata de una delgadísima cicatriz blanca que empieza en el rabillo interior de mi ojo y luego sigue diagonalmente el pliegue de mi nariz hasta llegar al borde exterior de mi fosa nasal. Esta cicatriz es un testimonio permanente de mi casi constante compulsión por ser "útil". También es un recuerdo físico del pequeño huerto de poco más de una hectárea en el borde exterior de Morrinsville, el pueblo agrícola y lechero al que siempre llamaré "mi hogar".

Conocí el huerto cuando los padres de mamá, es decir, mi abuelo Eric y mi abuela Margaret, eran los dueños. Era su segundo intento de emprendimiento tras haber vendido su propia granja lechera y haber trabajado en el campo treinta años.

Mi abuelo Eric era un hombre altísimo con rasgos muy marcados, era impaciente y concentrado. Invariablemente estaba involucrado en algún proyecto: reparar, cosechar, hojalatear o renovar, y vestía sus típicos shorts de lana y calcetines hasta las rodillas. Era un hombre con una misión constante e implacable. A veces, cuando visitábamos el huerto, me asomaba a la cochera y lo veía hablando consigo mismo mientras trabajaba, igual que siempre lo hizo mamá. *Muy bien*, se decía mientras pasaba de una tarea a otra. *Coloca esto aquí y, luego, esto va acá*. A veces tarareaba o entonaba una cancioncita, lo que le confería una ligereza peculiar a su rostro que, en esos tiempos, casi siempre parecía inflexible.

En una ocasión, papá me dijo que el abuelo Eric era la persona más inteligente que conocía. Adondequiera que yo mirara en el huerto, había evidencias de su ingenio: los arreglos a la máquina para separar manzanas, el brillante tractor rojo que había restaurado, las viejas fotografías de los barcos que alguna vez construyó con sus propias manos. En el pasado también edificó casas enteras, pero a esta en particular solo le hizo modificaciones y la terminó. Era una chirriante casa tipo "Lockwood" de dos plantas y estructura de madera, un diseño que se distingue por sus paredes expuestas y sus vigas entrelazadas.

El hecho de que el abuelo siempre estuviera tan ocupado se debía a que tenía muy poca tolerancia y no aceptaba los errores, ni siquiera de los niños pequeños. Por eso, Louise y yo preferíamos "ayudar" a mi abuela. No recuerdo haber visto en una sola ocasión a mi abuela Margaret vestir algo distinto a su blusa y su falda larga, o peinarse el cabello en otro estilo que no fuera el de la reina Isabel, pero con un ligero toque caótico a lo Julia Child.

A veces nos colocaba con aire despreocupado a Louise y a mí en un remolque que construyó mi abuelo y que tenían enganchado a una podadora de césped montable, y luego tiraba de ella por todo el huerto. Nosotras permanecíamos sentadas sobre la dura madera junto a las charolas de fruta, y saltábamos y nos sacudíamos viendo la parte trasera de la cabeza de mi abuela mientras su corgi trotaba a nuestro lado. Es probable que mi abuela haya elegido esa raza como una manera de honrar a la reina, pero ella no era elegante ni majestuosa en absoluto. Quizá por eso su perrita tenía aquel nombre tan común: Shannon.

De vez en cuando, la abuela Margaret volteaba para cerciorarse de que no estuviéramos demasiado cerca del borde del remolque y sonreía con sus falsos y perfectos dientes blancos antes de girarse de nuevo y concentrarse en el arenoso camino. Reía con facilidad y echaba la cabeza hacia atrás en cada ocasión. A veces, cuando reía a carcajadas, su dentadura falsa se desprendía de las encías y me recordaba a los dientitos de caramelo incluidos en la mezcla de dulces que comprábamos en la tienda de lácteos.

A menudo, Louise y yo jugábamos solas en el huerto, corríamos descalzas de un lado a otro entre las hileras de árboles, pero teniendo cuidado de esquivar a las abejas que se cernían sobre la fruta que había caído al suelo. Siempre que nos deteníamos para recuperar el aliento, inhalábamos el empalagoso aroma que desprendían las manzanas podridas. Pero yo no solo quería jugar en el huerto, también quería ayudar. Estaba desesperada por usar un delantal de cosecha, de separar la fruta en la máquina o de operar el antiguo recolector rojo de cerezas para ver si así lograba llegar a las manzanas que no alcanzaba a tocar cuando saltaba o me ponía de puntitas.

Esas no eran labores para los niños, o, al menos, eso fue lo que me dijeron. A veces, sin embargo, mi deseo de ayudar era mayor a mis ganas de ser buena niña y, un día, durante una visita, dejé a los adultos hablando cerca de la casa y me escabullí hasta los silenciosos, frescos y húmedos cobertizos donde empacaban la fruta. Ese día, una de las máquinas que mi abuelo usaba para armar cajas se encontraba cerca del separador de fruta. Era más alta que yo, parecía una rueda de la fortuna y, obviamente, una rueda era para hacerla girar. Por eso me estiré hasta el frío metal y eso hice. Desgraciadamente, calculé mal cuánto podía acercarme y qué tan afilados eran los rugosos bordes. De pronto sentí una presión contra mi rostro y una punzada de dolor, y algo líquido comenzó a correr por mi mejilla.

Para cuando salí a la luz del día y los adultos me vieron, la sangre en mis manos y mi rostro era abundante y relucía. Las suturas que me hicieron esa tarde se convertirían en la cicatriz que me gané a pulso en un lugar al que muy pronto llamaría "hogar". También llegaría a ser un recordatorio permanente de que mi constante deseo de ser útil a veces podía meterme en dificultades.

CUANDO MI ABUELO ERIC vendió la granja lechera de la familia, primero se dedicó a cultivar kiwis, luego peras nashi y, para 1988, más o menos en la época en que nosotros dejábamos Murupara, ya había posado su inquieta mirada en el siguiente gran proyecto: aguacates en Tauranga. Papá tenía un nuevo empleo, lo habían ascendido a sargento detective en Hamilton, no muy lejos de la granja. Mis padres estaban buscando una casa y mi abuelo quería vender la suya.

Mis abuelos les vendieron el huerto a mis padres más por razones pragmáticas que sentimentales, y mis padres solicitaron en conjunto una hipoteca y recibieron un préstamo de mis abuelos con una tasa de 18 por ciento de interés, más o menos la usual en aquel tiempo. Para mamá y papá comprar el huerto implicaba un riesgo y una situación financiera delicada, en cambio para mí mudarme a ese lugar me hizo sentir de inmediato como si hubiera vuelto a casa y estuviera por vivir una gran aventura.

En tanto que Murupara era un pueblo aislado donde prevalecía el bosque, Morrinsville, con su población de alrededor de cinco mil personas, era una comunidad de granjas lecheras a solo veinticinco minutos de Hamilton, la ciudad más cercana, y a una hora de la playa. De hecho, el lema oficial del pueblo algún día sería: "Morrinsville: donde usted no está lejos de ningún lugar". Claro, los funcionarios decidieron dejar de usar este lema en cuanto se dieron cuenta de que, en lugar de promover que la gente viniera a vivir a Morrinsville, estaban informándole sobre la conveniencia de irse.

Morrinsville era la clase de pueblo en el que la gente se dividía en dos tipos: los granjeros y los citadinos. Ambos grupos eran pragmáticos y modestos, tenían buen humor y, en general, eran conservadores. Tanto los citadinos como los granjeros podían ayudarte a cambiar el aceite de tu automóvil con la misma eficiencia con que ordeñaban una vaca. Cuando era niña, la única diferencia que yo veía entre ellos era que unos se levantaban más temprano, usaban botas altas de goma y tenían que ir algunos kilómetros más lejos que los otros para comprar sus víveres. Pero incluso entonces sabía que si alguna vez alguien me llamaba "citadina" me estaría insultando.

Nuestra casa de dos pisos era bastante más grande que la que tuvimos en Murupara, y suficientemente espaciosa para que Louise y yo tuviéramos habitaciones separadas. Estaba en la orilla del pueblo, junto a un campo de maíz y al campo de golf Morrinsville. A lo largo de todo el periodo que pasamos ahí, escuché los esporádicos golpes secos en el techo o los aporreos en el vidrio de las ventanas que indicaban que un golfista novato acababa de pegarle a su primera pelota.

Al oeste había un pequeño bosque de poco más de una hectárea, en el que no había mucho, solo algunos pinos y un poco de sotobosque. Pero para mí y para Louise representaba un misterio en espera de ser explorado. En el bosque, los tocones se convertían en personas imaginarias. Tenían historias antiguas y ocupaban un mundo que solo nos pertenecía a mi hermana y a mí. A veces encontrábamos tesoros: latas de cerveza, envolturas de bocadillos e incluso condones. Una vez encontramos una tanga, una pequeña tira de tela que sobresalía entre la maleza que habíamos excavado. Mamá me había enseñado de dónde venían los bebés cuando estábamos en Murupara. "No quiero que lo aprendas de algún chico en la escuela", insistió mientras sostenía un libro ilustrado repleto de imágenes que me hicieron querer cubrirme los ojos. A pesar de la lección, me costaba trabajo comprender la conexión entre el libro y la tanga de encaje en el extremo de la rama con que la recogí.

Cuando no estábamos jugando en el bosque, Louise y yo hacíamos algunas labores en el huerto. La tarea que mis padres asumieron cuando se mudaron a un huerto en operación era monumental y, para ese momento, nosotras ya éramos lo bastante grandes para ayudar sin ser una molestia. Papá pasaba la mayor parte del día resolviendo casos y arrestando gente; luego, en la noche, llegaba a casa, se quitaba el uniforme, se ponía un par de shorts y una camisa vieja, se calzaba las botas de hule Red Band —que ya habían hecho que el vello de sus musculosas pantorrillas desapareciera— y volvía a salir por la puerta. A veces yo me montaba en mi bicicleta y pedaleaba detrás de él mirándolo mientras se dirigía al cobertizo para colocarse en la espalda el pulverizador químico y luego pasar por entre las hileras de árboles para rociarles pesticida.

Louise y yo no éramos las granjeras más productivas. Los delantales para recoger manzanas nos llegaban hasta las rodillas y, si los llenábamos, enseguida se volvían demasiado pesados y ya no podíamos levantarlos hasta los contenedores. Yo trataba de podar los árboles, pero mis manos no eran lo suficientemente fuertes para sostener las tijeras. Empacaba cajas, pero me costaba trabajo levantarlas para colocarlas en los palés. Creo que era más un estorbo que una ayuda, como sucedía cuando estaba con mi abuelo, pero, de todas formas, me ponía mis botas grises de hule y salía corriendo al huerto con una banda para el cabello que se me resbalaba hasta los ojos. Y hacía todo eso porque era claro, lo veía y lo sentía: mamá y papá necesitaban ayuda.

Cinco meses después de que llegamos a Morrinsville, mi tío Mark, el hermano menor de mamá, tuvo un accidente en una ciudad cercana. Mark medía lo mismo que mi abuelo Eric y también heredó su fuerte mandíbula y su nariz. El cabello era otra historia, lo tenía color castaño y lo llevaba estilo *mullet*. Aunque a veces ayudaba a mis abuelos en el huerto, trabajaba sobre todo en fábricas rurales y solo lo suficiente para poder mantener su preciado automóvil en buenas condiciones: conducía a alta velocidad, hacía sonar su ruidoso motor y lo conservaba con la pintura reluciente.

Yo no siempre entendía a mi tío Mark. Se *veía* como un adulto, pero era imposible que lo fuera. Es decir, no estaba casado y tampoco tenía hijos, bebía cerveza de la lata y siempre parecía estar en otro lugar: en la calle con sus amigos, viajando o durmiendo hasta tarde.

Ahora el tío Mark se encontraba en el hospital. Había estado bebiendo con tres de sus amigos cuando se subieron a un automóvil. Camino a casa, se estrellaron con un tren en movimiento. Más adelante me enteraría de que el accidente fue tan grave que la policía ni siquiera pudo establecer quién iba manejando. Algunos de los pasajeros salieron lanzados del vehículo y otros quedaron atrapados en él, y el mismo auto sufrió tantos daños que quedó irreconocible. Dos de los pasajeros murieron de forma instantánea y un tercero quedó muy mal herido.

Mamá nos dijo que Mark sobrevivió, pero los médicos no estaban seguros de que su cerebro estuviera vivo. Yo pensé mucho en el asunto en los días que siguieron al accidente: en que una persona pudiera tener un cuerpo que respiraba, que pudiera estar viva, sin en verdad *estar ahí*. Mi cerebro de siete años no comprendía, me preguntaba qué pasaría si los médicos estuvieran equivocados, qué significaría. Me preguntaba si mi tío podía escucharnos y si había tratado de hablar, pero le habría sido imposible porque estaba paralizado, como yo me sentía a veces cuando tenía pesadillas. Me preguntaba cuán aterrador sería eso.

Mamá iba y venía del hospital, y yo la atosigaba con mis preguntas. ¿Ya había despertado el tío Mark? ¿Estaba mejorando? ¿No pondrían a prueba su cerebro para ver si seguía ahí? ¿Podrían estar seguros? Necesitaba verlo por mí misma, pero tenía mucho miedo. Tiempo después, un día que mamá no encontró a nadie que pudiera quedarse con Louise y conmigo en casa, nos subió al automóvil y nos llevó al hospital con ella.

Era junio, pero en Nueva Zelanda estábamos en pleno invierno y yo alcanzaba a ver el vaho que despedía cuando respiraba mientras caminábamos por el estacionamiento. Dentro del hospital, sin embargo, reinaba un ambiente atemporal, estancado. Seguimos a mamá por los interminables corredores y alcanzamos a ver camillas de metal y salas de espera llenas de gente sentada en sillas de vinil. Finalmente, en lo más profundo del hospital, mamá empujó una puerta batiente y nosotras entramos detrás de ella a una habitación que olía a desinfectante y estaba llena de camas separadas entre sí por una cortina. Mis abuelos aparecieron detrás de una de ellas, pero prácticamente no registré su presencia, mi mirada se quedó fija en la cama de hospital que estaba frente a mí.

Mi alto y arrogante tío yacía en la cama bocarriba, inmóvil por completo y con la piel pálida. Solo algunos mechones de su cabello se asomaban entre los vendajes que cubrían su cabeza. Daba la impresión de que sus ojos estaban tan inflamados que le era imposible abrirlos. Un aparato parecido a un acordeón ascendía y descendía al mismo ritmo que su pecho, y de su cuello sobresalía un tubo de plástico. ¿Cómo era posible que algo que se veía tan incómodo, tan *sofocante*, le estuviera ayudando a respirar? Detrás de él había máquinas emitiendo pitidos, registrando signos vitales que yo no comprendía.

Me quedé inmóvil, tratando de fingir que el equipo y los tubos no me daban miedo. Los adultos susurraban entre sí y, poco después, salieron al corredor. Tal vez para hablar con un médico o entre ellos, pero donde el tío Mark no los escuchara, por si acaso. Louise y yo nos quedamos solas con él y con todos esos aparatos.

Analicé el rostro del tío Mark. Observé sus ojos, sus manos, quise notar incluso el movimiento más sutil, alguna señal que me dijera que sabía que estábamos ahí y que no estaba atrapado. En cuanto la viera, podría decirles a los demás, podría salir corriendo y gritar: "¡Mamá! ¡Sigue aquí! ¡Vi su dedo moverse! ¡Debe de estar despertando!". Sabía bien cómo reaccionarían todos. Se quedarían boquiabiertos y empezarían a abrazarse, sintiéndose por fin aliviados por todo lo sucedido. Se apresurarían a reunirse con mi tío junto a su cama, llorando de alegría. Eso sería lo que harían si tan solo yo lo viera moverse.

Pero el tío Mark no se movió y ninguna cantidad de buenos deseos de mi parte cambiaría su estado. Ahora que lo pienso en retrospectiva, creo que ese momento fue también cuando comprendí que, en un abrir y cerrar de ojos, la vida de una persona se puede ver alterada para siempre y, a veces, de una manera muy trágica.

Las semanas pasaron, pero mi tío continuó inconsciente. Las respuestas de mamá a mis preguntas cada vez eran más tristes y desesperanzadas. Como los médicos no veían señales de mejoría, se empezaban a convencer de que el cerebro de Mark estaba muerto y que, sin los aparatos y todo el equipo, su cuerpo también moriría. Mi madre estaba en el hospital cuando mis abuelos tomaron la imposible decisión de apagar el único medio que mantenía vivo a su hijo.

Esa noche, cuando mamá regresó a casa, la escuché contarle a mi padre lo sucedido. Cuando los profesionales médicos empezaron a desconectar el equipo, ella estaba observando desde la pequeña ventana que daba a la habitación de Mark. Todos esperaban que su cuerpo se apagara también, pero de pronto, mi tío empezó a toser y a respirar con dificultad. Pasaron varios segundos mientras mamá observaba, segundos que, según dijo, se sintieron como minutos, como una eternidad. La tos fue disminuyendo y Mark empezó a carraspear. Poco después, finalmente, se escuchó un pulso.

Estaba respirando. Tío Mark seguía vivo.

En las semanas que siguieron, el alcance de las heridas de mi tío se fue volviendo más claro. Con el tiempo se levantó, pero estaba legalmente ciego y había sufrido un daño cerebral importante. Esas, sin embargo, eran solo palabras. La realidad era mucho más abrumadora. Vi a mi tío tratar de comer y beber de nuevo, lo vi luchar para colocarle la tapa a un bolígrafo mientras estaba acostado en la cama, y luego lo vi aprender a caminar otra vez. Jamás volvería a vivir sin atención o ayuda y, por ahora, los cuidados los tendría que proveer su familia y eso incluía a mamá.

Sí, las cosas podían cambiar en un abrir y cerrar de ojos, y eso hizo que todo me pareciera aún más frágil.

Tiempo después del accidente de mi tío Mark, me empezó a doler el estómago. En mi mente era tan simple como eso, me dolía el estómago. Antes, cuando eso sucedía, el dolor iba y venía, pero ahora lo sentía siempre, en la mañana, en la noche y el tiempo que pasaba en medio. Cuando el dolor volvía, le avisaba a mamá, y a veces me dejaba quedarme en casa y no ir a la escuela a pesar de que ella y papá estaban trabajando más que nunca.

Más adelante, me llevó al médico y él me hizo preguntas y me presionó el estómago mientras ella se cernía sobre nosotros con el ceño fruncido. Cuando la consulta terminó, mamá decidió que solo me enviaría medio día a la escuela. *Genial*, pensé. *Mamá comprende que no me siento bien.* Pasaron muchos años antes de que mi madre me contara lo que en realidad le había dicho el médico: que los dolores estomacales eran una manera común en la que los niños manifestaban su estrés.

Resultó que no estaba enferma, sino preocupada.

Y mientras todo lo que sucedía en la familia de mamá resultaba abrumador, la familia de papá nos reconfortaba de manera constante. Todos los domingos, después de ir a la iglesia, mamá, papá, Louise y yo íbamos a ver a mi abuelita Gwladys y a mi abuelo Harry, los padres de papá.

Mi Nana, era una mujer muy orgullosa, siempre nos decía que su madre había llegado de Escocia con solo tres cosas: su hijo, una pistola y un violín. Nunca escuché gran cosa sobre mi bisabuela, pero la imaginaba igual que Nana: intrépida, divertida y un poco atemorizante.

Nana tenía el cabello color gris oscuro, pero se hacía una permanente y todos los viernes la retocaba en el pueblo. A veces, los químicos hacían que su cabello adquiriera una tonalidad morada. Su casa estaba junto al gran parque Te Aroha Domain y no era nada sofisticada, pero la sacudía, la pulía y la aspiraba a un punto inenarrable.

Nana pasaba la mayor parte del tiempo en la cocina, la comida era el lenguaje con que comunicaba su amor y, a veces, lo hablaba de forma contundente. Si en su calle veía trabajadores haciendo labores de pavimentación, horneaba panecillos, preparaba té y luego salía y les daba instrucciones: "Muchachos, vengan y siéntense un momento. Coman algo. ¡Vamos, todos! ¡Ahora!".

En su casa, en un pequeño rincón cerca de la puerta trasera, guardaba un altero de moldes para hornear. Yo estaba segura de que eran mágicos porque en su interior encontrábamos las galletas de mantequilla más deliciosas y cremosas posible, y sin importar cuánto comiéramos papá y yo, siempre parecían volver a llenarse solos.

Uno casi nunca veía a Nana sin su delantal atado a la cintura, las pantuflas de lana en sus pies y su adorado Dinky caminando con prisa detrás de ella. Dinky era un perro peludo color anaranjado y blanco que emitía ladridos agudos. "¡Sal de aquí, Dinky!", solía reprenderlo mientras caminaba por la cocina. Incluso aquellos a quienes más amaba, lograban desatar su ira de vez en cuando.

Pero nadie la hacía sentir más iracunda que los "Tories de lengua azul", como ella misma los describía. Nana se unió al Partido Laborista en 1938, fue la presidenta del partido local y solía realizar las reuniones en su sala. Creía en que se debía cuidar a quienes trabajaban arduo y poseían menos, y no tenía ninguna reserva en enfrentarse a quienes hacían lo contrario. Dicen que cada vez que Robert Muldoon, el primer ministro conservador de Nueva Zelanda que ejerció durante mis primeros años, aparecía en televisión, Nana se ponía de pie y la apagaba antes de que él pudiera abrir la boca.

A pesar de la furiosa independencia de mi Nana, hubo cosas que nunca hizo por sí misma. Conducir es un ejemplo de ello. Esta tarea solo la llevaba a cabo mi abuelo Harry, quien era un hombre callado y corpulento con mandíbula amplia y mechones de cabello delgado color paja. Harry era un hombre de rutinas, empezaba cada mañana comiendo la avena cocida con crema y una pizca de azúcar mascabado que Nana le preparaba. Después de desayunar, realizaba, sin falta, una caminata a lo largo del circuito a las faldas del monte Te Aroha.

En nuestras visitas del domingo, mientras Nana se afanaba en la cocina y el resto de la familia conversaba, mi abuelo Harry permanecía sentado en silencio frente a la mesa de formica, reclinado contra la pared, con las piernas cruzadas y jugueteando con la tapa de una botella o un trozo de alambre. A veces se detenía para mirar alrededor o para acomodarse lo que le quedaba de cabello, y luego continuaba jugueteando con el objeto que tuviera en la mano.

Nana y Harry tuvieron siete hijos que nacieron en dos oleadas. Primero llegaron los niños "preguerra" y, luego, casi diez años después, los cuatro niños "posguerra": los gemelos Keith y Marie, y un segundo par de gemelos: Ian y Ross, mi papá. El gran espacio de una década entre los dos grupos de niños era la razón por la que la familia casi nunca se reunía como un grupo compacto. O, al menos, eso es lo que di por hecho.

De todas mis tías y mis tíos, Marie era la que más se parecía a mi Nana. Marie era igual de política y franca. Fumaba, hablaba de forma directa y siempre vestía inmaculadamente. Usaba zapatillas altas con tanta frecuencia que decía estar más cómoda con ellas que cuando tenía que poner los pies desnudos sobre el piso. Incluso sus pantuflas tenían un pequeño tacón.

Su maquillaje siempre era impecable también. Antes de ir de visita a algún lado, colocaba su espejo en la mesa del comedor, extendía sus cosméticos y se aplicaba las distintas y numerosas capas mientras sostenía con maestría un cigarro entre sus bronceados dedos que, por cierto, siempre llevaba con una manicura perfecta de barniz rosa brillante. Invariablemente usaba blusas de manga larga y pantalones que cubrían la mayor parte de sus piernas, pero a veces, cuando se agachaba o se rascaba el brazo, yo alcanzaba a ver sus profundas cicatrices.

También conocía su historia. Cuando Marie tenía cuatro años encontró una caja de fósforos dentro de una vieja tina de cobre en el cobertizo donde mi Nana lavaba la ropa. De alguna manera, logró encender un fósforo con sus diminutos dedos y su vestido de poliéster empezó a arder. Alguien que trabajaba con mi abuelo, un hombre llamado Jim, la vio salir del cobertizo a trompicones y envuelta en llamas. Corrió hasta ella, la empujó al suelo y la hizo rodar colina abajo para tratar de extinguir el fuego.

Durante muchos años, el cuerpo de Marie sufrió las consecuencias de aquel accidente, incluso tenía una cicatriz con la forma de la mano de Jim en un costado de su cuerpo. A pesar de que, muy probablemente, Jim le salvó la vida, cuatro quintas partes de su cuerpo se quemaron ese día y, debido a eso, pasó el resto de su vida entrando y saliendo del quirófano. Tal vez esa era la razón por la que era tan osada y tenía tanta confianza en sí misma.

Una vez, cuando yo era muy pequeña, le mostré un oso de peluche con un corazón de plástico rojo que empezaba a palpitar cuando lo presionabas. "¡Ay, Dios! —gritó Marie cuando se lo mostré—. ¡Esa cosa me encabronaría si fuera mía!". Esa es la primera vez que recuerdo haber escuchado a un adulto de mi familia, que no fuera Nana, decir palabrotas. Yo no era tan santurrona como para pensar que ninguna de las personas que conocía lo hacía, ni que quien las decía fuera una mala persona, pero éramos una familia mormona y mis padres tenían una actitud tipo "cada quien sus asuntos". Aun así, era tan raro que yo escuchara a alguien maldecir en casa, que la expresión de mi tía les causó una conmoción a mis tiernos oídos de ocho años.

Aunque es cierto que en casa de mis padres no se escuchaban muchas palabrotas, sí estuvimos expuestos a una abundante cantidad de apasionados debates. Sin importar lo que sucediera en el huerto o que yo no hubiera acabado la tarea, mamá esperaba que todos estuviéramos sentados a la mesa a las seis de la tarde para cenar. *¡Ya son las seis en puntísimo!*, nos gritaba siempre impaciente cuando no nos sentábamos con presteza para comer alguna de las cenas que rotaba invariablemente: schnitzel, lasaña, atún Mornay o picadillo de res cocinado a fuego lento en su cacerola Crock-Pot, siempre cubierto con la salsa del recetario Edmonds y acompañado con puré de papa y col en trozos. A veces también preparaba arroz frito gracias a que tomó un curso nocturno de cocina china en la universidad local. En cuanto comenzábamos a cenar, encendíamos el televisor para ver las noticias con el fin de que mamá y papá escucharan lo que estaba sucediendo en el mundo.

A Louise no le encantaba la televisión y tampoco le importaba el boletín noticioso de las seis de la tarde.

—¿Acaso el objetivo de la cena familiar no es pasar el tiempo juntos en familia y hablar...? —preguntaba a veces en tono quejumbroso—. ¡¿En lugar de sentarse en silencio con la televisión encendida?!

—Shhh —mamá respondía con enojo—. ¡Estamos escuchando las noticias!

Pero, a veces, quien no podía permanecer en silencio era mamá. No era expresamente política y tampoco era conservadora como sus padres, pero se aferraba con fiereza a una perspectiva del mundo que valoraba la justicia y el sentido común. De vez en cuando, escuchaba en la televisión algo que la hacía enfurecer y el infierno se desataba en nuestra mesa. Si había, por ejemplo, un caso relevante en la corte y a ella le parecía que el resultado era inadecuado, le gritaba al televisor: "¿Y quién juzga a los jueces? *¡¿Quién juzga a los jueces?!*". Mamá solía comer lentamente y de forma metódica, pero en esos momentos agitaba con furia su tenedor. Una vez se alteró tanto que se le atoró un grano de maíz en la garganta y necesitó de ayuda médica para expulsarlo. Papá nunca dejó de recordárselo.

—Ten cuidado, Laurell —respondía papá con calma—. O, si no, vas a terminar de nuevo en el hospital.

—¡Solo estoy irritada! —decía ella sacudiendo la cabeza mientras dejaba el tenedor a un lado de su plato—. A veces, la gente que está a cargo me desquicia.

La mayor parte del tiempo yo solo observaba en silencio y trataba de asimilar todo. Nunca había estado fuera del país, tampoco en un avión, nunca había salido siquiera de la Isla Norte de Nueva Zelanda, pero desde la mesa de mi cocina vi los reportajes del atentado de Lockerbie y las imágenes del Muro de Berlín desmoronándose, mientras la gente celebraba entre los escombros. Vi a un solitario manifestante detener los tanques en la plaza de Tiananmén y a Nelson Mandela salir caminando de prisión. No siempre comprendía las historias por completo, pero aun así, me marcaron. El pueblo donde vivía y mi propia vida parecían demasiado alejados de lo que veía en las noticias en la noche, pero era una lejanía aparente. Siempre y cuando hubiera personas en las imágenes, de alguna manera sentía una conexión con ellas. Las historias también me estaban enseñando algo. *El mundo es demasiado grande y la vida puede ser frágil*, me decía y entendía, *pero no lo bastante grande como para que una persona no pueda cambiarlo.*

En el huerto cortábamos, cosechábamos y empacábamos manzanas Granny Smith para exportación. El resto lo empacábamos en cajas color café de veinte kilos que apilábamos en la parte trasera de un remolque, y lo llevábamos a Temple View, la comunidad mormona que estaba en las afueras de Hamilton. A la mayoría de la gente le costaría trabajo consumir veinte kilos de manzana, pero a los mormones se les animaba a tener a la mano, en su “bodega de alimentos”, el equivalente a tres meses de comida en conserva. Por esta razón, prácticamente no existía un mejor lugar para vender fruta que un estacionamiento mormón.

Lo que la gente no compraba lo procesábamos como conserva nosotros mismos y lo guardábamos en nuestra alacena, que cubría la pared de la cochera de piso a techo. A veces, cuando mis amigos nos visitaban, alcanzaban a ver las interminables hileras de frascos y latas, y, como ninguno de ellos era mormón, se quedaban boquiabiertos. "¡Vaaaaaya!", exclamaban. "¡¿Cuánta comida tienen aquí, eh?!". "¿Podemos jugar al almacén? O sea, ¿al almacén 'de verdad'?". O, incluso: "¡Si llega el fin del mundo, ¡vendré a esconderme aquí!".

Así fue como empecé a entender cuán asombrosa les resultaba a algunas personas la religión de mi familia. De todas maneras, yo no siempre sabía cómo explicar las cosas. ¿Cómo explicar algo que es tan parte de ti? La religión era el lugar al que yo recurría cuando tenía una pregunta para la que no encontraba respuesta o cuando algo me parecía injusto o atemorizante. En especial, adoraba la forma en que recurríamos a la oración para resolver casi cualquier problema. ¿Perdiste algo importante? Reza. ¿Te sientes triste, ansioso o preocupado? Reza. ¿Te duele el estómago? Reza. A veces me descubría orando en silencio sin siquiera darme cuenta de cuándo había empezado. Las oraciones siempre comenzaban de la misma forma: "Amado Padre celestial...". Luego le decía a Dios todo aquello por lo que me sentía agradecida: mamá, papá, mi hogar y, a veces, mi hermana... pero solo porque mamá me enseñó que no era correcto pedir algo sin agradecer primero. Luego hacía mi petición y, si estaba desesperada, añadía un trato: "Ayúdame a encontrar a Teddy y te prometo que limpiaré mi habitación".

De la Iglesia aprendí valores, pero también me enseñó a ocupar mi tiempo porque siempre había muchas actividades de servicio que realizar. Restregábamos las lápidas del cementerio local, cantábamos en el hogar para ancianos de nuestro pueblo y limpiábamos la capilla de un extremo a otro: aspirábamos los pisos y desinfectábamos los urinarios, y añadíamos pequeñas pelotas que parecían caramelos duros, pero que en realidad eran un producto de limpieza que olía horrible. Siempre había algo que podíamos hacer o alguien a quien servirle.

La Iglesia también me ayudó a diseñar un plan de lo que haría cuando creciera: casarme. Siendo aún pequeña, incluso le dije a mamá que necesitaría ahorrar cien dólares cuando lo hiciera porque estar casada era "costoso". También tendría niños. Mi futuro estaba decidido... siempre y cuando no me metiera en dificultades, claro.

Cuando tenía ocho años fui bautizada y, de esa manera, me convertí en un miembro formal de la Iglesia de Jesucristo de los Santos de los Últimos Días. El bautismo es uno de los trece artículos de fe de la Iglesia y no solo indica que eres miembro formal como sucede en muchas religiones, sino que también te purifica de tus pecados.

Me emocionaba la idea de participar en este rito iniciático, sabía que, cuando por fin llegara el día, me sumergirían en agua, es decir, una zambullida de verdad, porque la purificación es de los pies a la cabeza, y que después de eso sería como comenzar de cero. Todos mis pecados se irían con el agua.

Sin duda, había cometido algunos errores de los que quería deshacerme. Por ejemplo, le había dicho a mi hermana "vaca" algunas veces, tal vez demasiadas. Rara vez limpiaba mi habitación cuando me lo pedían y, en una ocasión, me puse a buscar nuestros regalos de Navidad y encontré el vestido que mamá había confeccionado para mí con tanto trabajo y cuidado. Estaba ansiosa por que mis transgresiones desaparecieran de mi mente y de mi libro de contabilidad, pero no dejaba de preguntarme: ¿acaso no solo empezaría a acumular pecados nuevos? ¿No sería mucho mejor que nos bautizaran cuando fuéramos adultos, dado que en esa etapa era cuando *realmente* se cometían las grandes faltas? Pero, al parecer, las cosas no funcionaban de esa manera.

Después de mi bautismo tuvimos una modesta fiesta con huevos en salsa de curry, papas fritas y pastel de chocolate. Mientras los adultos hablaban, mi inquisitiva prima menor, de solo siete años, me bombardeó con tantas preguntas que me costó mucho trabajo seguirle el paso. Me esforcé por responder a todo, hasta que me preguntó algo que no me esperaba: "¿Sabes de dónde vienen los bebés?". Yo sabía que era algo que le debería explicar un adulto, uno que tuviera ese libro especial con ilustraciones que mamá me mostró a mí, pero insistió demasiado y, cuanto más preguntaba, más fui bajando la guardia hasta que terminé cediendo.

Esa misma noche, más tarde, cuando volvimos a casa, el teléfono repiqueteó y papá contestó. "Hola, hermano —dijo de la misma manera que siempre lo hacía cuando le llamaba su gemelo, y luego se quedó en silencio durante demasiado tiempo con el auricular pegado a la oreja. Entonces volteó a verme y frunció el ceño—. ¿Que Jacinda le dijo *qué*?".

En ese momento lo supe: hasta ahí había llegado mi marcador de pecados en ceros. Y ni siquiera habían pasado veinticuatro horas.

EN LOS AÑOS SIGUIENTES, trabajé y jugué en el huerto al salir de clases y los fines de semana, pero entonces a mamá le empezaron a doler las articulaciones y se preguntó si la causa no sería el líquido con que rociábamos las manzanas. Pasado algún tiempo, reemplazamos los manzanos por ovejas y papá me enseñó a cuidar a los corderos recién nacidos, a manejar el tractor y a sembrar verduras. También me enseñó a atrapar zarigüeyas. Las zarigüeyas eran una plaga invasora y, aunque en Australia las adoraban, eran una amenaza para la vida silvestre endémica de Nueva Zelanda y, además, se comían nuestra fruta todo el tiempo.

En una ocasión, durante una época muy abrumadora por la presencia de las zarigüeyas, papá tomó su carabina calibre 22 de un solo tiro y, al verlo salir a la oscuridad, me puse de pie de inmediato.

—¿Puedo acompañarte? —le pregunté.

Las zarigüeyas me daban miedo, a veces aparecían del otro lado de la ventana de mi habitación, y yo veía sus ojos brillar en la oscuridad. El ronco chillido gutural que emitían sonaba como la carraspera de esas personas que fuman un paquete de cigarros al día, y, sin embargo, estaba dispuesta a hacer a un lado mi miedo si acaso con eso podía ayudar.

—Hasta que no aprendas a usar un arma con cuidado y de la manera correcta, no podrás acompañarme —dijo papá y salió de casa.

Poco después me enseñó a usar la carabina. Colocaba un blanco, me mostraba cómo sujetar y apoyar el arma en mi hombro, y cómo mantenerme firme cuando el culatazo me lanzara hacia atrás. Disparé muchas veces, pero eso no importó, cada tiro continuó asustándome. Sin embargo, seguí practicando porque estaba decidida a aprender.

En ese tiempo hice muchas cosas que, supongo, me harían parecer un "*tomboy*". Andaba a toda velocidad alrededor del huerto en la vieja motocicleta Honda de papá mientras mamá sacudía la cabeza, al ver lo rápido que iba, y le advertía a papá: "Jacinda *no* va a salir a la carretera con esa cosa, Ross". Un día, nuestra enorme podadora montable de césped de segunda mano se descompuso por tercera vez ese año. Papá se asomó debajo del chasís para repararla y yo me quedé a su lado, observando. Estaba parada sobre la grava suelta al borde del gran cobertizo de acero corrugado, convencida de que papá arreglaría la podadora, y él se movía incómodo. Estaba acostado en el ardiente suelo de concreto, parecía consternado. De pronto extendió el brazo, me pidió que le pasara la llave inglesa, y yo corrí hasta la herrumbrosa caja de herramientas como si participara en una carrera.

"Gracias —dijo, sin despegar la vista de la parte inferior de la podadora de césped. Luego añadió—: Eres lo más parecido que tengo a un hijo".

Para cuando sus palabras surtieron efecto, papá ya estaba forcejando con un tornillo. *Lo más cercano que tiene a un hijo.* Hasta entonces, nunca en su vida, ni siquiera una vez, papá dejó entrever que el hecho de no tener un hijo le causara un vacío; sin embargo, yo siempre di por sentado que todos los hombres que eran padres querían hijos varones. ¿No? Al parecer, yo no necesitaba preocuparme por eso porque, cualquier vacío que existiera, ya lo estaba llenando. Yo, su hija. Poco después, al estar de pie un poco más allá de la sombra que proyectaba el cobertizo y de cara al sol, mi rostro se iluminó. Yo, Jacinda, estaba siendo útil, y eso me hacía sentir inmensamente orgullosa.

Más o menos en esa misma época, un día tuve fiebre y empecé a vomitar. Pasé varios días tan enferma que mis padres me hicieron dormir en el sofá cama que tenían en el entrepiso para poder cuidarme. Era algo que nunca habían hecho.

En mi agitada vigilia, entre el despertar y el sueño, las escenas a mi alrededor fueron cambiando. A veces abría los ojos y la luz me lastimaba tanto que mamá se apresuraba a cerrar las cortinas. Si la luz era tenue, volvía a quedarme dormida y, al despertar, encontraba a papá a mi lado con su mano en mi frente. La siguiente vez que abría los ojos, mamá sujetaba mi cabeza para ayudarme a beber algo.

Luego aparecieron ronchas en mi piel y, después de varias difíciles noches con fiebre y vómito, papá me levantó del sofá, bajó por las escaleras, salió de la casa y me metió al automóvil. Mamá me colocó entre las manos su confiable recipiente vacío de helado, por si acaso, y me llevaron a ver al médico por segunda ocasión. Yo continué aferrada al recipiente a lo largo de la auscultación.

Estaba demasiado enferma para prestar atención a lo que decía el médico, pero en algún momento empecé a vomitar. Papá me volvió a llevar al auto y, mientras tanto, mamá se quedó en el consultorio el tiempo suficiente para que el médico le dijera que me llevaran a casa mientras insistía en que estaría bien.

Pero no fue así. Pasaron varios días en que tuve que continuar durmiendo cerca de mamá y papá. En el día me acostaban en el sofá de la planta baja para poder seguir cuidándome. Ahí me encontraba, pesando tres kilos menos y deshidratada por tanto vomitar, cuando escuché una voz intensa y decidida. "Veamos, ¿dónde está Jacinda?".

Mi Nana estaba en la puerta con sus tensos rizos grises, una chaqueta de punto estirada sobre la blusa y sus voluminosos lentes sobre el puente de la nariz. "Ah, ahí estás —dijo exaltada. A pesar de que tenía los ojos entrecerrados, alcancé a ver algo en su mano—. Dice tu madre que no has bebido lo necesario". Cerca del sofá había una taza con jugo de uva y una cuchara. Nana colocó en el suelo el estuche que tenía en la mano, se sentó en el borde del sofá y levantó la taza. No era el tipo de mujer a la que uno podía desobedecer.

Levanté la cabeza lentamente y dejé que mi abuela deslizara en mi boca cucharadas rebosantes del líquido morado, mientras me hablaba de la importancia de la hidratación; en su tono noté una mezcla de preocupación y molestia que interpreté como si no debería estar enferma para empezar o, al menos, no debería estar *así* de enferma.

"Muy bien, querida, sigue bebiendo —dijo y, cuando terminé, asintió satisfecha—. Tengo algo para ti", agregó levantando el estuche negro.

Era rígido y estaba tapizado con cuero desgastado, tenía dos pestillos oxidados y un asa desgastada. Con un movimiento ágil y rápido desenganchó los pestillos y abrió el estuche. Yo me estiré un poco para sentarme y alcancé a ver que en el interior había un violín color café intenso.

"Era de mi madre", dijo Nana mientras lo sacaba con cuidado y lo levantaba para que pudiera verlo mejor.

Dos de las cuerdas estaban intactas, pero las otras dos se habían roto y colgaban del instrumento. El interior del estuche estaba forrado con papel amarillo con lunares, y en él pude leer un nombre: McRae. Era el nombre de soltera de mi bisabuela, la mujer que vino de Escocia con solo tres cosas: su hijo, una pistola y un violín.

Este violín.

"Quiero que cuides esto", dijo. Para ese momento yo llevaba algún tiempo aprendiendo a tocar el violín, pero no era muy buena. No había aprendido a leer música, solo tocaba de oído y memorizaba las piezas.

No podía imaginar por qué Nana querría darme una de sus preciadas posesiones ni por qué había elegido ese momento. Tal vez sintió que estaba más enferma de lo que los médicos creían y, si ese era el caso, tenía razón. Poco después terminé hospitalizada y me diagnosticaron algo llamado Kawasaki, una rara enfermedad que suele afectar a los niños y que provoca la inflamación de los vasos sanguíneos. Permanecí una semana en aquella cama de hospital y luego pasé varias más recobrando las fuerzas.

Pero eso sería después. Para cuando Nana fue a verme, lo único que sabía yo era que aquel violín era el objeto más hermoso y especial que me habían dado, y que deseaba que supiera cuán agradecida estaba y lo importante que me hacía sentir, pero mis párpados parecían de plomo y de pronto solo los cerré. Más tarde, cuando volví a abrirlos, vi que Nana se había ido.

CUATRO

Adiós, Nana

ALGUNOS MESES DESPUÉS de que Nana me diera su violín, fuimos a su casa para la comida de Navidad. Como de costumbre, papá se estacionó detrás del automóvil de mi abuelo Harry, que tenía una matrícula personalizada: "T AROHA". Bajé del auto con la esperanza de encontrar a Nana donde siempre: en la cocina preparando el rostizado.

Mi abuela podía cocinar con rapidez un delicioso cordero con papas y col en mantequilla, arroz con leche y bollos fritos con jarabe dorado. No sé cómo, pero lograba preparar todo eso en una antigua estufa de carbón, barnizada de color verde con lunares y puertas color crema. No solo la usaba para preparar alimentos, también para calentar toda el agua que se necesitaba en la casa. Mi abuelo Harry siempre estaba sentado cerca de ella en silencio, a veces se ponía de pie, tomaba un atizador, hacía girar la tapa de hierro de la estufa para abrirla y colocaba un poco de carbón que tenía en un balde.

En esta ocasión, aunque al entrar a la casa percibimos en el aire el usual aroma a mantequilla burbujeando, Nana no se encontraba en la cocina; estaba sentada en su silla favorita en la sala: una antigua mecedora color verde olivo. Una cobija de tela escocesa de lana le cubría el regazo. En la sala reinaba el silencio y las campanadas del reloj de pared del corredor repiquetearon con fuerza. Nana tenía los ojos cerrados y se mecía discretamente en su silla. Sus rizos se veían flácidos y los tenía aplastados en la nuca, señal de que había estado durmiendo hasta hacía poco. Lo que más noté, sin embargo, fue su tez. Nana se veía amarilla.

Me asomé a la cocina. Las cacerolas y las sartenes se encontraban dispersas en la encimera y el rostizado en el horno, sobre la mesa estaban los platos y la cubertería. *Bien*, pensé. *Nana solo está descansando, todo está en orden*. Pero sabía que no era verdad a pesar de que me lo decía para creerlo. Esa mañana, antes de salir de casa, escuché a mamá y a papá hablar de su salud, mencionaron su hígado, pruebas de laboratorio y una enfermedad de la que nunca había oído hablar, cirrosis.

Todos los adultos conversaban y entraron a casa con bolsas llenas de alimentos y regalos de Navidad como si todo estuviera bien, nadie mencionó la apariencia de mi abuela, el color de su piel ni lo callada que se veía. Vi a papá ir de la cocina al rincón cerca de la puerta trasera, donde Nana guardaba los moldes con galletas de mantequilla. Sacudió uno, tiró de la parte superior y se asomó. Tomó un trozo pálido de galleta, lo colocó entre sus dientes y dejó el molde en su sitio.

En esa ocasión, Nana durmió la mayor parte del tiempo y, cuando despertó, sonrió, dio instrucciones como siempre, comió muy poco e insistió en que estaba bien.

La siguiente vez que la visitamos estaba tomando el sol sentada en las escaleras en la parte trasera de la casa. Llevaba su blusa de costumbre, el cárdigan, una falda y pantuflas de lana. Dinky se sentó cerca de ella. *Bien*, pensé, *se encuentra mejor*. Pero cuando me acerqué vi que su piel estaba aún más oscura. Sus piernas se habían hinchado alrededor de las pantuflas de lana, y yo ni siquiera alcanzaba a ver sus tobillos.

Rodeé su hombro con mi brazo para abrazarla bien, como siempre lo hacía cuando la saludaba, pero, en lugar de corresponder a mi gesto, su cabeza pareció aflojarse y su cuerpo cayó sobre el costado de mi pierna. Me quedé de pie, lo más quieta que pude para que pudiera recuperarse.

Mi Nana escocesa, quien siempre era tan orgullosa, ahora se apoyaba en mí para descansar.

Me quedé en las escaleras y vi a papá detenerse de nuevo en el rincón, tomar el molde de galletas que estaba en el congelador y agitarlo un poco. Al parecer, no escuchó nada, así que solo volvió a colocarlo en su sitio.

ALGUNAS SEMANAS DESPUÉS, me encontraba en un reclinatorio en la iglesia anglicana de Te Aroha escuchando el sonido de las gaitas inundar el lugar. Reconocí el himno: "How Great Thou Art", un tema devocional escocés clásico, ideal para una despedida adecuada para la mujer más escocesa que nunca visitó Escocia.

Nana habría adorado esto, pensé. Tal vez le encantó, tal vez nos estaba observando en ese momento y negando con la cabeza al ver tanta tristeza.

Yo creía en Dios, creía en el cielo, creía que ahí era adonde había ido Nana. Entonces, ¿no debería sentirme feliz por ella? Pero no, tenía la cabeza inclinada hacia el frente y la mirada fija en mi vestido mientras trataba de contener las lágrimas. Era el vestido más elegante que había tenido, era de color azul marino y tenía un cuello floreado; apenas unas semanas antes lo había usado por primera vez para asistir a una boda. En esa ocasión, Louise y yo corrimos y jugamos en el parque Te Aroha Domain, entramos y salimos serpenteando de la antigua rotonda, y no tenía idea de que mi mejor vestido no solo lo usaría en días tan felices como aquel, sino también en otros días de tristeza inenarrable.

Cuando terminó el funeral, la gente salió de la iglesia y se desperdigó en la amplia calle mientras Louise y yo nos quedamos de pie afuera, observando a mi papá y a sus hermanos deambular alrededor de la carroza fúnebre. Fue la primera y la única vez, según recuerdo, que todos los hijos de mi Nana estuvieron presentes, los de la preguerra y los de la posguerra; sin embargo, no los vi hablar mucho entre sí. Tía Marie estaba de espaldas, pero yo alcanzaba a ver sus hombros elevarse y caer de forma irregular; papá tenía el rostro cubierto con unos amplios lentes oscuros de aviador, pero cuando ayudó a colocar el féretro en la parte trasera de la carroza, estoy segura de que lo vi llorar.

Cuando pienso en ese día, me doy cuenta de que no forjé ningún recuerdo de mi abuelo Harry durante el funeral, fue como si siempre hubiese permanecido en silencio en la orilla del encuadre y, a veces, fuera de vista.

Después del entierro de Nana, los hijos preguerra y los hijos posguerra continuaron divididos de una manera singular en el vestíbulo de la iglesia. Cuando se reunieron finalmente y se pasaron entre sí tazas de té y rollos de espárragos, su conversación sonó tensa. La tensión continuó al día siguiente en nuestra casa, cuando mamá y papá nos dijeron que asistirían a una reunión familiar, el tipo de reunión a la que no se suponía que debían asistir los nietos. Más tarde, los escuché murmurar, sus voces se escuchaban como cuando hablaban del trabajo de papá o cuando discutían sobre cosas que no querían que nosotras escucháramos.

Noté todos estos detalles, pero no pensé en ellos por mucho tiempo. Estaba ocupada tratando de distraerme, de pasar tiempo con mis primos, de escribir en mi diario y de intentar con desesperación encontrar algo que Nana me había dado: un medallón de plástico con la silueta de una mujer al frente, el tipo de imagen que uno encontraría en un broche victoriano. Aunque era una baratija, aquel medallón de pronto me pareció una joya verdadera, una reliquia familiar.

El domingo siguiente, al entrar en la tibia cocina de mis abuelos en Te Aroha, los aromas conocidos me envolvieron: chicharrón de cerdo y kūmara dulce, puré de papas y chícharos con menta fresca. Los aromas eran tan familiares que casi esperaba ver a mi Nana ahí; pero no, quien estaba junto al fregadero era mi abuelo Harry, con un tenedor en la mano, batiendo mantequilla en una cacerola que tenía trozos de col. Levantó la vista y nos vio, el tiempo suficiente para saludarnos en silencio, luego nos indicó con un gesto que nos sentáramos para que nos sirviera el almuerzo. Era el mismo tipo de rostizado que siempre di por hecho que Nana había preparado sola. Hasta ese día. *Quizá*, me pregunté, *no conozco a mi abuelo en absoluto. ¿Será posible?*

AUNQUE NUESTRA RUTINA DE LOS DOMINGOS continuó siendo la misma, hubo otras partes de mi vida que empezaron a mutar con velocidad. Mi hermana, para empezar. La brecha de dieciocho meses entre nosotras empezaba a sentirse cada vez más amplia. Claro, ella me persuadió de aprender el alfabeto del lenguaje de señas para comunicarnos durante todas esas horas que pasábamos en la iglesia, pero, fuera de eso, ya no jugábamos juntas tanto.

Nuestras visitas al bosque disminuyeron, pero antes de que se acabaran por completo, Louise y yo encontramos un último tesoro: dos cajas de cartón, más o menos del tamaño de las cajas de manzanas que todavía nos costaba trabajo cargar. Estaban de lado, en el suelo, y su contenido yacía esparcido entre las agujas de los pinos. Eran folletos en los que se anunciaban las ventas semanales del supermercado Four Square, que no estaba muy lejos de nuestra casa. Eran esos folletos que alguien, a quien el supermercado le pagaba, debía dejar en los buzones de la gente. Era obvio que, quienquiera que fuera el responsable, decidió botarlos en nuestra zona de juegos del bosque en lugar de distribuirlos.

Le pregunté a Louise qué deberíamos hacer con ellos, pero a pesar de su edad y de toda su astucia, tampoco sabía qué hacer. "¿Deberíamos mostrárselos a mamá?", me preguntó. Entonces arrastramos las cajas algunos cientos de metros hasta llegar a casa con los brazos adoloridos. Mamá tomó uno de los folletos y frunció el ceño. En el exterior de una de las cajas encontró una etiqueta ya descolorida, pero alcanzó a ver un número, así que tomó el teléfono y empezó a marcar.

"Soy Laurell Ardern y vivo en Morrinsville. Mis hijas acaban de encontrar algunos de sus folletos en el bosque… Sí, dos cajas… Llenas, sí".

Resultó que los folletos le pertenecían a una empresa local de envíos. Notaron que en una de sus rutas la gente no había recibido los folletos, pero no estaban seguros de cuál era la razón. Ahora lo sabían: el chico a quien contrataron para distribuirlos se deshizo de ellos de inmediato y, al parecer, acabábamos de hacer que lo despidieran.

Antes de que mamá colgara, hizo una pausa, aún tenía el auricular pegado a la oreja. "Sí, les daría mucho gusto hacerlo. Sí, estoy segura de ello", agregó.

Entonces colgó el teléfono y volteó a vernos a Louise y a mí con una expresión incómoda. "Bien, chicas, me preguntaron si les gustaría hacerse cargo de la ruta de entregas y dije que sí". Y así, de esa forma tan inesperada, obtuve mi primer empleo.

Cada semana cargaba de folletos mi bicicleta Raleigh verde con frenos de contrapedal y partía con Louise. La bicicleta se bamboleaba por el peso adicional durante nuestro recorrido para visitar las doscientas casas en el otro extremo del pueblo que constituían nuestra ruta. Nos tomaba horas recorrerla, pero todo habría salido bien de no ser por el 22 de Lincoln Street o, para ser más precisa, por el rottweiler en el 22 de Lincoln Street.

Fue uno de mis primeros días en el trabajo y acababa de tomar un folleto de la pila, estaba lista para insertarlo en el buzón cuando escuché el inconfundible gruñido. Levanté la vista y ahí estaba, el *rottie* más grande que ha existido, moviéndose hacia mí y gruñendo. Parecía una furiosa llanta de un *Monster truck*, energía pura y dientes afiladísimos. "¡Louise! —lloré y empecé a pedalear como si mi vida dependiera de ello—. ¡Louiiiiiiiise!".

Era inútil, Louise odiaba a los perros y no vino a rescatarme. Por supuesto, en algún momento giró, cuando ya estaba más lejos y, al ver su rostro, solo pude leer: *Jacinda, por favor, sacrifícate para que esa bestia no me ataque a mí.*

Después de eso, siempre temía pasar por Lincoln Street. Algunos días, al llegar al número 22, me sentaba del otro lado y trataba de ver al perro antes de cruzar. En otras ocasiones utilizaba una táctica distinta, esperaba al final de la calle y luego utilizaba toda mi fuerza para pasar a toda velocidad junto a la reja y solo arrojaba el folleto. Siempre tenía una estrategia, a veces incluso rezaba, pero la fiera parecía estar ahí todo el tiempo, lista para arrancarme un trozo de carne de la pierna.

A pesar de todo mi miedo, nunca dejé de pasar por el 22 de Lincoln Street; simplemente no podía. Entregar el folleto de Four Square en esa y en todas las demás casas era parte de mi trabajo, y no hacerlo habría sido incorrecto, habría sentido que estaba haciendo trampa. Sabía que decepcionaría a alguien en algún lugar y, si eso sucedía... bueno, quién sabe con exactitud qué habría podido pasar. Para empezar, habría sentido una culpa terrible, pero también habría representado una transgresión que incluso aparecería en mi libro de contabilidad de malas obras.

Ahora veo cuán tonto era mi razonamiento infantil. En el 22 de Lincoln Street, ¿acaso *querían* recibir el folleto del supermercado? Al entrar a su casa, los dueños tal vez lo habrían arrugado y tirado en el contenedor de basura antes de siquiera llegar a la puerta de entrada, pero en mi mente de niña, ese folleto representaba la nítida división entre hacer lo que se esperaba de mí y no hacerlo. Y yo tenía que cumplir.

Me encantaría decir que a medida que crecí aprendí a equilibrar mi implacable sentido de la responsabilidad, que empecé a comportarme, en ocasiones, un poco más como Louise, cuando tuvo frente a sí a aquel rottweiler; me gustaría haber dicho: "Gracias, pero no, no pienso dirigirme directo a las aterradoras fauces de mi peor pesadilla".

Pero creo que, de haber hecho eso, mi historia se habría desarrollado de una forma muy diferente.

A fin de cuentas, con feroz rottweiler o sin él, *todos* continuaron recibiendo sus folletos.

A MEDIDA QUE LOUISE ESTABA MÁS OCUPADA debido a la escuela y a sus nuevos amigos, yo empecé a pasar más tiempo con una vigorosa chica de cabello oscuro y ojos brillantes. Fiona era lo más confiada y rebelde que se podía ser en aquel entonces a los doce años: escuchaba a grupos de los que yo nunca había oído hablar, estaba obsesionada con The Doors y tenía una excelente cadencia para la comedia.

Fiona tenía una hermana gemela llamada Penelope y un hermano mayor, Theo, quien había sido compañero de Louise en la escuela. Yo estaba convencida de que Theo era idéntico a River Phoenix y, por la timidez con que Louise hablaba de él, supe que ella también había notado lo guapo que era. Que Theo empezara a estudiar en un internado tiempo después solo le añadió otro elemento interesante a su enigmática personalidad.

El papá de Fiona era contador, era un hombre que no se andaba con tonterías, le gustaba jugar golf y apostar en las carreras de caballos. Su mamá, por otra parte, era distinta a todas las personas que había conocido hasta entonces. Vicky era griega y conoció a Stephen, el papá de Fiona, en un crucero. Se casó con él y se fueron a vivir a Morrinsville a finales de los setenta, cuando la única manera de comprar aceite de oliva era a través de la farmacia local.

Vicky me causaba asombro y me intimidaba al mismo tiempo, usaba vistosos y dramáticos brazaletes que tintineaban en su muñeca cuando fumaba un cigarrillo o preparaba comida mediterránea. Esos brazaletes eran los mismos que chocaban con fuerza entre sí y subían y bajaban por su brazo cuando lo levantaba para fingir que intervenía en las riñas de sus hijas. Mientras ella las reprendía con su fuerte acento griego, Theo se deslizaba en silencio por la cocina con un frasco de Nutella en una mano y una cuchara en la otra.

Una tarde, Fiona y yo nos sentamos en el piso de nuestro salón y nuestra maestra de la escuela intermedia dio inicio a la clase colocando un casete en el estéreo portátil. Cuando oprimió el botón de reproducción, escuchamos una guitarra con acordes sencillos y alegres, y luego la voz de un hombre. "*Now I've been happy lately / Thinking about the good things to come*": me he sentido feliz últimamente, al pensar en las cosas buenas por venir. La maestra nos dijo que el músico se llamaba Cat Stevens.

Fiona amaba la música, por eso me pregunté si conocería la canción. A mis padres les encantaban los Platters y los Carpenters, pero esto, *esto* era algo que no había escuchado antes. Permanecí sentada sobre mis piernas plegadas y con el uniforme azul colgándome a la altura de las rodillas, escuchando, mientras él cantaba sobre el filo de la oscuridad y sobre un tren que vendría para llevarnos a todos de vuelta a casa.

Los niños a mi lado jugueteaban y platicaban entre sí, yo no. Yo me incliné y escuché cada una de las palabras mientras Cat Stevens cantaba sobre "el mundo como es". Había algo en la música que me resultaba extrañamente familiar, el ritmo de los acordes de la guitarra, la urgencia que transmitía la melodía, el coro de voces. Cerré los ojos y traté de filtrar el ruido que hacían los niños a mi alrededor para poder escuchar cada una de las estrofas, cada palabra. "*Why must we go on hating?"*: ¿por qué continuar odiando? Cuando el coro se volvió más intenso, sentí crecer algo en mi pecho, algo que se extendió hacia fuera y hacia arriba antes de golpear lo más profundo de mi garganta.

Oh, no, estaba a punto de llorar.

Miré alrededor. ¿A los demás les sucedía lo mismo? ¿Alguien me observaba? Sentí mi rostro caliente, lo que significaba que empezaba a ruborizarme. Era un problema que había empezado a afligirme desde poco antes. *Nadie debería llorar al escuchar una canción*, me dije. *Es solo una canción, ¿por qué tendría que llorar?*

No era un sentimiento nuevo, de hecho, me sucedía todo el tiempo. Hasta ese momento, sin embargo, casi siempre lo había experimentado en la iglesia. Me explicaron que esa sensación abrumadora, la oleada de emoción, era el Espíritu Santo, pero, ahí estaba yo, en mi salón de clase en una escuela pública, escuchando una canción que parecía no tener nada que ver con el Espíritu Santo. Cuando terminó, me enjugué las lágrimas de las mejillas, miré a Fiona y traté de fingir que no había estado llorando.

No recuerdo por qué mi maestra nos hizo escuchar esa canción aquel día, pero el hecho de escucharla y mi inexplicable llanto permanecieron en mi memoria por años.

EL MUNDO ESTABA CAMBIANDO CON RAPIDEZ. La Unión Soviética colapsó y los mapas empezaron a ser redibujados. La Guerra de Bosnia comenzó y en Somalia reinaba una hambruna abismal. A pesar de que vi las desgarradoras imágenes en los noticieros nocturnos y de que escuché algunas de las explicaciones, no le encontraba la lógica a nada. En especial cuando veía fotografías de niños en medio de la guerra o sin alimentos.

Cuando World Vision inició una recaudación de fondos en la que alentaban a participar a los niños en edad escolar, me inscribí y luego fui a ver a mis vecinos, a los padres de mis amigos y a mis familiares para llenar con monedas el sobre que me habían dado. Pero aquel acto me parecía demasiado modesto e insignificante y, además, siempre venía acompañado de un agobiante y persistente pensamiento. *Alguien debería hacer algo.*

Aquí, en Nueva Zelanda, los debates se intensificaban en torno a algo llamado la Madre de Todos los Presupuestos, un programa por el que se recortaron las prestaciones sociales. Asimismo, la gente tuvo que pagar por primera vez por estar en un hospital público y, por si fuera poco, el costo de los estudios universitarios iba en aumento.

Los estudiantes empezaron a protestar en los campus. Vi a apasionados jóvenes avanzar con los brazos entrelazados y, a veces, manteniéndose firmes a pesar de que los oficiales de policía, protegidos por sus cascos, se enfrentaban a ellos.

Pude relacionar muchos de los encabezados del periódico con la gente que conocía e incluso con mi familia cercana. Yo estuve en el hospital en una ocasión y me parecía injusto que mis padres tuvieran que pagar una onerosa factura por mi culpa, o que mi hermana, la primera de la familia que iría a la universidad, tuviera que solicitar un enorme préstamo para poder costear sus estudios. Sin embargo, la única manera en que podía expresar este tipo de cosas en aquel tiempo era sintiendo que no me parecía correcto.

Luego, un día, vi una caricatura política en el periódico de papá: la exagerada imagen de una mujer a quien reconocí porque la había visto en el noticiero. Era Ruth Richardson, la ministra de Finanzas. Estaba sobre un caldero de sopa burbujeante; frente a ella había una hilera de niños que parecían hambrientos, y todos tenían en las manos un cuenco. Pero en lugar de que les sirvieran la sopa del caldero, Richardson los obligaba a verter en él lo poco que tenían en sus cuencos. Yo era demasiado pequeña aún para entender los detalles, pero tuve una reacción inmediata e instintiva. Sabía que en Nueva Zelanda ya había bastantes niños que vivían en la pobreza, los había visto en Murupara y también en Morrinsville, y, ahora, el gobierno planeaba dar fin a las prestaciones con las que contaban las familias de esos niños, con las que sobrevivían. Y eso no me parecía correcto para nada.

Para cuando terminé la escuela intermedia, ya no solo veía las noticias, también hablaba de ellas. A mis amigos no les interesaba discutir en particular sobre política y sobre los sucesos mundiales, pero, a veces, a sus padres sí.

En esa época pasaba mucho tiempo en casa de Fiona, la puerta siempre estaba abierta y se suponía que, cuando yo llegara, podía simplemente entrar. Lo hice muchísimas veces, pero siempre lo hacía preguntando "¿Holaaa?" desde la entrada y sintiéndome un poco incómoda. La oficina de Stephen estaba justo ahí, por lo que solía ser el primero en saludarme. Como el papá de Fiona se unió a la Asociación de Consumidores y Contribuyentes, con frecuencia mis incipientes opiniones eran completamente contrarias a las suyas. A medida que fui creciendo, nuestras discusiones sobre las noticias fueron cobrando más intensidad, pero siempre terminaban de la misma manera: con Fiona diciendo que la conversación había llegado a su fin.

Cada vez que atravesaba el corredor que llevaba a la habitación que compartían Fiona y Penelope, echaba un vistazo al cuarto de Theo. Aunque por lo general estaba en el internado, a veces lo veía holgazanear llevando una vieja bata de baño hecha jirones y el despeinado cabello cayéndole sobre los ojos. No decía gran cosa, pero cuando lo hacía, casi siempre era para hacer un comentario irónico o para burlarse un poco de Fiona. Cuando la película *Wayne's World* llegó a Nueva Zelanda, Theo fue quien nos habló de ella. Luego Fiona y yo la veíamos en bucle y actuábamos la escena del automóvil siempre que estábamos en el asiento trasero del *hatchback* color vino de su papá. Cantábamos "Bohemian Rhapsody" a todo pulmón mientras Stephen se encogía y alzaba los hombros como si tratara de cubrirse las orejas.

Cuando Theo estaba a la vista, yo trataba de mantener la boca cerrada. En ese tiempo tenía frenos para tratar de contener mis dientes salidos; lo que quedaba de una tortuosa permanente en espiral a la que yo misma me sometí; y la tendencia a sonrojarme como tomate cada vez que me apenaba. Por todo eso, el silencio parecía ser la mejor opción que abrir la boca y decir alguna estupidez. Me parecía que Louise sentía lo mismo. Cuando hizo su examen de manejo, se encontró a Theo a la salida de la estación de pruebas y le preguntó cómo le había ido. "Reprobé", dijo Theo con la cabeza gacha.

Esa noche, mamá insistió en que Louise le llamara para animarlo y, tal vez, para invitarlo a ver una película, pero Louise rechazó la idea de inmediato. "¡No puedo llamar a Theo Lindsay, mamá! ¡Qué vergonzoso!".

Yo tenía la ilusión de llegar a ser tan *cool* como Theo cuando tuviera quince años, y que no fuera difícil, pero por el momento ya tenía bastante con tratar de sobrevivir a la ortodoncia, a mi rebelde cabello y, para 1994, también a la preparatoria.

CINCO

Theo

Morrinsville College, la única preparatoria del pueblo, se encontraba a solo unas cuadras de mi escuela intermedia, pero al ver a los casi seiscientos estudiantes repartidos en los cinco grados, me parecía que era un mundo completamente nuevo. Louise llevaba dos años estudiando ahí, tenía quince y llevaba su castaño cabello largo; sus interminables piernas la hacían una elegante bailarina de jazz, y su inteligencia la había colocado en los primeros lugares de su clase. También tuvo un breve periodo de rebeldía o, al menos, eso es lo que a mí me pareció al verla enrollar la falda del uniforme para acortarla. Todo esto hacía de mi hermana la persona adecuada para bombardearla con mis preguntas en mi primer día de clases cuando nos dirigíamos a la escuela: *¿Dónde se sientan los de tercer grado? ¿Te puedo saludar si te veo en la escuela? ¿Qué hay de mamá? ¿Puedo ir al comedor siempre que yo quiera?* En los últimos años, mamá había trabajado como administradora del comedor escolar: la sala estaba debajo del vestíbulo de la escuela, hacinada de barras de cereal, papas fritas, tartas de carne y salchichas envueltas en masa de hojaldre.

Cada mañana, cuando mamá llegaba y encontraba los palés de tartas de carne esperando, yo iba al área afuera del edificio de ciencias y ahí encontraba a mis amigos deambulando y esperando a que sonara la campana. En los meses menos fríos, nos sentábamos en las bancas que estaban junto a los salones de clase y succionábamos Juicies, un jugo de frutos tropicales congelados en tubos de plástico. Para cuando llegaba junio, comenzábamos a temblar de frío y usábamos largas calcetas blancas que, cada vez que se deslizaban, subíamos lo más posible para proteger nuestras piernas del aire húmedo.

Uno de esos fríos días de junio, llegué a la escuela y encontré a mis compañeros de clase parados en grupo y murmurando. Era obvio que algo importante, algo *muy serio* había sucedido. Dejé mi mochila de lona verde debajo de la banca y en ese momento me vio Sarah, una chica alta, con cabello rizado. Se acercó a mí y habló en un tono urgente y con las mejillas sonrojadas.

—Jacinda, ¿ya te enteraste? —preguntó.

¿Ya me enteré?, pero… era demasiado temprano, ¿qué pudo haber sucedido antes de las nueve de la mañana?

—Se trata de Fiona —dijo y me quedé paralizada. No tenía idea de qué le pudo haber sucedido—. Su hermano se suicidó.

Estoy segura de que Sarah dijo más que eso, pero en mi memoria lo que haya dicho desapareció después de esa oración.

Theo, pensé, *Theo es el hermano de Fiona, es un chico inteligente y guapo y muy divertido. Es reservado como mi hermana, tiene aeromodelos en sus repisas y calcomanías de grupos en su cómoda, come Nutella directo del frasco y, a veces, sonríe de manera impertinente. Theo.* A lo lejos, en los campos, se cernía una ligera neblina, húmeda y silenciosa. *El hermano de Fiona, Theo, se suicidó.*

Levanté mi mochila y corrí, atravesé el salón de matemáticas, pasé por el lugar donde me formaba para la clase de artesanías de metal, también atravesé el patio interior y corrí hasta el callejón que conducía al comedor escolar y a mi madre, quien se encontraba envolviendo tartas de carne. *Mamá sabrá qué hacer*, pensé, pero, por supuesto, nadie, ni siquiera mi madre, podría reparar algo así.

Poco después, ya estaba frente a la puerta de Fiona y, detrás de mí, se encontraba el Toyota de mamá, en el acceso vehicular.

Mamá había llamado a casa de Fiona desde el comedor, habló con Stephen, quien confirmó la noticia. Dijo que yo debería ir, que Fiona quería verme. La puerta estaba abierta como era costumbre, pero me sentí casi como una intrusa al estar tan cerca de la frontera del dolor de alguien más.

Respiré hondo y toqué a la puerta antes de entrar. La sala, en el piso de arriba, estaba repleta de adultos, había otros más de pie alrededor de la mesa negra laqueada del comedor, y aún más en la cocina. Sus voces no eran más que un murmullo y, sus rostros, trazos desdibujados. De entre esos trazos surgió Stephen y señaló la parte trasera de la casa con un gesto. “Las chicas están en su habitación”, fue todo lo que dijo.

Cuando pasé por la habitación de Theo, vi todo igual que siempre: el papel tapiz de cuadrículas, la silla verde del escritorio, las alegres cortinas florales que seguramente Vicky eligió para él, los libros escolares colocados al azar sobre la repisa y las calcomanías, varias de ellas casi arrancadas, como si Theo hubiera cambiado de parecer respecto a haberlas pegado ahí.

La habitación de Theo, los objetos de Theo.

Escuché la televisión encendida en la habitación de Fiona y Penelope, era algún programa de entretenimiento matutino. Abrí la puerta y dejé caer mi mochila ahí mismo, ambas voltearon. Fiona tenía el cabello húmedo y varios mechones pegados al rostro, sus ojos estaban rojos e inflamados. Abrí la boca, pero no encontré palabras. Hasta ese momento, todo en nuestra amistad había sido sencillo, fácil, jugábamos juntas, paseábamos en el bosque, bailábamos y veíamos películas. Cantábamos canciones estúpidas, leíamos la revista *Cleo*, hablábamos sobre Jim Morrison, escuchábamos a los Smashing Pumpkins, fingíamos que éramos adultas.

¿Qué se dice en un momento así? Tal vez nada. Tal vez basta con fijar la mirada en la otra, acercarnos, abrazarnos y dejarnos caer. Tal vez lo único que haces por un largo rato es abrazar y llorar, y cuando las lágrimas empiezan a disminuir, aunque sea solo por un momento, tal vez te acercas a tu mochila y sacas tres bolsas arrugadas de paletas de caramelo sabor durazno que tomaste del comedor escolar que administra tu madre y prometiste pagar después, solo para tener algo que ofrecer, lo que sea, incluso si te parece inmensamente modesto y estúpido. Tal vez cada una abre una bolsa sin haber dicho nada aún, saca la paleta y la empieza a chupar, como si nada pasara, a pesar de que todos saben que no es así, aunque todos saben que nada, nunca, volverá a sentirse normal.

Tal vez eso es todo lo que haces.

Fiona pidió pasar esa noche en mi casa, la suya estaba repleta de gente y la abrumaba y entristecía mucho. Cuando estábamos acostadas en la oscuridad de mi habitación, empezó a interrogarme por primera vez respecto a mi religión. Me preguntó a dónde creía que iba la gente al morir y le dije lo que me parecía que era una verdad: que había un Dios y una vida después de la vida. Un lugar donde podríamos volver a ver a nuestra familia. Eso fue lo que le dije porque eso era en lo que creía, y también porque me pareció que era lo correcto. Porque, *¿de qué otra forma podría alguien superar algo como esto?*, me pregunté.

Algunos días después, al estar en casa de Fiona, justo antes del funeral de Theo, un invitado hizo un comentario sobre Dios en el almuerzo. Vicky acababa de servir la sopa y el pan y, aunque no recuerdo lo que dijo esa persona, estoy segura de que solo estaba tratando de reconfortarla de la misma manera en que yo intenté hacerlo con Fiona.

Al escuchar el comentario, Vicky dejó el cucharón sobre la mesa. "¿Dios? —preguntó en un tono intenso e irónico, pero luego continuó hablando con voz entrecortada—. Si Dios existe, ¿cómo pudo llevarse a mi hijo? Cómo pudo…".

No terminó la frase, solo golpeó la mesa negra laqueada con tanta fuerza que los tenedores y los cuchillos saltaron, y un grito se quedó ahogado en el fondo de su garganta. Durante el silencio que surgió a continuación, un silencio de pena y comprensión, nadie se atrevió a mirar a nadie más, entonces, mi mente empezó a dar vueltas en busca de la respuesta a la pregunta de Vicky. *Si Dios existe, ¿cómo pudo…?*

Yo había sido una devota integrante comprometida con mi Iglesia toda la vida y nunca, ni por un instante, dudé de la existencia de Dios, ni de la verdad de la religión que había sido parte de mi familia desde que Nana habló por primera vez con aquellos misioneros mormones, mucho tiempo antes de que yo naciera. De lo único que había dudado era de la fuerza de mi propia fe.

Siempre me enseñaron que todo lo que sucedía formaba parte del plan de Dios, que si había una pregunta que no podías responder con tu fe, entonces no estabas destinado a entenderla, y esa visión tan simple había bastado. Hasta ese momento.

Dios, aún creo en ti, recuerdo que pensé, *pero no comprendo esto. Nunca lo comprenderé.*

SEIS

A tocar puertas

UNA VEZ, ESCUCHÉ UN CHISTE en la escuela, yo no tendría más de diez años. Entre la multitud de niños desparramados en el corredor después de una de las clases, una niña de mi edad gritó: "¡Hey!", dirigiéndose a nadie y a todos al mismo tiempo. Esperó hasta que estuvo segura de que por lo menos algunos niños la estuvieran escuchando, y empezó una rutina de comedia improvisada. "¿Cuál es la diferencia entre un mormón y un Lada?".

Bien, para entender el contexto del chiste y su remate, hay que saber algo que solo unos pocos niños de diez años estaban al tanto entonces: que Lada era una marca de automóviles rusos baratos, fabricados por el Estado y conocidos porque podían tener problemas de funcionamiento en cualquier momento. Yo ignoraba eso y, francamente, creo que *ninguno* de los niños lo conocía, pero por supuesto, lo importante no era saber qué era un Lada, sino qué era un mormón, y yo era mormona.

La niña esperó un momento y luego gritó con alegría: "¡Que al mormón sí se le puede cerrar la puerta!".

Dudo que entendiera lo que estaba diciendo, era una niña que había sido amable conmigo y que me había permitido escuchar sus casetes de Guns N' Roses; estoy casi segura de que solo estaba repitiendo algo que escuchó. Sin embargo, la premisa del chiste, que los mormones íbamos de puerta en puerta como parte de nuestra religión, no era errónea. Y, aunque no hizo reír a nadie, tuvo un efecto al menos en un sentido: desencadenó en mí el miedo a tocar puertas.

Tiempo después, cuando cumplí trece años, llegó mi turno de tocar puertas en nombre de Dios y tuve sentimientos encontrados. Por una parte, siempre sentí que la religión era algo personal, individual. Lo más cercano a una conversación que recuerdo haber tenido con alguien más, fuera de mi familia, tuvo lugar aquella noche en mi casa con Fiona. Pero, por otra parte, había buenas razones para ir a tocar puertas.

Compartir nuestra fe era parte esencial de ser mormón, y yo era mormona de la cabeza a los pies. Incluso si había preguntas como la de Vicky, a las que mi religión no podía responder, en lugar de perder mi fe había decidido acercarme más a ella. Por eso, un día, cuando los "mayores" o "élderes" locales, que en realidad eran hombres jóvenes que venían de otros países como misioneros, me preguntaron si quería acompañarlos en su recorrido en la tarde, acepté.

Los misioneros que servían en Morrinsville eran principalmente estadounidenses, pero su gentileza y su decencia eran universales. Usaban una especie de uniforme: traje negro, camisa blanca, corbata y una insignia con su nombre en la solapa del saco. Para ir a tocar puertas esa tarde, me vestí con el atuendo que habría usado un domingo: falda a la altura del tobillo y una blusa. Éramos tres, nos dirigimos a una calle de familias de clase media, llena de casas sencillas de mediados de siglo. El vecindario era exactamente el tipo de lugar donde podría encontrarme con gente que conocía de la tienda de la esquina, de las canchas de balonred o, ¡ay, Dios, no, por favor!, de la escuela.

Me sentía muy nerviosa porque tocar puertas era una experiencia impredecible, porque cuando te paras frente a una, no tienes idea de quién está del otro lado. ¿Será un desconocido? ¿Alguien a quien conoces? ¿Será hostil o amable? Además, sin importar quién responda, o cómo se sienta acerca del hecho de que estás ahí parado, tienes que empezar a hablar del asunto más personal posible: tu fe en Dios.

Cuando los misioneros se acercaban a una puerta, yo me quedaba un poco atrás, observando y escuchando. A veces no había respuesta, pero si alguien abría la puerta, los élderes empezaban su discurso de la misma manera: *Buenas tardes, señor/señora. Somos de la Iglesia de Jesucristo de los Santos de los Últimos Días*, y, con frecuencia, la conversación acababa de forma abrupta en ese mismo momento. ¡Al mormón sí se le puede cerrar la puerta!

Cuando la puerta no se cerraba de forma instantánea, yo me acercaba un poco más, solo unos centímetros, y escuchaba y veía si podía añadir algo. Sin importar lo difícil que me resultaba la misión, continué y superé mi fuerte deseo de no tocar puertas, aunque cada una me parecía el equivalente al 22 de Lincoln Street y al rottweiler detrás de la reja.

A pesar de que esa tarde no vi a los misioneros ir más allá de saludar y decir su nombre, noté que a casi todas las conversaciones les dieron fin de la misma forma: *¿Hay algo que pueda hacer por usted el día de hoy?* Y, en cada ocasión, desde el lugar donde me ubicaba, entre la puerta y el acceso vehicular, observé algo interesante: que esa simple pregunta hacía que la expresión de la persona frente a ellos cambiara. Si hasta ese momento solo había mantenido la puerta de mosquitero apenas abierta para asomarse, al escuchar la pregunta la abría un poco más. O, si solo había mirado al perro que sujetaba entre las piernas, al oír la sinceridad en la voz de los élderes levantaba la vista, aunque solo fuera un instante.

Muchos años después, tuve que subir por un sendero o caminar por el acceso vehicular de miles de hogares para tocar la puerta y hablar, no de Dios, sino de otro tema excelente para iniciar conversaciones: la política. Aprendí que era normal sentirse nervioso al tocar puertas, pero no por las razones que imaginaba. Lo que hacía que la experiencia fuera aterradora no era la imprevisibilidad, sino la intimidad. Pero, paradójicamente, esa intimidad era lo mismo que hacía que la conversación fuera única y especial.

Estar frente a la puerta de alguien es atisbar los confines de la vida de otro. Los zapatos deportivos desperdigados y las botas de hule bocabajo, junto a la entrada, te cuentan la historia de la persona que vive ahí; los juguetes y las mochilas son un indicio de cómo ha pasado el día hasta ese momento.

Aunque tal vez me costó trabajo iniciar conversaciones sobre Dios y, a veces, incluso sobre política, descubrí que tocar una puerta y pedirle a alguien que me hablara de su vida y de lo que haría una diferencia para él o para ella, era algo que sí podía hacer. Algo que incluso *quería* hacer. Podría hablar con la madre cuya casa tenía tan mala ventilación que sus ventanas estaban manchadas por la condensación y cuyos niños estaban enfermos.

Podría sentarme junto al hombre que acababa de dejar la vida en las calles para mudarse a su primer hogar, y hablar con él sobre el hecho de que la alegría de tener un refugio conllevaba el dolor de la soledad. De hecho, podría hacer todo eso sin reservas. En las puertas que tocaría en el futuro no solo haría preguntas, también compartiría ideas que devendrían en políticas que, a su vez, podrían resolver problemas. Y cuando lo hiciera, no habría necesidad de quedarme unos pasos atrás.

Aprender a tocar puertas siendo adolescente tuvo beneficios adicionales. Hizo que todas las otras llamadas o visitas en frío fueran menos intimidantes, como la de la tarde previa a mi cumpleaños número catorce, cuando mi madre me llevó al pueblo a buscar empleo.

Ese día después de la escuela volví a casa y encontré a mamá esperándome, todavía llevaba el uniforme de su trabajo en el comedor escolar: blusón color durazno y suéter tejido beige claro. Con su voz afable, que al mismo tiempo te hacía saber que no se andaba con tonterías, me dejó muy claro que había tomado una decisión. "Querida, llegó el momento de que busques un empleo, uno de verdad", dijo. Louise y yo ya no distribuíamos folletos porque la enorme cantidad terminó por abrumar incluso a mis padres, así que había llegado el momento de buscar una nueva experiencia. Louise trabajaba en una tienda de productos agrícolas llamada Vege Bin y, como se acercaba mi cumpleaños, mamá decidió que yo ya tenía "edad suficiente" también.

En la vida de mamá nunca hubo un momento en que no estuviera trabajando, si no por el dinero, al menos para servir a otros. Había trabajado en la granja de mis abuelos, bajo la impaciente mirada de su padre. Cuando fue adolescente, trabajó los fines de semana en un restaurante de hamburguesas en la calle principal de Te Aroha. Siempre tuvo la ilusión de ser contadora algún día y, sin duda, tenía la capacidad intelectual necesaria, pero nunca contó con el apoyo para ir a la universidad. Nadie en su familia lo tuvo.

En lugar de eso, tomó un "buen empleo local" en el que llevaba la nómina de una gasolinera de Te Aroha y luego trabajó como empleada en la oficina postal. Cuando Louise y yo nacimos, organizó sus horas laborales con base en nuestras necesidades. Reemplazaba a los maestros de la preparatoria de Murupara cuando se enfermaban, limpiaba la estación de policía y la capilla mormona, y, tiempo después, dirigió el comedor escolar de Morrinsville College. Mi madre nunca eligió lo que quería, sino lo que los otros necesitaban o esperaban de ella. Ahora era mi turno de ser útil, y para eso necesitaría obtener un empleo.

—Trae tus reportes de calificaciones y tus certificados —me indicó.

—¿Cuáles? —pregunté.

—Todos.

Fui a mi habitación, saqué un viejo fólder azul con bolsillos de plástico y empecé a llenarlo con todo lo que encontré: logros académicos, un premio que gané en un concurso de tartas en la feria de la escuela, un premio que ganó mi cordero el Día del Club de Terneros… documentos irrelevantes por completo, pero de todas formas los guardé.

El distrito comercial de Morrinsville mide menos de un kilómetro, en él no hay ni centros comerciales ni restaurantes de cadena. Las opciones de empleo para los chicos de mi edad eran bastante limitadas: había un lugar de comida china para llevar, un local de *fish and chips*, una barra de hamburguesas, una papelería, una tienda de artículos eléctricos y una de regalos.

Era viernes por la tarde y las tiendas estaban preparándose para cerrar. Los locales de comida para llevar, en cambio, estaban listos para iniciar sus turnos más atareados de la semana. Cuando crucé la calle con mi fólder azul bajo el brazo, sentí que el estómago se me revolvía, ¿en verdad iba a entrar a un local comercial como si nada y pedir un empleo? Sonaba casi tan aterrador como ir a tocar puertas con los misioneros.

El primer lugar donde nos detuvimos mamá y yo fue Golden Kiwi, un local de *fish and chips* manejado por una familia; era toda una institución en Morrinsville. En todos los años que llevaba de existir, la decoración de Golden Kiwi se había mantenido casi igual: pescado fresco en la ventana, paredes con paneles de madera, mostradores de formica imitación mármol rojo y grandes pizarrones con el menú en la pared. En la parte trasera del local había unas puertas batientes que separaban la cocina de la zona de mesas del restaurante, la cual tenía muros con bloques de hormigón pintados, sillas tapizadas en vinil y manteles a cuadros rojos y blancos. Por cinco dólares, en Golden Kiwi podías consumir una comida completa que incluía pescado, papas fritas y ensalada. Si te sentías con ganas de presumir, podías pagar extra y pedir el pargo rojo, pero independientemente de lo que ordenaras, siempre encontrarías en el lugar a por lo menos un miembro de los Covich, la familia que había sido dueña del restaurante por casi tres décadas.

Al entrar, la campana de la puerta sonó, era la misma campana que tantas veces había escuchado los jueves por la noche, cuando mi familia compraba cuatro órdenes de pescado y dos conos de papas fritas. Cuando llegamos, ya había gente en el lugar y en el ambiente se percibía el aroma a alimentos fritos y se escuchaba el tintineo de la caja registradora. Carol Covich estaba detrás del mostrador con un uniforme azul, garabateando una orden. Era de baja estatura y tenía el cabello cortado casi a rape, como si no tuviera tiempo para ningún tipo de arreglo personal. Se movía con la actitud de alguien con quien preferirías no tener problemas. Grant, su esposo, estaba en la parte de atrás de la cocina; por encima de las puertas batientes era posible ver su negrísimo fleco mal cortado y su delgado bigote. A pesar del ajetreo, ni Carol ni Grant se veían apurados, ni por asomo. Cuando llegué a la caja, Carol tomó una pluma y una pequeña libreta.

—¿Qué te puedo servir? —preguntó.

Respiré hondo y coloqué mi fólder sobre el mostrador.

—Hola —dije. *Recuerda: solo sonríe e inicia una conversación con esta… increíblemente ocupada mujer*, pensé. Pasé saliva y sonreí de oreja a oreja—. Me preguntaba si no necesitaría… ¿un ayudante?

Carol se quedó mirándome como evaluando si valdría la pena perder su tiempo conmigo.

—¿Estás buscando empleo? —preguntó al tiempo que tomaba mi fólder y hojeaba mi colección de certificados. Sus ojos se fueron entrecerrando más con cada página que pasaba; tal vez no estaba del todo convencida de que saber cuidar corderitos fuera una aptitud importante para buscar trabajo.

—¿Has tenido otros empleos? —preguntó.

—Distribuí folletos de un supermercado —contesté—. También ayudé en nuestro huerto.

Carol se quedó meditando mi respuesta, dejó mi fólder sobre el mostrador y lo deslizó para devolvérmelo.

—Bien —dijo—, resulta que necesitamos que alguien nos ayude los viernes, de las cinco de la tarde hasta el cierre. Tendrías que tomar órdenes por teléfono y en el mostrador, también tendrías que ayudar en el restaurante. Después de cerrar el lugar, ayudarías a limpiar. La paga es de cinco dólares por hora. Si vienes la próxima semana, podríamos hacer una prueba. ¿Qué dices? —preguntó, y yo solo pude asentir—. Espera un momento entonces —dijo. Fue a la parte de atrás y volvió con un uniforme—. Los conseguimos en una venta de garaje —explicó al entregármelo—. Son antiguos uniformes de enfermera, pero funcionan. Asegúrate de traer zapatos cubiertos: en la parte de atrás siempre hay manteca caliente.

Y eso fue todo, así obtuve mi primer empleo de verdad o, al menos, mi primera prueba.

Mi alivio por conseguir un trabajo fue reemplazado casi inmediatamente por una nueva preocupación: *¿Qué tal si me equivoco?* Golden Kiwi era un lugar que podía llegar a ser muy muy concurrido, en especial los viernes. Imaginé a Grant abriéndose paso entre una larga hilera de mercancías, el teléfono sonando, a todos esos comensales impacientes en el comedor. *¿Qué tal si pierdo el empleo en mi primer turno?*

Mamá había trabajado en un restaurante similar cuando era adolescente y aún recordaba las tareas básicas que necesitaría aprender.

Cuando llegamos a casa, entró a la cocina y desapareció un momento; al salir, tenía entre las manos un periódico y media col.

—Toma —dijo separando el periódico a la mitad y dejando caer la col frente a mí—. Puedes practicar envolviendo esto.

Me quedé mirándola en blanco y ella se sentó en el suelo, puso la col en el centro de la gran hoja de periódico y la envolvió con la precisión de alguien que envuelve un regalo, solo que sin listón ni cinta adhesiva. Además de plegar el papel con firmeza, la maniobra requería dar un giro al paquete con cuidado, pero a toda velocidad, para evitar que la col se saliera y cayera.

—Ahí lo tienes —dijo mamá satisfecha mientras se reclinaba y admiraba su labor manual—. Claro que, como trabajarás con papas fritas, tendrás que sujetarlas con mucho cuidado al hacer girar el paquete porque, de lo contrario, se saldrán por el frente. Vamos, ahora inténtalo tú.

Desenvolví el paquete y volví a colocar la col en medio, a pesar de que me pareció un muy mal sustituto de las papas fritas. Aun así, resultó ser más difícil de lo que parecía. No pude plegar el papel y apretarlo tanto como debía y, al tratar de hacer girar el paquete, la col se salió por un lado y cayó al suelo.

Mamá me sonrió para reconfortarme.

—Inténtalo de nuevo —dijo.

Envuelve, desenvuelve y repite. Envuelve, desenvuelve y repite. Esa noche practiqué decenas de veces y solo me detuve en algunas ocasiones, y estrictamente el tiempo necesario, para contemplar lo ridículo de la escena: era la víspera de mi cumpleaños número catorce y yo estaba ahí, sentada en el suelo de nuestra sala, envolviendo obsesivamente media col en periódico. Sí era absurdo, pero ni siquiera eso me detuvo.

Había muchísimas cosas que podrían salir mal en mi primer turno en Golden Kiwi: podría equivocarme al tomar una orden por teléfono, darle a un cliente la orden equivocada, no envolver correctamente los alimentos y que las papas fritas y las salchichas cayeran al suelo… Y, por supuesto, Carol podría negar con la cabeza antes de llevarme a medio turno a un sitio más privado y decirme: "Creo que esto no va a funcionar". Y no había nada que yo pudiera hacer para evitar esas situaciones, salvo practicar, así que eso fue lo que hice. Una y otra vez, hasta que logré hacerlo con facilidad, y luego varias veces más, solo para estar segura. *Envuelve, desenvuelve y repite.*

Entonces no lo sabía, pero el hecho de imaginar los peores escenarios posibles y luego trabajar de forma obsesiva para evitar que cualquiera de ellos se presentara, también sería una extraña forma de prepararme para un empleo completamente distinto. De la misma forma que sucedió cuando empecé a tocar puertas y cuando le entregué un fólder azul a una mujer que era casi una desconocida, y le pedí que tuviera fe en mí, también comenzaba a prepararme para un puesto que nunca imaginé desempeñar.

Pero en aquel entonces solo sabía una cosa, que muy pronto tendría que envolver muchas papas fritas, así que solo continué practicando… con media col.

MI MADRE FUE MI MAYOR ANIMADORA en casa, pero en Morrinsville College ese puesto lo ocupó el señor Fountain, mi maestro de estudios sociales y luego de historia. El señor Fountain llegó a Morrinsville College directo del entrenamiento para maestros, y era de Wellington, lo cual bastaba para que lo consideráramos una persona "sofisticada". A pesar de ello, él no era pretencioso en absoluto. De hecho, usaba ropa color kaki con tanta frecuencia que algunos estudiantes empezaron a molestarlo, le decían "comunista".

El señor Fountain solo tenía veintitantos años, pero ya se le había caído casi todo el cabello. Usaba unos pequeños lentes de armazón redondo, y todos los días entraba al salón de clase con la energía de alguien que había bebido más tazas de café de las debidas. Para él, cada clase era una oportunidad de darnos una lección vívida y dinámica, como aquella vez en que reorganizó el salón para que se pareciera al piso del Parlamento. O cuando nos enseñó sobre la historia de la India con dos artículos diametralmente opuestos que imprimió sobre Gandhi —uno que lo criticaba con vehemencia y otro que celebraba sus logros—, y luego nos instó a: "Averiguar quién era, averiguar por ustedes mismos". El señor Fountain quería que aprendiéramos a formar nuestro propio criterio, tal vez también quería que supiéramos algo más: que tanto la gente como la historia eran complicados.

En aquel tiempo, el programa de historia les ofrecía a los maestros la opción de elegir lo que ellos querían abordar en su clase. En lugar de elegir inglés e historia europea, que era lo común en la mayoría de las escuelas, el señor Fountain a menudo se inclinaba por temas que tenían que ver con el pasado de Nueva Zelanda.

Debido a eso, en Morrinsville College empecé a desarrollar mi comprensión sobre la compleja historia de nuestro país. Aprendí sobre la firma de He Whakaputanga, la Declaración Maorí de Independencia realizada en 1834, y sobre la subsecuente firma del Tratado de Waitangi, en 1840, entre los jefes maoríes y la corona británica. Aprendí que la traducción a la lengua maorí del tratado, es decir, la versión firmada por casi todos los jefes, hacía énfasis en la *tino rangatiratanga*, o autodeterminación, y que era distinta a la versión en inglés. Aprendí sobre las guerras del siglo XIX que tuvieron lugar después del tratado, incluyendo la invasión del ejército británico al Waikato, el lugar donde yo vivía, y sobre el montón de leyes discriminatorias que impuso el gobierno colonizador, y con las que confiscó millones y millones de hectáreas de tierra maorí y apartó a generaciones de maoríes de su lengua y su cultura.

En todos los casos, el señor Fountain destacó la fortaleza y la innovación de la resistencia maorí ante la colonización: el desarrollo de novedosas tácticas militares, el establecimiento de nuevas entidades políticas como el movimiento Maori King, y el uso de resistencia pacífica para oponerse a las agresiones y a la injusticia. La historia que nos enseñaba era oscura, dolorosa e irresoluta, y también se relacionaba con los reportajes que veíamos entonces en los noticieros. Dicho de otra forma, la historia no quedaba relegada exclusivamente al pasado ni a algún capítulo cerrado, la historia estaba desarrollándose en ese momento en nuestro entorno.

En 1995, cuando yo tenía quince años, el gobierno les ofreció una disculpa a los maoríes del Waikato por las violaciones al Tratado de Waitangi y por el subsecuente Acuerdo Tainui, el cual incluía una compensación financiera por las muchas instancias de confiscación de las tierras. Fue el primer acuerdo al que llegaron los maoríes y el gobierno, y, por lo tanto, desencadenó un acalorado debate en las noticias. Los reporteros prácticamente les incrustaban los micrófonos en la cara de las personas para preguntarles si pensaban que los acuerdos eran una buena idea. A menudo se escuchaban comentarios como: "Pero ¿acaso no todo eso quedó en el pasado?" o "Solo necesitamos dejar el asunto atrás y seguir avanzando". Estas respuestas estaban imbuidas en un peculiar nerviosismo, como si, de alguna manera, abordar una injusticia nos hiciera cómplices a todos o, quizá, menos patriotas. Para mí, sin embargo, aprender la historia de Nueva Zelanda no cambió lo que sentía respecto al país que era mi hogar. De hecho, en la clase del señor Fountain comprendí, lección por lección, que amar el lugar de donde eres significa ver todo lo malo que necesita ser reparado y todas las maneras en que podría mejorarse lo que no funciona.

Yo amaba la historia, en tanto que Louise tenía una mayor facilidad para la química, la biología, las matemáticas y la física, las materias que a mí no se me daban de forma natural. Mi hermana también tenía una salida para su creatividad: la fotografía. Compró una cámara de 35 mm que empezó a llevar a todas partes. En los eventos familiares nos forzaba a posar y todos perdían la paciencia porque siempre tenía problemas con su cámara durante un largo rato y el temporizador no funcionaba. Como en el cuarto frío de almacenamiento del cobertizo del huerto había una cocina que no se usaba, mis padres decidieron pintarla de negro y luego la equiparon con artículos de segunda mano por un valor de seiscientos dólares que encontraron en distintas ventas de garaje para crear un cuarto oscuro.

Yo adoraba ayudar a Louise en su cuarto oscuro. Nos recuerdo paradas lado a lado bajo el resplandor de la luz roja, mezclando químicos y observando cómo cobraban forma las imágenes, y después sacábamos las fotografías de las charolas con químicos y las colgábamos por todo el lugar para que se secaran. Aquel cuarto oscuro a veces lo sentíamos como nuestro propio universo, de la misma forma que alguna vez lo hicimos con una franja de poco más de una hectárea de bosque. La fotografía de Louise también se convirtió para mí en una forma de explorar un poco más lo que era nuestra familia. Después de la muerte de Nana, encontramos unos viejos negativos entre sus pertenencias y Louise y yo los revelamos.

En una de las fotografías se veía a Nana y al abuelo Harry parados juntos en una especie de salón. Nana llevaba unos lentes tipo ojos de gato y un sombrero sin ala sobre sus apretados rizos. En otra aparecían sus cuatro hijos de la posguerra, ninguno tendría más de seis años. Estaban de pie, descalzos y con sombreros de paja, formados en una hilera en el jardín y mirando a la cámara con los ojos entrecerrados. Detrás de ellos se ve la casa que llegué a conocer tan bien y, a pesar de que papá apenas gateaba, la construcción se veía idéntica a como yo la recordaba. Incluso pude imaginar las partes que no se veían en la fotografía: la terraza cubierta, la ventana del frente y, sobre todo, el afilado pináculo en la cima del gablete que, según me explicó Nana, impedía que las brujas aterrizaran en el techo.

En otra de las fotografías se ve a mi abuelo Harry parado al lado de un río, vistiendo una camisa a cuadros con las mangas recogidas hasta los codos y sosteniendo un cuchillo para tallar y un afilador. A su lado estaba papá, tendría unos veinte años y sostenía a un cisne negro del cuello. Papá estaba inclinado, alejándose del animal, y tenía aquel eterno remolino de cabello sobre la frente. Louise y yo examinamos la fotografía, nos sorprendió que papá hubiera cazado cuando era joven y también nos extrañó que fuera posible cazar cisnes para empezar. Al ver a mi papá y a su padre parados lado a lado de esa forma, la diferencia en la altura nos sorprendió. Aunque papá no era particularmente un hombre pequeño, mi abuelo lo sobrepasaba por mucho.

Cuando Louise y yo le presentamos esta imagen a mi padre, negó con la cabeza y solo nos dijo: "Ese no soy yo. Es Jim".

Habíamos oído hablar de Jim, era el hombre que trabajó con el abuelo Harry, el que hizo rodar a mi tía Marie por la colina cuando a su vestido lo cubrieron las llamas, tantos años atrás. Hasta ese momento, yo nunca había visto una fotografía de Jim. ¿En verdad era él?

Louise y yo no hicimos preguntas, solo continuamos revelando los negativos que aún quedaban y riéndonos de nuestro error. Sin embargo, yo no pude dejar de pensar en aquella inocente confusión.

EN LA DÉCADA DE LOS NOVENTA, o la situación de la época se intensificó o, simplemente, cobré más conciencia política de lo que estaba sucediendo. Entre más observaba, más empezaba a expresar mis opiniones, y entre más las expresaba, más terminaba en desacuerdos con otros, incluyendo las personas con quienes compartía la mesa todas las noches.

Por suerte, mis fuertes opiniones encontraron una vía de salida más práctica. Un día descubrí que no era nada mala para hablar en público y gané el concurso de oratoria de la escuela varios años consecutivos. Tiempo después, y a instancias de mamá, me inscribí en otros concursos. Aunque me encantaba pararme frente al público y contar una historia o explicar una idea, los nervios que me provocaba hacerlo casi me desgastaban. Desde que se anunciaba un concurso, me obsesionaba con él y no podía pensar en otra cosa. La noche previa a cada evento dormía muy mal, me despertaba continuamente preguntándome si había memorizado mi discurso bien y qué haría si perdiera mi lugar. Para cuando amanecía, tenía el estómago hecho nudos y no podía desayunar siquiera.

A medida que la extensión de mis discursos fue aumentando, descubrí un nuevo problema, el más desgastante de todos: a veces, no podía hablar. Literalmente. Siempre me sucedía tres o cuatro minutos después de haber comenzado el discurso, la boca se me secaba por completo y mis labios empezaban a pegarse a los dientes. Me costaba trabajo formar las palabras de forma adecuada y, si el discurso duraba más de cinco minutos, no podía hablar en absoluto. La causa del problema era muy simple, cuando me ponía nerviosa perdía la capacidad de producir saliva. Era como si mi cerebro estuviera tan enfocado en lo que fuera que estaba causando que mi estrés aumentara y que mi corazón se acelerara, que no podía hacer nada más.

Intenté solucionarlo de varias formas, probé tomar pastillas con un intenso sabor a menta antes de subir al escenario, bebí limonada, repetí la palabra *limón* varias veces. Mi madre incluso fue a hablar con el farmacéutico y volvió a casa con unas pastillas que les prescribían a los pacientes de quimioterapia cuyas glándulas salivales resultaban dañadas. Pero nada funcionó; en todo caso, mi obsesión solo empeoró las cosas.

Lo interesante es que nunca me tomé un momento para preguntarme por qué me ponía tan nerviosa. Desde cualquier ángulo que lo viera, era buena oradora, preparaba mis argumentos con esmero, me aprendía cada discurso tan bien que casi no necesitaba mirar las notas que escribía en mis tarjetas, había ganado premios en la escuela y también algunos premios regionales. Pero, a pesar de todo, no podía deshacerme de la sensación de que algo podría salir mal, muy muy mal. Y si acaso eso sucediera, también sería la prueba de que yo no era lo bastante buena para estar ahí, por principio de cuentas.

El señor Fountain fue el que más se acercó a explicar lo que me sucedía. Él había participado en concursos de oratoria en la primaria e incluso ganó el concurso nacional de las Naciones Unidas en 1989. Cuando le hablé del alcance de mi nerviosismo, asintió y se quedó pensando. "¿Sabes, Jacinda? —dijo—, algunas veces me paro frente a este salón de clase convencido de que alguien va a saltar de entre los pupitres y les dirá a los otros que, en realidad, no tengo idea de lo que estoy haciendo". Me tomó un momento comprender a qué se refería. El señor Fountain era el mejor maestro que yo había tenido en la vida y, sin embargo, lo que acababa de describir me resultaba muy familiar. Fue entonces que dijo una frase que recordaré el resto de mi vida.

"Esa sensación se llama 'síndrome del impostor'".

Traté de asimilar lo que acababa de decir. "Síndrome del impostor". Eran solo tres palabras, pero de pronto sentí que eran las piezas de un rompecabezas uniéndose de forma correcta. Le pregunté de inmediato por qué alguien como él sufriría de un problema así, pero no estaba preparada para permitirme pensar que nos aquejaba lo mismo. Pensaba que la preocupación de él era irracional y que la mía era distinta; sin embargo, sus palabras me reconfortaron profundamente en ese momento. Si el señor Fountain sufría igual que yo, si éramos dos, entonces era probable que otras personas también sintieran lo mismo. Tal vez le sucedía a mucha gente porque, después de todo, el fenómeno tenía incluso un nombre. Nada de esto me ayudó con mi incesante dolor de estómago ni con la boca seca, pero me sirvió para continuar avanzando, y así fue como terminé atrayendo la atención del equipo de debate.

Tenía quince años y estaba en el tercer año de la preparatoria cuando la "oradora principal" del equipo de debate no pudo asistir a un torneo y los otros integrantes me pidieron que la sustituyera. Yo había visto al equipo presentarse en varias ocasiones y me parecía mucho más emocionante ese ejercicio que los monólogos de las competencias de discursos. Los debates implicaban intercambios furiosos entre los oradores, refutaciones ágiles e ingeniosas, e incluso interjecciones prohibidas sancionadas que hacían que los miembros del equipo se pusieran de pie de un salto y gritaran: "¡Punto de información!". Mientras estaba sentada entre el público, con frecuencia me descubría a mí misma elaborando argumentos en mi mente, como si ya estuviera en el escenario.

El primer torneo fue regional, lo que significaba que tendríamos que competir con equipos de escuelas de todo el Waikato. Mis compañeros de equipo, Anthea y Matthew, eran dos años mayores que yo. Matthew casi no necesitaba preparar los discursos que daba con un acento ligeramente engolado con el que ocultaba que, de hecho, era hijo de un conductor de camiones. Anthea era una chica amable y meticulosa, capaz de deconstruir un argumento, fragmento por fragmento, hasta que no quedaba nada. Mi labor era preparar al equipo, establecer nuestro argumento y luego volver, al final, para hacer una declaración de cierre en lo que se denominaba "la respuesta del líder".

Desde que vi cómo se desarrollaban los debates, sentí que tenía la capacidad de debatir. En las ocasiones en las que había discutido respecto a varios temas con mis padres, o incluso con sus amigos, me percaté de que era capaz de construir argumentos y expresarlos. Mi insistencia en prepararme más de lo necesario y mi tendencia a imaginar los peores escenarios posibles me permitían concebir cualquier argumento que el equipo contrario pudiera presentarme. Hasta ese momento, mi preocupación constante siempre me había desgastado, pero ahora, parecía ser un superpoder.

Ganamos aquel primer debate y, luego, la oradora principal obtuvo una beca y se mudó al extranjero, así fue como me convertí en miembro permanente del equipo. No solo debatí durante todo el tiempo que aún me quedaba en la preparatoria, también me uní al equipo regional del Waikato para las competencias nacionales. A lo largo de varios años debatí para defender cosas en las que creía, pero también cosas en las que no creía. Debatí sobre temas del momento, problemas meramente teóricos y asuntos que me instaban a reflexionar: *Fumar debería prohibirse, Nueva Zelanda debería abandonar el Commonwealth.* Y, sobre todo, algo en lo que volvería a pensar con frecuencia en el futuro: *La diferencia entre lo que somos y lo que podríamos ser es el mayor desperdicio de todos.*

Debatir me llevó a lugares en los que nunca imaginé que estaría. Me llevó a estar en un avión por segunda vez en mi vida, me permitió ver la Isla Sur y también la capital del país. Gracias al debate pude visitar el Parlamento de Nueva Zelanda y asistir a eventos y cenas formales en los que servían alimentos como "queso Brie con pimienta incrustada", que, en aquel entonces, no sabía qué era.

¿A veces la boca aún se me secaba tanto que era incapaz de emitir sonidos? Sí. ¿Me sentía nerviosa a menudo? No a menudo, siempre. Antes de cada torneo, ¿el estómago se me tensaba tanto que me impedía desayunar? Sí, con frecuencia. Sin embargo, era la primera vez que algo que antes parecía una debilidad, algo desgastante, se convertía en una fortaleza. Y, por suerte, no sería la única ocasión.

SIETE

Una historia familiar complicada

En mi turno del viernes por la noche en Golden Kiwi, siempre seguía una rutina. Llegaba a las cinco de la tarde con el uniforme azul claro que me llegaba apenas a las rodillas y que tenía un cierre que corría del discreto cuello en V hasta algunos centímetros por encima del dobladillo. Aunque solía ser un uniforme de enfermera, a mí me daba la impresión de que más bien se había usado para la cafetería de un hogar para ancianos en los años ochenta.

Grant cocinaba pescado, papas fritas, salchichas y cualquier cosa que pudiera arrojarse a la freidora. Otro cocinero trabajaba en la parrilla volteando las hamburguesas y los filetes. Carol y yo tomábamos las órdenes por teléfono y en el mostrador, envolvíamos los alimentos y nos movíamos con prisa por todo el lugar para servirles a los clientes sentados a las mesas.

A las ocho de la noche en punto, cuando se cerraban las puertas del restaurante, pasábamos una hora limpiando las mesas y los mostradores, higienizando la vitrina donde el pescado fresco permanecía sobre hielo, contando las ganancias en la caja y restregando a fondo los contenedores, los tapetes y los pisos. Después de eso, lo usual era que volviera casa y cayera rendida.

Una noche de viernes, cuando estaba en mi primer año de la preparatoria, el plan cambió, no volvería a casa como de costumbre. Asistiría a un evento: "La fiesta del alumno y la alumna prefectos". El alumno prefecto y la alumna prefecta eran los chicos más importantes de la escuela, los compañeros los elegían para ocupar este puesto y los maestros de la facultad aprobaban la elección. Aunque los alumnos prefectos eran puestos oficiales, como los de copresidentes de clase, la fiesta de aquel viernes era un evento no autorizado, una tradición que incluía música, amigos y cerveza.

Pasé todo mi turno mirando el reloj: *Media hora para el cierre. Quince minutos. Cinco minutos.* Me encontraba terminando mis labores en la cocina cuando, de pronto, escuché repiquetear la campana sobre la puerta del frente del restaurante. Me asomé sobre las puertas batientes para mirar desde la cocina y vi a un chico como de mi edad parado junto al mostrador. Por lo general, que alguien entrara cuando ya habíamos cerrado me habría molestado, pero me fue imposible enojarme con aquel chico. Era delgado, tenía cabello oscuro, mandíbula fuerte y ojos verdes. Llevaba jeans y una camisa a cuadros, y tenía la vista fija en el menú. Yo, mientras tanto, estaba de pie frente a él, vestida prácticamente con una bata de laboratorio. "¿Te puedo ayudar en algo?", pregunté al tiempo que tomaba una libreta de órdenes y un bolígrafo.

Chico Guapo continuó examinando el menú y yo examinándolo a él. Tenía una energía incontrolable, no dejaba de pasar su peso de una pierna a otra. Su mirada se movía nerviosa, incluso cuando ya estaba ordenando. Me esforcé mucho por regresar a la cocina caminando con calma, fingiendo indiferencia. Cuando colgué la lista de su orden sobre la zona de despacho, escuché a Carol organizando cajas en la bodega, y luego escuché algo más detrás de mí: el tintineo de la caja registradora.

Un momento. No hay nadie en el restaurante, ¿por qué sonaría la caja re…?

Entonces volteé hacia la puerta, justo a tiempo para ver a Chico Guapo inclinado sobre el mostrador y sacando el dinero de la caja con ambas manos. "¡Está robando el dinero!", grité. Carol medía treinta centímetros menos que yo y tenía, al menos, treinta años más, pero se movió como un relámpago. Pasó corriendo a mi lado y casi lo alcanzó cuando él abrió la puerta del frente de golpe y salió del restaurante a toda velocidad.

"¡Devuélveme mi dinero!", gritó Carol corriendo detrás de él. Yo los seguí. El chico abordó un viejo Triumph color café que estaba estacionado casualmente al otro lado de la calle. Arrancó y se fue, dio vuelta en la esquina; fue tan rápido que no alcanzamos a ver su matrícula. Carol y yo nos quedamos en medio de la calle vacía mirando el lugar donde el automóvil desapareció.

Para cuando la policía llegó, ya era muy tarde. Volví conduciendo a casa, me quité el uniforme, me cubrí todo el cuerpo con el rocío corporal Impulse para disimular el olor a comida frita, y me dirigí a la fiesta con muchísimo menos entusiasmo que el que tenía antes del robo.

La fiesta la hicieron en la casa de un estudiante que vivía en las afueras del pueblo. Al llegar, vi una hilera de automóviles estacionados a lo largo de un verdoso arcén y escuché la música de Metallica a todo volumen proveniente de un par de bocinas. Había mucha gente detrás de la casa, chicos con pantalones abombados y camisetas con imágenes impresas, bebiendo sentados en sillas de plástico o recargados en pacas de paja. Entonces vi a mi amiga Ginny al otro lado del jardín. "No creerás lo que sucedió esta noche", le dije.

Ginny y yo nos volvimos amigas cercanas algunos años antes, hicimos juntas un proyecto de ciencias que medía si el sol deslavaba la mezclilla más rápido de lo que se lavaba. Ella formaba parte del grupo de estudiantes populares, era inteligente y estudiosa, tenía el cabello rubio con reflejos rojizos y era hábil para los deportes. Nos sentamos y le conté lo que había sucedido mientras veíamos grupos de chicos moviéndose en la oscuridad.

En algún momento, el estudiante prefecto pasó junto a nosotras seguido de varios muchachos. Entre ellos vi a alguien que no estudiaba en nuestra escuela, tenía cabello oscuro, vestía jeans y camisa a cuadros, y tenía una energía incontrolable.

"¡Ginny! —dije sujetando el brazo de mi amiga—. ¡Es él! ¡Está justo ahí!". Era *él*, el chico que acababa de robar Golden Kiwi.

Vi a Chico Guapo caminar hacia la parte iluminada de la terraza, pero él no me notó. Pensé en mis opciones. Podría ir a casa y llamar a la policía, eso habría sido lo correcto y, quizá, también sería la manera más rápida de que Carol y Grant recuperaran su dinero, pero me encontraba en la fiesta de los alumnos prefectos, el evento más importante del año. Si la policía llegaba, la fiesta terminaría, y yo no quería ser responsable de algo así.

Pero tampoco quería quedarme con los brazos cruzados.

"Oye, Gin —dije—. ¿Podrías fingir que Chico Guapo te interesa y conseguir su número telefónico?". En unos cuantos minutos inventamos una personalidad distinta para Ginny, y ella se dirigió a la terraza. Yo me mantuve cerca de ahí, observando desde la oscuridad. La vi sentarse a su lado y empezar a conversar. Poco después, Ginny estaba riendo a carcajadas y echando la cabeza hacia atrás. Era tan convincente que empecé a preguntarme si no habría olvidado cuál era su misión, pero entonces la vi sacar una pluma y, unos minutos después, estaba de vuelta dándome el número de Chico Guapo. Entonces salí a toda velocidad por la puerta de atrás y me subí a mi automóvil.

Cuando llegué a casa, papá estaba en la cocina, le conté lo que había sucedido y él me habló en un tono de desaprobación.

"Jacinda, debiste llamar a la policía", dijo, pero de todas formas tomó el teléfono, marcó el número y pidió por Chico Guapo usando su verdadero nombre. La persona que contestó, y quien parecía ser su madre, dijo que lo sentía, pero que él no estaba en casa. Se encontraba en Morrinsville, en la fiesta de su primo.

Chico Guapo tuvo que enfrentar un proceso judicial juvenil. Pagó el dinero que robó en plazos de cinco dólares semanales, y les ofreció disculpas a Carol y a Grant por haberles robado.

Tal vez las cosas acabaron para él después de eso, pero no para mí. Durante meses pensé en aquella noche, no fue el crimen del siglo, pero no podía dejar de preguntarme si él habría pensado bien las cosas antes del robo, es decir, ¿lo habría reflexionado a fondo? ¿Por qué lo hizo? ¿Por qué alguien haría algo así, quienquiera que fuera? Había visto a mi padre confrontar este tipo de preguntas, y ahora también me quitaban el sueño a mí.

UNA NOCHE, tras pasar la tarde haciendo su tarea de biología en su último año de preparatoria, Louise levantó la vista y preguntó:

—Papá, ¿cuál es tu tipo sanguíneo?

Papá estaba sentado en la mesa leyendo el periódico. Acabábamos de cenar y yo estaba en la cocina guardando los platos mientras mamá se afanaba en otras tareas cerca de ahí.

—AB positivo —contestó sin dudar. AB es uno de los tipos sanguíneos más raros y, tanto él como su hermano gemelo, Ian, eran AB positivo, según nos dijo.

—¿Y cuál es el tipo sanguíneo de mi abuelo Harry?

Papá permaneció en silencio un momento antes de contestar.

—O positivo —dijo.

Louise escribió la respuesta en una gráfica y se quedó callada mientras comparaba notas en su libreta y el libro de texto.

—Espera, papá —exclamó—. ¿Estás seguro?

Papá dijo que estaba seguro y Louise miró su libro de nuevo.

—Pero, eso no es posible —exclamó.

Para ese momento, mamá se había acercado a papá, y ambos se miraban con aire de complicidad, de la forma en que las parejas se veían cuando un secreto salía a la luz de repente.

Solo me tomó un instante comprender lo que eso significaba, lo suficiente para que varios recuerdos dispares embonaran como piezas de un rompecabezas. La incomodidad durante el funeral de Nana, la reunión familiar que tuvo lugar después, la tácita distancia entre los miembros de la familia y, por último, la fotografía: mi abuelo Harry y el hombre sosteniendo al cisne, el hombre que se parecía tanto a mi padre que Louise y yo llegamos a estar seguras de que se trataba de él. Pero no, era Jim, el hombre que trabajaba con mi abuelo.

Era Jim.

De pronto, todo cobró sentido. *El padre biológico de papá era Jim.*

No recuerdo mucho de la conversación que tuvimos después de eso, pero en los años subsecuentes papá nos confirmó que era cierto. Y no, no conocía toda la historia. Cuando le pregunté si aquella verdad cambió sus sentimientos hacia su madre, me respondió que no, en absoluto, pero sí respecto a mi abuelo Harry. "Seguramente él sabía —dijo papá—, pero no me amó menos por ello... Y yo lo amé y lo admiré incluso más a partir de entonces". Cuando me dijo eso, de pronto aquel hombre a quien siempre me pareció ver solo entre las sombras, se mostró en todo su esplendor. Ya no estaba solo sentado junto a la estufa de carbón, también era la razón por la que permanecía encendida. Aquella comida de Navidad que se cocinó de forma mágica a pesar de que Nana estaba tan enferma no era señal de una recuperación milagrosa, sino de la presencia de Harry.

Tal vez aquel suceso que tuvo lugar tantos años atrás fue mucho menos importante que el discreto pero consistente amor que surgió después. Sin embargo, hay cosas que solo resultan obvias cuando las vemos en retrospectiva.

Pasaron muchos años antes de que yo sacara el violín de Nana de debajo de mi cama, el violín que me dio aquel día que ahora quedaba tan lejano, cuando yo yacía débil y febril en el sofá. Nunca aprendí a leer la notación musical y mi habilidad para recordar una pieza de oído en algún momento llegó a su límite, así que renuncié a la música y el violín permaneció guardado.

Después de que me enteré de lo de Nana y Jim, estuve molesta, incluso furiosa en nombre de toda la gente que supuse que resultó lastimada. Mi papá, mis tías y mis tíos. Mi abuelo. Y eso fue incluso antes de pensar siquiera en lo que la Iglesia diría al respecto. No obstante, un día comprendí que no solo estaba enojada en nombre de otros, también me sentía molesta por lo que aquel hecho significaba para mí y mis recuerdos.

Yo quería que Nana fuera la persona que creí que había conocido, nada más, pero cuando me enteré de lo de Jim, sentí como si lo que recordaba de ella se quebrara en pedazos. Tenía muchos deseos de poder hablarle, de preguntarle por qué y qué había sucedido. Creía que así podría reunir de nuevo los trozos de mis recuerdos como debía de ser.

Luego mis violentas preguntas empezaron a suavizarse, y muchas nociones que alguna vez me parecieron estar en blanco y negro se fundieron en un sutil gris. La gente era complicada, la vida era complicada. ¿Por qué no habría de ser así en mi familia también?

Me senté en el piso y coloqué el estuche del violín frente a mí. Al abrirlo sentí como si me estuviera introduciendo en una máquina del tiempo. Vi el forro amarillo con lunares, la madera curva del instrumento. Nana me había dicho que el violín fue fabricado por un alumno de Stradivari, el más grande fabricante de violines de todos los tiempos. Aquel instrumento viajó unos 29 000 kilómetros por mar, de Escocia a Nueva Zelanda, pasó de las manos de mi bisabuela a las de Nana y luego a las mías. Yo era ahora su guardiana y había llegado el momento de repararlo.

El violín llevaba solo algunos días en el taller de Hamilton cuando recibí una llamada del técnico. Me dijo que era imposible que fuera tan antiguo como yo decía, que, aunque el estuche era muy viejo en efecto, el violín había sido fabricado más o menos en la década de los cincuenta. Yo diferí, le dije que eso no era posible, que había llegado de Escocia tres generaciones atrás. El técnico me sugirió que les preguntara a los miembros de la familia si mi abuela lo habría enviado a reparar, quizá, con alguien no tan escrupuloso.

Y así descubrí que alguien estafó a Nana, que décadas atrás un comerciante de antigüedades que iba de puerta en puerta robó su valioso violín y lo sustituyó con un instrumento falso.

Me sentí muy triste. Registré la lamentable saga en mi diario y me debatí entre continuar con la reparación del violín o sentirme furiosa por la pérdida. Más allá de eso, sin embargo, yacía una pregunta más profunda. ¿Esta nueva información cambiaba lo que sentía yo respecto al violín? Porque, por supuesto, tal vez otros lo valorarían menos, pero ¿sería mi caso?

¿Y qué había de Nana? ¿Mis recuerdos de la infancia eran menos reales solo porque su historia se había vuelto más compleja? Todo lo nuevo que ahora sabía sobre ella, ¿era lo que la definía? O, ¿podría solo aferrarme a la persona que yo conocía, justo como la conocí?

Algunos días después llamé al taller de reparación. "Por favor, continúe y repare el instrumento", dije. Cierto, el violín no era una antigüedad, pero continuaba siendo un tesoro familiar.

OCHO

Mi primera campaña electoral

Cuando estaba cerca de acabar la preparatoria, tuve que tomar una decisión. *¿Qué voy a hacer con mi vida?* Estaba segura de que cualquier movimiento que hiciera a continuación marcaría mi camino *para siempre*.

A lo largo de los años había considerado distintas carreras y oficios: abogada, consejera juvenil en la fuerza policiaca, consejera general. Todos estos eran empleos útiles con los que podría ayudar a la gente, pero tal vez lo más importante era que los sentía al alcance de mis manos; el problema era que todavía no estaba segura. Por eso, cuando tuve que tomar decisiones respecto a la universidad, pensé cursar el *Bachelor of Arts*, es decir, un buen título general que me permitiría estudiar materias que me gustaban, como historia y política, antes de tomar una decisión definitiva sobre mi carrera. Cuando les comenté esto a mis padres, papá dijo en broma: "En ese caso, más te vale aprender a preguntar '¿Quiere añadir papas fritas a su orden?' porque, con ese título universitario, solo podrás trabajar vendiendo *fish and chips*".

Papa no estaba siendo cruel, yo lo sabía a pesar de que lo miré y puse los ojos en blanco. Solo quería que estudiara algo que me permitiera conseguir un empleo seguro, como el que él tuvo en aquella carrera policiaca que duró décadas. Mi hermana y yo seríamos las primeras de nuestra familia en estudiar en la universidad, y yo sentía que, para ese momento, la educación superior se había vuelto un costoso privilegio. Si tuviera que solicitar un préstamo para pagar las mensualidades o para cubrir mis gastos, los intereses comenzarían a acumularse de inmediato a una tasa de más o menos el 7 por ciento, incluso antes de graduarme. No estaba segura de llegar algún día a ganar lo suficiente para pagar préstamos bajo esas condiciones.

Quería un buen empleo, un empleo estable, pero resultaba razonable pensar que no permanecería en un empleo el tiempo necesario para llegar a ganar bien. Porque, después de todo, tarde o temprano me casaría y tendría hijos, y quién sabe qué sucedería con mi carrera después de eso.

Mi hermana ya estaba comprometida con su novio, Warren, a quien conoció en la iglesia. Warren me agradaba, era tímido y callado, y trataba a Louise con mucha dulzura. Yo estaba feliz por ella, aunque, en el fondo, también estaba triste porque eso significaba que mi constante compañía, mi confidente más cercana, se iría y viviría en otro lugar. El compromiso de Louise reforzó algo de lo que siempre estuve segura: que ser exitosa significaba tener una familia. La única otra cosa de la que estaba segura respecto a mí misma era que me encantaba la política. Para ese momento había visto dos elecciones y estaba convencida de que ya era firme seguidora del Partido Laborista, el mismo al que mi Nana siempre apoyó.

Asimismo, tenía dos empleos. Mi turno en Golden Kiwi y un puesto como cajera en una tienda de víveres en el pueblo. A veces, el candidato local del Partido Laborista pasaba por mi caja en la tienda. No tenía la menor oportunidad de ganar, al menos no en un lugar tan conservador como Morrinsville; sin embargo, cada vez que lo veía y tenía que cobrarle la leche, el cereal y varias bolsas de manzanas, conversaba con él con mucho entusiasmo sobre política.

Pero, *interesarse* en la política y *trabajar* en la política eran dos cosas completamente distintas. Estaba segura de que la política era el tipo de cosa que uno haría si pudiera darse el lujo de tener un pasatiempo. No era una profesión, era una pasión.

Un día, después de pasar horas meditando sobre mi futuro, fui a la Universidad de Waikato, que no quedaba lejos de casa. Tomé folletos de todos los programas de estudios de nivel superior disponibles, leí cada uno con calma y empecé a reducir mis opciones. La Escuela de Administración de la universidad era, quizá, la mejor del país, pero yo no quería estudiar administración, así que busqué un punto de equilibrio.

Un luminoso día de primavera, algunos meses antes de que terminara el año escolar, entré al comedor que administraba mamá. La encontré sentada frente a un libro de contabilidad contando las ganancias de la semana; junto a ella había una pequeña calculadora de escritorio con un rollo de papel blanco en el que iba imprimiendo las cifras.

"Mamá, he tomado una decisión", anuncié. Le dije que en la Universidad de Waikato comenzarían a ofrecer un nuevo programa, la carrera en Comunicaciones. Las clases las darían en la Escuela de Administración, pero también tendría derecho a tomar clases de Relaciones Internacionales.

Incluso cuando le estaba diciendo eso, no tenía idea de lo que en verdad quería hacer. Supuse que lo más probable sería que me dedicara a la administración de comunicaciones y que trabajara en el equipo interno de comunicaciones de alguna empresa del sector privado. ¿Me emocionaba esa perspectiva? En realidad, no, pero había oído decir que en esa área había empleos y, ¿acaso no era eso suficientemente bueno? Era una oportunidad muchísimo más amplia de la que mi mamá tuvo.

Había pasado mi vida entera viéndola anteponer las necesidades de todos a las suyas. Llevaba trabajando más de siete años en el comedor escolar y, después de todo ese tiempo, su salario por hora era menor a lo que yo ganaba como cajera en Countdown. Sin embargo, solo recuerdo una ocasión en que insinuó que habría deseado otra cosa para sí misma. Habíamos estado hablando sobre su aspiración de mucho tiempo atrás, ser contadora. *Habría sido tan satisfactorio demostrarme a mí misma que podía hacerlo*, dijo entonces.

Y ahora, la tenía frente a mí asintiendo feliz con la cabeza, apoyándome sin reservas como siempre. "Genial —dije, sintiendo el alivio de haber tomado una decisión por fin—. Entonces eso será lo que haré".

Porque, ¿qué más podría hacer? ¿Estudiar ciencias políticas? ¿Y luego qué?

Tal vez hasta ahí habría llegado mi relación con la política… de no ser por una llamada que recibí poco después.

—Loui-Jacindaaaaa, ¿puede alguien contestar el teléfono?

Esto es algo que mamá ha hecho desde que tengo memoria: juntar mi nombre y el de Louise, alargando la vocal al final. Con mi hermana hacía lo contrario: "Jaci-Louiiiiiiise". Y ni siquiera el hecho de que Louise ya no viviera en casa me permitió recobrar mi simple nombre, Jacinda.

—¡Sí, mamá! —grité y dejé el libro de texto de lingüística que tenía en las manos y que, para ser honesta, me estaba resultando muy difícil de abordar. En ese momento estaba cursando el primer semestre en la universidad y continuaba viviendo en casa para mantener mis gastos al mínimo.

Llegué a la cocina y levanté el voluminoso teléfono blanco portátil de su base.

—Hola, habla Jacinda.

—¿Jacinda Ardern? —preguntó la voz al otro lado. Era una voz masculina, confiada y alegre, como la de alguien que entrega los premios de un sorteo en una estación de radio. También me resultaba un poco conocida, pero vagamente.

Salí de la cocina y me senté al pie de las escaleras. Desde ahí, lo único que podía ver era el baño, pero era el lugar al que iba siempre que quería silencio y tranquilidad. Antes de esa llamada, la última vez que me senté ahí fue cuando abrí los resultados del examen de ingreso a la universidad.

—Jacinda —dijo la voz—. Soy Harry Duynhoven.

Harry Duynhoven era miembro del Parlamento, era el diputado local de New Plymouth, el lugar donde vivía mi tía Marie. Ella se había ofrecido como voluntaria en sus campañas y siempre se mostraba muy orgullosa de que Harry tuviera una mayoría sólida, en especial en un distrito que solo había votado por el Partido Laborista en cinco de las veinte elecciones previas. Harry se ganó la confianza del distrito enfrentando situaciones que lo sacaban de quicio, como los distribuidores de autos usados que alteraban los odómetros de los automóviles importados para que pareciera que habían recorrido menos kilómetros.

Y ahora, ¿Harry me llamaba por teléfono? ¿Por qué?

—¡Hola, Harry! Qué encantadora sorpresa escucharte —dije haciendo un gesto de dolor. Sonaba como si estuviera esperando un paquete postal.

—Tu tía Marie me contó que estás interesada en la política —dijo Harry, y yo alcancé a escuchar su risita entre dientes. Sabía justo lo que eso significaba: mi tía Marie seguro habló de forma exagerada de mí, como solo lo hacen los padres orgullosos. Ya la imaginaba. *Ay, mi Jacinda, qué inteligente chica es, Harry. Deberías conocerla.*

Le dije a Harry que, en efecto, la política me interesaba, y mucho, a pesar de que el Partido Laborista era muy pequeño en Morrinsville, y que, por lo tanto, mi interés no se traducía en gran cosa.

—Bien, entonces sabes que este año habrá una gran campaña electoral —explicó—. Una campaña importante.

En ese momento, el gobierno era liderado por Jenny Shipley, la primera mujer elegida como primera ministra de Nueva Zelanda, y líder del Partido Nacional. En Nueva Zelanda solo hay un cuerpo legislativo, el Parlamento, y uno necesita contar con por lo menos la mitad de los escaños para formar un gobierno. De esa forma, el líder del partido más numeroso se convierte en primer ministro. El conservador Partido Nacional llevaba casi una década en el gobierno para ese entonces, pero tras las elecciones de 1996, para formar una mayoría, necesitaban el apoyo de Nueva Zelanda Primero, un partido populista dirigido por Winston Peters. Esa alianza se fracturó poco antes, y la gente empezaba a cansarse de los recortes a los servicios públicos.

Ahora, en 1999, parecía que el Laborista tendría, por fin, una oportunidad de ganar. De ser así, Helen Clark, la líder del partido, quien contaba con décadas de experiencia y era tan seria como inteligente, se convertiría en la nueva primera ministra.

—Me preguntaba si te gustaría venir a New Plymouth algún tiempo —continuó Harry—, para ayudar en la campaña.

En ese momento me paré como de rayo en las escaleras. Apenas cinco minutos antes, estaba tratando desesperadamente de concentrar mi atención en un texto de lingüística y preguntándome si en verdad sería demasiado temprano para acostarme a dormir. Y ahora, estaba hablando con un diputado local del Parlamento, un diputado que, por asombroso que pareciera, creía que yo podría ser útil.

Harry empezó a explicar algunas de las tareas con las que necesitaría ayuda. *Reclutamiento de voluntarios... llamadas telefónicas... tal vez tocar algunas puertas cuando la campaña empiece a despegar.*

"Y, por supuesto, el día de la elección necesitaremos ayuda para obtener votos, llevar a la gente a las casillas, computar los votos...", continuó explicando.

Mi mente comenzó a trabajar a toda velocidad. En mis dieciocho años había aprendido a hacer muchas cosas, como podar árboles, envolver *fish and chips* o cobrar víveres, pero no era probable que alguna de ellas me resultara útil en una campaña electoral. Además, yo no era de New Plymouth, era de un pueblo lechero. New Plymouth era principalmente un centro energético, un lugar donde miles de personas estaban involucradas de manera directa e indirecta con la industria del petróleo y del gas, y yo no sabía nada sobre esos temas.

Por otra parte, sabía cómo tocar la puerta de desconocidos e iniciar conversaciones con ellos, sabía trabajar con ahínco y sin parar, y, si podía ayudar a Harry, eso significaba que también estaría ayudando a Helen Clark, la líder del Partido Laborista, para que llegara a gobernar. Significaba brindarles a los laboristas la oportunidad de cambiar todo aquello que había notado que *no sentía que estuviera bien*. Significaba un incremento en el salario mínimo, mejoras a los derechos de los trabajadores, la oportunidad de evitar que los estudiantes tuvieran que lidiar con una creciente deuda. Significaba hacer algo.

Al final, presenté la única objeción que podía expresar de forma adecuada.

—Pero, mi tía no está en New Plymouth —dije.

Marie había aceptado un empleo como camarera en un casino en Australia. Era un empleo bien pagado, pero empezaba a pasarle la factura a su delicada complexión. Las grandes charolas que cargaba sobre su cabeza o que tenía que equilibrar con los antebrazos le estaban desgastando los cartílagos de los hombros. Era obvio que tendría que volver a casa pronto, pero yo no sabía cuándo y, por el momento, no conocía a nadie más en New Plymouth, que se encontraba a tres horas en automóvil. Tampoco tenía recursos para pagar un alojamiento.

—Te encontraremos un lugar —aseguró Harry tan sencillamente que incluso lo hacía parecer fácil.

—Por supuesto —respondí—. Lo haré con gusto —añadí sintiendo que el estómago se me revolvía un poco.

En Nueva Zelanda, las campañas para elegir el gobierno y al primer ministro son breves e intensas. Cada elección debe celebrarse dentro de los tres años siguientes a la anterior, pero fuera de eso, la fecha queda a discreción del primer ministro, quien elige un sábado tomando en cuenta todo, desde las vacaciones escolares hasta los encuentros de rugby. Entre cuatro y siete semanas antes del día de la elección, el Parlamento entra en receso y los diputados salen a participar en la campaña.

Cuando el director de campaña de Harry me llamó unos días después, me dijo que quería que estuviera en New Plymouth lo antes posible, mucho antes del inicio de las labores. Necesitaban a alguien que reclutara voluntarios para poder empezar de lleno en cuanto la campaña comenzara de forma oficial. Insinuó que podría realizar el reclutamiento de voluntarios durante el periodo vacacional universitario, así que modifiqué mis turnos en el supermercado, empaqué todo en el Toyota Corona de mamá y me puse en camino.

El trayecto a New Plymouth lo conforman extensos tramos de serpenteantes y estrechos caminos, algunos puentes de un solo sentido y angostísimos desfiladeros. El Corona de mamá solo tenía cuatro velocidades, por lo que, cada vez que excedía un poco los 90 kilómetros por hora, empezaba a rugir como si anhelara ir en quinta velocidad. Del viejo reproductor de cintas colgaba un largo cable negro al que conectaba mi discman. A lo largo de las tres horas que duró el viaje, canté al ritmo de los Smashing Pumpkins, Tripping Daisy y Portishead, y luego, cuando el discman no dio para más, pasé a la antigua versión *a cappella* de "Bohemian Rhapsody". Extendido sobre el asiento del pasajero, llevaba un amplio mapa, aunque antes de partir había memorizado las rutas principales. Pasé por el atractivo centro turístico en que se habían convertido las grutas de luciérnagas, y luego por pequeños pueblos rurales hasta llegar a la costa oeste con sus irregulares bahías y las olas rompiendo cerca del camino.

New Plymouth no era muy grande; en aquel entonces, la población era menor a setenta mil habitantes, pero como yo crecí en un pueblo en el que no había ni un semáforo, me pareció enorme. Serpenteé por las afueras de la ciudad, pasé por gasolineras, hoteles y supermercados hasta que llegué a las amplias calles de los suburbios y vi las hermosas casas de ladrillo con sus terrazas de aluminio blanco para asolearse y sus jardines desbordantes de jazmines y laureles creciendo sobre el fértil suelo volcánico.

Ese era el lugar donde pasaría las siguientes semanas, alojada en la casa de una voluntaria llamada Lorna y de Don, su esposo. Llamé a la puerta y, aunque no conocía a Lorna, me recibió de una forma muy efusiva y con una mirada que sonreía mucho más allá de sus amplios lentes de armazón de alambre. Tendría unos cincuenta y tantos años, más o menos la edad de mi tía Marie, y me hizo sentir como en familia. Ondeó la mano invitándome a entrar a la casa y me mostró la que sería mi habitación. Era acogedora y tenía una cama hecha con esmero.

Durante las siguientes semanas trabajé tanto en casa de Lorna como en las oficinas centrales del Partido Laborista, un pequeño edificio de madera que tenía la atmósfera de un antiguo salón comunitario. Al entrar, del lado derecho, se sentaba Phoebe, la agente electoral de Harry. Phoebe ayudaba con el trabajo social. Si alguien tenía un problema, como dificultades para recibir las prestaciones por desempleo, por ejemplo, o problemas de inmigración, podía solicitar la ayuda de su diputado local, y, en la oficina de Harry, Phoebe se hacía cargo de brindar ese tipo de ayuda.

Del otro lado se encontraba la oficina de Harry, que no tenía nada de especial. Era un modesto cuarto al que no le entraba mucha luz natural. El atractivo principal era un antiguo escritorio con una silla giratoria de oficina, y de las paredes colgaban algunos recuerdos del Partido Laborista. No había equipo informático, por lo que me dio la impresión de que a Harry le gustaba más pasar el tiempo entre la gente que en aquella pequeña oficina.

Al final del corredor había un espacio abierto con pisos de madera, ventanas altas y un pequeño proscenio de un lado, y una cocina del otro. Aunque la cocina estaba vacía, imaginé a alguien repartiendo té y tartas desde la encimera, mesas de tablones dispersas por el lugar y gente deambulando con tablas sujetapapeles entre las manos y moños de listones decorativos con los brillantes colores del Laborista prendidos de sus chaquetas.

Al estar ahí de pie, todo me resultó extrañamente familiar, como si supiera, por alguna razón, que algún día, dentro de muchos años, estaría también de pie en decenas de lugares igual a ese.

Las campañas requieren de voluntarios. Muchos voluntarios. Se les necesita para distribuir folletos, tocar puertas, hacer proselitismo por teléfono y ayudar a conseguir votos el día de la elección. Si no se cuenta con voluntarios, se pierde el control de las campañas o, simplemente, nunca despegan. El Partido Laborista tenía miles de miembros, el desafío era transformarlos en voluntarios en tiempos de elección, y mi misión consistía en motivar a los partidarios a brindar su tiempo y su energía para que Harry fuera electo. Mis herramientas eran un voluminoso teléfono blanco fijo, decenas de páginas de una hoja de cálculo de Excel con cientos de nombres y números telefónicos, y el incesante ánimo que me infundía Lorna.

El primer día me instalé en la mesa del comedor de su casa. Coloqué mi material sobre el mantel blanco tejido con ganchillo mientras ella caminaba de un lado a otro en la pequeña cocina, a pocos metros de distancia. Luego coloqué una hoja en blanco en la parte inferior de la primera hilera de la hoja de cálculo para alinear el nombre del primer simpatizante con su número telefónico, respiré profundo y empecé a marcar.

"Hola, me llamo Jacinda Ardern y llamo en nombre de Harry Duynhoven".

Cuando la persona me decía en tono amable "No, gracias" y colgaba el teléfono, yo anotaba la respuesta en mi hoja, volvía a respirar hondo y pasaba al siguiente nombre.

Buenos días, hablo de la oficina de Harry Duynhoven para ver si le gustaría…

Hola, ¿le interesaría repartir algunos folletos para el Partido Laborista...?

Qué tal, me llamo Jacinda y soy voluntaria para la campaña de Harry Duynhoven...

Hice una llamada tras otra y, en cada ocasión, escuchaba cómo respondía la persona y luego trataba de iniciar una conversación. *¿Qué cree que suceda durante la elección? ¿Qué cree que podría cambiar las cosas de forma inesperada?*

Para cuando terminó el primer día ya tenía un guion a pesar de que no todas las llamadas fueron iguales. Las listas tenían tres años de antigüedad y, en muchos casos, las circunstancias habían cambiado de forma dramática. Para colmo, descubrí que yo tenía una peculiar y asombrosa facilidad para que esos cambios de circunstancias resultaran lo más incómodos posible. Alguien a quien le pregunté si podría distribuir folletos, por ejemplo, me dijo que había perdido la capacidad de caminar. Cuando otra persona me explicó que no podía salir de casa, sugerí que, más bien, se uniera a nuestro banco de datos telefónicos, y le dije que le "proveeríamos hojas de cálculo para realizar las llamadas" sin saber que se trataba de alguien con severa discapacidad visual. En varias ocasiones pedí hablar con alguien que murió después de la última elección. Tomé notas con mucho esmero, mi intención era evitar que cualquier persona que volviera a realizar llamadas fuera tan involuntariamente impertinente como yo.

Continué trabajando en la lista. Verificaba los nombres más de una vez, marcaba el número y, en el diminuto margen al borde de la hoja de cálculo, escribía intereses particulares y disponibilidad. Sonreí hasta que me dolieron las mejillas porque tenía la esperanza de que mi entusiasmo se percibiera hasta el otro lado de la línea telefónica. Cuando me contestaban con frialdad o incluso con hostilidad, colgaba de forma educada y, tras asegurarme de que había colocado bien el auricular en la base, murmuraba para mí misma: "No hay necesidad de ser grosero", al mismo tiempo que escribía "NC" con letras bastante grandes al lado de mi lista: "No contactar".

Pasé horas sentada a la mesa de Lorna. A veces, cuando la jornada terminaba, iba a la sala del Partido Laborista y mecanografiaba las respuestas de los contactos de mis listas. La primera semana también asistí a una reunión de campaña y ahí me encontré con Harry por primera vez en persona. Era un poco más bajo de lo que me esperaba, pero igual de vivaz como se veía en televisión. Se movía todo el tiempo, tenía la inagotable energía de alguien que se deleitaba en tener demasiado que hacer. También era alegre, sonreía bajo su canosa barba y les agradecía a todos por todo, por el té, por las galletas, por el "endiabladamente buen trabajo" de un voluntario que instaló las vallas publicitarias, y, a mí, me agradeció por las llamadas telefónicas que hacía.

Al participar en aquella primera reunión y hablar del plan para los siguientes meses, me sentí parte de un equipo, del trabajo esencial tras bambalinas que hacía posible que los grandes sucesos públicos ocurrieran. Eso me dio toda la motivación que necesitaba para continuar realizando la tediosa labor de llamar por teléfono a los partidarios.

Casi al final de la primera semana, empecé a sentirme como veterana. Marcaba un número como lo había hecho cientos de veces para ese momento, y me preparaba para recitar el guion que ya sabía de memoria. Mientras el teléfono sonaba, volvía a verificar el nombre en la hoja de cálculo que tenía frente a mí.

Hola, John, soy Jacinda Ardern. Llamo de la oficina de Harry Duynhoven. Como sabe, este es año de elecciones y nos estamos preparando para todas las actividades de la campaña. John, me pregunto si tendría usted disponibilidad para ayudarnos.

—Lo lamento —respondió John—. Yo también me encuentro muy ocupado.

Siempre decían eso, pero para entonces, ya había logrado que se comprometieran varias personas "muy ocupadas" para realizar una u otra labor.

—Por supuesto, comprendo —dije manteniendo mi tono afable y amigable mientras insistía—, pero tenemos incluso tareas menores que no exigen mucho tiempo ¡y que harían una gran diferencia! —dije mirando al frente y con el bolígrafo listo para apuntar la tarea que le encomendaría a John.

—En serio —insistió—, estoy *muy* ocupado.

¿Qué puede ser más importante que ayudar a elegir un nuevo gobierno?, pensé, *¡sucede solo un día cada tres años!*

—¿Qué tal si solo distribuyera algunos folletos a su propio ritmo? —dije presionando un poco más.

—No, yo…

—Incluso si nada más colaborara con nosotros el día de la elección, nos ayudaría enormemente. Usted sabe que en esta ocasión se decidirá si tendremos tres años más de un gobierno del Partido Nacional.

—Mire, Jacinda, no puedo —dijo finalmente usando mi nombre con todas sus letras para hacer énfasis—. ¡Soy el candidato del Laborista para el condado de Taranaki-King!

Miré de reojo el nombre otra vez. John Young. Sí, lo conocía. *Ay, Dios, no. Estoy fastidiando a un candidato a ocupar un escaño en el Parlamento al lado de Harry.*

—¡Por supuesto! —exclamé con vergüenza, pero tratando de sonar natural—. ¡John! Lo lamento mucho, claro, seguro tiene que dirigir su propia campaña.

—Sí, así es —dijo con desgano. Entonces comprendí que no solo había molestado al hombre, también logré hacerlo dudar de que la gente reconociera su nombre siquiera—. Buena suerte con su campaña, Jacinda —dijo antes de colgar.

El viejo monólogo de la duda empezó a reproducirse en mi mente, cuestionándome si debería estar ahí haciendo ese trabajo. Tenía la cabeza sobre la mesa cuando Lorna entró al comedor.

"¿Te encuentras bien?", preguntó, y yo le conté todo sobre mi llamada telefónica a John Young. Me sorprendió mucho verla echar la cabeza hacia atrás y reír con ganas, con *muchas* ganas. Era el tipo de reacción que me habría esperado de mi irreverente tía Marie.

Continué trabajando en el altero de hojas de mi lista, verificando con la vista y con la punta de los dedos un nombre tras otro. *Peter... Graham... Susan... Día de la elección, proselitismo telefónico, folletos. Número fuera de servicio... demasiado enferma para... N.C...* La pila de hojas se fue acortando a medida que crecía la lista de los voluntarios para la campaña.

Un día, casi al final de mi fase como reclutadora voluntaria, me encontraba registrando los nombres de mis llamadas más recientes en una hoja de cálculo nueva. Estaba en las oficinas del Partido Laborista y de pronto escuché que se abría la puerta. Me asomé desde donde estaba para asegurarme de que hubiera alguien del partido y entonces escuché la dulce voz de Phoebe. "¡Hola! ¿Puedo ayudarle en algo?".

Junto a la puerta había un hombre mayor con una chaqueta cazadora deslavada, pantalones de vestir desgastados y zapatos que parecían tener por lo menos diez años. Tenía el rostro cubierto con una incipiente barba blanca. Entró a la oficina de Phoebe arrastrando los pies y comenzó a contarle su historia. Era abuelo y su nieto vivía con él. El niño asistía a la escuela, pero sufría de asma severa, él también estaba delicado y no podía trabajar. Lo estaba pasando muy mal debido a los gastos que implicaba el cuidado del niño, los de su casa y los de su enfermedad. Para colmo, sospechaba que la casa era lo que los mantenía enfermos.

Phoebe podría realizar ciertas acciones. Podría, por ejemplo, ponerlo en contacto con la oficina de apoyo para la gente que criaba niños que no eran propios. Si vivía en un apartamento privado rentado, tal vez trataría de conseguir un alojamiento estatal; sin embargo, yo sabía que el apoyo gubernamental no bastaría y que, ocho años antes, el gobierno conservador había modificado las reglas para que la gente que habitaba en viviendas de ayuda social tuviera que pagar las rentas normales del mercado.

Dicho de otra forma, a pesar de todo el trabajo y las buenas intenciones de Phoebe, para mejorar *en verdad* la vida de aquel hombre, lo que tendría que suceder era que el sistema cambiara, y eso significaba que *el gobierno* tendría que cambiar.

Esa tarde, cuando terminé de trabajar con mis hojas de cálculo, guardé mis cosas y me despedí de Phoebe desde la puerta. Llevaba casi catorce días en New Plymouth, pero no fue sino hasta aquella tarde, al ver a aquel hombre y escuchar su historia, que comprendí lo que se estaba jugando en aquella elección. O en cualquier otra. Una elección no era solo una batalla televisada, no se trataba del proselitismo telefónico ni de las hojas de cálculo de Excel, se trataba de problemas reales que tenían personas de carne y hueso. Y, si Harry ganaba, si el Partido Laborista ganaba, entonces tal vez la vida de esa gente mejoraría.

Abordé el automóvil y arrojé mis papeles sobre el asiento del pasajero. Encendí el Corona y pensé algo más. *¿Cómo sería?* Es decir, ¿cómo sería ayudar a las personas individualmente siendo un buen miembro de la comunidad y haciendo trabajo voluntario? Hasta entonces, eso era lo que había visto a mi mamá hacer toda la vida. Pero ahora me preguntaba, ¿cómo sería tener voz y voto en el lugar donde se establecían y se cambiaban las reglas?

¿Cómo sería?, me pregunté. *¿Cómo sería ser diputado?*

El pensamiento se esfumó casi tan rápido como apareció en mi cabeza. *Jacinda, necesitas un empleo, no un pasatiempo*, me recordé. Luego encendí el motor y me alejé de la oficina.

Volví a New Plymouth unas semanas antes de la elección. Para ese momento, Marie ya había regresado del casino en Melbourne y estaba rentando una casa en una calle flanqueada de árboles cerca de la ciudad. El vecindario colindaba con la universidad técnica de New Plymouth, y la casa de Marie estaba al otro lado de la calle de la estación de radio del campus.

Veinte años atrás, cuando Marie llegó a New Plymouth, se acababa de divorciar. Era madre soltera y tenía dos hijos. En ese tiempo hubo escasez de viviendas y, durante tres meses, tuvo que vivir con sus niños en un remolque mientras buscaban un mejor lugar. Todos los días dejaba a los niños en la escuela y luego iba a la oficina de la corporación de vivienda con la esperanza de que pudieran ayudarle. Con el tiempo logró mudarse a una casa de interés social en Marfell, una de las áreas más pobres de la ciudad.

Vivir en Marfell le abrió los ojos a Marie. De vez en cuando había tiroteos y apuñalamientos. Con frecuencia la gente rompía las ventanas de las casas. Tía Marie plantó en ese vecindario un enorme jardín de verduras en el que cultivó de todo, desde acelgas hasta calabazas. Todo lo que cultivaba lo compartía con sus vecinos. No pasó mucho tiempo antes de que se convirtiera en una persona conocida en la comunidad, la dama cuyo abundante jardín estaba abierto para todos. Cuando se unió al Partido Laborista, a principios de los ochenta, siempre le pidieron que fuera a tocar puertas en Marfell.

En todos los distritos hay lugares en los que parece fácil hacer proselitismo. Calles suburbanas sin baches en las que casi toda la gente está inscrita en el padrón y tiene un plan para votar. Ese era el tipo de lugares que tía Marie ponía al final de su lista.

"Primero hay que ir a donde la gente necesita más ayuda", me explicó cuando nos dirigíamos a Marfell para tocar puertas juntas por primera vez. Como siempre, su rubio y abombado cabello, su maquillaje y su ropa se veían impecables, y ella, claro, desbordaba confianza. Así caminó por calles repletas de viviendas estatales con el objetivo de invitar a la gente, inscribirla y prepararla para votar.

Marie llevaba muchos años trabajando en las campañas del Partido Laborista. La primera vez que participó lo hizo con mi Nana en los años setenta, cuando Helen Clark era candidata para el escaño de Piako. Con toda esa experiencia en campañas electorales, Marie tenía excelentes historias que contar sobre sus años tocando puertas. Como cuando llegó a un lugar y pensó que estaba rodeada de partidarios del Laborista porque "todos vestían de rojo", pero luego comprendió que era el color de la pandilla local. Pero Marie no era el tipo de persona que solo coleccionaba anécdotas, si veía a alguien que necesitaba ayuda, hacía algo ahí mismo y en ese instante.

Un día, muchos años atrás, cuando estaba tocando puertas en Marfell, conoció a una mujer cuya casa tenía agujeros en casi todos los muros. No contaba con calefacción, su inodoro estaba roto, la ducha no funcionaba y, en sus propias palabras, la estufa estaba "jodida". Marie volvió al lugar, continuó visitando a la mujer y estableció una relación estrecha con ella. Tiempo después, le ayudó a conseguir ayuda para reparar su casa. Rellenaron los huecos en las paredes, repararon el inodoro y la ducha, le rehicieron la cocina, quitaron las alfombras y barnizaron los pisos. Colocaron cortinas y fundas nuevas, y pintaron todo el lugar, por dentro y por fuera.

La última vez que Marie fue a verla, el hijo de la mujer estaba ahí. Era un miembro de rango superior de una pandilla de motociclistas y estuvo en prisión mientras se realizaban las reparaciones de la casa. En lugar de dejar a la mujer sola con su hijo para disfrutar de la visita, Marie aprovechó la oportunidad para hablar también con él sobre la elección.

Marie y yo caminamos juntas por las calles todos los días, tocando en una puerta tras otra. *De acuerdo, cariño*, solía decirme, a toda la gente le decía "cariño". *Ve al otro lado de la calle y hazte cargo de los números impares, yo trabajaré los pares. Solo hazme señales de vez en cuando para asegurarme de que estás bien*, decía. Luego se iba a tocar puertas y los pequeños tacones de sus sandalias chocaban contra el pavimento, no paraba sino hasta que ya casi no había luz y podía volver a casa. Entonces hacía chocar sus talones y siempre decía la misma frase: *Dios mío, los pies me están matando.*

Mi tía Marie fue quien me enseñó a sacudir las rejas al llegar a una casa nueva. *Solo sacúdela un poco*, me explicó la primera vez que trabajamos juntas. *Si hay un perro, saldrá enseguida y verás si quiere atacarte o no. Casi siempre todo sale bien. De hecho, los pequeños son de los que más deberías cuidarte. A mí nunca me han mordido. Vamos, cariño, sacude la reja.* Y entonces yo sacudía la reja con confianza y propósito, segura de que todo ese traqueteo me protegería.

Mientras tanto, las personas a las que llamé por teléfono para que se involucraran empezaron a acercarse y a unirse a la gran maquinaria de la organización de la campaña: distribución de folletos, proselitismo telefónico, tocar puertas entre semana por las noches y también los fines de semana.

Una noche nos encontrábamos sentados alrededor de una mesa de centro en la sala del presidente de campaña, leyendo la agenda punto por punto.

—¿Cómo está nuestro inventario de letreros? —preguntó.

—Bien —contestó la persona encargada de los carteles haciendo que Harry sonriera—. Solo necesitaremos reemplazar algunos esta semana.

Que la fotografía de un candidato se borrara o dañara creaba una mala imagen, por eso contábamos con un grupo de personas que llamaban por teléfono en cuanto veían que los carteles habían sido vandalizados. El grafiti más común era el típico pene con testículos que, por lo general, aparecía sobre la frente del candidato. Algunos símbolos son universales.

—De acuerdo —continuó el presidente—. Tendremos una serie de publicidad local, papeles y cosas similares. ¿Alguna sugerencia?

Hasta ese momento yo me había limitado a hacer las cosas que me pedían, como mantener al día las listas de voluntarios, tocar puertas o ayudar a Marie a organizar el trabajo para conseguir votos el día de elección. Pero en esa ocasión, tenía una idea.

—Pues, se me ocurrió que tal vez podríamos considerar trabajar con la radio estudiantil —me atreví a decir. El Partido Laborista había propuesto eliminar los intereses de los préstamos de los jóvenes mientras estudiaban, así que continué—: Creo que la política de los préstamos estudiantiles solo tendrá impacto en los préstamos de algunos jóvenes del politécnico y ni siquiera estoy segura de cuántos estén enterados de ello. Tal vez podríamos programar un anuncio en la estación de radio del politécnico —expliqué y Harry asintió.

—Buena idea. ¿Crees que podrías redactar algo?

—Podría intentarlo.

—¿Y por qué no lo lees también? Tal vez sea mejor que lo haga alguien joven ¡y no un viejo malhumorado como yo!

No tomó mucho tiempo hacer el anuncio y comenzar a transmitirlo. A veces incluso lo escuchaba cuando manejaba por la ciudad. Luego, una tarde, cuando volvía a casa de Marie, no solo transmitieron el anuncio, los locutores empezaron a hablar al respecto. Cuando llegué a la casa, seguían discutiendo, así que me bajé del automóvil, crucé la calle para ir a la estación de radio y me acerqué a la puerta abierta de la cabina. Vi a dos jóvenes con audífonos hablando hacia los micrófonos que tenían frente a ellos. Me asomé por la ventana y, tras dudarlo solo un instante, los saludé.

"¡Hola! Soy Jacinda —dije—. Mi voz es la que se escucha en el anuncio". Los locutores me acercaron un micrófono, y de pronto estaba participando en una discusión en la radio. No recuerdo bien lo que dije, pero sí que me encantó la experiencia. Me encantó poder explicar algo que era tan importante para mí y que me parecía que todos los jóvenes deberían tomar muy en serio, a pesar de que fue un poco incómodo hacerlo con mi cabeza asomando por una ventana.

Presté atención a todo, a cada detalle de la campaña. Leí con detenimiento los periódicos y reseñé los anuncios políticos porque era consciente de que, cuando tocara puertas, podrían preguntarme sobre estos temas. Asistí a las reuniones comunitarias, averigüé los índices de desempleo local y las cifras de las prestaciones sociales, los precios promedio de las casas y la disponibilidad de las viviendas estatales. No quería ser solo una voluntaria, quería tener disponible toda la información que un votante indeciso pudiera necesitar.

También empecé a apreciar lo mucho que la gente valoraba que se establecieran vínculos personales. Las personas conocían a Harry en New Plymouth, y cuando se enteraban de que yo estaba ahí para trabajar en su campaña, por lo general tenían una historia que contarme. Como cuando Harry visitó su lugar de trabajo o su escuela, o les ayudó a obtener una casa nueva. En una ocasión visité una casa y encontré a la dueña arrodillada arreglando el jardín del frente; cuando supo por qué estaba yo ahí, se puso de pie y fue a decirme que, cuando su esposo murió, algunos años atrás, Harry le envió una tarjeta de condolencias que conservó sobre la repisa de su chimenea durante meses. No estaba segura de cómo se enteró Harry de su pérdida, pero que lo supiera fue importante para ella.

Conforme pasábamos de una casa a otra, Marie y yo, al igual que todos los otros voluntarios, llevábamos un registro meticuloso de los electores que decían que tal vez votarían por el Laborista en las casillas. Sabíamos que el día de la elección contactaríamos a los simpatizantes y nos aseguraríamos de que hubieran asistido a los comicios y, de no haberlo hecho, moveríamos cielo, mar y tierra para llevarlos al lugar. En un país tan pequeño como el nuestro, los escaños pueden ganarse o perderse por menos de cinco votos, o incluso por solo uno.

Para cuando llegó la última semana de la campaña, noté que incluso mi tía estaba agotada. *Cierto, cariño, empiezo el día con solo un café, pero a la hora del almuerzo regresaremos aquí. Te estoy preparando uno de mis enormes sándwiches con germinado, betabeles y todas esas porquerías saludables. Necesitamos mantener nuestra fuerza.* Marie se sentaba con una taza de vidrio de Arcoroc en la mano, en la que humeaba el café instantáneo que se acababa de preparar y, solo unos minutos después, ya estaba saliendo por la puerta.

La cuenta regresiva continuaba. *Este es mi último sábado antes del día de la elección*, pensé. *Es mi último lunes, la última reunión con el candidato, mi última entrega de folletos, mi última sesión de armado de paquetes informativos para ir a tocar puertas.* Noté que Marie fumaba cada vez más cigarros, la mitad para obtener energía y la otra mitad para aplacar sus nervios.

ADORO EL DÍA DE LA ELECCIÓN. Adoro ver la culminación del trabajo de tantas personas. Adoro ver a quienes vienen a trabajar para la comisión electoral solo una vez cada tres años, que se toman tan en serio su labor de apoyar a la gente para que vote. Adoro ver a los observadores de los comicios con los moños decorativos de todos los partidos, brindando de forma voluntaria su tiempo solo para asegurarse de que todo funcione como debe.

Adoro saber que gente de todas las edades y de todos los entornos de Nueva Zelanda hará lo mismo a solo unas horas de diferencia. Adoro ver los pequeños letreros anaranjados que dicen VOTE AQUÍ en las esquinas de las calles, junto a las escuelas y los centros comunitarios, y en los ayuntamientos. Adoro ver a la gente acercarse a los centros de votación, la emoción de encontrarse con los voluntarios de los otros partidos en todo el país, y preguntarse entre sí: *¿Cómo se ven las cosas? ¿Qué nivel de participación tenemos? ¿Es un día soleado? Esperemos que la lluvia espere un poco porque, de lo contrario, será un desastre.*

Y luego, solo entras a una cabina hecha de cartón, tomas la pluma de tinta anaranjada brillante y haces una marca. Detrás de ese signo hay muchísimo trabajo, muchísimas cosas en juego, pero también mucha esperanza. Adoro todo lo referente al día de la elección porque, para mí, todo comenzó en New Plymouth. No solo la primera campaña en que participé, también la primera vez que voté.

EL DÍA DE LAS ELECCIONES, tía Marie y yo nos despertamos temprano. La cabina más cercana a su casa estaba a la vuelta de la esquina, pero de todas formas fuimos en su automóvil. Marie sabía que durante todo el día tendríamos que ir de un lugar a otro y que terminaríamos "hechas polvo" cuando todo acabara. Nos estacionamos al otro lado de la calle de la New Plymouth Boys High School, un espacioso edificio de estilo eduardiano construido con yeso grueso. Cuando entramos, el clima parecía inestable y amenazante. Llegamos al gran salón de actos, tomé mi papeleta electoral de una mesa de madera y caminé hasta la cabina de cartón, levanté el grueso marcador color anaranjado y voté por el Partido Laborista.

Después de eso salimos del edificio y vimos nubes grises empezando a extenderse. Marie tenía la cabeza agachada y los ojos vidriosos.

"Tu Nana habría adorado esto —dijo, casi en un susurro para sí misma. Se tocó suavemente los ojos con un pañuelo para que el rímel no se corriera, guardó el pañuelo de nuevo en su bolso y sacó las llaves del automóvil—. Muy bien, chica, tenemos trabajo que hacer", exclamó.

Más tarde, en la noche, mi tía Marie y yo nos sentamos juntas en las oficinas centrales del Laborista. En el corredor había globos rojos, y en el borde del salón había mesas esparcidas con copas de vino pequeñas y poco profundas, platos con salchichas envueltas en pasta de hojaldre y cuencos con frituras. Marie mantuvo la mirada fija en la pantalla del proyector cuando empezaron a aparecer los resultados. Permaneció en silencio, concentrada.

Entonces vimos las cifras de New Plymouth y Marie gritó: "¡¡Sííí!!", Harry sonrió desde la parte trasera del salón y los demás aplaudieron de forma espontánea. Harry había logrado conservar su escaño.

Unas horas después, las noticias fueron aún mejores. El Partido Laborista había vencido al Partido Nacional, lo que significaba que Helen Clark, líder de nuestro partido, ocuparía el puesto de primera ministra y sustituiría a Jenny Shipley.

Ahora que veo todo esto en retrospectiva, pienso en lo increíble y extraordinario que fue. En mi corta existencia había logrado ver, no solo a una, sino a dos mujeres ocupar el puesto más importante del país. Gracias a ellas, nunca se me ocurrió pensar siquiera que ser mujer podría impedirme involucrarme en la política, o que fuera imposible ser mujer y dirigir. Pero ¿qué tipo de personalidad se necesitaba tener? Bueno, esa es una historia por completo distinta, y fue la razón por la que, por el momento, mi trabajo político y mi involucramiento en la campaña habían llegado a su fin.

Era hora de concentrarme en mis estudios y de conseguir un empleo.

NUEVE

Un mundo más vasto

DESDE EL MOMENTO EN QUE TOMÉ LA DECISIÓN de hacer el viaje de nuestra casa en Morrinsville a la Universidad de Waikato, supe que mi experiencia universitaria sería distinta a la de los otros estudiantes. Para mí no hubo ni dormitorios ni compañeras de cuarto. Yo realizaba todas las mañanas el recorrido de veinticinco minutos al campus y luego pasaba todo el día yendo y viniendo entre la nueva Escuela de Administración con su apariencia corporativa y los edificios de concreto de la década de los sesenta de la Facultad de Humanidades. Sin embargo, no era la única que continuaba viviendo en casa mientras estudiaba.

Conocí a Alex en mi primera semana en el Waikato, en un seminario de Introducción a la Administración. Acaba de sentarme cuando noté que una de las estudiantes me resultaba conocida. Se movía con un contoneo que la hacía parecer confiada en sí misma, pero también amigable y accesible. Era un poco menos alta que yo, mediría un metro sesenta y ocho y tenía cabello rubio peinado con gel y en picos, pero lo que en verdad reconocí fue su mirada inquisitiva y observadora.

Al parecer, ella también me conocía a mí porque, después de clase, mientras guardaba mis libros en la mochila, se acercó caminando directo hacia mí. "¿Debatiste? ¿En la preparatoria?", preguntó con una sonrisa irónica. Eran preguntas, pero la expresión en su rostro me decía que ya sabía la respuesta.

En un instante estuve de nuevo en la biblioteca de la preparatoria y vi los montones de sillas apiladas contra los bordes de los libreros y una hilera de jueces sentados al frente y escribiendo con meticulosidad. Era un debate contra la Preparatoria Cambridge y el tema era "Tu destino está en tus propias manos". Sabíamos que Cambridge había suspendido poco antes a muchos de sus estudiantes por fumar marihuana, así que decidimos presentar el argumento de que al destino podían determinarlo muchas cosas, como el poder, la política y, en el caso de Cambridge, convertirse en sujeto de interés para los medios. Aunque nuestra intención era proponer un argumento compasivo, al parecer tocamos un tema demasiado personal y sensible. El equipo contrario no solo ganó, nuestros entrenadores se quedaron junto a los contenedores de devolución de libros en la biblioteca y se involucraron en una acalorada discusión respecto a las tácticas utilizadas.

Ahora la recordaba. Alex, sí. Fue impresionante durante el debate: feroz e inteligente, y también mostró un sentido del humor que destacó en medio de un encuentro sumamente tenso.

Nos hicimos amigas a partir de ese día. Hablábamos de todo, de los ensayos que teníamos que escribir, de nuestros profesores, de política, de religión. Alex me ayudó a obtener un puesto como entrenadora de jóvenes con discapacidades intelectuales en el mismo lugar donde ella trabajaba. También tengo que agradecerle mi empleo de verano como demostradora de Tefal en una tienda departamental en la que tuve que supervisar un horno portátil, una sartén, una plancha y, a veces, todo al mismo tiempo, mientras los clientes de la tienda que pasaban por ahí bromeaban respecto a mi demostración de lo que era “la mujer perfecta”.

Alex era judía por herencia y escéptica por naturaleza, y siempre parecía ser más curiosa que crítica. Un día, mientras almorzábamos en la abarrotada cafetería de la universidad, me miró intrigada.

—Entonces, ¿no bebes café? —preguntó.

—Nop —contesté mientras colocaba mi tenedor junto a la ensalada de papas, el platillo más abundante y menos caro del menú—. Pues porque tiene cafeína —expliqué, como si la costumbre mormona de evitar cualquier cosa adictiva le resultara obvia.

Alex comprendió la información.

—Pero los mormones beben Coca-Cola, ¿no? —dijo, y entonces me di cuenta de que no estaba tratando de averiguar las reglas de mi religión, sino de entenderme.

—No todos —contesté encogiéndome de hombros, como si esa respuesta pudiera satisfacer a cualquiera y, sin duda, a mi inteligente amiga.

Aunque Alex estaba sondeando mis ligeras inconsistencias, fue amable y evitó señalar las más notorias. Cuando escribí un ensayo en el que argumentaba que Nueva Zelanda debería aceptar las uniones civiles, nunca formuló la pregunta más obvia en voz alta: *Si yo creía que las parejas del mismo sexo merecían los mismos derechos que las otras, ¿por qué era miembro de una Iglesia que no aceptaba la homosexualidad para nada?*

Alex evitó de forma deliberada preguntarme eso, pero Paula, su mamá, no dudó en hacerlo. Alex y Paula vivían en una vivienda social, era una casa renovada en Hamilton East, no lejos del campus. Yo iba a veces a estudiar rodeada de los hermosos textiles que Paula fabricaba y con los que adornaba las paredes. Paula era consejera y poseía el mismo tipo de inteligencia que su hija, pero con un sentido del humor negro. También era lesbiana, y tal vez por eso no resistía la tentación de hacer algunos comentarios peculiares o de preguntarme sobre los mormones y sus opiniones respecto a la homosexualidad. En esos momentos, Alex siempre gritaba: "¡Mamá!", y Paula dejaba en paz el tema mientras yo reía, aún incómoda, y le preguntaba sobre su tejido más reciente. Sin embargo, Paula había hecho un comentario válido y sus preguntas permanecían en mi mente sin respuesta.

Hasta ese momento, los mayores desafíos para mi fe mormona habían sido personales, había luchado para tratar de resolver el conflicto entre la historia de mi Nana y los dogmas de la Iglesia, y también traté de reconciliar la inexplicable pérdida de Theo con el concepto del "plan de Dios". Pero esas eran *mis* batallas y venían de mi interior. Ahora, por primera vez en mi vida, las preguntas y los cuestionamientos provenían de otros, incluso de alguien que sentía que mi religión la lastimaba de manera personal.

Mi respuesta a ese tipo de incomodidad era hacer algo que llevaba algunos años practicando: guardar el asunto y compartimentarlo. Tomaba todas las incómodas y complejas preguntas, las metía en una caja cognitiva, y luego hacía lo mismo que hizo Nana con el violín durante muchos años: lo guardaba para evitar verlo.

También me lancé de lleno a desempeñar distintos roles en la Iglesia. Fui la representante regional del grupo Young Single Adult, o YSA, en el que mi labor consistía en diseñar programas y actividades para los jóvenes miembros de la iglesia en la región de Hamilton. En otras palabras, me convertí en coordinadora de un club social.

Ahora, en lugar de ser solo una entre un pequeñísimo grupo de mormones en mi pueblo natal, formaba parte de una comunidad mucho más extensa. Hice nuevos amigos y, por primera vez, conocí a mormones de mi edad que no eran mis primos. Nunca había pasado tanto tiempo fuera de la Iglesia con amigos mormones desde el tiempo en que convivía con mi dulce amigo Walter, al que le gustaban las tarjetas perfumadas.

En el grupo YSA había muchas actividades, como eventos deportivos, trabajo comunitario y bailes formales, y yo pasaba casi todo mi tiempo organizándolos. Sin embargo, cuando me pidieron que ayudara a coordinar una importante conferencia y que hablara durante media hora como una actividad del programa, en lugar de dar un sermón cargado de las nociones de las Escrituras, quise hacer algo distinto, algo interesante. Por eso diseñé, obviamente, una presentación de PowerPoint sobre mi héroe, Ernest Shackleton, y su Expedición Imperial Transantártica de 1914.

Con toda esa actividad y todos mis nuevos amigos mormones, esperaba sentirme satisfecha o recibir alguna señal que me confirmara que estaba en el camino correcto. Estaba haciendo muchas cosas que se suponía que debía hacer, como tener un empleo, estudiar e ir a la iglesia, pero una noche, cuando conducía de vuelta a casa, no pude evitar sentir que, a pesar de todos mis maravillosos amigos y de la afectuosa comunidad a la que pertenecía, todavía no pertenecía del todo. Y que mientras mantuviera algunas de las cosas en las que creía en una caja y mi religión en otra, tal vez continuaría sintiéndome así.

En muchas ocasiones, al hacer ese recorrido por la noche, pensé lo mismo, pero me permití creer que con el tiempo, la distancia o mis ocupaciones, me sentiría mejor. Que solo necesitaba una aventura, y que, quizá, si me alejaba, si fuera a un lugar más extenso, a una universidad más grande, a una comunidad mormona más numerosa, a un mundo más allá, tal vez mi incomodidad desaparecería.

Antes de mi último año en la universidad, visité la oficina de estancias en el extranjero y elegí un programa de intercambio que me permitiría terminar mis estudios universitarios cursando un semestre en la Universidad Estatal de Arizona. Mi familia tenía contactos ahí debido a los misioneros de la iglesia. No viviría en el campus en Tempe, sino en Mesa, un lugar cerca de la universidad que también era el hogar de decenas de miles de mormones.

Si me voy, pensé, *tal vez podría resolver esto.*

El calendario académico estadounidense no coincidía con el de Nueva Zelanda, lo que significaba que tendría varias semanas libres antes de ir a Arizona. Alex fue quien me sugirió cómo aprovechar ese tiempo.

—¿Por qué no vas a Wellington y te das un descanso? —dijo.

—¿Y qué haría ahí?

—Ser voluntaria. Contacta a Harry, dile que quieres ayudarle en su oficina.

Alex me parecía muy temeraria, a ella no le incomodaban los "¿y si...?" ni dudaba de sí misma. Lo dijo de tal forma que parecía que llamar a un diputado y autoinvitarme a trabajar en el Parlamento, a seis horas y media de casa, sería bastante sencillo.

Pero, quizá *sí* era simple. Louise y Warren, su esposo, ahora vivían en Wellington, así que podría quedarme con ellos.

Además, ¿qué sería lo peor que podría pasar?, pensé, y como si estuviera leyendo mi mente, Alex insistió.

—Solo pregunta. ¿Qué tienes que perder?

—De acuerdo —dije—. Lo haré.

ALGUNAS SEMANAS DESPUÉS, llegué a Wellington, una ciudad llena de trabajadores de cuello blanco, cafés, creatividad bohemia y viento. Estaba ahí para realizar una pasantía en el Parlamento. En Wellington, el trabajo del gobierno se lleva a cabo en un complejo de cuatro edificios cerca de la zona costera. El más icónico de los edificios del conjunto parlamentario es la Colmena, una construcción cilíndrica que se va estrechando conforme asciende; data de la década de los setenta y parece justo lo que su nombre describe: un nido de abejas.

La oficina de Harry, sin embargo, se encontraba en un edificio contiguo de arquitectura más tradicional. La Casa del Parlamento era una elegante construcción neoclásica de un siglo de antigüedad, con una enorme escalinata al frente que yo ya conocía porque, en la preparatoria, participé en un torneo de debate que se realizó ahí. De hecho, tenía fotografías que me tomé con mis padres en la escalinata, y recordaba las cámaras parlamentarias de debate a las que pude asomarme un instante. En aquella ocasión fui una turista, una simple espectadora, pero ahora, al entrar al edificio, sentí algo distinto porque tenía un papel que desempeñar, un empleo.

Como mi pasantía fue a principios de 2001, todavía no había tanta seguridad. Entré caminando y me tomé varios minutos para asimilar lo que veía a mi alrededor. Se sentía tan majestuoso: muros y pilares de mármol, atrevidos pisos de mosaicos, arcos y bustos. Se percibía el bullicio por todos lados, el eco y la sensación de estar en un lugar importante. Sentí como si acabara de atravesar el telón de fondo de una obra de teatro que había estado viendo toda mi vida.

La oficina estaba en el tercer piso, lejos del ajetreo y la energía del vestíbulo. Permanecí un momento frente a la puerta, vi el elegante tablero con el nombre de Harry en letras doradas y me pregunté qué se sentiría ver tu nombre impreso en una puerta de esa forma, con las inconfundibles letras "DIP" al final.

Recuerdo muy bien el instante silencioso antes de entrar a la oficina, pero mis recuerdos de lo que sucedió el resto del día son difusos. Mari, la secretaria de Harry, fue mi guía en la visita al laberinto de edificios y corredores. Caminaba con rapidez mientras iba describiendo el entorno. *En ese lado está la zona de clasificación de correspondencia, este es el corredor del comité selectivo, este es el Gran Auditorio, donde los diputados realizan eventos. Esa es la Cámara del Consejo Legislativo, y la biblioteca está por allá. Bowen House es de este lado y, por supuesto, los ministros están en la Colmena.*

También recitó a toda velocidad las reglas que debía yo conocer. *A las dos de la tarde, cuando suenan las campanas para la hora de preguntas, solo los diputados pueden usar los elevadores. ¡Tampoco puedes entrar a la sala de los "síes y los noes"! Y tenemos que asegurarnos de que Harry tenga el documento del orden del día para la hora de preguntas.* Solo asentí mientras Mari hablaba porque no me atreví a hacer ninguna pregunta.

Era obvio que, aunque como persona externa conocía lo esencial sobre nuestro sistema parlamentario, había toda una serie de cosas que solo sabían los iniciados, quienes trabajaban ahí. Por ejemplo, las reglas de la Cámara de Representantes, donde se llevaban a cabo los debates; por dónde caminar y por dónde no; o cómo dirigirse a las otras personas. Por eso decidí que lo mejor sería no preguntar nada que revelara lo profundo de mi ignorancia, tendría que adquirir ese conocimiento por otra vía: leyendo una guía llamada *Parliamentary Practice in New Zealand*, un libro de más de seiscientas páginas. Esa primera noche me lo llevé a casa y empecé a estudiarlo a fondo.

Durante esa pasantía, ayudé con la correspondencia de Harry. Abría el correo y lo registraba, y a veces incluso redactaba respuestas. Hacía diligencias y recogía documentos del buzón de Harry, y también trabajé en la gaceta para su electorado.

A sugerencia de Mari, empecé a participar en las reuniones de té matutinas con los asistentes ejecutivos en Copperfield's, el café de la Colmena donde todos bebían té y comían bollos de queso del tamaño de mi mano. Ahí fue donde me enteré de que la recepcionista de Phil Goff estaría fuera de la oficina algunas semanas. Me preguntaron si me gustaría suplirla. Phil era un político hábil y un devoto miembro del Partido Laborista, yo siempre lo había admirado. Cuando era joven, llevaba el cabello largo y tenía un denso bigote, iba a las manifestaciones en su motocicleta y marchaba para protestar contra la guerra de Vietnam y el *apartheid*. Cuando yo estaba haciendo mi pasantía, él era uno de los ministros de rango superior del partido.

Así fue como mi actividad en el Parlamento se transfirió del elegante y silencioso rincón de Harry a la bulliciosa oficina de concreto de Phil en el centro de la Colmena, donde me hice cargo de contestar los teléfonos.

Como Phil era el ministro de Justicia y de Asuntos Exteriores, las llamadas que entraban podían ser desde preguntas sobre cómo apelar una sentencia hasta quejas sobre la sentencia de un caso de alto perfil, o problemas de derechos humanos en el Tíbet. Me esforzaba por contestar las llamadas de la mejor manera y de hallar las respuestas con rapidez o, al menos, de encontrar a la persona que podría atenderlas.

Luego descubrí que, con frecuencia, los diputados recibían llamadas completamente distintas, llamadas para las que no había una respuesta adecuada. Las hacían personas que estaban convencidas de que había alguna oscura verdad que se ocultaba al público. Estos individuos solían escucharse angustiados y, a veces, enojados. Recuerdo que un día contesté el teléfono y escuché la voz de una mujer que se oía muy molesta. Creía que el gobierno tenía un registro de ella tomando un carrito de supermercado, o, al menos, creo que eso fue lo que dijo. Estaba convencida de que estaba en alguna especie de lista y que la observaban, por lo que me pidió que *yo* la borrara por favor.

Les pregunté a otras personas en la oficina cómo podríamos ayudar a esa mujer porque llamaba con demasiada frecuencia. Ya la conocían, y también a otros como ella. Habían intentado ayudarla, pero parecía que no había nada que pudiéramos hacer porque, después de todo, no es posible demostrar un hecho irreal.

En aquel tiempo no me detuve a pensar qué pasaría si hubiera una plataforma lo bastante grande para reunir a las personas angustiadas que llamaban de manera individual, un lugar donde todos los que creían que existía *una lista* pudieran reunirse y reforzar sus creencias entre sí. O que, Dios no lo permita, alguien llegara y manipulara a esas personas y se aprovechara de su angustia y la usara para su propio beneficio. No, entonces solo pensaba en la persona al otro lado de la línea a la que no podía ayudar, y eso me entristecía mucho.

Mi pasantía pasó muy rápido, pero para cuando la recepcionista de Phil volvió, yo había empezado a aprender las reglas de la Cámara de Representantes, sabía dónde estaban las cámaras de las comisiones legislativas y había comido demasiados bollos. Todas las noches regresaba al apartamento de mi hermana sintiéndome exhausta y con la mente dándome vueltas por todas las cosas que había aprendido y la gente que había conocido durante el día, pero a pesar de todas las reglas confusas y de mi miedo a cometer errores, me encantó la experiencia. El Parlamento era un lugar donde las leyes se modificaban y donde se solucionaban problemas, y no solo en papel, también para la gente, como las personas que conocí cuando toqué puertas. Sí, la política tenía mucho que ver con la pobreza que vi tantos años atrás en Murupara, pero también estaba segura de que el Parlamento era uno de los únicos lugares donde podría solucionarse.

Esa convicción hizo que mi experiencia se convirtiera en un capítulo al que sería difícil dar fin. *Una pasantía no es una carrera*, me recordé a mí misma mientras guardaba mi ropa en la maleta. Hay tan pocos empleos en la política, e incluso si hubiera más, ¿qué me hacía pensar que podría desempeñar uno de ellos?

En el aeropuerto, mientras esperaba el vuelo para ir a Estados Unidos, mamá no dejó de fastidiarme y de recordarme con cuánta frecuencia tenía que escribir a casa, dijo que revisaría sus correos electrónicos todos los días. Luego papá intervino. Tal vez anticipó lo mucho que extrañaría mi hogar dentro de poco porque susurró: "Recuerda que estarás ahí para pasar un buen momento, no para quedarte mucho más tiempo".

Me despedí de mis padres ondeando la mano y me dirigí hacia un mundo más vasto.

DIEZ

Sola en Arizona

ARIZONA ERA CALUROSA, HERMOSA y costosa. Aunque había ahorrado bastante para estar ahí, no tenía suficiente dinero para vivir de forma independiente. Vivía en Mesa, a unos 13 kilómetros del campus, con una amiga mormona llamada Alys, que se había casado hacía poco. Conocí a Alys, a Dale, su esposo, y a su gato calvo que parecía sacado de la guarida de Dr. Evil, a través de misioneros en Nueva Zelanda. Alys y Dale vivían en una casa de dos niveles con espacios abiertos, en una amplia calle de los suburbios.

En Arizona todo era plano y de poca altura, salvo la montaña Camelback que resplandecía a lo lejos con un aura roja. El panorama desértico era por completo distinto a todo a lo que yo estaba acostumbrada. La mayoría de los jardines frontales de las casas estaban cubiertos de piedras y algunas plantas suculentas esparcidas: enormes y puntiagudas plantas de yuca y cactus más altos que yo. A los patios traseros los delimitaban elevadas vallas, a pesar de que era difícil imaginar a niños jugando fuera de casa, al menos no con ese calor. En algunas zonas no había aceras, pero resultaba lógico porque nadie caminaba. Cuando yo lo intenté, la gente pasaba a mi lado en su automóvil y tocaba el claxon como advirtiéndome que era mala idea.

Para ir al campus tenía que tomar dos autobuses. Un día, a principios del semestre, decidí caminar a casa en lugar de esperar el segundo autobús en un clima tan caluroso. Cuando llegué, tras haber recorrido algunos kilómetros, alcancé a mirarme en el espejo y vi que parecía un pimiento rojo asado a la parrilla con ojos saltones. Unas horas después, comenzaron los dolores de cabeza, las náuseas y los mareos del golpe de calor. Nunca volví a caminar a aquella estación de autobús ni de vuelta a casa.

También las clases en la Universidad Estatal de Arizona me parecían diferentes. Mi profesor de política exterior estadounidense, por ejemplo, era un hombre alto y asertivo con un pecho tan ancho como un barril y voz resonante. Nos dijo que él usaba el "Método Harvard", no perdonaba las ausencias en su clase y le gustaba poner a prueba a los estudiantes preguntándoles al azar. Tenías que contestar rápido y de la manera correcta o, si no, perdías puntos. Nunca me quedó claro a qué se refería con "el Método Harvard", lo único que recuerdo es que me daba miedo.

Un día, estando sentada en el campus mientras comía el sándwich de jalea que me preparé esa mañana, una pregunta apareció en mi mente: *¿Por qué estoy aquí?* Sabía que había viajado hasta Arizona por la emoción de estar en un lugar distinto y, al mismo tiempo, rodeada de una enorme comunidad de miembros de mi Iglesia, y, en efecto, tenía ambas cosas. También estaba haciendo nuevos amigos, no solo Alys y Dale, también otros jóvenes de la iglesia que me recibieron con afecto y eran divertidos, generosos y amables. Pero, a pesar de todo eso, me sentía sola.

Era una soledad más profunda que la mera añoranza de mi hogar. Algo más intenso que los kilómetros que separaban a Arizona de Nueva Zelanda, el cambio en el paisaje o el hecho de que las llamadas de larga distancia fueran tan costosas que no podía llamar a casa con frecuencia para hablar con mamá o papá. Era algo más esencial. Fui ahí con la idea de que estar en otro lugar me ayudaría a disminuir la creciente brecha entre mis valores y mi religión, pero eso no estaba sucediendo. En todo caso, la brecha comenzaba a sentirse más pronunciada y, hasta ese momento, no había encontrado a nadie que pudiera ayudarme. ¿Por qué estaba ahí? No tenía idea. Siempre creí que toda experiencia tenía una razón y un propósito, pero ese día terminé de comer mi sándwich de jalea y guardé mis cosas bajo el ardiente y encarnado sol de Arizona para ir a mi siguiente clase, sin saber todavía cuál era el propósito de *esa* experiencia.

Una mañana, un par de semanas después de que comenzó el semestre, desperté escuchando las noticias de mi radio-reloj. Usualmente, los locutores hablaban del clima y de deportes para tratar de facilitarles a los escuchas el inicio de la jornada, pero ese día la conversación era muy distinta. Aún medio dormida, alcancé a escuchar las palabras "avión… torre… fuego". Me senté de inmediato. Una situación terrible se estaba viviendo en la ciudad de Nueva York, al parecer. El World Trade Center. Un accidente, quizá.

Caminé rápido por el corredor de mosaicos, encendí la televisión y ahí estaba: *Avión. Torre. Fuego.* Alys, Dale y yo observábamos el fuego en la primera torre cuando volvió a suceder. Un segundo avión, una segunda torre, un nuevo incendio. No, no se trataba de un accidente.

Después de eso, todo empezó a moverse como en cámara lenta. Vimos las escenas junto con el resto del mundo: la gente atrapada y quienes lograron escapar de formas inimaginables. *Es gente*, pensé mientras las voces de los presentadores se desvanecían en medio del ruido blanco. *Esto está sucediendo ahora mismo, le está sucediendo a gente real.*

Poco después, tras abordar un autobús que permaneció casi vacío todo el trayecto, llegué en *shock* y en silencio. En las calles no había nadie y el campus estaba casi vacío, incluso en el cielo reinaba el silencio. La Universidad Estatal de Arizona está cerca del aeropuerto Phoenix Sky Harbor y, para ese momento, yo ya estaba tan acostumbrada al zumbido de los aviones comerciales en vuelo, que había dejado de notarlos. Ante su repentina ausencia, la quietud en el cielo fue espeluznante.

Casi todas las clases se suspendieron ese día. Casi. Mi clase de política exterior estadounidense tendría lugar y yo me presenté porque sabía que eso era lo que esperaba mi profesor de nosotros. Me senté en la fila del frente y saqué mis libros en silencio. El profesor entró al salón y dijo que comprendía por qué algunas personas habían preguntado si la clase debería llevarse a cabo, y luego nos recordó que los terroristas querían que dejáramos de hacer nuestras cosas como respuesta a sus actos. "Bien, pues que se jodan", añadió.

Esto fue solo unas horas después del ataque, pero el intenso desafío de mi profesor no tardó en crecer y extenderse en el salón de clases, y en fundirse en una vigorosa defensa patriótica que yo no había visto nunca. El patriotismo que conocí en Nueva Zelanda se expresaba de maneras sencillas, en la forma en que les presumíamos nuestros paisajes a los amigos de otros países; en nuestra sonrisa, rebosante de alegría, al ver a un ciudadano neozelandés, a un *kiwi*, brillar en el escenario mundial; o en cómo se nos llenaban los ojos de lágrimas cuando presenciábamos la *haka*, la tradicional invocación maorí a la guerra, la danza que simbolizaba nuestra fortaleza, nuestra unidad y nuestro *mana* u orgullo. En Nueva Zelanda, las banderas no eran un objeto común, y cuando cantábamos el himno nacional no colocábamos nuestra mano en el pecho. Nuestro patriotismo era distinto.

Por otra parte, los neozelandeses no acabábamos de perder la vida de miles de personas en un suceso aterrador.

En las semanas y los meses que le siguieron al 11 de septiembre vi cómo el patriotismo se convertía en una manera de demostrar que no habían logrado fracturar el espíritu estadounidense. Había banderas ondeando en todos lados, no solo en los mástiles de los espacios públicos y los jardines, también se les veía colgadas de ventanas, en las camisetas, impresas en papel y pegadas con cinta adhesiva en las ventanas de los autobuses y en las puertas automáticas de las farmacias.

Deambulé por Arizona tratando de encontrar el sentido de los paisajes frente a mí, observé las noticias de forma constante con la esperanza de entender algo más allá de los encabezados: lo que el mundo acababa de presenciar y lo que sucedía como respuesta. Vi a los líderes estadounidenses en la televisión. Los escuché decir: *Estos asesinatos en masa tuvieron como objetivo asustar a nuestra nación para provocar el caos y para obligarnos a retirarnos* y *Estados Unidos fue atacado porque somos el faro más brillante para la libertad.* Pero ninguna de estas frases respondía a la pregunta que se había formulado en mi mente y que yo daba por hecho que alguien contestaría en algún momento.

Estaba en el salón de comunicaciones cuando cometí el error de hacer la pregunta en voz alta. Al final de la clase, el profesor invitó a los estudiantes a procesar sus sentimientos y, unos minutos después, un chico de tipo atlético que se sentaba en la parte de atrás levantó la mano. Dijo que, desde el ataque, no había podido ver a "una persona árabe" sin preguntarse si sería terrorista o no. Yo estaba mirándolo mientras hablaba, pero en cuanto escuché su comentario giré para ver al profesor. Esperaba que lo corrigiera, que dijera: *No puedes juzgar a un grupo entero por las acciones de unos cuantos.* O: *Es posible condenar la violencia del extremismo sin condenar a todo un pueblo.* Sin embargo, noté que el profesor solo asentía con la cabeza.

Supongo que levantar la mano fue un error, una parte de mí lo sabía incluso entonces. Yo era una chica del otro lado del mundo, no era mi luto, mi país no fue el que sufrió el ataque, pero la pregunta seguía en mi mente. Cuando el profesor me dio la palabra, hablé titubeando.

—Yo… supongo que… —dije con mi fuerte acento neozelandés, tan distinto al presente en todas las voces que había escuchado ahí—. Bueno, no entiendo por qué nadie se pregunta… *¿por qué?*

Era la misma pregunta que me había estado haciendo desde que era niña, la misma que continuaría haciéndome el resto de mi vida.

¿Qué conduce a alguien a cometer un crimen o un acto de violencia? ¿Incluso un acto de violencia a una escala masiva? Si supiéramos por qué lo hizo, tal vez podríamos *hacer* algo al respecto. Y yo quería creer que podíamos *hacer algo*.

El profesor se me quedó mirando con aire incrédulo.

—¿Me estás diciendo que, si yo entendiera por qué sucedió esto, no tendría problema con que miles de personas hayan muerto?

—¡No! Claro que no —exclamé. Eso no era lo que yo había tratado de decir, no se acercaba ni un poco. Los estudiantes guardaron silencio absoluto—. No, yo… —agregué tratando de buscar palabras que no tenía.

Lo que yo había querido decir era: *Si no entendemos cómo se crean los terroristas, ¿cómo podremos prevenir el siguiente ataque y, luego, el siguiente? Si no nos preguntamos "por qué", ¿estamos solo aceptando que esta violencia es inevitable?, ¿aceptando que no podemos ayudar a la gente a sentirse a salvo de nuevo? Y, si ese es el caso, ¿en qué se convertirá el mundo?* Antes de tener tiempo de formular mi respuesta, el profesor me dio la espalda y dejó salir a los estudiantes, quienes solo pasaron a mi lado. No sé si evitaron el contacto visual conmigo porque estaba demasiado ocupada tratando de no mirarlos. Reuní mis libros en silencio y decidí que no volvería a hablar en la universidad jamás.

Me mantuve en silencio en esa clase y durante el resto del semestre. Estudié con ahínco, entregué mis ensayos a tiempo y todavía me sentía sola. No había podido resolver la disonancia entre mis valores y mi fe, pero en algún momento del camino, la sensación de no tener un propósito, que me había abrumado hasta entonces, desapareció. Tal vez, por fin tenía una razón para estar bajo el ardiente sol de Arizona. Tal vez estaba ahí para escuchar, para observar, para analizar. No sabía por qué, no lo supe por mucho tiempo, solo tenía un presentimiento: el mundo había cambiado y era importante prestar atención.

ONCE

El camino al noveno piso

Cuando vi por vez primera a Catherine Healy me recordó a las mamás PTA. Usaba chaquetas de vestir y collares de perlas, y tenía una sonrisa amplia y confiada. Era inteligente y se expresaba bien, era tan organizada como imperturbable. No me costaba trabajo imaginarla conduciendo a casa —de vuelta de un trabajo que representaba una vida alternativa como directora de Recursos Humanos en una empresa multinacional, quizá— y lista para dirigirse después a una reunión del comité escolar. Catherine Healy no era una mamá PTA, pero siempre le recordaba a la gente que muchas de las mujeres a las que representaba sí lo eran. Era directora del Colectivo de Prostitutas y defensora de la descriminalización del trabajo sexual.

Conocí a Catherine Healy en el primer empleo que tuve al terminar mis estudios universitarios. Cuando acabó mi semestre en la Universidad Estatal de Arizona y me gradué, Phil Goff me ofreció un puesto en su oficina. Sería investigadora y ayudaría con tareas como la redacción de su gaceta. Era un empleo de nivel básico, pero me ofrecía la emocionante oportunidad de trabajar en el ámbito de la política. Viviría en un apartamento compartido con dos amistades de antaño y dos personas a quienes no conocía; estaba en Brooklyn, un vecindario de inclinadas cuestas en las afueras de Wellington. La terraza se había derruido y la piscina inflable estaba repleta de algas, pero nada de eso importó porque no pasaría mucho tiempo antes de que mi vida entera girara alrededor de la política.

Trabajaba todo el tiempo, lo cual era fácil porque Phil tenía jornadas muy extensas. A las siete treinta de la mañana ya estaba sentado frente a su escritorio analizando las noticias del *Herald* y del *Dominion*, recortando artículos, subrayando con bolígrafo las secciones que quería discutir con su personal y garabateando pequeñas notas en los márgenes para nosotros. Dado que era ministro, tenía un equipo de nueve personas y en su oficina el bullicio era interminable. Todos se movían por el lugar hablando por auriculares de diadema y, en la tarde, cuando la mayoría del personal se iba, Phil continuaba en la oficina y terminaba su día poco después de las diez de la noche, momento en el que salía para ir a jugar un breve partido de squash y "aclarar su mente". Phil era conocido por pasar los fines de semana y los días feriados empacando paja y reparando cercas en su propiedad, en las afueras de Auckland. Era el paradigma de quienes se "relajaban de forma activa".

Phil nunca le pidió a nadie del equipo que trabajara horas extra, pero era algo que yo deseaba hacer. Excepto por las actividades y los servicios comunitarios de la iglesia, los únicos descansos que me tomaba de la oficina eran para salir con empleados de las oficinas de otros diputados. Nos sentábamos en el bar de la Colmena, que se llamaba simplemente 3.2, e intercambiábamos ideas a una velocidad endiablada sobre las nuevas leyes de sentencia o la ley de prostitución.

El hecho de que alguien trabajara en ese asunto, y por principio de cuentas, se debía a una extravagante tradición del sistema parlamentario de Nueva Zelanda llamada la "lata de galletas", a la que también se le conocía formalmente como las "Leyes de los Miembros". En Nueva Zelanda, cualquier miembro del Parlamento puede escribir un proyecto de ley, asignarle un número, escribirlo en una ficha y luego ponerla en, literalmente, una lata de galletas, pintada de blanco con flores azules, que se guarda en la oficina del asistente. Cuando hay un espacio disponible, sacan una ficha de la lata, y la legislación correspondiente a ese número se debate en la Cámara para ver si hay suficiente apoyo con el fin de que se convierta en ley. Un noticiario describió la lata de galletas como la "lotería de las leyes", y con toda razón, pero gracias a esta extravagante costumbre se han realizado cambios innovadores, entre ellos, la ley para descriminalizar la prostitución, redactada por Tim Barnett, diputado laborista para Christchurch Central City.

Para la descriminalización del trabajo sexual era necesario establecer un sólido argumento de derechos humanos, y me resultaba difícil imaginar a alguien llevando a cabo esta labor con más vigor que Catherine Healy. Las trabajadoras sexuales, explicaba Catherine, podían llegar a estar en condiciones de extrema vulnerabilidad, como ser víctimas de ataques, violaciones y tráfico de personas, y si su trabajo era ilegal no podían solicitar la protección del Estado.

En su papel como ministro de Justicia, Phil desempeñaría un papel especial porque le proveería al Parlamento asesoría oficial respecto a la ley, y, por esa razón, yo participé en varias reuniones con Catherine Healy. Mientras citaba las estadísticas y nos contaba anécdotas de las trabajadoras sexuales que conocía, siempre se mantenía bien erguida y usaba un tono mesurado. Miraba a todos a los ojos, incluso a mí, y a menudo yo me descubría a mí misma asintiendo como respuesta a todo lo que ella decía.

¿Mi posición política era diferente a la de la Iglesia mormona? Absolutamente, pero, una vez más, ignoré el choque entre los valores y lo archivé en la misma caja metafórica en la que guardaba todas las otras cosas que no podía conciliar.

De vez en cuando, mis amigos cuestionaban mi técnica de compartimentación de la misma forma en que Alex lo hizo cuando estábamos en la universidad. En una ocasión, la asesora *senior* de Phil me preguntó de forma directa si trabajar con ella en la ley de prostitución me suponía un problema.

—No —contesté sin dudar—. Los mormones no están de acuerdo con la prostitución, pero ignorar que existe no ayuda a mantener a la gente a salvo.

La asesora me sonrió.

—Comprendo —dijo.

Aunque aquella respuesta pudo dar fin a la conversación, me dejó sintiendo como si estuviera en uno de aquellos debates de la preparatoria, cuando tenía tiempo limitado para prepararme y solo usaba cualquier argumento que me sacara del paso. Pero dar una respuesta y creer en ella son cosas muy distintas.

¿Cuánto tiempo puede una persona continuar funcionando en un estado de compartimentación total, incluso alguien que se piensa las cosas demasiado y lo hace de forma crónica? Pues resulta que mucho tiempo.

En algún momento dejé de trabajar en la oficina de Phil y volví a colaborar con Harry, esta vez como asesora política. Era un ascenso. Dado que, para ese momento, Harry era el ministro adjunto de Energía y ministro adjunto de Transporte, mi día a día empezó a tener que ver más con problemas sobre la seguridad energética y la extracción de petróleo, gas y minerales. Aprendí sobre licencias de minas, la perforación en el mar y la Cláusula 4 de la Ley de Minerales de la Corona de 1991. Asistí a conferencias sobre energía, visité plataformas petrolíferas, me vestí con cascos y overoles de protección, y descendí cientos de metros bajo la tierra, hasta donde el aire se sentía húmedo y pesado. Ese trabajo presentó desafíos particulares. Para empezar, yo era una progresista trabajando en la complicada área de las industrias extractivas; casi siempre era la única mujer en el lugar y, además, sentía que tenía que probar mi capacidad constantemente. Pero a pesar de todo, ese trabajo pocas veces me puso en conflicto con mi Iglesia.

Pocas veces, pero no *nunca*.

En 2004 sacaron de la lata de galletas el proyecto de ley de otro miembro. En esta ocasión, se trataba de una ley que les permitiría a las parejas del mismo sexo tener acceso al reconocimiento legal de su relación, es decir, a una unión civil, como aquella sobre la que tuve que escribir un ensayo en la universidad. Por lo general, se espera que los diputados voten por las leyes de acuerdo con lo que dicten sus partidos, pero esta ley tendría un "voto de conciencia", el cual les daba la libertad de votar de según sus bases morales personales.

Harry era católico y se oponía a la ley. Yo la apoyé.

—¡Pero si eres *mormona*! —exclamó la primera vez que debatimos esta nueva ley. Recuerdo que él estaba de pie en la puerta de su oficina en ese momento y yo permanecí sentada en mi escritorio. Al oírlo, dejé de mirar mi computadora y levanté la vista para verlo—. ¿Cómo puede una buena chica mormona estar de acuerdo con las uniones civiles? —insistió.

La verdad era que yo estaba más que solo "a favor". De hecho, me había involucrado activamente en la campaña a favor de las uniones civiles, añadí mi nombre a las peticiones públicas, ayudé a crear estrategias para lograr que se aprobara la ley y, cuando se instalaron frente al Parlamento miles de miembros de un grupo religioso vestidos de negro y gritaron: "¡Basta! ¡Es suficiente!", permanecí junto a sus oponentes.

Me quedé mirando a Harry. Conocía y creía en todos los argumentos de derechos humanos, pero eso no era lo que él me estaba preguntando. ¿Cómo podía *yo* estar a favor? De pronto sentí mi rostro enrojecer y luego arder, es probable que a él le haya parecido que estaba enojada.

—Simplemente estoy de acuerdo —dije con voz tensa.

Ahora que lo pienso en retrospectiva, creo que me sentía avergonzada. Había reprimido tanto el dilema entre mi fe y mis valores personales que no sabía cómo hablar de ello conmigo misma y, mucho menos, con mi jefe.

Mantener todo guardado en una caja nunca me fue difícil. Mi Iglesia era una entidad amorosa y cordial en muchos sentidos, se enfocaba en el servicio y en la caridad, y en ella encontré a la gente más compasiva y altruista que he conocido en mi vida. Nunca escuché a nadie predicar desde el púlpito que alguien más fuera maligno y, mucho menos, debido a su sexualidad. Sin embargo, lo que Harry decía era cierto. La teología de mi Iglesia decía que estaba mal ser homosexual, era un desafío que había que superar; sin embargo, al hacer campaña en defensa de las uniones civiles, yo por fin estaba expresando, de manera clara y decidida, que estaba en desacuerdo.

FUE A TRAVÉS DE LA CAMPAÑA en defensa de las uniones civiles que conocí a Grant. Grant Robertson era el asesor político de la primera ministra Helen Clark. Era una de las personas más relevantes en el gobierno, pero eso no se notaba en su manera de actuar. Grant nunca estaba demasiado ocupado para detenerse a hablar contigo y preguntarte cómo estabas; su especialidad era cuidar de la gente convirtiéndose en su mentor informal. Siempre podía estar presente contigo, el único indicio de que había mil compromisos más que Grant necesitaba hacer era el modo en que sus ojos se movían en distintas direcciones cuando estaba en una sala.

Grant siempre se veía un poco desaliñado, a menudo llevaba la camisa desfajada y con alguna mancha ocasional de café. Tenía un rostro amplio y amigable, y usaba lentes de armazón delgado. La gente lo conocía por el profundo amor que les profesaba al rugby y a la música, y porque resultaba que también era abiertamente gay.

Creció "dentro del clóset" en la ciudad de Dunedin, en la Isla Sur, y en distintos momentos fue víctima de acoso y exclusión; también sufrió de depresión. En su etapa más difícil en la adolescencia, compró una botella de ginebra y se la bebió completa cuando iba camino a una fiesta a la que no lo invitaron porque era "homo". Al llegar, se desplomó en las escaleras de la entrada.

En 1986, Grant vio cómo el Parlamento aprobó la Reforma de la Ley sobre la Homosexualidad, la cual anulaba las leyes que, hasta entonces, determinaban que ser gay era ilegal. La lucha política para aprobar la ley fue muy ruda y estuvo teñida de la casi inenarrable crueldad de diputados como Norman Jones, quien, en una ocasión, jugando con la rima entre las palabras en inglés *Hades* y AIDS, dijo durante un discurso que ver a la gente gay era "como asomarse al Hades... No los miren demasiado, podrían contagiarles sus enfermedades".

Con frecuencia me pregunté cómo habría sido para el joven Grant estar sentado frente a un televisor y escuchar esas palabras. Y, sin embargo, siempre que evocaba ese periodo en la historia, hablaba de la gran validación que representó para él. Como si a la crueldad del debate la hubieran superado por mucho los resultados y el hecho de que hubo diputados dispuestos a luchar por la Reforma. Tal vez esa era solo una de las muchas razones por las que ahora trabajaba con tanto ahínco para lograr que se aprobaran las uniones civiles. Yo observaba cómo se esforzaba Grant, sin tener idea de que él también me observaba por el rabillo del ojo.

EN AQUEL TIEMPO yo era todavía lo que uno llamaría una asesora "relativamente" novata. Empezaba mis veintitantos y, aunque el trabajo político me emocionaba muchísimo, había días que me recordaban lo inapropiada que era para ello.

En una etapa temprana, el asesor de Phil, un avezado operador político, famoso por su ingenio y su cinismo, me pidió que distribuyera un reporte sobre la reforma del alcohol del Ministerio de Justicia. "Empieza por los diputados del gobierno —me indicó. En ese momento, el Partido Laborista estaba en el poder, lo que significaba que serían diputados de nuestro equipo—. Cuando termines, puedes comenzar a distribuir entre la oposición también". Esa tarde guardé las copias del reporte en sobres que luego rotulé con esmero. Hice lo que él me había indicado, primero distribuí entre los diputados del Laborista y, cuando acabé, entre los del Partido Nacional. Al terminar el día, les había enviado el reporte a todos. Cuando el asesor de Phil se enteró, se puso furioso. "El reporte fue vedado —dijo con los brazos en alto, en un gesto iracundo y con aire incrédulo—. No tenías por qué enviarle el reporte a la oposición *hoy*".

Mientras él entró a la oficina de Phil hecho una furia para quejarse del "desastre" que la nueva empleada había causado, yo me metí en silencio en una de las cabinas del baño, cerré la puerta de metal, puse el cerrojo y rompí en llanto.

No era solo porque fuera nueva; estar en el mundo de la política durante cualquier periodo y a cualquier nivel, exigía estar hecho de material resistente. Esto aplicaba por igual si la persona trabajaba en la primera línea, como los diputados, o en la parte de atrás como yo, quien solo era poco más que un engranaje de la gran maquinaria. Había obstáculos en todos lados, tus oponentes estaban siempre a la espera de cualquier tropezón que pudieran amplificar y explotar. Los críticos eran implacables y la atmósfera general indicaba que el sentimiento publico podía cambiar muy rápido y con demasiada facilidad. Estaba segura de que para sobrevivir entre aquellos corredores se necesitaba una coraza de acero y de que el hecho de estar ahí, encerrada en el baño llorando, era prueba de que yo no contaba con una.

Pero ¿en qué otro lugar encontraría la posibilidad de hacer tanto bien para tanta gente? Todo el tiempo pensaba en aquel momento en New Plymouth, cuando tenía dieciocho años y escuché al abuelo con barba de días describiéndole a Phoebe todas las dificultades que enfrentaba porque tenía que hacerse cargo de su nieto. Esa fue la primera vez que vi para lo que podría servir la política, para cambiar las cosas, tanto para una sola persona como para cientos de miles. Y, además, hacerlo en todas las áreas que me importaban, como la pobreza y la desigualdad. ¿En qué otro empleo podría lograr eso?

Hice un gran esfuerzo por ocultar mis dudas y mi sensibilidad, nadie me vería jamás llorando en un baño. Al parecer, en el mundo exterior me percibían como una joven prometedora, una dedicada integrante del Partido Laborista, destinada a ascender y con la posibilidad de llegar a ser diputada también, algún día. Empecé a escuchar comentarios. *Trabaja duro, esa Jacinda*, o *Habrá que seguirle la pista*, o *Uno de estos días, su nombre podría ser el que esté en la puerta*. Pero en momentos como aquel, con frecuencia observaba a diputados como Phil y solo veía todas las horas que trabajaba, las reuniones y los eventos constantes a los que asistía, y la inclemente crítica de gente que pensaba que no hacía suficiente y también de quienes creían que hacía demasiado.

Un día, cuando nos dirigíamos al aeropuerto de Auckland tras una difícil reunión pública, vi desde el asiento de atrás cómo Phil apoyaba la cabeza contra el respaldo y exhalaba profundamente. Se giró, me miró con aire cansado y se frotó la frente.

—Jacinda —dijo—, si alguna vez te piden que te postules, no lo hagas.

—Ja —exclamé—. Descuida, Phil, no tienes que preocuparte por *eso*.

Llevaba dos años trabajando para el gobierno cuando Grant me llamó y me pidió que me reuniera con él en el café de la Colmena. Como era viernes, el Parlamento no sesionaba. Sin los diputados presentes, en Copperfield's no había el mismo bullicio habitual. La gente podía permanecer más tiempo en su mesa, relajándose tras la ajetreada semana.

Cuando Grant llegó, vestía su "uniforme casual": jeans, zapatos deportivos Vans negros y un suéter de lana de color oscuro.

Ordenó un café. Lo conocía tan bien para entonces que supuse que sería el tercero del día. No sabía con exactitud cuál era el objetivo de nuestra reunión, pero cuando me preguntó cómo iban las cosas en la oficina de Harry, le dije la verdad. Que estaba buscando un empleo nuevo y que Harry era un buen hombre, pero que ahora me encontraba oponiéndome a él demasiado y con bastante más frecuencia.

No era solo el hecho de que Harry hubiera votado contra la aprobación de las leyes de las uniones civiles y de la descriminalización de la prostitución; esos fueron votos de conciencia y dependían exclusivamente de sus valores. Era, más bien, que con frecuencia quería impulsar ideas que no formaban parte de la agenda del gobierno, y eso provocaba fricciones cada vez que yo lo señalaba. En cierto sentido, me encontraba atrapada entre apoyar a Harry o al gobierno laborista.

Grant me escuchó con atención y asintió mientras yo hablaba. Se veía cansado, pero en todo momento me miró con cariño y empatía, como diciendo: *Vamos, Jacinda, ya tengo sobre los hombros los problemas de todo el mundo, siéntete con libertad de hablarme de los tuyos también.* En los años por venir, vería en varias ocasiones esa faceta de Grant, no solo conmigo, sino con toda la gente que lo rodeaba.

—No sé qué hacer ahora —dije, y era verdad. No tenía un plan de carrera claro, no lo tenía entonces ni lo había tenido nunca—, pero solicité un empleo en el Ministerio de Desarrollo de la Juventud.

—Bien —dijo asintiendo, como si ya supiera que estaba buscando empleo, y supongo que lo sabía—. Estaba pensando que podrías serme útil en el noveno piso.

El noveno piso de la Colmena era un lugar con un ambiente exclusivo. Era donde se encontraba la primera ministra, donde se tomaban las decisiones, donde pocas personas realizaban visitas, e incluso menos trabajaban. Y ahora, Grant Robertson me estaba ofreciendo un empleo ahí. Era un puesto de asesor *junior*, tendría que investigar, ayudar con el planeamiento de los días que Helen saliera de gira y apoyar a Grant.

Era 2005, año de elecciones, y habían pasado casi seis desde que el Laborista tomó las riendas del gobierno. El partido había logrado mucho bajo el liderazgo de Helen Clark: un crédito fiscal para las familias, incrementos en el salario mínimo y un fondo nacional de pensiones para la jubilación. También había empezado a trabajar en un importante acuerdo de libre comercio con China. Pero ese año Helen se enfrentaría a un nuevo líder de la oposición, Don Brash, quien apareció de forma tardía en la política, tras haber dirigido el Banco de la Reserva.

Decir que yo no era admiradora suya sería una sutileza. Brash afirmaba que el sistema de prestaciones sociales era una "indefinida limosna estatal"; declaró que abandonaría la postura antinuclear que durante tanto tiempo había mantenido el país y, en un discurso que ofreció en el Club Rotario de Ōrewa sobre la problemática de los maoríes, aseguró que en Nueva Zelanda había un separatismo racial y una "arraigada industria del tratado de reclamaciones". Sus comentarios me parecieron una franca provocación en torno al tema de la relación con los maoríes. En mi opinión, no había razón alguna por la que Brash debiera ser primer ministro; el problema era que había tenido importantes avances en las encuestas.

Pero volviendo a mi reunión en Copperfield's, Grant terminó de beber su café, arqueó las cejas por encima de sus lentes y me preguntó: "Entonces, Jacinda, ¿quieres el empleo?".

Estaba aterrada. Pero no había mejor lugar para estar durante unas elecciones que en pleno centro de la acción. Además, yo anhelaba con desesperación ayudar al Laborista a permanecer en el gobierno y a mantener a Don Brash fuera.

Dije "sí" de inmediato.

Según los rumores, Helen Clark solo dormía cuatro horas durante la noche. Su vida entera estaba dedicada al servicio público. Era una mujer inteligente y estratégica, nada la perturbaba y, además, trabajaba con un tesón insuperable.

Tal vez esa era la razón por la que, cuando me mudé al noveno piso, rara vez la veía. Trabajaba a solo unos pasos de su oficina, pero nunca entraba.

En general, las tareas me las asignaba Heather Simpson, la jefa de personal de Helen. Fuera de la Colmena, pocas personas la conocían, y a ella le agradaba que así fuera. En el interior, en cambio, era tristemente célebre e intimidante. Se le conocía por su franqueza, su capacidad intelectual y su humor mordaz. Tenía tanta influencia que la gente las llamaba a Helen y a ella H1 y H2, y la broma radicaba en decir que nadie estaba seguro quién era la 1 y quién era la 2.

Heather adoptó un enfoque sencillo en casi todos los aspectos. Usaba colores neutrales, no se maquillaba y usaba lentes de armazón de alambre sobre los que siempre te miraba cuando asignaba una tarea. Casi al principio, Heather me pidió que fuera a su oficina para ayudarle con algo, no podría decir ahora de qué se trataba, solo recuerdo que tomé notas con furia, que traté desesperadamente de apuntar toda la información y que, de forma deliberada, asentía para mostrarle que podía seguir el ritmo de todo lo que me estaba diciendo. En algún momento, hizo una pausa y, cuando levanté la vista, me estaba mirando intensamente sin parpadear. "¿Entiendes lo que te acabo de pedir —empezó a decir—, o saldrás de esta oficina y pasarás los siguientes treinta minutos tratando de averiguarlo?".

Tragué saliva y respondí: "Lo segundo".

Heather suspiró exasperada y empezó a explicarme la tarea de nuevo, pero con una sutilísima sonrisa. Entonces me di cuenta de que, al menos, apreció que fuera honesta con ella.

Pasé una semana en mi nuevo empleo antes de por fin sentarme frente a frente con la primera ministra. Yo acababa de asistir a una controversial audiencia con el jefe ejecutivo de la Autoridad de Certificaciones de la Educación. El año anterior, los exámenes para becas tuvieron un bajísimo índice de aprobados que nadie podía explicar y que suscitó una intensa protesta entre los padres y los estudiantes. Helen se estaba preparando para la sesión u hora de preguntas, la hora en la Cámara de Representantes durante la que la oposición la cuestionaría, y era probable que le preguntaran sobre la audiencia, así que me llevaron para hacerle un resumen. Seguí a Grant y a Heather y entré a la oficina de la primera ministra. Helen estaba sentada a la mesa de conferencias. Además de una serie de documentos, frente a ella había una taza de té y un sándwich de ensalada de huevo, el mismo almuerzo que comía todos los días.

Llegó el momento, pensé mientras me sentaba. *La oportunidad de conocer oficialmente a Helen. Le diré que mi Nana trabajó en su primera campaña para el escaño de Piako. Que fue presidenta del comité electoral y que, en una ocasión, se tomó una fotografía con otro primer ministro del Partido Laborista, que apareció en la portada del* Piako Post, *y que, oh, sí, se veía muy feliz y orgullosa. Le diré también que mi Nana ya no está con nosotros, que falleció en 1992, pero que sé que la recordará de todas formas, sí, a mi Nana, Gwladys Ardern. Y que yo soy Jacinda Ardern y estoy encantada de estar aquí.*

Pero me olvidaba de un detalle: Helen era la mujer que, en una ocasión, cuando la puerta del avión de la Fuerza de Defensa en el que viajaba se abrió de golpe durante el vuelo, solo se concentró en reunir sus documentos para que no salieran volando. Helen era una mujer enfocada y, en una hora, la oposición la interrogaría. No había tiempo ni para recuerdos ni para sentimentalismos. Me miró, sostuvo la pluma sobre el papel y solo dijo una palabra: "Comienza".

Cuando terminé de transmitirle la información, Grant y Heather salieron de la oficina. Yo estaba guardando mis papeles para seguirlos, pero entonces Helen me detuvo.

—¿Cómo dices que se pronuncia el nombre? —dijo. Para entonces solo quedábamos ella y yo en la oficina.

Llegó mi momento, pensé al detenerme junto a la puerta, *mi oportunidad de presentarme como se debe.*

—JA-CIN-DA AR-DERN —contesté, pronunciando cada sílaba de mi nombre de forma metódica y muy lento. Helen se me quedó mirando y enseguida negó rápido con la cabeza; se veía un poco confundida.

—No —dijo sin mostrar emoción alguna—. ¿Cómo pronuncias Van Rooyen? El apellido del jefe ejecutivo de la Autoridad de Certificaciones.

Para cuando terminé de recorrer los diez metros que había entre la oficina de Helen y la oficina que compartía con Grant, estaba totalmente ruborizada. Ni siquiera tuve que contarle que había sucedido algo porque lo vio todo. Cuando le dije que traté de presentarme sin que Helen me lo pidiera, soltó una carcajada mientras golpeaba su muslo con fuerza y exclamaba entre resoplidos: "Oh, qué bueno estuvo eso". Entonces supe que Grant me ayudaría a superar cualquier obstáculo que se presentara.

En el noveno piso, lo que estaba en juego parecía algo colosal. Un dígito mal escrito o una palabra colocada en un lugar incorrecto en un presupuesto, una redacción torpe de un detalle de alguna política podían causar que Helen terminara en la portada de los periódicos con un encabezado terrible o una narrativa que Don Brash podría explotar. En mi nuevo papel, con frecuencia tenía que programar eventos para Helen, y llegué a temerles a las oportunidades de que alguien tomara una mala fotografía, tanto como alguna vez le temí a aquel rottweiler gruñendo. No, no era un problema imaginario, recuerdo haber visto a Don Brash en las noticias una noche. Visitó una pista de carreras o algo parecido que lo obligó a vestirse con overol, pero para abordar el vehículo, tuvo que subir sobre la jaula de seguridad. Mi rostro se retorció y casi sentí pena por él al verlo trepar trabajosamente hasta que por fin pudo levantar una pierna y pasarla por encima de la estructura para sentarse dentro del automóvil.

Ni siquiera Helen, con toda su inteligencia, era inmune a las malas fotografías. Recuerdo que una noche estaba viendo las noticias de las seis de la tarde y me pregunté si habríamos hecho lo correcto al enviarla a una fábrica procesadora de pollo en donde los empleados tenían que utilizar redes para el cabello. Por suerte, contamos con una distracción: Harry estaba parado junto a ella con una ridícula red para el cabello, pero en la barba.

Cuando comenzó la campaña de 2005, pasaba casi todo mi tiempo al lado de Grant, encorvada sobre mi computadora hasta que me dolían los hombros y las muñecas. Una de las políticas en que habíamos estado trabajando muchísimo serviría para eliminar por completo los intereses de los préstamos estudiantiles, un paso más allá de lo que se hizo en 1999. Para promoverla, Helen visitó campus universitarios, y los eventos ahí a veces se tornaban caóticos. Un día visitó la Universidad de Canterbury, en Christchurch, y yo vi el acontecimiento en las noticias del mediodía, sentada al lado de Grant en su oficina.

Grant y yo compartíamos un espacio estrecho y lleno de archiveros que, de una manera informal, dividían la oficina a la mitad. Yo me esforzaba por mantener mi lado pulcro, pero Grant tenía alteros de papeles en el suyo. "La pulcritud no lo es todo", decía con frecuencia encogiendo los hombros.

En la oficina había un pequeño televisor sobre los archiveros, el cual encendíamos cuando queríamos ver las noticias. Ese era uno de los aspectos más excitantes y adictivos de mi empleo: ver expuesto el trabajo que habíamos realizado apenas unas horas antes. *Y yo fui parte de ello*, pensaba a veces. Sin embargo, el día de la visita de Helen a la Universidad de Canterbury, todo lo que vi fue un desastre. En la pantalla la vimos rodeada de una multitud incontrolable, y a muchas personas sosteniendo desagradables banderines y pancartas hechas a mano. ER S HO RR BLE, decía uno, y LINDOS DIENTES, decía otro. Me sentí tan indispuesta de repente que tuve que apoyarme en el archivero.

—Es terrible —murmuró Grant con la mirada fija en la pantalla.

—Sí —dije asintiendo. Sabía que los medios reproducirían esas imágenes sin cesar.

Helen dio su discurso sin detenerse, pero tuvo que esforzarse para hacerse oír por encima de los abucheos. En cuanto terminó, se dirigió al automóvil.

Unos minutos después, sonó el teléfono de Grant. Era ella, llamando desde el auto mientras viajaba. Le expliqué que Grant acababa de salir de la oficina, y entonces dijo:

—Contigo basta.

En un tono llano, explicó que en algunos días tendría otro evento, en esta ocasión en la Universidad Victoria, en Wellington, y que ahora yo estaría a cargo y debía asegurarme de que estuviera mejor planeado.

—De acuerdo —contesté con la esperanza de sonar confiada.

El día del acto electoral en la Universidad Victoria, llegué temprano al campus, casi no había dormido. Hice todo lo que pude, contacté a los sindicatos que trabajaban en el campus y a los jóvenes miembros del Laborista que tenían una filial ahí, pero de todas formas me sentía inquieta.

Cuando llegué, un líder sindical al que yo conocía bien estaba en el lugar, posicionado en la fila del frente con varios jóvenes delegados del sindicato. Cada uno sostenía una letra gigante. Helen estaría rodeada por un muro de letras en el que se leía: V-O-T-A-L-A-B-O-R-I-S-T-A. Poco después, empezaron a llegar los diputados y, entre ellos, Steve Maharey, uno de nuestros ministros. Maharey era un antiguo académico con mandíbula fuerte y cuadrada. Helen apareció justo a la hora prevista, y el público que tenía frente a ella la recibió de forma amigable y vitoreando con fuerza. Cuando caminó hasta el micrófono, parecía relajada. De hecho, estaba tan cómoda que, cuando un manifestante corrió frente a la multitud casi desnudo, salvo por un traje de natación tipo Borat, ella lo señaló con el dedo e hizo una broma. "Oigan, ahí hay un hombre desnudo. No es muy impresionante. Rápido, alguien traiga un microscopio", exclamó, y la gente dio alaridos emocionada.

De acuerdo, pensé. *Todo va a salir bien.* Los únicos asistentes molestos que pude detectar eran un pequeño grupo de jóvenes que, por sus camisas, podrían pertenecer al ala juvenil del Partido Nacional. Estaban en la parte trasera, demasiado lejos de la cámara para que sus rostros aparecieran en televisión, y fuera del alcance de los micrófonos, así que no captarían sus insultos.

A pesar de eso, los observé a lo largo de todo el evento. Noté que había algo peculiar en su exaltación, como si la mitad de su alegría no se debiera solo a las bromas personales que estaban haciendo, sino al hecho de que podían hacerlas. Continué con la mirada fija en ellos cuando siguieron a Helen, burlándose hasta que ella subió al automóvil.

Debí ignorarlos. El evento fue un éxito y, además, lo más probable era que fueran miembros de la oposición. Era justo el tipo de cosas que debía esperarme; sin embargo, el corazón me latía a toda velocidad y mi cansancio, mezclado con la adrenalina, se empezó a transformar en enojo. En cuanto el automóvil arrancó, me acerqué a ellos furiosa.

—No puedo creer las cosas que estuvieron diciendo —dije con aire brusco. *¿Acaso no saben lo difícil que es hacer ese trabajo?*, quería gritarles. *Y ustedes solo se quedan parados, lanzando insultos personales. Lo que ustedes hacen no es mostrar su desacuerdo político, son solo golpes bajos y desagradables.* El problema era que no tenía listas esas palabras específicas, no contaba con un monólogo impresionante ni con un discurso digno y memorable. Lo único que acerté a agregar fue—: ¿Y con esa boca besan a su madre?.

Steve Maharey, ministro de Desarrollo Social fue testigo de la confrontación y se acercó para intervenir.

—Controla a tu *mujer*, Steve —le dijo uno de los agitadores haciendo una mueca y con una voz desbordante de desprecio.

Yo estaba a punto de responder cuando Steve levantó la mano.

—Un momento, un momento —dijo, de la misma forma en que lo habría hecho un profesor en su salón de clase. Se colocó entre el individuo y yo, y repitió la frase—: Un momento, un momento —luego volteó hacia mí y, en voz baja, pero con firmeza, agregó—: Vamos, Jacinda, es hora de irnos.

—Jacinda, no puedes permitir que te provoquen de esa forma —me dijo en privado cuando llegamos a la Colmena.

Sabía que Steve tenía razón, si quería continuar en la política, incluso solo ocupando un puesto como asesora, tendría que aprender a conservar la calma. El problema era que todo lo tomaba de manera muy personal y, además, siempre había sido muy sensible. ¿Sería posible empezar a cambiar ahora?

En esa misma época, Annette King, entonces ministra de Policía, conoció a mi papá en un evento que se ofreció en Wellington para los oficiales de policía y, cuando escuchó su apellido, su rostro se iluminó.

—Conozco a su hija —le dijo. Luego se inclinó para hablarle de cerca y le contó lo que la gente había empezado a decir sobre mí de vez en cuando—: Sería una gran diputada.

—Oh, no —respondió papá en tono protector—. Jacinda es demasiado sensible para algo *así*.

Papá no se equivocaba. Para ese momento ya conocía a algunas personas que se habían presentado como candidatas a las diputaciones. Uno de los compañeros con quienes compartía el apartamento, incluso decidió postularse para el Parlamento. A veces me sentaba en el sofá, lo escuchaba dar discursos, y luego le ofrecía mi opinión y le daba ideas. Sabía que mis comentarios eran útiles y que mi instinto político se había fortalecido y, sin embargo, cuando me sentaba en el sofá por las tardes pensaba: *Qué valiente es.*

En ese tiempo, en mi entorno había varios modelos de gente en la política. Estaba la severa y diligente Helen; estaba Heather Simpson, actuando con inteligencia y sin andarse con tonterías; estaba el siempre sensato Steve Maharey; también Phil, con su intenso enfoque; y Harry con esa energía inagotable. Y, francamente, ninguno de ellos me parecía ser "sensible". La sensibilidad era mi debilidad, mi falla trágica, lo que podría impedirme continuar trabajando en el ámbito que amaba.

A MEDIDA QUE LA ELECCIÓN SE FUE ACERCANDO, el dolor que llevaba algún tiempo sintiendo en las muñecas se extendió por los brazos, casi hasta los hombros. Me dolía escribir en mi computadora, pero no podía simplemente dejar de hacerlo. Había una elección en puerta y las encuestas iban a la par, tenía que redactar reportes de campaña y comunicados de políticas. Noche tras noche, permanecía despierta hasta la madrugada con Grant y Heather, llenando paquetes con reportes para los anuncios de la campaña.

Empecé a ver a un terapeuta físico cada tercer día, me pusieron unos parches en los hombros para mantenerlos hacia atrás y aliviar un poco la tensión, pero resultó que tenía un tipo de alergia y los parches me provocaron enrojecimiento, inflamación y comezón en la piel.

Muy tarde, por la noche, o en las primeras horas de la mañana, volvía a casa caminando en la oscuridad, con los brazos y la espalda matándome del dolor, y escuchando "Fix You" de Coldplay en mis audífonos, como si el *falsete* de Chris Martin pudiera brindarme algo de alivio. Al final, terminaba llorando todo el camino a casa.

El lugar al que solía recurrir cuando necesitaba consuelo en momentos como ese ya no estaba disponible de la misma forma que antes, y era mi culpa. Llevaba meses sin ir a la iglesia. Todos los domingos me quedaba acostada en la cama, contemplando el techo con culpa hasta que podía decir sin lugar a dudas: *Ya es demasiado tarde para ir.* De cierta forma, hacía parecer que el universo era quien tomaba la decisión, no yo.

Sé bien cuándo dejé de ir. Poco después de llegar a la oficina de Helen, fui a ver una película con un grupo de amigos de la campaña para promover las uniones civiles. Era una proyección de la película *Latter Days*, una especie de comedia romántica sobre un hombre gay que oculta su homosexualidad que asiste a una misión mormona y que se enamora de su vecino, quien es abiertamente gay. Al enterarse, la familia del hombre gay que había permanecido en el clóset hasta entonces lo rechaza y lo envía a terapia de conversión. En medio de la oscuridad de la sala de cine, y envuelta por el aroma a palomitas de maíz, empecé a sollozar sin poder detenerme. Cuando terminó la película, se encendieron las luces y todos salimos del cine hacia Courtenay Place, pero yo continuaba llorando. Seguía emitiendo incontrolables, agitados y desagradables gemidos que parecían desproporcionados en relación con el dulce sentimentalismo de la película.

Hablé con mi obispo sobre mis conflictos con la Iglesia. Fue amable, pero las palabras con que intentó aconsejarme no me ayudaron para nada: "Hay algunas cosas que no se supone que debamos entender". Hablé con mi madre y me dijo que rezara. Ella habló con mi padre, y él le dijo: "Jacinda toma muchas decisiones importantes todo el tiempo, tal vez debamos confiar en ella y permitir que también tome esta".

Yo en verdad deseaba que alguien me dijera qué hacer, pero nadie podía hacerlo. Así pues, por fin acepté conscientemente lo que había estado sucediendo durante un largo tiempo de forma inconsciente: había abandonado la Iglesia. Abandoné algo que sentía como mi hogar, algo que había sido tan parte de mí que me resultaba casi imposible imaginar lo que quedaría en su lugar. ¿Quién era yo si no era mormona? ¿Cómo podía saber dónde empezaba y dónde terminaba la fe con la que había crecido y los valores que albergaba en mis entrañas? ¿Cómo saber si era una buena persona si no tenía a la religión como criterio? Sin embargo, no estaba preparada para enfrentar ninguna de estas preguntas, el dolor de haber perdido mi fe era suficiente.

POCO DESPUÉS DE QUE HELEN ganó otro periodo en el cargo, renuncié al empleo.

Llevaba más de tres años trabajando para la Colmena, había tenido tres jefes distintos, tres perspectivas de lo que se necesitaba para mover al gobierno. La mayoría de los amigos a quienes veía de forma regular eran amigos del trabajo, no tenía una relación sentimental y tampoco familia, y en el horizonte no se vislumbraba la perspectiva de tener hijos. Para colmo, ahora tampoco tenía religión. La política se había convertido en mi todo, en mi vida entera, tanto que sabía que, mientras permaneciera en Nueva Zelanda, las cosas seguirían igual.

"Tienes un buen empleo —insistió papá cuando llamé a casa para avisarles a mis padres que me iba—. Un *muy* buen empleo. ¿Por qué querrías dejarlo?".

Porque tenías razón cuando dijiste que era demasiado sensible.

Me había esforzado al máximo, trabajé hasta que mi cuerpo se quebró, y lo único que logré fue aferrarme a la idea de que era una asesora suficientemente competente. A pesar de que Helen Clark me mostró que era posible ser mujer en la política, nadie me había enseñado que era posible ser sensible y sobrevivir.

¿Estaría huyendo? Quizá. Pero eso era mejor que quedarme y enfrentar el hecho de que no podía hacer algo.

En Nueva York tenía una amiga con un sofá libre, así que reservé un boleto y me fui.

No tenía un empleo, no tenía un plan, y tampoco tenía idea de lo que estaba por venir.

DOCE

De campaña en campaña

Cuando te postulas para el Parlamento, tomas una decisión: estar al frente, ser el representante de ventas de grandes ideas. Te presentas, pides votos y dices: "Estas son las razones por las que yo debería ser su diputado". Te muestras decidido y confiado, estás listo y dispuesto a subir al escenario.

Bueno, tal vez para algunas personas así sea, pero no para todas. Quizá la decisión se va desplegando de una forma tan fragmentada, que no se siente como una decisión para nada. Incluso, tal vez al principio digas "no". Tal vez digas "no" en más de una ocasión porque puedes negarte cuantas veces quieras. En ocasiones, sucede de todas formas. O, al menos, así fue como me pasó.

La primera llamada la recibí un día frío, a finales de 2007, dos años después de que dejé la Colmena. Estaba en el sur de Londres, sobre la capa de hielo que cubría la plataforma de una estación de trenes, observando cómo dos australianos estabilizaban una parrilla de barbacoa sobre ruedas. Había sido un año de cambios. Apenas unos meses antes, vi a Tony Blair dar su discurso final ante el Parlamento. En Estados Unidos, Barack Obama, un senador progresista de Illinois, había anunciado su candidatura a la presidencia de Estados Unidos.

Ese día, sin embargo, mi mente estaba ocupada con asuntos más mundanos. De entrada, me preguntaba si la línea District del metro, la verde, llegaría a tiempo, como *no* era su costumbre. Sentí la vibración de mi teléfono Nokia en el bolsillo de mi abrigo, lo saqué con los dedos enrojecidos debido al frío. Vi el nombre de la persona que llamaba: Phil Goff.

¿Eh? Phil nunca me llamaba.

Cuando dejé Nueva Zelanda y fui a la ciudad de Nueva York, me quedé en el sofá de una amiga que me alojó, trabajé como voluntaria en un sindicato de trabajadoras del hogar y en un comedor comunitario, y me acabé mis ahorros mucho más rápido de lo que esperaba. Entonces empaqué mis pertenencias y me fui a Londres, porque ahí sí tenía autorización para trabajar.

Conseguí un empleo como asesora de política en una unidad de la Oficina del Gabinete, llamada Ejecutiva de Mejor Regulación, un título que podría dar fin a una conversación con hasta la persona más amable. Incluso empecé a dejar de dar detalles sobre lo que hacía cuando hablaba con la gente. Un día, regresé al apartamento que compartía con otras dos personas neozelandesas en Fulham, y encontré a nuestro vecino del piso de arriba sentado en las escaleras del frente, tomando un poco del rarísimo sol británico. Comenzamos a platicar y, cuando llegó el momento de hablar sobre a qué se dedicaba cada uno, le dije que trabajaba en la Oficina del Gabinete.

—Ah, sí —dijo con su fuerte acento australiano y asintiendo con la cabeza, antes de hacer una pausa—. ¿Y qué tipo de gabinetes fabrican?

No, no estaba tratando de ser impertinente, era una pregunta legítima.

—Para comedores y de uso ocasional —contesté sonriendo, y lo dejé solo para que siguiera disfrutando de su baño de sol.

Viajaba mucho, pero no de la forma en que lo hacía la mayoría de la gente. Tenía un empleo como voluntaria en la Unión Internacional de la Juventud Socialista, una organización de más de cien años que representaba a las filiales juveniles de partidos progresistas de todo el mundo. Pasé de ser vicepresidenta a ser presidenta, fui la primera mujer en mi región que llegó a ese nivel.

La política de Nueva Zelanda era algo que había estado evitando... hasta ese momento.

No había hablado con Phil en años. Cuando me marcó, estaba por finalizar un acuerdo de libre comercio con China. Sería el primero en el mundo, y la controversia en Nueva Zelanda al respecto no se había hecho esperar. Yo sabía que estaba muy ocupado, entonces, ¿por qué llamarme ahora? ¿Y por qué tan tarde? En Wellington pasaban de las diez de la noche.

Nuestra conversación empezó con un poco de plática trivial. Sí, hacía frío. Sí, todavía me encantaba vivir ahí. Mi hermana tenía un empleo excelente y también estaba en Londres, ella y Warren terminaron, pero fuera de eso, estaba contenta y ocupada. Yo había hecho muchos amigos y disfrutaba de mi trabajo como funcionaria pública. Todavía trabajaba con la Unión Internacional de la Juventud Socialista, sí, igual que Helen Clark lo hizo en los setenta. En otras palabras, todo marchaba de maravilla. ¿Cómo iban las cosas en Wellington? Phil fue directo al grano.

—Mira, necesitamos algunos candidatos jóvenes —dijo.

Y ahí estaba, la misma sugerencia que escuché cuando me encontraba en Wellington. En esta ocasión, sin embargo, Phil fue más directo, no estaba insinuando que me postulara algún día, me estaba pidiendo que me presentara a la elección de 2008, el año siguiente.

El Partido Laborista llevaba algún tiempo sufriendo el *blues* del tercer periodo, algo que parecía afectar a todos los partidos políticos en Nueva Zelanda tras ocho años en el poder. Mientras tanto, el Partido Nacional había realizado avances significativos desde la última elección. John Key, su nuevo líder, era un antiguo banquero de inversión, y a la gente le parecía pragmático y accesible. Tenía mucho impulso y, a un año de la elección, había superado al Laborista en los sondeos por más de diez puntos.

—Definitivamente necesitamos más gente joven y más mujeres —continuó Phil—. ¿Considerarías venir a casa y… postularte?

El día no estaba teñido de cualquier gris, era gris Londres, y yo conocía esas mañanas que solo daban paso a unas cuantas horas de luz solar decente. En mi mente, sin embargo, estaba de nuevo en 2002, con Phil, recorriendo en automóvil verdosas calles de los suburbios en nuestro camino al aeropuerto tras una complicada reunión pública. *Si alguna vez te piden que te postules*, me dijo aquel día, *no lo hagas*.

Vi a mi tren llegar a la estación y detenerse. Las puertas se abrieron. Permanecí inmóvil mientras uno de los australianos saltaba al interior jalando un extremo de la parrilla de barbacoa, mientras el otro empujaba. Cuando las puertas se cerraron, la estructura de la parrilla hizo un ruido sordo sobre la rampa de la plataforma y solo vi al tren alejarse de nuevo.

Le agradecí a Phil haber pensado en mí, pero le dije que disfrutaba mi vida en Londres. Estaba ocupada y me sentía feliz, trataría de ayudar al Partido Laborista desde lejos para que ganara.

La conversación no terminó ahí, no terminó de inmediato. Continuamos discutiendo un poco, él defendía la idea de que no existía un momento ideal para postularse, pero que ahora era mejor que en otras ocasiones, y yo seguí negándome. Aunque no ahondó en la razón por la que me lo estaba pidiendo, el hecho de que el mismísimo Phil Goff hubiese tomado el teléfono para llamarme era un gran halago.

Aunque había dejado la política atrás en Nueva Zelanda, pensaba en ella todo el tiempo. ¿Tendría lo necesario para postularme? Y ni siquiera pensar en soportar el tira y afloja de la vida en el Parlamento. No. Al menos, a mí no me parecía tener lo necesario. Sin embargo, en mi cabeza seguía escuchando una voz que no lograba acallar. *¿Y si…?*

—Gracias por pensar en mí, Phil —dije—. Gracias, pero no.

Pasaron varios meses, los días se tornaron un poco más tibios. Dejé de tomar el metro para ir al trabajo. Escuchaba las noticias de Nueva Zelanda mientras caminaba a lo largo del Támesis. Casi podía sentir la inminencia de la elección, la tensión, la emoción… y mi ausencia. Estaba a kilómetros de distancia, pero anhelaba ser parte de lo que estaba pasando. Les llamaba a mis amigos para averiguar de qué me había perdido, qué estaba sucediendo. Luego, un día, tuve una idea de algo que me ayudaría a llenar el vacío: *¿Por qué no traigo la campaña aquí?*

Podría dirigir una campaña de inscripción de votantes en Londres, pensé. *Hacer que los neozelandeses que viven aquí voten.* Después de todo, para ser elegible para votar solo necesitabas haber estado en Nueva Zelanda una vez en los últimos tres años. Podría formar un equipo de apoyo. Incluso se sentiría como las campañas en casa, y, de no ser así, al menos yo sentiría que estaba ayudando.

Pero entonces, una mañana, estando en mi nuevo apartamento en Brixton, recibí otra llamada, esta vez de Grant. En el tiempo que compartimos aquella estrecha oficina en la Colmena, Grant y yo nos hicimos buenos amigos. Hablábamos de todo, de cómo solucionar problemas del trabajo, de mis conflictos con la religión y de lo que ambos haríamos cuando nos fuéramos de ahí.

Grant solía decir, en broma, que habíamos pasado tanto tiempo juntos que me había corrompido. Él solía maldecir como pocas personas y, en algún momento, yo comencé a decir palabrotas también. Aunque era algo esporádico, sé que la forma en que lo hacía habría hecho a mi tía Marie sentirse orgullosa. Grant también estuvo a mi lado cuando tuve mi primera experiencia con quizá más copas de vino de las convenientes. A la mañana siguiente, él fue quien me preguntó qué había comido, y cuando le respondí que solo un poco de avena, negó con la cabeza y dijo: "Ven conmigo". Fuimos juntos a la cafetería y me compró una grasienta salchicha en hojaldre con salsa de tomate. La recuperación fue inmediata.

Para principios de 2008, Grant también se había ido de la Colmena. Estaba trabajando para la Universidad de Otago, aunque había tomado la decisión de postularse como el candidato del Partido Laborista en Wellington Central, un distrito de alto nivel en la capital del país. La contienda no sería nada sencilla, pero desde mi perspectiva, todo había sido muy claro desde el principio: Grant estaba hecho para el Parlamento.

Ahora, estando al teléfono, hablamos un poco de mi trabajo para la campaña de inscripción de votantes en Londres y estoy segura de que me escuchaba obsesionada: había reclutado voluntarios e impreso camisetas y pancartas retractables. Teníamos un programa de eventos, entre ellos juegos de rugby y festivales, a los que asistiríamos porque sabíamos que habría neozelandeses y podríamos asegurarnos de inscribirlos. Incluso teníamos un lema: "Haz escuchar tu voz desde lejos", *"Have your say from far away"*. Lo que no teníamos, sin embargo, era un anzuelo, el tipo de cosa que en verdad atrajera a una gran cantidad de votantes y captara la atención de los medios.

—¿Sabes, Jacinda? —dijo Grant—. Si en verdad quisieras ayudar al Laborista desde Londres, *podrías* tratar de conseguir un lugar en la lista del partido.

La lista del partido, pensé mientras caminaba de un lado a otro por la sala. *Por supuesto, la lista del partido.*

Para entender lo que Grant acababa de decir, es necesario saber un poco del sistema electoral de Nueva Zelanda, conocido por ser un sistema de representación proporcional mixta o MMP, por sus siglas en inglés. En el sistema de representación proporcional mixta, cada votante tiene derecho a dos votos: un voto electoral y un voto de partido.

El voto electoral es muy sencillo: votas por el candidato que te gustaría que representara a tu área en el Parlamento. El candidato que obtiene la mayoría de los votos gana el escaño; 72 de los 120 escaños del Parlamento, es decir, la mayoría, se cubren de esa manera.

El voto de partido, por otra parte, permite votar por cualquier partido político que le gustaría al votante que formara un gobierno y, como es lógico, el votante casi siempre le otorga su voto de partido al partido de su candidato preferido. En New Plymouth, por ejemplo, eso significaba votar por Harry y luego votar por el Partido Laborista. La noche de la elección todos los votos son computados y, si un partido obtiene una mayor proporción de votos del partido que los escaños que ganó a través de los votos electorales, le dan una ventaja adicional o "*top up*", es decir, algunos diputados adicionales provenientes de la lista del partido. Esto era justo lo que Grant me estaba animando a hacer, a incluir mi nombre en la lista.

En la lista aparecía la plantilla completa de diputados potenciales calificados en orden ascendente. El líder del partido, que en el caso del Laborista era Helen Clark, aparece como el número uno. Le siguen los pesos pesados que son, en su mayoría, individuos que ya son diputados, y algunos nuevos prospectos excepcionales. De ahí hacia abajo, aparecen casi todos los candidatos que se presentan para obtener un escaño y algunos que no. Aparecer en la lista no significaba que uno sería diputado porque la cantidad de gente era mayor al número de escaños obtenibles, pero era una excelente manera de apoyar al partido.

Mi campaña en Londres necesitaba una plataforma y, tal vez, si pudiera presentarme como una candidata legítima en lugar de como solo una persona común tratando de inscribir votantes, captaría un poco más la atención de los medios y, por ende, más gente se presentaría a votar.

Fue como si Grant me estuviera leyendo la mente.

—Es probable que estar en la lista impulse tu trabajo de inscripción —me dijo por teléfono. A pesar de que estaba a casi 19 000 kilómetros de distancia, aún sabía convencerme.

Además, no me costaba trabajo imaginarlo caminando en su sala, tratando de reacomodarse la espalda, que tantos problemas le daba, y arqueando las cejas de forma divertida mientras me exponía su contundente argumento.

—Jacinda, creo que en verdad podrías ayudar al partido.

Contuve el aliento varios segundos mientras trataba de discernir si lo que sentía eran nervios o emoción.

—Eee… —dije finalmente—. Quizá lo haga.

Tal vez, cuando te postulas para el Parlamento, te convences a ti misma de que no te estas postulando *de verdad*. Te convences de que tener un lugar en la lista solo sería una forma de impulsar tu *verdadera* causa: ayudar al Laborista a ganar. Y entonces, te dices que esa es la única razón por la que lo haces, para apoyar al partido, no para convertirte en diputada.

En casa, antes de acostarte a dormir, le pides a tu hermana que te tome una fotografía, solo de tu rostro. Imprimes los formularios para llenarlos, escribes tu nombre con cuidado, con claridad y firmeza, y en grandes letras de molde. Algo en tu interior se retuerce cuando marcas la casilla: Candidato del partido. Luego firmas el formulario con marcadas letras cursivas que son tan ilegibles que podría tratarse del nombre de cualquiera, pero en realidad es el tuyo.

Escaneas todo y lo envías. Luego apagas la luz y permaneces recostada sin dormir. En muchas ocasiones has dicho "no", pero esta vez, tal vez acabas de decir "sí".

DESPUÉS DE ESO, las cosas se movieron con rapidez. Volé a Wellington para la conferencia de la lista regional, en donde se elabora la lista local y se hace la clasificación.

Estar de vuelta se sentía raro, era como si esos dos años no hubieran pasado. Mamá y papá se reunieron conmigo y, mientras caminábamos juntos sobre la grava del estacionamiento, les expliqué lo que estaba a punto de suceder. En realidad, sería como una sesión de citas rápidas en la que yo y varias decenas de candidatos, incluyendo a Grant, nos presentaríamos ante pequeños grupos de miembros locales del Partido Laborista para contestar preguntas y compartir con ellos la visión que teníamos para el partido. A cada uno nos calificarían regionalmente y, luego, en unas semanas, el comité nacional fusionaría todas las listas regionales en una sola lista que incluiría las calificaciones otorgadas a todos.

Mamá se mostró alegre y me apoyó, pero papá no se veía tan seguro. "¿Te parece buena idea postularte como candidata para algo que no ganarás?", me preguntó frunciendo el ceño, y yo le expliqué mi razonamiento. Le dije que podría ayudar a nuestra campaña en Londres y que aumentar el voto para nuestro partido era importante, en especial en elecciones reñidas como la de Wellington Central, en la que participaría Grant.

Entramos al salón, olía a humedad, era como en los que se realizan las reuniones de Boy Scouts. Al entrar saludé de lejos a algunas personas que me resultaban familiares, gente a la que reconocía porque habíamos trabajado en campañas o en los sindicatos. En el interior del salón había sillas apilables alineadas y mirando hacia el frente. Me quedé parada en la parte de atrás, buscando entre la gente hasta que vi a Grant. Técnicamente, éramos competidores, pero en el Parlamento no había nadie a quien deseara volver a ver tanto como a él. Grant era progresista, inteligente, divertido y amable; incluso si no ganaba esa carrera, alcanzar un buen lugar en la lista le serviría como un boleto para el Parlamento. En lo personal, yo consideraba que ese día era el día de Grant.

Cuando llegó el momento de las presentaciones, pasé entre los distintos grupos sonriendo, hablándole a la gente con alegría sobre mí y respondiendo sus preguntas.

Hola, soy Jacinda. Trabajo en una campaña de inscripción de votantes en Londres.

¿Por qué estoy aquí? He sido miembro del partido y voluntaria en campañas desde hace muchos años, igual que usted, y quiero ayudarle al Laborista a ganar.

Cuando terminó la sesión de citas rápidas, nos volvimos a reunir en un solo grupo grande para que empezara el proceso de calificación. Me senté al lado de mamá y papá mientras veía cómo nominaban a los diputados.

Nominaciones. Secundador. A favor. Al principio todo fue rápido porque solo se trataba de la formalidad de calificar a los diputados existentes. Luego vino el primer nuevo puesto.

—¿Nominaciones?

El salón se quedó en silencio. Un miembro del equipo de Grant se puso de pie y gritó:

—¡Grant Robertson!

Yo esperé a que el secundador se pusiera de pie, pero en lugar de él, quien se levantó fue Grant.

—No deseo ser calificado. Al menos, no hasta que se califique a Jacinda Ardern —dijo antes de voltear y lanzarme una sonrisa de esas que quieren decir: *Sé muy bien lo que acabo de hacer*. Luego miró al frente de nuevo y yo permanecí sentada en silencio, observando el proceso que se desarrollaba a mi alrededor.

Alguien me nominó, alguien más secundó mi nombre, y con eso bastó para que me añadieran a la lista. Grant acababa de garantizar que yo obtuviera una calificación más alta que la suya, y ese acto podría ser la diferencia entre que él entrara al Parlamento o no. Sigue siendo, hasta la fecha, uno de los actos políticos más generosos y altruistas que he presenciado.

Y no solo eso, también me acercó un poco más hacia el Parlamento.

Cuando te postulas para el Parlamento, esperas. Esperas a que comience la campaña. Esperas a que lleguen los folletos. Esperas hasta poder colgar tus carteles. Esperas a que alguien abra la puerta. Esperas hasta averiguar si la gente te elegirá y, antes de eso, si tu partido te elegirá.

Pero a veces, muy en el fondo, ya conoces la respuesta.

Para cuando el comité nacional se reunió para fusionar todas las listas regionales en una sola clasificación para cada candidato, yo ya estaba de vuelta en mi apartamento en Londres. Mi Nokia cobró vida a las cinco de la mañana.

"Compañera —dijo una ronca voz al otro lado de la línea. Era mi amigo Tolley, el líder sindical que me ayudó a planear aquella visita de Helen Clark a la Universidad Victoria, la visita en la que perdí el control—. Eres la número veinte, compañera. La número veinte".

¿Número veinte? Eso significaba que el partido me había clasificado por arriba de diputados en funciones. Yo había trabajado muy duro en el partido, había logrado forjar redes sólidas y estaba igual de comprometida que los demás con que el Partido Laborista fuera elegido, pero, a pesar de todo, me sentía sorprendida.

Me quedé sentada en la cama, en mi habitación prevalecían la oscuridad y el silencio, mis compañeros del apartamento estaban dormidos en sus habitaciones, en el piso de arriba. En la elección previa, el Laborista ganó por cincuenta escaños y, de hecho, desde que el sistema se volvió de representación proporcional mixta, nunca había ganado menos de treinta y siete.

Sin importar lo que sucediera el día de la elección, estaba virtualmente garantizado que yo ingresaría al Parlamento. Pero, por supuesto, las cosas no terminarían ahí, ni por casualidad. Unas semanas después, me enteraría de que el Partido Laborista no contaba con un candidato en Morrinsville, mi antiguo pueblo, lo cual no resultaba sorprendente. El escaño del lugar donde crecí era imposible de ganar, por eso el partido había estado tratando de encontrar a alguien que quisiera poner su nombre en la papeleta electoral. Yo estaba en la lista del partido y mi ingreso al Parlamento estaba casi asegurado, pero todavía podía presentarme como candidata en un distrito. De hecho, casi cualquier persona de la lista podría hacerlo.

La respuesta era obvia: me presentaría a la carrera imposible de ganar de mi ciudad natal.

Empaqué en cajas todo lo que tenía en mi apartamento en Londres, mi tiempo en el extranjero llegaba a su fin. Era hora de volver a casa.

Al principio, el abucheo no fue demasiado vigoroso. Fue más bien un susurro, un suave acorde entonado por un grupo poco nutrido. El grupo de los innovadores, digamos. Al principio, el ruido parecía casi ambiental, pero luego se unieron otros, y luego varios más. Poco después, aquello se había convertido en un glorioso coro de desprecio.

Me encontraba en mi primera reunión como candidata y las cosas no iban bien. Alrededor de cincuenta personas se habían reunido en Matamata, a veinte minutos de Morrinsville. Estábamos en un salón comunitario con techo bajo y sillas acolchadas. El moderador provenía de un grupo de cabildeo agrícola llamado Federated Farmers, pero la mayoría de los asistentes apoyaban a los conservadores.

Cada vez que el candidato del Partido Nacional habló, toda la gente asintió con los ojos iluminados. Luego vino mi turno. La pregunta fue sobre el cambio climático y, aunque no recuerdo con exactitud las palabras, sí recuerdo las implicaciones. ¿"Creía" yo en él?

En cuanto empecé a responder vi a los asistentes cruzar los brazos y negar con la cabeza, las sonrisas se transformaron en miradas intensas y desconfiadas. Entonces me asomé al fondo del lugar. Mi madre estaba sentada muy erguida en su silla, sonriéndome como si con su ternura bastara para compensar la hostilidad de todos los presentes. A su lado estaba mi abuela Margaret, quien, desde atrás de sus lentes rectangulares, me miraba con un ligero escepticismo mientras las comisuras de su boca descendían formando un gesto de desagrado.

Unas semanas antes, mi abuela me había prestado su automóvil para ir a tocar puertas. Ese día, con la misma expresión que tenía en la reunión, vio a mi abuelo Eric ayudarme con cuidado y amabilidad a montar unas bocinas y los letreros del Partido Laborista en el techo del auto. Cuando un vecino pasó por ahí, gritó con grandes aspavientos: "¡Las cosas que hace uno por sus nietos!". Obviamente, no quería que hubiera dudas sobre su afiliación política.

Mi abuela no apoyaba al Laborista para nada, pero al menos no me abucheó como los otros cuando contesté la pregunta sobre el cambio climático. Bueno, yo *no creí* que mi propia abuela pudiera abuchearme, pero, de todas formas, me le quedé viendo un rato más.

El tema del cambio climático me importaba muchísimo. El concepto maorí de *kaitiakitanga*, la idea de que todos éramos guardianes de la tierra, el mar y el cielo, me parecía auténtico. Todavía recuerdo cuando era niña y aprendí sobre el agujero en la capa de ozono y sobre el impacto de los químicos utilizados en cosas como las latas de aerosol. Todo esto afectaba de manera particular la atmósfera en nuestra región, lo que significaba que Nueva Zelanda tenía menos protección del sol que el resto del mundo.

Mi mente infantil conectó los puntos. *La gente de otros países usa laca en* spray *para el cabello, ¿y ahora yo tengo que aplicarme más blo-*

queador solar? Así comprendí que los humanos no solo afectábamos a nuestro planeta, nuestras elecciones también afectaban a otros, incluso si se encontraban a kilómetros de distancia. Ahora, en medio de la crisis climática, estábamos viendo esta misma dinámica a una escala masiva. Aquí, en Nueva Zelanda, el cambio climático amenazaba nuestros litorales, nuestras tierras bajas y a nuestros vecinos del Pacífico.

El Laborista había aprobado recientemente un sistema para fijar precios a las emisiones, pero, por supuesto, hubo resistencia. En comunidades rurales como Matamata, existía la preocupación de que las emisiones agrícolas, provenientes principalmente de los eructos de las vacas, pudieran algún día formar parte del esquema de catalogación. Algunos pensaban que era injusto y otros se negaban a creer que el metano fuera parte del problema. Algunos incluso fueron a la Colmena en sus tractores para dejar clara su postura. Un diputado del Partido Nacional maniobró un tractor Massey Ferguson oxidado y enlodado para subir por la escalinata del Parlamento, se llamaba Shane Ardern y era primo lejano mío, pero, *¡por matrimonio!*, como tía Marie siempre aclaraba.

En mi primera reunión como candidata, me pareció que tenía que ser franca respecto a lo que significaría enfrentar el cambio climático, incluso si eso significaba provocar la oleada de incomodidad que se extendió en el salón en forma de un sonoro abucheo.

Al terminar el evento, después del tibio aplauso, de que estreché la mano de mis oponentes, y de que un hombre mayor con mechas de cabello negro peinadas sobre su cabeza calva me hizo el grosero gesto del dedo medio a unos centímetros de la cara y me llamó comunista, me acerqué a mi madre y mi abuela. Mamá me sonrió tratando de infundirme ánimo y me dio palmadas en el hombro.

—¡Bien hecho! —dijo.

—Gracias, ma, pero no creo que las cosas hayan salido muy *bien* que digamos.

—¿Qué te hace pensar eso? —me preguntó como si hubiéramos estado en dos salones completamente distintos.

—Eee... ¿el sonoro abucheo? —pregunté.

—Ay, Jacinda, yo no me inquietaría por eso —contestó agitando las manos para restarle importancia al asunto.

Entonces volteé a ver a mi abuela Margaret.

—¿Y a ti qué te pareció, abuela?

Mi abuela miró alrededor estirando el cuello antes de responder.

—Me pareció que la candidata de Nueva Zelanda Primero es estupenda —dijo. Se refería a Barbara Stewart, una mujer de cincuenta y tantos años con un gran moño de listón blanco y negro sujetado en el pecho. Luego volteó a verme y añadió—: ¿Crees que podrías presentármela?

Fue entonces que comprendí que hasta mi abuela podría *no* votar por mí.

DESPUÉS DE UNA SERIE DE NUMEROSOS eventos desastrosos, hablarás con un diputado, alguien a quien consideres tu amigo. Le contarás sobre los abucheos y él encogerá los hombros y dirá: "Eeeh, si la mitad de los asistentes no están en desacuerdo contigo, es probable que ni siquiera estés diciendo nada importante".

Luego te recordarás eso a ti misma con frecuencia, cada vez que alguien te haga el grosero gesto del dedo, por ejemplo. Lo cual sucederá con mucha frecuencia.

ERA CASI SEGURO QUE yo no ganaría el voto electoral porque el electorado en mi distrito de Morrinsville era demasiado conservador para aceptar cualquier candidato del Partido Laborista.

Sin embargo, eso no me impidió continuar haciendo campaña como si la elección dependiera de ello.

Apliqué todas las técnicas para tocar puertas que aprendí en New Plymouth. Sacudí rejas para evitar a los perros; en las áreas donde sabía que había electores laboristas toqué las puertas, no una, sino muchas veces; llené una cantidad interminable de formularios de inscripción de la gente que votaría por primera vez y conduje hasta los lugares más recónditos del distrito, donde no teníamos voluntarios que pudieran entregar folletos.

Y cuatro semanas después, llegó el día de la elección. El Partido Laborista había estado perdiendo en todos los sondeos recientes, y la idea de ganar se veía menos y menos probable cada vez. Pero nada de esto habría sido evidente, a decir de la feroz forma en que mi tía Marie hizo campaña en los últimos días.

El día de la elección me puse un vestido rojo que había comprado semanas antes y un par de zapatillas negras con tacón tipo Mary Jane. Marie y yo abordamos el nuevo Toyota Corolla de mi mamá y las tres nos dirigimos al club Taniwharau League, en Huntly. Al llegar vimos un amplio lugar con un bar en la parte de atrás y los letreros del Partido Laborista recargados en las paredes. Nos sentamos en una pequeña mesa redonda y vimos cómo iban llegando los resultados en una gran pantalla que los otros días se usaba para proyectar los juegos de rugby. Al ver a los demás asistentes con ropa deportiva y camisetas de rugby, sentí que me había esmerado demasiado en mi atuendo y mi arreglo.

Cuando aparecieron mis cifras, solo confirmaron lo que todos esperábamos: no gané el escaño del conservador pueblo en que crecí, tendría que depender de la lista del partido. Después de eso, nos enteramos del venturoso suceso de esa noche: Grant ganó Wellington Central.

Aunque estábamos felices por él, las decepciones no habían terminado, poco después aparecieron las cifras de Harry en la pantalla: había perdido el escaño de New Plymouth por 105 votos. Marie, quien estaba sentada a mi lado, empezó a llorar, y entonces nos fuimos.

Camino a casa, mamá cabeceó a mi lado mientras yo conducía en la oscuridad y Marie no dejaba de llorar en el asiento de atrás. Cuando Helen Clark llegó a las oficinas de campaña para la noche de la elección, admitió su derrota ante John Key y renunció.

El Partido Laborista había perdido el gobierno. El conservador Partido Nacional estaría a cargo a partir de ahora. Pensé en todo lo que el Laborista había logrado y en todo lo que ahora se quedaría sin terminar.

A pesar de todo, el Partido Laborista obtuvo el 34 por ciento de los votos de partido, más que suficiente para garantizarme un lugar en el Parlamento. Eso significaba que sería diputada.

La experiencia de prestar juramento en el Parlamento podría resultarte agridulce. Tal vez formabas parte de la oposición y estabas viendo tomar las riendas del gobierno a un partido que no era el tuyo. Los diputados a los que admirabas, o incluso para los que trabajabas, tal vez ya no estuvieran ahí, las elegantes placas en las puertas de sus oficinas podrían ser retiradas y reemplazadas con placas con nuevos nombres. Todas las cosas que deseabas hacer y cambiar tendrán que esperar. ¿Hasta cuándo? Es difícil saberlo.

Y, sin embargo, una mañana de noviembre te despiertas temprano, te pones una chaqueta negra de vestir; sobre tu muñeca cierras, con sumo cuidado, el broche de un brazalete bañado en oro y con un motivo de bambú que le perteneció a tu Nana y, unas horas después, atraviesas por fin el umbral de la sala de los "síes y los noes" y entras a la Cámara de Representantes con sus techos altos, sus paneles de madera y sus curules forradas de cuero verde. Te sientas en una de esas curules y, cuando escuchas que pronuncian tu nombre, cruzas el lugar, levantas la mano, prestas juramento y, de cualquier forma, te sientes desbordante de alegría.

Incluso podrías intuir que ese honor durará toda una vida.

TRECE

Ser diputada no es solo ser diputada

SUPE QUE ERA TARDE incluso antes de mirar mi reloj de pulsera porque tomé la pasarela peatonal equivocada para ir a la Casa del Parlamento y ahora me encontraba al final de un largo corredor con alfombra roja y paredes color crema. ¿Estaría siquiera en el piso correcto?

Llevaba menos de una semana de ser diputada y, al igual que los otros diputados recién electos, tenía que participar en un programa de orientación. Me habían enviado un gran fólder blanco lleno de pestañas de colores e información sobre cómo montar mi oficina, usar la biblioteca parlamentaria y llenar los registros de viáticos. El programa también incluía sesiones en persona, como la práctica de prueba que tendríamos hoy en la Cámara de Representantes para asegurarnos de que sabríamos cómo usar los micrófonos durante los debates. Ahí era a donde me dirigía ahora. Alrededor de treinta nuevos diputados estaríamos en el lugar, entrenando como si fuera nuestro primer día en una especie de campamento de debate en la preparatoria.

Para cuando llegué a la entrada de la cámara, la sesión estaba en una etapa bastante avanzada. Los flamantes diputados estaban sentados en las curules de cuero verde, y de los escritorios de madera frente a ellos, sobresalían unos micrófonos negros. En el centro había alguien vestido con una toga negra, pero ya no recuerdo exactamente quién era ni qué decía, solo recuerdo que me agaché al pasar, como cuando entra uno tarde al cine y trata de encontrar un lugar cerca de la primera fila.

Dejé caer mi fólder en la banca y me senté sobre el suave cuero de la curul, pero, como me deslicé hacia atrás un poco más de lo que planeaba, tuve que impulsarme hacia el frente y, cuando lo hice, vi de pronto todos esos rostros a mi alrededor y, en ese momento, comprendí de golpe: era diputada. *Estaba sentada en la Cámara de*

Representantes, no como parte de una visita guiada, no para asistir a una ceremonia, sino porque, ahora, estar ahí era *mi trabajo*.

Los jóvenes diputados comenzaron a hablar en los micrófonos por turnos, y yo miré hacia donde estaba Grant. Al ver la forma en que me vio, con los ojos bien abiertos y como si estuviera conteniendo el aliento, supe que él estaba viviendo un momento similar. También alcancé a ver que sus ojos se humedecían, aunque no me quedaba claro si estaba al borde de la risa o del llanto. Me sostuvo la mirada un segundo y, antes de que alguna emoción se apoderara de él, solo gesticuló con la boca. "Mierda", musitó, y ambos nos dejamos caer suavemente sobre nuestras sillas, tratando de sofocar la risa.

Miré al otro lado del corredor y tuve una segunda revelación, algo que me hizo recobrar la compostura de inmediato. Si acaso había un lugar donde ser sensible y pensar las cosas demasiado me perturbaría y me metería en aprietos, sería ahí, en esa Cámara de Representantes.

La Cámara de Representantes puede ser majestuosa, pero también se puede convertir en un cuadrilátero. Para empezar, tiene forma de herradura de caballo y asientos escalonados; los diputados del gobierno se sientan de un lado, y los de la oposición, del otro, en tanto que los miembros del público miran hacia abajo desde el área de observación, como los espectadores en los encuentros de gladiadores. Y justo así se puede sentir estar presente durante el sangriento y violento deporte en que se convierte la hora de preguntas.

La hora de preguntas es un evento que, en efecto, dura una hora y se realiza a las dos de la tarde todos los días, cuando el Parlamento está en sesión. Durante la hora de preguntas, los diputados de la oposición le exigen respuestas al gobierno, al primer ministro y a los otros ministros también. Sin embargo, no se trata de una típica sesión de preguntas y respuestas; tiene, más bien, la atmósfera de un duelo de *rap* muy muy violento, con todo y los insultos, los abucheos y las burlas. Yo era la nueva diputada en aquella arena de gladiadores y también la más joven. Y Phil Goff, que ahora era el líder del Partido Laborista, era mi jefe otra vez.

No pasó mucho tiempo antes de que me abuchearan formalmente por primera vez. Había estado hablando con Annette King, la líder adjunta del partido, es decir, la segunda al mando después de Phil. Él no estaba en la Cámara, así que me senté en su silla para tener aquella conversación con Annette. Era algo normal, los diputados se desplazaban por el lugar todo el tiempo, ya fuera para apoyar a alguien que estaba dando un discurso importante, o para hablar en voz baja con un colega, como yo en ese caso. Lo que definitivamente no debía hacerse era dar un discurso desde el asiento de tu líder.

Cuando el orador me indicó que podía hacer mis comentarios, me puse de pie sin moverme del lugar donde me encontraba, la silla de Phil, y, sin darme cuenta, empecé a dar mi discurso. Fue una falla enorme, una falta de delicadeza tan monumental que con ella invité a todos a abuchearme e increparme sin clemencia.

—¿Crees que deberías ser tú quien esté a cargo? —gritó un ministro del Partido Nacional.

—¡Eres igual que tu inútil líder! —gritó otro diputado que, con solo esas palabras, nos atacó a Phil y a mí al mismo tiempo.

Luego, en tan solo unos segundos, había una multitud gritándome insolencias.

Y no, no tenía nada que ver con aquel abucheo de los granjeros en la campaña en Matamata porque, después de todo, un abucheo es un ruido generalizado, tan libre de ataques específicos que puedes simplemente ignorarlo. Esto era distinto, me estaban abucheando de una forma sonora, con toda la fuerza posible, y con palabras que yo escuchaba con absoluta claridad.

Me quedé parada un momento, escuchando. Todos nos veíamos como adultos, vestidos con ropa formal y tomándonos a nosotros mismos muy en serio, pero habría sido muy sencillo transportarnos al patio de alguna escuela, y cualquiera daría por sentado que discutíamos por un partido de balonmano. Una de las diputadas parecía particularmente alegre, era una mujer muy inteligente, segura de sí misma y respetada por todos. Usaba trajes confeccionados a la medida y hablaba como si hubiera estudiado en escuelas privadas, y, sin embargo, ahí estaba ella con el rostro enrojecido y el cabello moviéndose con fuerza como péndulo, de un lado a otro, señalándome con el dedo como si fuéramos un par de niñas en el corredor de la escuela. Cuando las burlas se tornaron aún más sonoras, los miembros de mi partido empezaron a gritar para defenderme.

¡Ustedes no quieren escuchar!

¡No pueden lidiar con un buen argumento!

Yo seguía hablando, pero casi no escuchaba mis propias palabras. No quería que mi estremecimiento interno se manifestara como una intensa sacudida externa, no quería que vieran lo inexperimentada y tonta que me sentía. Por eso traté de ocultar mi vergüenza con magnitud, empecé a hablar cada vez más fuerte, como si el volumen de mi voz pudiera sustituir la fuerza que no creía tener. Luego volví a mi asiento, castigándome a mí misma por dentro y con las palabras de papá retumbando en mis oídos: *Es demasiado sensible para el Parlamento*.

No era ingenua, sabía que ese empleo implicaba escuchar los comentarios insidiosos de otros políticos y los insultos casuales por parte del público, y que, aunque fuera triste, tenía que aceptar que cualquiera que se parara bajo un reflector atraería a rabiosos detractores.

Sabía que todo esto venía con la competencia, pero ahora estaba descubriendo, de primera mano, cómo se sentía. Y se sentía brutal.

Tenía muy pocas opciones para resolver ese problema. Era una nueva diputada con influencia casi nula, no podía cambiar las reglas y, definitivamente, tampoco podía cambiar la cultura. Por todo esto, se me ocurrió que, tal vez, quien debería cambiar era yo, y sabía muy bien a quién pedirle ayuda para eso. Se trataba de un diputado, compañero del Laborista, tristemente célebre porque sabía cómo lastimar a la gente: Trevor Mallard.

Yo en realidad no lo conocía, pero lo había visto algunas veces cuando trabajaba en la oficina de Helen Clark. Por lo general, cuando Trevor estaba ahí era porque se había metido en algún tipo de problema. En aquellos tiempos, si un diputado del Laborista se comportaba de manera impertinente, si hablaba cuando no era su turno, o si violaba alguna regla, podía esperarse una reprimenda de Heather, también conocida como H2. Y Trevor solía recibir reprimendas de H2 con frecuencia. Llevaba décadas en el Parlamento y eso significaba que había luchado con ahínco para descriminalizar la homosexualidad años atrás, en 1986. Tenía la complexión de un entrenador de rugby de preparatoria, era obstinado, impulsivo y brusco, un perro de ataque ferviente que inspiraba furia en sus enemigos y, a veces, incluso la exasperación entre sus amigos. En una ocasión, durante un intenso debate en la Cámara, un miembro de la oposición hizo un comentario desdeñoso sobre su familia y, al final de la sesión, Trevor le indicó con un gesto que "saliera de la Cámara" y, tras un intenso altercado verbal en el corredor, lo golpeó.

Algunos días después de mi gran *faux pas* en la Cámara de Representantes, perseguí a Trevor en el corredor. Mientras caminábamos, le conté lo sucedido y luego solo confesé:

—Necesito volverme dura, Trevor.

Le dije que, si no empezaba a dejar de importarme tanto lo que la gente me dijera sobre mí, el trabajo se volvería demasiado difícil. Y que, como él era la persona más dura e insensible que conocía, necesitaba su ayuda. ¿Estaría dispuesto a brindármela?

Trevor se detuvo y volteó a verme. Se veía muy sorprendido.

—Jacinda, ¿así es como en verdad me ves? —preguntó frunciendo el ceño.

¿Estaría bromeando? Así era como *todos* lo veían. Sonreí dando por hecho que era obvio.

Trevor miró a lo lejos un instante, antes de inclinarse hacia mí y decir en una voz clara y suave:

—Jacinda, prométeme que no tratarás de volverte ruda. Tú sientes lo que sientes porque tienes empatía y porque las cosas te importan. El día que cambies dejarás de ser buena para hacer tu trabajo.

Y después de eso, solo sonrió para reconfortarme y se fue por el corredor.

En el Parlamento, el partido que está en el gobierno, cualquiera que sea, es el que establece la agenda. Ahora el Partido Nacional estaba a cargo, y yo veía a sus integrantes deshacer todos los días el trabajo que el Laborista había realizado bajo el mando de Helen Clark. Un día, no mucho después de que comencé mi primer periodo, salí de la Cámara de Representantes justo cuando el gobierno acababa de hacer modificaciones a KiwiSaver, un relevante programa de jubilación en cuya implementación había trabajado muy duro el Partido Laborista. Sentado en un sofá del vestíbulo, se encontraba Michael Cullen, arquitecto del programa. Estaba escuchando el debate desde lejos con la cabeza ligeramente inclinada. Si acaso notó desde el principio que yo estaba ahí, no me fue evidente. Poco después, se quitó los lentes y se pasó un pañuelo sobre los ojos. Escuchar que un trabajo de años había sido destruido en unas cuantas horas lo conmovió hasta las lágrimas. De ahí en adelante, en casi cada ocasión que ayudé a aprobar una ley, recordaría aquel retrato de Michael que se formó en mi mente. Y, sobre todo, su rostro. El desafío no siempre consiste en realizar un cambio, sino en hacer que perdure.

Al ser la oposición, teníamos muy pocas oportunidades de cambiar lo que fuera. Podíamos redactar proyectos de ley para la lata de galletas y esperar a que sacaran nuestros números; podíamos redactar enmiendas o intentar hacer modificaciones a leyes nuevas que rara vez tenían éxito. Nuestro principal poder radicaba en fomentar la oposición pública respecto a la agenda del gobierno, aunque eso no equivalía a gran cosa. Si acaso me quedaban dudas sobre nuestra irrelevancia, mi hermana se encargaba de recordármela cada vez que le llamaba por teléfono. Le describía nuestras colosales batallas políticas sobre asuntos que a mí me parecían coyunturales para el futuro de nuestro país, y lo único que respondía era: "Ah, no me enteré de nada de eso". Louise, como muchos más, solo consideraba que los debates e intercambios de ideas de los partidos eran "politiquería".

Pero entonces, ¿cómo puede un diputado de oposición atajar el ruido político y encontrar maneras de hablar con las personas? Una opción era a través de los medios.

Empecé a aceptar todas las entrevistas que podía: de pequeños periódicos rurales, televisión regional, radio estudiantil. *Sí, por supuesto que puedo hablar con ustedes. Sí, puedo concederles media hora. Sí, puedo sentarme a conversar con un chico de dieciocho años que acaba de inscribirse en un curso de periodismo...* Me parecía que todo esto formaba parte de mi empleo, tratar de llegar a todos los votantes, en todos los lugares, y a través de cualquier medio de comunicación que consumieran, sin importar cuán bajo fuera el nivel de circulación o la audiencia. Por suerte, no todas las oportunidades mediáticas que se me presentaron fueron modestas.

Algunas semanas después de que llegué al Parlamento, recibí una llamada del productor del programa matutino más importante del país. *Breakfast* era el equivalente neozelandés de *Good Morning America* o de *The Today Show*, una emisión de entrevistas que duraba horas y se transmitía en vivo a cientos de miles de hogares en todo el país. En *Breakfast* había un segmento semanal llamado "Young Guns", en el que dos jóvenes diputados *junior*, uno del Nacional y el otro del Laborista, debatían las problemáticas del día. El productor me dijo que quería probarme a mí y a Simon Bridges, un prometedor diputado del Partido Nacional.

Simon me simpatizaba. Era un diputado novel igual que yo y también se había involucrado en la política desde que era adolescente. Era el más chico de seis hermanos, hijo de un predicador bautista; parecía confiado en sí mismo, pero sencillo y afable al mismo tiempo; también tenía un sentido del humor bastante autocrítico. Aunque solo se trataba de una prueba, si al productor le parecía que Simon y yo funcionábamos, es decir, que podíamos presentar nuestras ideas de forma clara y que les resultábamos agradables a los neozelandeses, podríamos continuar. Si no, le harían la prueba a alguien más. Al principio, más que en un programa de entrevistas matutino, me dio la impresión de estar participando en *Survivor*.

Simon y yo nos dijimos desde antes que, si en realidad se trataba de *Survivor*, ambos querríamos sobrevivir, por eso mantuvimos nuestro debate amigable y ligero, lo bastante vigoroso para que se sintiera como un proceso deportivo, pero sin llegar a una sangrienta demostración de deporte extremo. Y nos funcionó. Durante varios años, semana tras semana, nos reunimos en esos mismos sillones para debatir sobre todo, desde las ventas de activos hasta el desempleo, temas muy serios, pero intercalando asuntos más ligeros.

En general, sabíamos con antelación sobre qué temas debatiríamos, pero Paul Henry, uno de los presentadores de *Breakfast*, con frecuencia nos presentaba temas impredecibles. En una ocasión, después de presentarnos como lo hacía de forma habitual, volteó a verme. "Entonces... —empezó a decir. Yo me esperaba una pregunta sobre políticas gubernamentales, pero en lugar de eso, solo escuché su voz de barítono decir—: los caramelos *Eskimo*, esquimales, ¿son racistas o no?".

"Young Guns" me enseñó a estar preparada para cualquier cosa, a mantenerme serena cuando se me caía el auricular y no podía escuchar al entrevistador, cuando había un terremoto en medio de una transmisión en vivo o, cuando la entrevista se realizaba en exteriores, una parvada de gaviotas aparecía en el fondo. También sirvió para demostrar que era posible estar en desacuerdo con tu oponente sin que el asunto se volviera personal.

Nada de esto, sin embargo, significaba que disfrutara aparecer en televisión. Siempre me sentía demasiado nerviosa y consciente de mí misma. Sonreía todo el tiempo para sobrellevarlo, me reía, compartía ideas y estructuraba argumentos políticos. Pero, por dentro, estaba realizando varias tareas a la vez de forma frenética, pensando en lo último que había dicho, al mismo tiempo que formulaba lo que diría a continuación.

Yo solo daba por sentado que todos estaban en verdad interesados en lo que Simon y yo decíamos.

Un día, una secretaria de prensa dijo en broma: "Todos ven el segmento con el volumen apagado, ¿lo sabían?". Yo no estaba segura de si estaba tratando de hacerme sentir mejor sobre la posibilidad de cometer errores, o de instarme a ser más cuidadosa con mi apariencia. De por sí, siempre tenía que llegar al estudio de *Breakfast* veinte minutos antes que Simon para maquillarme, y estoy segura de que también pasaba más tiempo pensando en qué prendas usar. De hecho, cuanto más tiempo participaba en el segmento, me volvía más consciente de mi apariencia. Tal vez fue culpa de la persona que gastó cincuenta centavos en una estampilla postal para enviarme el recorte de un anuncio de alimento canino con la caricatura de un perro con dientes enormes. Encima, con letras mayúsculas escritas con bolígrafo, decía: "¿POR QUÉ TE VES ASÍ?". Otras de las críticas eran más sutiles, como el correo electrónico que me envió un televidente del programa para decirme que estaba convencido de que los tonos cobrizos de mi cabello no combinaban con el cabello negro de Simon, y para preguntarme si no había considerado teñirlos.

Cuando una mujer aparece ante la mirada del público, las cosas son distintas. Vaya, las cosas son diferentes para las mujeres y punto. Era algo que sentía intensamente cada vez que aparecía en televisión. Tal vez esa es la razón por la que, cuando recibí la llamada de la editora de una revista femenina para preguntarme si me interesaría aparecer en una serie de artículos sobre imagen corporal para empoderar a las mujeres, acepté de inmediato. Era mi oportunidad de hablar sobre lo que se sentía verte de forma constante a través de la mirada de otros, compararte con un estándar tácito e imposible. Muéstrate cómoda, pero nunca desaliñada; vístete bien, pero no demasiado sofisticada. Estar ante la mirada del público me había vuelto más consciente de mí misma y tímida, pero tal vez me convenció más de que las críticas adicionales de las que las mujeres eran blanco eran injustas. Por eso mi respuesta fue positiva, dije que me encantaría hablar con todas las mujeres de Nueva Zelanda sobre la imagen corporal.

—Excelente —dijo la editora—. Entonces, para la foto que aparecerá en el artículo, nos gustaría que usara un traje de baño o ropa que le dé forma al cuerpo.

¿Qué le dé forma al cuerpo?, me quedé pensando.

—Ya sabe —añadió la editora—. Como las prendas de Spanx. ¿Las conoce?

Un momento, pensé. *No sabía que se trataba de mostrar con imágenes los argumentos. ¿Quieren fotografiarme en ropa de Spanx para una revista que estará en todos los consultorios médicos, en los supermercados y en la mesa de centro junto a la mecedora de mi abuela?*

Pude decir no. De hecho, estuve a punto de hacerlo, pero al final, unas semanas después, me encontré frente a una cámara con una faja de Spanx de tres cuartos, mientras un desconocido me apuntaba con una secadora al rostro para crear un efecto de viento en mi pelo con aspecto abultado.

Dudo que ver a una diputada en funciones posando con osadía y una faja de Spanx haya significado alguna diferencia para las mujeres de Nueva Zelanda, pero la simple posibilidad de que alguien pensara menos en su apariencia y más en su habilidad para desempeñar un trabajo hacía que me sintiera contenta de haberlo hecho. Después de todo, mi plataforma política era modesta y me instó a ponerme en situaciones humillantes de vez en cuando, pero, al menos, tenía una plataforma.

Además, casi todos los días algo me recordaba por qué me mantenía en la oposición, por qué me colocaba en una posición en la que era susceptible de ser criticada por mi apariencia y en la que estaba sujeta a las burlas de mis compañeros diputados: porque eso era lo que hacía la diferencia. Sí, algunos días el trabajo era difícil y complicado, pero siempre me hacía salir de la cama por la mañana.

A veces podíamos detener las cosas a las que nos oponíamos, como cuando logramos dar fin al plan del gobierno de realizar actividades mineras en zonas protegidas. En algunas ocasiones, redactábamos proyectos de ley para la lata de galletas, como mi propuesta para acabar con la pobreza infantil; en otras, nuestro número era elegido y el proyecto salía de la lata, como fue el caso del plan que redacté para actualizar las leyes de adopción. Y, todos los días, todos y cada uno de los días que fui diputada, encontré gente a la que podía ayudar.

En una etapa temprana, conocí a una mujer que criaba a su nieto. El niño tenía síndrome del bebé sacudido y la terapia musical le ayudaba, pero el gobierno le recortó el financiamiento. Afortunadamente, pude ayudar a que la prestación fuera restablecida. Luego vino el dueño de un negocio, quien me explicó que, debido a una peculiaridad de las leyes, en Nueva Zelanda se imponía una censura de clasificación a un DVD o CD y él tenía que colocar una etiqueta *debajo* del envoltorio de plástico, no encima. Volver a sellar los paquetes tras colocar la etiqueta implicaba un costo adicional de tiempo y dinero, y yo pude cambiar la ley para resolver el problema. Era una cuestión de poca relevancia y muy burocrática, pero los resultados le ayudaron a alguien.

Siempre había algo que uno podía hacer por las personas, aunque fuera diminuto, y esas pequeñas cosas se sumaban y nos hacían sentir útiles. En la mayoría de los casos, bastaba para impulsarnos a seguir, a continuar avanzando incluso en los días más difíciles.

EN 2011 TUVE QUE PREPARARME para postularme otra vez, en esta ocasión, como candidata para un escaño muy codiciado en Auckland Central. Para ese momento, me habían elegido como diputada de lista, lo que significaba que tenía las mismas tareas, poderes y responsabilidades que los otros diputados, pero no tenía un distrito, es decir, no representaba a un lugar específico. Auckland Central coincidía con mi perfil porque vivía ahí cuando no estaba en Wellington para trabajar en el Parlamento. Era una comunidad joven y urbana, con muchos profesionistas y estudiantes. Algunos de los problemas que eran importantes para mí, como los sociales y los relacionados con el cambio climático, por ejemplo, también les inquietaban a los habitantes de Auckland Central. Sin embargo, si quería ganar ese distrito, tendría que competir contra Nikki Kaye, diputada del Partido Nacional.

Nikki y yo teníamos la misma edad y antecedentes similares. Ella, al igual que yo, se involucró en la política siendo joven. También como yo, vivió en Londres en algún momento. Casi enseguida, a un periodista se le ocurrió nombrar a aquella competencia entre dos mujeres jóvenes de partidos rivales como "la Batalla de las Chicas". Nos trataron como si fuéramos la novedad, pero como éramos dos mujeres jóvenes en la política, también nos vieron como si fuéramos intercambiables de alguna manera.

Trabajé mucho en la campaña para esa elección, compré una pequeñísima casa rodante de dos metros y medio, hice que la pintaran de los colores del Laborista, y la llevé a distintos festivales y a algunas calles para realizar reuniones improvisadas. Encontré la manera de entrar a los complejos de apartamentos para tocar a la puerta de votantes que, en general, eran inalcanzables. Coloqué carteles en toda la ciudad, distribuí folletos y organicé reuniones públicas. Formé un equipo numeroso de voluntarios que se convirtieron en algo parecido a una familia. Entre ellos había una líder muy energética y con logros de los que no presumía realmente, se llamaba Barbara Ward y conocía Auckland Central de pies a cabeza. La envié a trabajar en mi oficina ahí y, de hecho, continúa colaborando conmigo hasta ahora.

A pesar de que me entregué por completo a la campaña, la noche de la elección, en 2011, Nikki conservó el distrito de Auckland con 717 votos y el Laborista volvió a perder la elección frente al Partido Nacional. Aunque Phil, líder del Partido Laborista, obtuvo suficientes votos de partido para que diputados de la lista, como yo, volviéramos al Parlamento, estaba segura de que renunciaría a su puesto como líder. Fuera de eso, todo lo demás me parecía incierto.

La noche de la elección, cuando salí de nuestro evento acompañada de algunos voluntarios y caminé por Ponsonby Road, una popular zona de bares y restaurantes de lujo entre los que se intercalaban algunas tiendas de diseñador, me sentía devastada. Llevaba un vestido rojo brillante con cuello chimenea y los mismos zapatos de tacón Mary Jane que había usado tres años antes también en la noche de la elección. Era tarde y había gente celebrando y pasándola bien en las calles, gozando de la vida mientras nosotros nos sentíamos pisoteados. Pasé junto a un grupo de jóvenes que iban saliendo de un club junto a un lugar de hamburguesas. Una chica me miró directo a los ojos. "Oye —gritó—, ¡qué lindo vestido!".

Le agradecí el cumplido. *Puedo soportarlo*, pensé.

Y entonces, cuando ya había pasado, giró la cabeza, miró para atrás y añadió: "¡Pero esos zapatos hacen que los tobillos se te vean gordos!".

A PESAR DE QUE SOLO ERA DIPUTADA DE LISTA, durante mi segundo periodo estuve incluso más ocupada que en el primero. Me convertí en la vocera de Desarrollo Social y atendí todo tipo de asuntos, desde el sistema de prestaciones sociales hasta la protección infantil. Continué participando en "Young Guns" y me presenté en otros medios, esforzándome al máximo por mejorar el perfil del Laborista. También asistí a muchísimos eventos: inauguraciones de galerías, premiaciones, reuniones comunitarias. En una ocasión, un avezado integrante de nuestro equipo me dijo: "Nunca comas de pie", era una advertencia sobre las consecuencias de solo comer los interminables bocadillos de los eventos. Lo que en realidad me resultaba un desafío era no tener a alguien que me acompañara a todos esos sitios. En muchas ocasiones, más de las debidas, fue Barbara Ward quien renunciaba a sus noches para asegurarse de que nunca asistiera sola a esos lugares.

Fuimos a noches de concurso de preguntas en escuelas y a eventos locales de recaudación de fondos. Incluso acepté presentarme como DJ en una tienda de discos llamada Real Groovy. Durante una hora estuve parada cerca de la fachada de la tienda y toqué música de Janis Joplin mezclada con Unknown Mortal Orchestra. Después de eso me pidieron que me presentara en un festival musical llamado Laneway y, a partir de entonces, aunque de forma imprecisa, la gente añadía la palabra *DJ* a mis múltiples ocupaciones.

En octubre de 2012 fui a la premiación del Restaurante del Año, en Auckland. Me acompañó Colin, otro amigo. Él era modelo, presentador de televisión y, además, un excelente acompañante. El evento lo organizó la revista *Metro*, y Colin era una de las dos personalidades estelares que aparecieron en la portada de la revista para la edición de restaurantes. Fue una noche glamorosa, fuera de lo común y desbordante de celebridades; el evento se llevó a cabo en una iglesia del centro, por lo que los reclinatorios fueron retirados para colocar largas mesas y lámparas de iluminación tenue.

Colin, la estrella de la portada de la revista, vestía un esmoquin confeccionado a la medida; al entrar con él sentí que me quedaba rezagada detrás de un glamoroso pavorreal con todas sus plumas extendidas. Me esforcé por seguirle el paso y sonreí como si no estuviera en un evento extraordinario, con un vestido prestado y un acompañante, también prestado. El lugar estaba abarrotado; de pronto escuché a Colin gritarle a su coestrella de portada, la modelo Shavaughn Ruakere. Shavaughn se desplazó hasta donde estábamos con gran naturalidad, con una apariencia impecable a pesar de que estábamos en un salón tan caluroso que hasta mi rostro había empezado a sudar y ahora tenía un bigote perlado. Unos veinte metros detrás de ella se encontraba Clarke Gayford, su pareja. Yo no lo conocía en persona, pero sabía quién era. De hecho, todas las personas de treinta y tantos años sabíamos quién era porque lo habíamos visto como presentador en C4, el equivalente neozelandés de MTV, o, si eras reparador de algún tipo, plomero, electricista o constructor, por ejemplo, sin duda lo conocías como el embajador de Holden, una marca de vehículos utilitarios conocida especialmente por sus pequeñas camionetas con plataforma.

Como yo era de Morrinsville, lo conocía por los vehículos utilitarios.

Para ese momento, ya estaba acostumbrada a los eventos y las galas, y también a la plática trivial. Lo que me resultaba nuevo eran las personas famosas; por eso, cuando Colin nos presentó a todos, me sentí como la típica niña cerebrito que concursaba en torneos de debates. Sin embargo, noté que Clarke miraba en todas direcciones. Tenía mandíbula fuerte, ojos oscuros y cabello castaño, un poco despeinado. Era guapo, como toda la gente en el lugar, pero no parecía cómodo, ni en el evento ni en su esmoquin. *¿Cómo?*, pensé. Me sorprendió verlo un poco contrariado. *Tal vez yo he asistido a demasiados eventos, los suficientes para poder fingir que soy como los demás, que pertenezco.*

HABÍAN PASADO DOS AÑOS DE MI SEGUNDO PERIODO COMO DIPUTADA cuando volé a Londres porque mi hermana iba a tener un bebé. Llevaba varios años con Ray, su pareja, a quien conoció bailando salsa. Ahora vivían en un pequeño apartamento en las afueras de la ciudad. Este sería el primer bebé de Louise, y mi primera sobrina.

Dar a luz no fue nada fácil para mi hermana, y yo lo sabía, pero cuando por fin llegué al hospital, me sorprendió ver que no tenía fuerzas ni para saludarme. Estaba pálida y tenía el cabello apelmazado contra la frente; era de esperarse, le habían realizado una transfusión sanguínea. Le costó trabajo sentarse. Cerca de la base de la cama estaba la pequeña Isabella y, sobre ella, se cernía mi madre haciendo aspavientos.

Me incliné sobre el moisés de plexiglás y vi las orejitas como de hada de mi sobrina, eran idénticas a las de mi hermana. Pero sus ojos, a diferencia de los de Louise, eran oscuros, igual que el suave cabello que cubría su delicada cabeza. Me sentí vinculada de inmediato a ese pequeño ser humano, como si fuera parte de mí.

Todo ese tiempo que yo había estado ocupada con el torbellino de la política, Louise se enfocó en construir una vida para sí misma, usó su inteligencia y sus estudios de ciencias para seguir una carrera en el área de control de calidad de una empresa farmacéutica y, ahora, también era madre. Escudriñé el pequeño rostro de Isabella, sus delicados gestos, y entonces me pregunté: *¿Esta pequeña será la única niña o niño que me hará sentir de esta forma? ¿Será mi única oportunidad?*

Tenía treinta y tres años, y trabajaba sin parar. La relación más larga que había tenido desde que ingresé al Parlamento duró tres meses. Tal vez, sin darme cuenta, ya había elegido la política por encima de la familia, a pesar de que, en realidad, no había elegido nada. Todavía pensaba en ser madre todo el tiempo, y no solo como un "deseo", sino como algo que daba por hecho. Algo que sucedería.

Sentía como si una pequeña parte de mí estuviera designada como el espacio para la maternidad y que en algún momento lograría satisfacer mi deseo y llenar ese sitio con un bebé real. Tal vez había abandonado la Iglesia, pero todas aquellas cosas que daba por sentado respecto a mi vida no me habían abandonado a mí. Aún creía que estaba destinada a tener una educación académica, casarme y tener hijos, en ese orden.

En cambio, al parecer mi familia no creía que ahí era a donde me dirigía. Durante mucho tiempo, incluso después de que dejé la Iglesia, mi madre se aferró a la idea de que mi vida tendría una trayectoria más tradicional. Muchos años atrás, después de la boda de mi hermana, me dijo, en esa manera suya tan llana y realista: "Jacinda, gastamos cuatro mil dólares en la boda de Louise, así que he apartado la misma cantidad para cuando tú te cases". No lo dijo para ejercer presión, sino solo para informarme de los hechos. Después de todo, como mi madre venía de una familia de cinco hijos, defendía con ferocidad los aspectos de la justicia entre hermanos.

No volví a pensar en el asunto de la asignación económica para mi boda, sino hasta que estaba viviendo en Londres y mi madre me llamó por teléfono. "¿Recuerdas el dinero que aparté para tu boda? —comenzó a decir—. He decidido invertirlo a largo plazo en bonos". Creo que no había mejor manera de decir: "Me parece que serás soltera por un buen rato".

Luego, cuando me eligieron por primera vez para el Parlamento y necesité un automóvil, mamá me dio el último golpe. "¿Qué tal si, en lugar de darte aquel dinero que había apartado para tu boda, te doy mi Toyota Corolla?". Así fue como mi dote se transformó en un Toyota Corolla rojo 1996.

Cuando hice aquella visita para conocer a mi sobrina, me senté en el suelo de la estrecha sala del apartamento de mi hermana en Londres y abrí mi *laptop*. Louise estaba en casa, descansando mientras Isabella dormía, y mamá estaba del otro lado de la sala doblando la ropa recién lavada. En unos días más, yo volvería a Nueva Zelanda. Cuando abrí mi correo electrónico, encontré un montón de mensajes del trabajo, pero también había uno que no me esperaba.

—¿Eh? —exclamé.

Mi madre dejó de doblar toallas y levantó la vista.

—¿Qué sucede? —preguntó desde el otro lado de la sala.

—Nada, es solo un correo electrónico de un tipo que trabaja en la radio en Nueva Zelanda —contesté mientras pasaba la mirada rápido por el mensaje. Había pasado más de un año desde que conocí a Clarke Gayford en el evento de premiación de los restaurantes y estaba segura de que él ni siquiera lo recordaba—. Al parecer, no está nada contento con el gobierno, dice que quiere ayudarme en mi campaña.

—Vaya, qué gesto tan amable —dijo mamá levantando otra toalla.

—Ajá —dije al tiempo que oprimía el botón de "enviar respuesta"—, qué amable.

A los dieciocho meses con un traje
que mi madre conservó más de treinta años
para que su nieta lo usara.

Nuestra casa en Murupara, 1986.

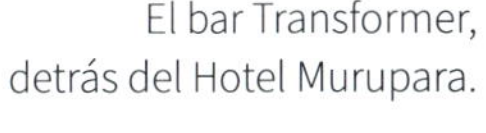

El bar Transformer,
detrás del Hotel Murupara.

A los cinco años en la cama elástica
que teníamos en el jardín de atrás de nuestra casa
en Murupara.

Construyendo castillos de arena con Louise (a la izquierda) y papá, en la playa de Mount Maunganui, 1984.

Mi abuela Margaret paseándonos, a mí (izquierda) y a Louise en el remolque, por el huerto de Morrinsville.

Louise, mamá y yo en nuestra casa de Hamilton, 1982. Yo no había cumplido ni dos años todavía.

Papá cayendo
al tanque de agua fría
en Murupara.

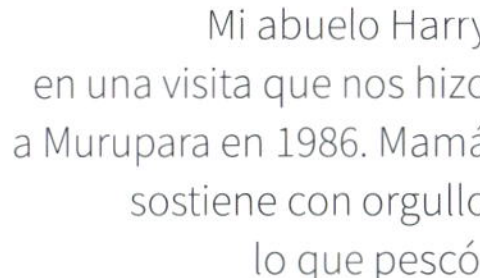

Mi abuelo Harry
en una visita que nos hizo
a Murupara en 1986. Mamá
sostiene con orgullo
lo que pescó.

Con mamá en el McDonald's
del Aeropuerto de Auckland
antes de partir a Arizona, 2001.

Con papá y mamá
en mi graduación, 2002.

El automóvil de mi abuela
Margaret, arreglado y listo
para mi primera campaña
como candidata en 2008.

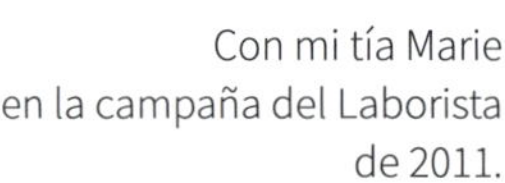

Con mi tía Marie
en la campaña del Laborista
de 2011.

Mi primera conferencia
de prensa como la nueva
líder del Partido Laborista.
A mi lado, Carmel Sepuloni,
Kelvin Davis, Grant Robertson
y Megan Woods, 1 de agosto
de 2017.

Oficina del Líder del Laborista

Subiendo con Clarke y sus sobrinas por la escalinata del Parlamento tras haber prestado juramento como primera ministra, octubre de 2017.

Hagen Hopkins/Getty Images

Nuestra entrada al Palacio de Buckingham con Neve a bordo, abril de 2018.

Daniel Leal-Olivas/WPA Pool a través de Getty Images

Presentación de Neve al mundo durante la conferencia de prensa en el Auckland City Hospital, junio de 2018.

Hannah Peters/Getty Images

Clarke, Neve, yo y los oficiales de política exterior de Nueva Zelanda, Paula Wilson y Brook Barrington, en el piso de la Asamblea General de las Naciones Unidas, septiembre de 2018.

Dom Emmert/AFP a través de Getty Images

16 de marzo de 2019.
Al día siguiente del ataque terrorista doméstico contra la comunidad musulmana de Nueva Zelanda.

Kirk Hargreaves

Las calles de Christchurch tras los ataques terroristas, marzo de 2019.

Mick Tsikas/AAP Image

Trabajando con Raj y el pizarrón blanco en mi oficina de la Colmena durante el confinamiento por el covid, abril de 2020.

Le Roy Taylor

Las tres primeras ministras mujeres de Nueva Zelanda: Jenny Shipley, yo y Helen Clark. Fotografía tomada en septiembre de 2018 para conmemorar el 125.º aniversario del sufragio femenino en Nueva Zelanda.

CATORCE

De vuelta a la casilla uno

CAMINÉ CON PASO ÁGIL POR PONSONBY ROAD justo antes de la hora del almuerzo. Era septiembre y solo habían pasado algunas semanas desde que volví tras la visita a Louise e Isabella en Londres. Era primavera en Nueva Zelanda, el aire se sentía tibio y el cielo sobre la calle era de un azul llamativo. Pasé por bares sofisticados, restaurantes, estudios de yoga y varias librerías antes de llegar a una cafetería con un patio adoquinado en la parte de atrás. Estaba en el lado oeste de Ponsonby, justo enfrente de More FM, la estación donde trabajaba Clarke Gayford.

No lo arruines, pensé cuando empujé la puerta de la cafetería para entrar. *No te comportes como una imbécil frente al tipo de los anuncios de Holden.*

Clarke y yo nos íbamos a ver para "tomar un café", el pretexto multifuncional de los neozelandeses para catalogar todo, desde una reunión formal hasta un encuentro espontáneo. En su correo electrónico me había dicho que se sentía muy decepcionado de algunos de los controvertidos cambios a las leyes de inteligencia y seguridad que John Key y su Partido Nacional acababan de aprobar. También dijo que, en lugar de solo quejarse, supuso que debería hacer algo al respecto, y que le agradaría ver al Partido Laborista ganar de nuevo. Por último, preguntó si habría alguna manera en que podría apoyarme en mi campaña.

Su oferta parecía genuina y a mí siempre me daba gusto reunirme con cualquier persona interesada en la política, pero no dejaba de sorprenderme. Clarke tenía un perfil bastante más alto que el de la mayoría de los voluntarios de las campañas, era una personalidad de televisión, un DJ popular, el tipo de persona que funge como presentador en eventos de premiación o como anfitrión en conciertos. A su reputación tampoco le hacía nada mal que Shavaughn Ruakere, su novia desde hace tres años, fuera una estrella de televisión y que apareciera en una popular telenovela sobre un hospital.

Al entrar a la cafetería, me detuve en el mostrador y ordené un *flat white* antes de salir al patio del fondo, donde me esperaba. Estrechamos manos y nos sentamos a la mesa de hierro forjado para exteriores. La política no es buen tema para romper el hielo, por lo que, aunque esa era la razón de nuestro encuentro, primero hablamos de otras cosas. De música, por ejemplo.

—Espera, ¿te gusta el *drum and bass*? —exclamó arqueando las cejas. Asentí preguntándome por qué mi pasión por ese subgénero de la música electrónica le sorprendía tanto—. ¿Alguna banda en particular? —agregó.

Me quedé pensando por un instante, me inquietaba la posibilidad de haber colocado a mis grupos favoritos en una categoría equivocada.

—Concord Dawn —dije—. Y Shapeshifter. Hace algún tiempo también vi en concierto a Pacific Heights, pero supongo que son más electrónicos y... —dije, y mi voz se fue apagando cuando me di cuenta de que estaba hablando con un DJ. O sea, con un *DJ* de verdad. Clarke se me quedó mirando un segundo y luego ladeó la cabeza con curiosidad. Lo había sorprendido. Supongo que no me veía como alguien que se interesaría en ese tipo de música.

Mi turno de hacer preguntas llegó cuando empezamos a hablar de política. Clarke estaba cansado del gobierno del Nacional; le preocupaba mucho el medio ambiente y le inquietaban los cambios en la biodiversidad marina que había visto desde que era niño cuando vivía en la Costa Este. Mientras hablábamos, se inclinó hacia el frente y gesticuló en cada ocasión que quería enfatizar sus ideas. Él también me sorprendió a mí, no parecía alguien que se interesara en la política.

—Bien —dijo finalmente mientras se inclinaba en su asiento y ajustaba su gorra—. Si hay algo en lo que pueda ayudar... —agregó.

Sí, había algo.

Cada año, en la primavera, en Nueva Zelanda se lleva a cabo un feroz concurso. Celebridades, políticos y todos tipos de personas se convierten en embajadores, activistas y promotores de campaña, y trabajan con un objetivo común: elegir al Ave del Año del país. Es un concurso que podría parecerle pintoresco al resto del mundo, pero que para los neozelandeses es una batalla inclemente. Somos un país en el que amamos la competencia sana y estimulante, en especial si se trata de proteger a un ser desamparado o, en este caso, a un ave en peligro de extinción.

Algunos meses antes de mi encuentro con Clarke, Forest and Bird, la organización sin fines de lucro que dirigía el evento, me pidió que fuera la promotora principal de campaña para proteger el petrel negro o *tāiko*, un pájaro endémico de Nueva Zelanda. Cuando le conté a Clarke sobre mi campaña, se entusiasmó muchísimo. Empezó a decirme los lugares del golfo de Hauraki en los que había visto petreles negros y me explicó que solo se reproducían en las islas Little Barrier y Great Barrier, y que las poblaciones estaban reduciéndose con rapidez debido a las prácticas de pesca no sustentables.

Luego se le iluminó la mirada.

—¿Por qué no vienes a mi programa para hablar del petrel? —preguntó y, una semana después, más o menos, eso fue justo lo que hice.

La siguiente vez que Clarke y yo nos reunimos fue para beber una cerveza en un restaurante japonés a medio camino entre su trabajo y el mío. Cuando llegué, él estaba terminando de comer un plato de sushi.

—Lo siento —se disculpó con la boca parcialmente llena. Se paró a medias y me abrazó respetuosamente—. Acabo de salir de trabajar y no había tenido oportunidad de comer. Pero no creo que esta haya sido una buena opción, el pescado no sabía muy fresco —dijo, y así conocí la valiente manera en que Clarke abordaba la higiene y la seguridad alimentaria. También fue un buen pretexto para hacer una sutil transición y volver a hablar de su amor por el mar.

Clarke creció en las afueras de Gisborne, en la costa oriental de la Isla Norte. Su padre era dueño y supervisor de huertos, un hombre pragmático y trabajador que nunca se sentaba a descansar. Peri, su madre, era trabajadora social. Clarke se enamoró del mar en Gisborne. En el verano, cuando era niño, solía levantarse antes del amanecer e ir a la bahía para pescar en un pequeño pueblo llamado Mahia. Para cuando cumplió diez años, ya había memorizado todos los nombres de los peces en latín, maorí e inglés. Cuando era adolescente, iba en bicicleta a la casa de la abuela de un amigo, porque, debajo de la construcción, escondía una tabla de surf. Al llegar, dejaba la bicicleta, tomaba la tabla y se dirigía a la playa para ser el primero en surfear las olas ese día.

Clarke sabía lo que había en el mar, y también lo que le estaba sucediendo, por eso quería inspirar y animar a la gente a actuar. Se le ocurrió la idea de un programa de pesca en el que se explorara la vida en el océano Pacífico, cómo pescar en él, cómo preparar comida fabulosa con la pesca y cómo protegerlo. También podría usar esta plataforma para hablar sobre regulaciones, las dificultades provocadas por la sobrepesca, el calentamiento de los océanos y la contaminación.

Esa noche, cuando terminamos de beber nuestra cerveza, sentí como si hubiéramos discutido sobre todo. "Si te vuelves a encontrar en una emergencia suscitada por el sushi, avísame", le dije cuando salimos del restaurante y nos abrazamos para despedirnos, esta vez como verdaderos amigos.

Después de eso, empezamos a reunirnos con regularidad, a veces con Shavaughn y, en otras ocasiones, con grupos de amigos. Algunos de ellos trabajaban en el ámbito de la música, y otros tocaban en grupos musicales o participaban en películas. A algunos más solo les gustaba pescar. Supongo que yo era la "amiga que se dedicaba a la política", pero ninguna de esas personas me hizo sentir fuera de lugar. Nunca. Además de ser amables, a todos les preocupaba el planeta. Otra cosa que me resultó evidente fue lo mucho que Clark estaba al pendiente y cuidaba de ellos.

La primera vez que fui a su casa, noté que su habitación estaba pintada de rosa, y no en un tono suave, era un rosa llamativo y escandaloso, como el que uno encontraría en una casa de ensueño de Barbie. Al parecer, hubo un momento en que le jugó demasiadas bromas a una amiga, y ella, en venganza, hizo que pintaran su habitación de ese color mientras él estaba fuera de casa. Cuando a esa misma amiga le diagnosticaron cáncer terminal, una de las últimas "bromas" de Clarke consistió en pedirle que quitara una cubierta temporal que había adherido a uno de los costados de su bote. Debajo, había rotulado el nuevo nombre del barco en color rosa brillante tipo Barbie y rodeado de flores de hibisco: *Helena*.

Clarke no era como la gente que yo conocía en el ámbito de la política. Casi todas las personas con que yo trabajaba pensaban de manera constante en encuestas, en enviar mensajes y en ponerse en contacto con los votantes porque, después de todo, la política se sustenta en atraer a otros. Clarke, por su parte, era desinhibido y extrovertido. A menudo también podía ser tímido y reservado, pero, sin excepción, siempre era él mismo.

Ocho meses después de habernos reunido para tomar un café, nos vimos en el bullicioso local de comida mexicana de una exclusiva zona de restaurantes entre mi casa en Freemans Bay y la de él en Ponsonby. Se veía excepcionalmente cansado, pero de todas formas salpicó de salsa picante todos los tacos que tenía frente a él y empezó a comer. Hablamos, todo parecía normal, pero seguí sintiendo que se veía demasiado cansado.

—¿Cómo está Shavaughn? —pregunté.

Hubo un incómodo silencio.

—Rompimos.

—Oh —exclamé al tiempo que dejaba mi taco en el plato—. Lo lamento mucho.

Esperé un momento para ver si él deseaba añadir algo, pero solo cambió de tema y empezó a hablar del festival de comedia que estaba teniendo lugar en el pueblo. Yo me adapté a su conversación y no volvimos a tocar el asunto. Al día siguiente, cuando le mencioné a Barbara el rompimiento de Clarke, ella, la persona que más sabía de mi vida además de mi familia, arqueó las cejas. "*¡Oh!*", exclamó mirándome fijamente a los ojos como si supiera algo.

Durante años, mi vida amorosa, si es que le puedo llamar así a lo que sucedió en ese tiempo, estuvo repleta de humillaciones menores y fracasos constantes. En la universidad, prácticamente solo salí con mormones y, en Londres, tuve una serie ininterrumpida de malas experiencias, como cuando salí con aquel chef que embarazó a su ex, o con el encantador periodista que, un día, solo decidió mudarse a África. O, al menos, eso fue lo que dijo que haría.

A pesar de todo, en aquel tiempo *por lo menos* lograba conocer gente; ahora las cosas eran mucho más complicadas. Me parecía que no era correcto inscribirme en una aplicación de citas siendo miembro del Parlamento y, aunque a veces conocía a algunas personas a través de la política, para ese momento había tenido, no uno, sino dos novios que terminaron conmigo debido a mi carrera. Según ellos, no querían "interponerse en mi camino". Bueno, eso fue lo que ambos dijeron en los sendos mensajes de texto que me enviaron para romper la relación.

Con frecuencia pensaba en el consejo que me dio una diputada, mayor que yo, cuando estaba por enviar mis documentos para ingresar a la lista del partido: *No entres al Parlamento siendo soltera porque te vas a quedar soltera.*

Y luego conocí a Clarke.

TOMÓ ALGÚN TIEMPO y fue más o menos como postularse para el Parlamento por primera vez: poco a poco. Un paso, luego el siguiente, y todos tan discretos que es imposible saber cómo se fueron acumulando y en qué momento sucedió. ¿Fue el viaje a la Isla Waiheke?

¿Aquella vez que almorzamos y apretó ligeramente mi rodilla bajo la mesa? ¿O fue la primera vez que me llevó a casa de su hermana y cenamos con sus pequeñas sobrinas sentadas en sus sillas altas junto a nosotros? Lo único que sé es que, un día en que las cosas fueron particularmente arduas en el trabajo, Clarke sugirió que me tomara algunas horas por la tarde. "Es un día hermoso —dijo—, perfecto para pasar algún tiempo junto al mar. Te hará bien".

Me reuní con él en su apartamento y abordé su Jeep mientras él arrastraba el remolque del bote hasta la bahía, no lejos de ahí. Y mientras él manipulaba el bote con una manivela para meterlo al mar, yo permanecí en el muelle sosteniendo las sogas.

Poco después, nos deslizábamos sobre un mar inmóvil. Nos dirigíamos a una zona en la que estaba seguro de que habría pargos mordiendo el anzuelo cuando, de repente, levantó el brazo emocionado. Miré hacia donde apuntaba, justo a tiempo para ver una silueta en el cielo: un petrel negro.

No comprendo con exactitud qué tuvo ese momento, pero entonces lo supe. Supe que el "mi amigo Clarke y yo" había dejado de existir, que ahora solo había un "nosotros".

AUNQUE POR FIN MI VIDA PERSONAL parecía haberse asentado, las cosas en el Laborista eran más inestables que nunca. Las dificultades comenzaron cuando el partido perdió la elección de 2011. Si hay algo que sobrevendrá tras una pérdida cuando uno está en la oposición, es la confusión. Después de la elección, Phil renunció de forma digna, pero a partir de entonces la atmósfera fue parecida a la de la boda roja de *Juego de Tronos*.

Se desató una competencia a tres bandas para determinar el próximo líder, en ella participaron varios hombres, todos llamados David. El David ganador fue David Shearer, un político sólido con antecedentes de trabajo en Naciones Unidas. Shearer había estado presente durante algunas de las crisis humanitarias y de seguridad más complejas del planeta, y en su papel como líder del Laborista, tendría que utilizar cada una de las habilidades que esas crisis le permitieron desarrollar. A su liderazgo lo asolaron las fugas y las luchas internas, además de la frustración inherente a seguir en la oposición.

Continuamos rezagados en las encuestas y, luego él, un día, mientras trataba de mostrar la locura de las nuevas reglas de pesca que había aprobado el gobierno, se puso de pie en la Cámara de Representantes y levantó dos pargos muertos. La imagen resultó ser la oportunidad fotográfica equivocada y David fue blanco de una ridiculización excesiva. Sabiendo que había perdido la confianza de los diputados del Laborista, decidió dimitir.

Entonces se realizó otro concurso para elegir al siguiente líder y, esta vez, Grant se postuló. Como siempre creí que sería un excelente líder, que podría conducirnos a la victoria y que, cuando lo hiciera, también sería un extraordinario primer ministro, le ofrecí ayuda en el concurso.

Mi primera tarea fue simple, llevarlo en automóvil a una reunión de los candidatos en la que se enfrentaría a sus dos contendientes, David Cunliffe y Shane Jones. El evento se realizaría fuera de Wellington, a una hora de camino; cuando salimos de la ciudad, noté que Grant estaba nervioso. Me esforcé por ayudarlo a prepararse, hablamos sobre el formato y las preguntas que podría hacerle el público. No recuerdo quién notó primero que habíamos pasado la salida que debíamos tomar, pero, cuando nos dimos cuenta, estábamos atrapados en la carretera y sin posibilidad de dar vuelta durante los siguientes veinte minutos. Nos quedamos en silencio los cuarenta minutos restantes del trayecto, como un matrimonio en un momento tenso y, cuando por fin llegamos, Grant abrió la puerta de golpe y corrió hasta el auditorio, nervioso, aturdido y bastante enojado.

A pesar de eso, tuvo una gran campaña; en todas las reuniones en los ayuntamientos dio apasionados discursos sobre la importancia de la igualdad, la imparcialidad, la educación de calidad y los derechos de los trabajadores. Cuando contestaba las preguntas del público, no solo mostraba su amplísimo conocimiento, siempre dejaba claro también lo *divertido* que podía ser. Grant quería establecer un vínculo con la mayor cantidad posible de miembros, ya fuera a través de los medios o en una reunión en la casa de alguien.

Por desgracia, había miembros del partido que estaban convencidos de que David Cunliffe era la persona idónea para el puesto. David ingresó al Parlamento en 1999, el año en que Helen Clark condujo al Laborista a la victoria. Era hijo de un pastor anglicano y nació en Te Aroha, el pueblo de donde eran mis padres. Recibió la beca Fulbright, fue miembro de la Universidad de Harvard y asesor de administración para una agencie de élite, Boston Consulting Group. A pesar de que ahora vivía en Herne Bay, una de las comunidades más acaudaladas del país, representaba a la zona de la clase trabajadora del oeste de Auckland.

David Cunliffe decidió posicionarse como el candidato "de izquierda", es decir, el equivalente neozelandés de Bernie Sanders o

Jeremy Corbyn. En sus vehementes discursos podía llegar a sonar como fanático y solía señalar al gobierno del Partido Nacional como el enemigo de las clases bajas. Pero luego, cuando se encontraba en entornos más corporativos, añadía a su mensaje palabras de la jerga de la administración empresarial y usaba frases y gestos que parecían propios de un manual de consultoría. Por todo esto, era difícil no cuestionarse acerca de su autenticidad.

No obstante, con lo que más me costaba lidiar respecto a David Cunliffe era su lealtad. Además de que nunca aceptó a David Shearer como líder, también se opuso a él de forma abierta y pública, y esto le dio al Laborista la apariencia de ser un partido de luchas internas, más que de ideas. Me era imposible comprender: ¿quién elegiría a David Cunliffe como líder, teniendo la opción de alguien como Grant?

Y continué sin seguir comprendiendo. No se había cumplido un mes tras la renuncia de David Shearer, cuando eligieron a David Cunliffe como el nuevo líder del Partido Laborista y a David Parker como su adjunto. Pasamos de un David a otro, y el respaldo era un tercer David.

Después de la votación me escabullí hasta la oficina de Grant. Entré, cerré la puerta y ambos nos sentamos en el sofá. Él se quitó los lentes y se frotó los ojos, noté que se seguía preguntando qué más habría podido hacer. Finalmente, suspiró y reclinó la cabeza en el respaldo.

— Es como si la banda que dirigí en la universidad hubiera vuelto para atormentarme —dijo. Me le quedé mirando con curiosidad. Cuando estudió en la Universidad de Otago, Grant realizó muchas actividades distintas: fue activista, presidente de la asociación de estudiantes, gerente del área de productos agrícolas de una tienda de abarrotes, asistente en una biblioteca y, al parecer, también fue director de un grupo musical.

—¿Cómo se llamaba el grupo? —pregunté.

Grant se frotó la frente, volvió a ponerse los lentes y empezó a reír.

—*Too Many Daves.*

ALGUNOS DÍAS DESPUÉS DEL CONCURSO, pasé por la oficina de uno de los asesores con mayor antigüedad, Raj Nahna. No conocía bien a Raj, pero lo admiraba muchísimo. Antes de entrar al mundo de la política, trabajó en un despacho de abogados. Su compromiso con la tendencia progresista lo llevó hasta Misuri, donde hizo campaña para Barack Obama, luego se convirtió en un importante miembro del equipo laborista. Por lo general era reservado, pero la gente lo identificaba por su abundante, sana y despeinada cabellera.

Cuando pasé por la oficina de Raj, vi a un pequeño grupo de asesores de alto nivel que habían trabajado para el líder del Laborista; estaban recargados en los escritorios o sentados en sillas sin mucho que hacer. El hecho de que David Cunliffe los hubiera despedido a todos, incluyendo a Raj, me indignaba muchísimo. Cualquier retribución derivada de una contienda por el liderazgo debería recaer en los políticos. Y nadie debería rodearse exclusivamente de gente que estuviera de acuerdo con uno; sin embargo, el espectáculo estaba ahora en manos de David Cunliffe.

Más o menos en esa misma época, un día estaba en mi escritorio y mi asistente ejecutiva entró a la oficina. Clare-Louise era una entregada voluntaria que trabajó para mí en Auckland Central y, después de eso, la contraté. Era más joven que yo, pero su tendencia a cuidar y proteger a quienes la rodeaban era muy pronunciada.

—¿Ya… viste la caricatura? —me preguntó. La preocupación en su voz era evidente.

—¿Caricatura? —pregunté. No sabía de qué hablaba y no había visto nada.

—Fue publicada en el *Timaru Herald* —agregó casi disculpándose, al tiempo que colocaba el periódico sobre mi escritorio. Cuando lo abrió, vi la imagen de un cuadrilátero. En la esquina había un David Cunliffe sumamente cansado y sentado en un banquillo con guantes de boxeo. El globo de diálogo sobre su cabeza decía: “El caucus solo aceptaría a mi equipo soñado si yo le encontrara un puesto a Jacinda Ardern”, y en el primer plano había un dibujo de mí con bikini y botas negras de tacón de aguja. Mi característica sonrisa mostrando mis anchos dientes era enorme, también mi cabello, y en las manos tenía un letrero que decía PRIMER ROUND.

Vi la fecha del periódico, fue impreso esa misma mañana, 19 de septiembre: día del sufragio femenino.

Seguía examinando la caricatura cuando sonó mi teléfono. Era mamá.

—¿Ya la viste? —pregunté.

—¿Qué? Ah, ¿te refieres a la caricatura? —contestó con la misma alegre indiferencia que mostró cuando un salón repleto de gente me abucheó la primera vez que me postulé para ser diputada—. Oh, claro, ya la vi. ¿No te pareció graciosísima? ¡Me reí mucho! —dijo riendo del otro lado de la línea.

¿Eh? Tal vez todo está en la mirada del observador, tal vez no debería preocuparme, pensé. Pero cuando terminé de hablar con mamá y colgué el teléfono, recibí la llamada de una reportera que me pidió hacer un comentario sobre la caricatura.

—¿Podría decirme lo que pensó cuando la vio? —preguntó y, como no respondí, comenzó a presionar—. Es decir, estoy *segura* de que la enfureció. Esta imagen la reduce a un *token* —agregó.

Sabía que la reportera estaba tratando de instarme a reaccionar, y una parte de mí deseaba hacerlo porque, en aquella imagen, no me mostraban como un ser político, ni como una persona relevante, ni como la diputada que ocupaba el cuarto lugar en mi asamblea de representantes, ni como una de las diputadas con mayor antigüedad en mi partido. Solo aparecía en ella como un elemento más del espectáculo.

Y ahí estaba el callejón sin salida. Sabía que, si manifestaba mi opinión, me catalogarían como una persona sin sentido del humor y demasiado sensible, y esa sería la anécdota que todos recordarían. Supuse que lo ideal sería responder de una manera en que la anécdota no tuviera más a donde ir, incluso si eso implicaba renunciar a hacer algo por las mujeres en la política en general.

—Pues... pienso que los devotos lectores del *Timaru Herald* merecen una caricatura política de mayor calidad.

Poco después de eso, David Cunliffe me pidió que fuera a su oficina. El nuevo líder del partido había elegido como su adjunto a un amable e inteligente colega nuestro, David Parker, y ahora estaba tratando de llenar los puestos principales vacíos.

—Jacinda —dijo mientras cerraba la puerta detrás de mí y yo me sentaba en el salón. Luego empezó a caminar de un lado al otro—. Pueeeeees... —dijo sin terminar, como si solo estuviera pensando en voz alta—. Me gustaría que una mujer ocupara mi tercer lugar —explicó finalmente y miró hacia donde yo me encontraba. Esperaba una reacción, así que asentí.

Claro, parecía lógico. Dos hombres ocupaban los puestos principales del caucus, y un poco de equilibrio de género sería favorable.

—Te he considerado para este puesto —dijo con la mirada fija en mí, esperando con tiento mi respuesta. Hizo una pausa antes de añadir—: Pero me preocupa que parezca una estrategia... vaya... un intento por solo incluir a una mujer, *tokenismo* vaya —pronunció la última palabra como si un niño le hubiera pedido que le enseñara a deletrearla.

No contesté de inmediato, había muchas cosas que David podía agregar en ese momento. Pudo decir, por ejemplo: *Pero yo, por supuesto, no lo veo de esa forma*, o *Pero eso no importa porque son solo percepciones*. Pero no dijo nada, solo dejó que la palabra *tokenismo* siguiera resonando en su oficina.

Noté que esperaba que respondiera, que presentara argumentos sobre por qué yo debería obtener el tercer lugar, pero eso solo habría dignificado su postura. Significaría enumerar todas las razones por las que, de hecho, yo no era un *token*, por las que no era solo *la chica que anunciaba los rounds en el cuadrilátero*. Y, ¡demonios!, no, yo no me iba a prestar a eso de ninguna manera.

—Bueno, David, o eso es lo que piensas o no lo es, y punto —dije y, como solo se quedó sentado mirándome, añadí—: O merezco ser la número tres, o no lo merezco. Eso lo necesitas decidir tú.

David asintió como si yo acabara de decir algo muy profundo, pero, unos días después, anunció quiénes formarían parte de su equipo, y no era una mujer quien ocupaba el tercer puesto.

Con el liderazgo de David Cunliffe vino una reestructuración de las responsabilidades y a mí me nombraron vocera de la policía, las medidas correctivas, el arte, la cultura y el patrimonio; también de una cartera que solicité de forma específica: los niños. Estaba convencida de que atender los desafíos políticos como los problemas de justicia, la salud mental, las adicciones y las medidas correctivas exigía enfocarse primero en los niños, y por eso me entregué con entusiasmo y por completo a todas mis carteras.

Me esforcé por visitar todas las prisiones que pude. Inspeccioné las instalaciones y traté de entender por qué estaban fallando nuestros programas de rehabilitación. En esas visitas, caminaba por los patios de las prisiones o pasaba junto a las filas de celdas, y me gritaban los mismos insultos y burlas a los que tan acostumbrada estaba por mi trabajo en la Cámara de Representantes; la única diferencia era que, en la prisión, eran un poco más lascivos. También escuché historias brutales sobre prisioneros en instituciones en las que no había servicios de salud mental, pero seguí convencida de que el mayor impacto que podría ejercer en la encarcelación se produciría si trabajaba en las políticas para los niños.

Para esos temas conté con la ayuda de una asesora informal, mi amiga Julia, cuyo amor por la política era igual al mío. Julia era más joven que yo, pero nunca lo sentimos de esa manera. Siempre que nos encontrábamos, ella evaluaba si yo estaba comiendo bien y durmiendo lo suficiente. Julia pudo ser médica, pero prefirió seguir una carrera en el área de la salud pública. Era directora de los servicios de salud infantiles y maternos en una de las zonas más pobres del país. Juntas diseñamos un programa llamado Best Start que consistía en ofrecer un crédito fiscal semanal de sesenta dólares a cada hogar tras el nacimiento de un bebé, cantidad suficiente para cubrir el costo de los pañales y la fórmula infantil, de ser necesaria. No era una idea inusitada en Nueva Zelanda, sino la reintroducción de asignaciones universales que teníamos antes de la llegada de la Madre de Todos los Presupuestos. Más de veinte años después, quisimos diseñar una política que enmendara aquel perjuicio.

Ahora solo necesitábamos ganar.

Debió ganar Grant. La elección de 2014 se acercaba y yo seguía pensando lo mismo. Lo que comenzó como una ventaja de 6 puntos del Partido Nacional en el gobierno cuando David Cunliffe fue elegido había aumentado a más de 20 cuando terminó su primer año.

Me lancé de lleno a las actividades de campaña. Una vez más, intentaría llegar más lejos y dejar de ser solo una diputada de la lista; trataría de que me eligieran en Auckland Central, donde tuvieron lugar varios cambios significativos en los límites territoriales, es decir, una reestructuración de los distritos. Debido a esta maniobra, algunos de los vecindarios con más seguidores del Laborista fueron removidos, y eso dificultaba aún más la recuperación de mi escaño, ocupado por el momento por el Partido Nacional. Pero continué luchando.

Lanzamos una campaña llamada "Pregúntame lo que quieras" para entrar en contacto con los votantes. Distribuimos en toda la ciudad postales que podían enviarme de vuelta sin ningún costo; también colgamos vallas y carteles publicitarios en los que había espacio para que la gente escribiera sus preguntas como si fueran grafitis. Incluso lancé una campaña publicitaria en Tinder: "¿Se acabó tu tiempo en Tinder? No te inquietes, todavía hay candidatos políticos ansiosos por hablar contigo (sobre las votaciones). Así que, vamos, pregúntame lo que quieras (sobre las votaciones)".

A tres meses de la elección de 2014, llegué tarde a un simposio de Women's Refuge. El índice de violencia doméstica en Nueva Zelanda era apabullante, casi el 50 por ciento de los homicidios eran resultado de este tipo de violencia, y casi todos conocíamos a alguien a quien le afectaba el problema. Si el Partido Laborista lograba recuperar el poder finalmente, asignaríamos sesenta millones de dólares neozelandeses a los servicios de primera línea, a la prevención y a la educación; también facilitaríamos la protección de supervivientes y responsabilizaríamos a los perpetradores. El simposio era una oportunidad de dar a conocer toda esta información.

Para cuando llegué, David Cunliffe ya estaba en el escenario, inclinado sobre un atril negro con los brazos extendidos. Tenía la camisa desabotonada del cuello. Junto a él estaban sentados los diputados de los otros partidos en sillas de plástico, tres de cada lado. En los nueve meses que David llevaba como líder del Laborista, no había hecho nada que me hiciera cambiar la opinión que tenía de él. De hecho, en aquella época, siempre que él tomaba la palabra me descubría a mí misma conteniendo el aliento. Me acerqué a Andrew Little, nuestro ministro de Justicia. Andrew había sido abogado sindical y siempre mantenía la postura de un hombre muy disciplinado, pero ese día se veía más tenso de lo usual.

—¿Cómo va todo? —susurré.

Andrew se quedó mirando en blanco hacia el frente.

—David acaba de disculparse por ser hombre —dijo en un tono fatídico.

—*¿Que hizo qué?* —pregunté de forma retórica, pero Andrew contestó de todas maneras.

—Se disculpó por ser hombre —repitió, como si él mismo no pudiera creerlo aún—. Fue lo primero que dijo.

Ambos sabíamos lo que eso significaba: que nada más de lo que sucediera en la conferencia importaría. No importarían las políticas ni las desgarradoras estadísticas. No importaría el hecho de que hubiera soluciones de verdad, cosas que podríamos hacer para ayudar a gente real. Solo importarían las palabras de David, *Damas y caballeros, ¿podría solo comenzar diciendo que lo siento? No lo digo con frecuencia, pero lamento ser hombre…* y la implicación de las mismas, que todos los hombres eran violentos de forma inherente o, al menos, que necesitaban ofrecer disculpas por existir.

Comprendí lo que David estaba *tratando* de hacer, intentaba expresar un tipo de empatía que podría haber funcionado en el lugar donde se encontraba, pero lo hizo sin pensar en lo que sus palabras significarían cuando se escucharan a través de las cámaras y los micrófonos que las transmitirían al mundo.

Esa tarde firmamos un anuncio de televisión para la campaña, el plan era reunirnos en el jardín del Parlamento y dispersarnos lo suficiente para que todos los integrantes del equipo Laborista aparecieran en cuadro. Algunos leeríamos una frase sobre las políticas y luego David terminaría diciendo: "Vote positivo, vote Laborista". Cuando comenzábamos a reunirnos, empezó a soplar un típico viento del sur y mi cabello se agitó, ondeó y se me pegó al rostro. La tierra estaba demasiado suave, por lo que mis zapatos se hundieron en el césped. Para ese momento, todo el caucus se había enterado de la disculpa que ofreció David. Ni siquiera tuvimos que discutir el asunto, todos percibimos cómo se sentían los demás. Lo vimos en los ceños fruncidos, en las mandíbulas tensas y en la mirada de dolor cuando leyeron sus breves guiones para el anuncio. *Vote positivo, vote Laborista.*

Pero nadie se sentía positivo, ni un poco.

¡DAVID! ¡DAVID! ¿Cómo te sientes con los resultados de esta noche?

Era noche de elección. Yo estaba en nuestras pequeñas oficinas de campaña en Auckland Central con los voluntarios de mi partido y todos teníamos la vista fija en la pantalla cuando una reportera siguió a David Cunliffe entre una multitud de seguidores. David ignoró la pregunta, solo sonrió y le asintió a la gente. Aunque la noche aún no llegaba a su fin, lo que yo estaba siguiendo en ese momento era nuestra votación de partido, y no se veía nada bien.

Habíamos perdido la elección, de eso no quedaba duda, la única pregunta que quedaba era cuán devastadora sería la pérdida. Mientras las cifras iban apareciendo en la pantalla, supe que yo volvería al Parlamento a través de la lista del partido, pero solo por muy poco, y me pregunté cuántos de mis colegas perderían sus escaños.

Me ajusté el entallado vestido de encaje rojo que compré especialmente para esa noche, con la esperanza de que mis nuevos zapatos no hicieran que los tobillos se me vieran "gordos". Mi mamá estaba de pie cerca de mí, sonriendo y hablando con la gente a la que llegó a conocer durante mi campaña. Mamá había pasado buena parte del último mes trabajando para que nuestra modesta oficina funcionara, siempre dispuesta a hacer proselitismo telefónico para recolectar datos y a alimentar a algún voluntario que había pasado el día tocando puertas, o a darle una toalla a algún repartidor de folletos que había vuelto enlodado, y todo esto usando una blusa que decía: "Mi hija es candidata y lo único que me ha dado es esta camiseta".

Yo sabía que tendría que decir algunas palabras para los presentes, pero la idea me aterraba. ¿Qué podría decir? Los voluntarios habían trabajado con muchísimo ahínco, y no solo por la victoria, sino porque todos querían hacer algo que importara, algo por la crisis climática, por la creciente pobreza infantil y por las personas sin hogar. Me dolía ver la expresión de desaliento en sus rostros mientras se consolaban bebiendo algo o hablando con aire solemne en pequeños grupos. Cuando subí al estrecho escenario en la parte trasera del estudio, fui recibida con vítores y aplausos. Tragué saliva trabajosamente, varias veces, y luego ofrecí mi agradecimiento mientras miraba con frecuencia a la parte trasera del lugar.

Entonces Clarke se puso de pie, se apoyó en la pared, me observó con atención y una sonrisa reconfortante. Bajé del escenario y él ya estaba a mi lado, colocando su brazo sobre mi hombro y diciéndome que había reservado una habitación en un hotel cerca de ahí.

—Mañana podrás dormir hasta tarde y desayunar de forma abundante —dijo.

Para cuando por fin llegamos al hotel, eran las dos de la mañana, así que solo me arrastré hasta la cama. El Laborista no solo había perdido, tuvimos nuestro peor resultado desde 1922, solo obtuvimos el 25 por ciento de los votos de partido. Claro, yo sería diputada de la lista, pero perdí mi tercera apuesta por representar a un distrito. Cuando Clark apagó la lámpara del buró, lo comprendí todo, no solo el resultado de la elección de ese día, sino lo que había estado sucediendo en los últimos meses, en los últimos años. Sabía que estábamos a punto de volver a aquella espantosa agitación política, a la misma negatividad. Lo peor de todo era que ahora seríamos impotentes por completo y no tendríamos ninguna manera de implementar las políticas que, desde mi férrea perspectiva, se necesitaban tanto.

Empecé a llorar, a sollozar desesperanzada. Clarke no dijo nada, no era necesario, solo me abrazó con fuerza y yo seguí llorando hasta quedarme dormida.

QUINCE

Una oportunidad para Gracinda

En cuanto Phil Goff perdió la elección, renunció. Y cuando David Shearer se dio cuenta de que no contaba con el apoyo de sus colegas, también renunció. David Cunliffe, sin embargo, tomó un camino diferente.

Algunos días después de la elección, Cunliffe convocó a una reunión del equipo del Laborista, incluyendo a quienes habían perdido escaños en el Parlamento. Yo había asistido a muchas reuniones en mi vida, pero esa fue una de las peores y lo sigue siendo hasta ahora. Si bien el ambiente en los días subsecuentes a una pérdida siempre es plúmbeo y sombrío, el estado de ánimo general tras la elección de 2014 era más lúgubre de lo usual.

Nos reunimos en la planta baja, en una estrecha sala de reuniones en la que apenas cabían los exhaustos miembros de nuestro equipo. Llevábamos algún tiempo usando ese espacio, desde que David decidió reutilizar la sala que solía usarse como punto de reunión del caucus y transformarla en su "sala de guerra" personal. Con ese objetivo, sacó a sus asesores de sus oficinas privadas y los ubicó en un área sin paredes interiores para poder trabajar con ellos como "una sola máquina" y sin interrupciones.

David se sentó en la parte de adelante, detrás de una mesa, y nosotros estábamos frente a él, sentados en sillas dispuestas en hileras. Hizo algunos comentarios introductorios y luego dio inicio a la discusión. De acuerdo con la costumbre, lo que se dice en la sala del caucus permanece ahí, y eso es algo que siempre he respetado y continuaré respetando. Por eso solo diré que lo que observé a continuación fue justo lo que uno esperaría que sucediera si colocara una cacerola en la estufa y continuara aumentando la temperatura. Tarde o temprano, la tapa saldría disparada.

En esa sala había algunos que perdieron su empleo y otros que perdieron la esperanza. Muchos perdieron ambas cosas, pero el asunto iba aún más lejos. Había diputados que provenían de electorados donde la gente luchaba contra la pobreza más profunda y deshumanizadora. Esos diputados comprendían a la perfección lo que nuestra pérdida en verdad significaba y, por eso, fueron poniéndose de pie, uno por uno, algunos en llanto y otros furiosos, eso fue justo lo que expresaron. Recuerdo que vi a dos diputados —que se habían integrado recientemente— permanecer en silencio como zarigüeyas frente a los faros de un automóvil en medio del camino, mirando a un orador tras otro y asimilando toda la furia y la desesperación. En sus rostros parecía leerse una pregunta: *¿Las reuniones del caucus siempre serán así?*

Pasaron horas y, al final, Trevor Mallard se puso de pie.

—Miren —dijo—, antes de continuar, ¿podría hacer una sugerencia?

Nos quedamos esperando su sabiduría.

—¿Podría sugerir que… —continuó e hizo otra pausa antes de mirarnos a todos y terminar de hablar—: nos tomemos un descanso y ordenemos salchichas en pasta de hojaldre?

Ese día aprendí dos cosas. En primer lugar, nunca dejes que tu equipo piense demasiado tiempo en su frustración y, en segundo, siempre piensa en ordenar bocadillos.

UNA SEMANA DESPUÉS, David renunció finalmente, lo que desencadenó un nuevo concurso por el liderazgo en el que, más adelante, anunció que él también participaría. No puedo explicar su razonamiento para tomar esta decisión, a mí nunca me pareció lógico del todo, pero supongo que creía que tenía el apoyo de los miembros del partido y quería demostrarlo con un concurso. Para hacer este anuncio, fue a Auckland, a las oficinas de un sindicato donde se había estado reuniendo el consejo nacional para el Laborista. Sin embargo, como el sindicato aún no había elegido al candidato al que respaldaría, le pidieron a David que hiciera su anuncio en otro lugar. David se movió solo unos cien metros en la misma calle, en una zona bulliciosa de Kingsland y, sin darse cuenta, terminó anunciando su candidatura afuera de un burdel. Como dije antes, en la política, en cada esquina hay una oportunidad de que te tomen una fotografía desfavorable.

Otros contendientes por el liderazgo también levantaron la mano: Grant, David, Parker, Nanaia Mahuta y Andrew Little. Como Andrew había sido líder, y también abogado sindicalista, cuando anunció su candidatura la gente dio por hecho que trataría de conseguir el apoyo del sindicato. Su entrada a la contienda fue la gota que derramó el vaso para David Cunliffe, quien terminó retirándose de forma permanente. Y yo, por primera vez en mucho tiempo, me sentí aliviada.

A mí me agradaban todos los contendientes al liderazgo, a todos los respetaba, pero seguía prefiriendo a Grant. Esta vez, en lugar de invitarme a que me uniera a su campaña, me pidió que me postulara como su adjunta. Yo tenía mis dudas en cuanto a aceptar ese papel, pero Grant insistió en que presentarnos como un equipo nos ayudaría a obtener más votos. Como yo quería que él ganara, formamos una papeleta o, como lo expresó alguien en una caricatura en la que se fusionaban nuestros rostros, nos convertimos en Gracinda.

Llevamos a cabo el lanzamiento de nuestra campaña en un bar local de Auckland desde el que se veía la ciudad. Grant se había cortado el cabello para el evento y, con la corbata roja y aquel ajustado traje que vistió, se veía fresco y, como incluso él mismo admitió, bastante más pulcro de lo usual. Yo usé lápiz de labios brillante y llevaba una chaqueta de color claro con un brillo plateado con la que esperaba compensar el hecho de que me sentía demasiado mal. El día anterior, cuando desperté, la garganta me quemaba. Clarke me llevó a ver a un médico que solo se encogió de hombros sin ofrecerme gran ayuda.

—Es probable que sea viral, no hay nada que podamos hacer. Trate de beber un poco de brandy de un solo trago —dijo. Ya lo había hecho, también había ingerido cantidades masivas de vitamina C, pero nada ayudó.

Grant notó que estaba enferma en cuanto llegué.

—Suenas terrible —dijo en voz baja, consciente de que estábamos rodeados de periodistas.

—Gracias —dije, esforzándome por sonreír mientras disparaban las cámaras. Unos minutos después, impulsada por la adrenalina, presenté a Grant con el discurso más impactante que pude preparar y, varias horas más tarde, cuando Clarke volvió a casa, me encontró en el sofá, aún vestida con el atuendo del lanzamiento, pero afónica. Dejó en la mesa la sopa que me había traído y, con un gesto, me indicó que me acercara a la puerta.

—Vamos —dijo—, te voy a llevar a la sala de emergencias.

Me hospitalizaron con lo que resultó ser una infección secundaria por amigdalitis, algo llamado anginas. Me pegó con fuerza, y tuve que entrar y salir del hospital dos veces. Durante mi segunda estancia, una personalidad del ala derecha declaró que estaba yo teniendo un colapso nervioso.

Mientras estaba en la cama del hospital, con una herida abierta en la boca, y casi sin poder comer o hablar, pensé en lo que debería hacer. Era otra de esas decisiones pierde-pierde que tiene uno que tomar en la política. Si abordaba el rumor de forma pública, incluso solo para negarlo, corría el riesgo de incrementar su falsedad. *Yo ni siquiera había escuchado ese rumor, no hasta que ella lo negó*, podría decir alguien. O, peor aún, responder a un rumor podría tener el efecto contrario, podría legitimarlo de forma involuntaria, y entonces la gente pensaría: *Si fue lo bastante importante como para hacerla responder, ¿será porque tal vez sea cierto?*

Y después de eso, estaba el asunto del contenido de un rumor. Quizá fue la garganta lo que me mandó al hospital, pero ¿qué tal si fue otra cosa? Y la mera idea de que alguien usara la salud mental de una persona y la transformara en un arma me parecía detestable. Naturalmente, todos esos rumores tenían un objetivo, la persona que hizo la declaración estaba tratando de pintarme como una mujer "inestable", demasiado "frágil" para ser adjunta o, incluso, para estar en la política. Al parecer, dijo algo así. La forma más estratégica de responder parecía ser simplemente seguir presionando.

Estuve fuera de combate dos semanas, pero, cuando por fin me restablecí, hice todo lo que pude por apoyar la apuesta de Grant como líder del partido. Estaba muy cerca de ganar, y yo podía sentirlo. Asistimos juntos a reuniones de campaña, trabajamos haciendo llamadas telefónicas, enviamos una cantidad incontable de correos electrónicos y tuvimos honestas conversaciones con miembros del partido, durante las que dije todo lo que sabía de Grant como persona. No creía solo en sus ideas, sino en la forma en que nos dirigiría. Era empático y respetuoso, y tenía principios. Estas conversaciones fueron en su mayoría positivas, pero hubo algunas que no resultaron como yo esperaba.

En las contiendas previas por el liderazgo en que Grant participó, hubo preguntas sutiles sobre su sexualidad. En esta ocasión, tal vez porque se encontraba más cerca de ganar que nunca, los cuestionamientos estuvieron más presentes. Algunos medios incluso especulaban de forma pública. *¿Nueva Zelanda está lista para un líder gay?*

Un día, iba caminando colina arriba cerca de mi casa cuando un miembro de rango superior del partido, a quien yo conocía bien, me llamó para hablar sobre la contienda. Grant le agradaba, también lo respetaba, por eso me sorprendió escuchar lo que dijo.

—Nueva Zelanda no votará por él.

No supe si empecé a jadear por el esfuerzo de caminar en ascenso o porque de pronto me sentí furiosa e indignada.

—¿Y por qué tendríamos *nosotros* que tomar esa decisión en nombre de la gente de Nueva Zelanda? —pregunté. Yo creía que los votantes merecían mucho más crédito del que aquel diputado les estaba dando, además, ¿de qué otra forma podríamos averiguar si era cierto; si, a pesar de ser un partido progresista, no estábamos dispuestos a proponer un candidato gay?

Yo sabía que a Grant le preocupaba el impacto que podría tener cualquier discusión negativa y denigrante sobre su sexualidad. "Me preocupa la gente joven que está observando", me dijo en privado. Era una frase común en él porque, después de todo, alguna vez también fue como esos jóvenes a los que se refería.

Más o menos en esa misma época, un día me encontré caminando a lo largo de K Road, el equivalente de una zona roja. Iba a participar en un debate sobre el Orgullo Gay durante una recolección de fondos para una organización de jóvenes que se identificaban con el arcoíris. Entonces escuché a alguien decir mi nombre, no reconocí la voz, pero por el tono supe que me conocía.

Volteé y vi a una persona parada frente a mí, vestida de pies a cabeza en un vestido dorado entallado, grandes zapatos de plataforma y un abultado peinado de colmena con sombra de ojos resplandeciente y labios pintados de rojo. Era una glamorosa y confiada *drag queen*. Era hermosa, pero ¿la conocía?

Al parecer, sí. "Jacinda, soy *yo*", dijo. Había algo en su postura, en la afabilidad de su rostro. Un antiguo recuerdo comenzó a formarse. Tal vez sí conocía a esa persona. "Soy yo —continuó—. Soy *Walter*".

Y, en un instante, fue obvio. Walter, mi dulce amigo mormón de Murupara. El tierno niño que, tantos años atrás, coleccionaba tarjetas perfumadas, el lobo de nuestro montaje en la iglesia de *Caperucita Roja*. Walter, quien estaba conmigo cuando nos vestimos de pitufos para la escuela, pero que estaba tan desesperado por ser Pitufina, que cambiamos de vestuario y, ese día, terminé yendo a la escuela disfrazada de Papá Pitufo. *Walter, por supuesto*. Nos reímos y nos abrazamos, y, en aquel breve instante, sentí como si no hubieran pasado más de veinticinco años.

Quería hacerle muchas preguntas, pero el tiempo no me lo permitió. Aquel día, me alejé de nuestra corta reunión en K Road creyendo, de forma incuestionable, que sin importar si nacemos en un hogar mormón o en uno agnóstico, en un pequeño pueblo como Murupara o en una gran ciudad como Auckland, somos quienes somos, y que a nadie deberían decirle nunca que "no vale lo suficiente".

Ni a Grant, ni a Walter, ni a nadie.

Nunca.

Nos reunimos en Wellington para el anuncio de quién obtendría el liderazgo. En cuanto se computaron los votos, el presidente del partido les dio a conocer los resultados a los candidatos de forma privada, y luego todos se dirigieron a una sala más grande en la que estaban reunidos los otros diputados y los medios, esperando a descubrir quién, con suerte, nos guiaría por fin hacia la victoria.

Me quedé al fondo de la sala del caucus con Clarke a mi lado; había volado a Wellington sabiendo que, si Grant ganaba, yo me convertiría en líder adjunta. Quería estar presente solo "por si acaso", pero no me quedaba claro si se refería a "por si acaso" tendría que consolarme o celebrar. No me importó, solo me sentía agradecida de que estuviera ahí.

Me mecí hacia delante y hacia atrás sobre los tacones. Con esperanza, con anhelo. Grant podría representar una nueva generación de liderazgo, pero algo que no haría sería continuar intentando y fracasando. A lo largo de la campaña fue muy claro, este sería su último intento, si no ganaba el liderazgo en esta ocasión, lo tomaría como una señal de que el partido no lo quería.

Cuando la puerta se abrió, analicé su actitud. Tenía la cabeza agachada, iba mirando en dónde colocaba cada pie, en cuanto atravesó el umbral y entró a la sala del caucus, levantó la cabeza y me miró directo a los ojos. Entonces lo supe. Tenía una sonrisa incómoda, casi forzada, era una sonrisa que yo había leído miles de veces para ese momento. En esta ocasión, significaba *Lo intentamos*.

Instantes después, se hizo el anuncio oficial: Andrew Little sería el nuevo líder del Partido Laborista. Grant había perdido por un uno por ciento.

No pude mostrar ninguna emoción, no habría sido justo. Andrew también era mi colega y ahora era nuestro líder y me simpatizaba. El problema era que la pérdida de Grant se sentía monumental. Desde que empecé a trabajar con él, reconocí a alguien capaz de cambiar la manera en que veíamos a los políticos y, quizás, incluso de cambiar el tipo de persona que querría llegar a ser uno de ellos y, ahora, esa posibilidad se había desvanecido para siempre.

Grant habría sido increíble, pensé. *Pero ahora nunca lo sabremos.*

Andrew Little era honesto y yo lo respetaba por ello. Antes de ser líder del partido, había sido secretario nacional del Sindicato de Ingenieros.

Trabajaba sin descanso y en la Cámara de Representantes mostraba un fervor que le ganó el apodo *Angry Andy*. A mí me parecía injusto que lo catalogaran como un hombre furibundo; lo que yo veía era, más bien, un hombre dispuesto a luchar.

Llevábamos seis años siendo oposición y habíamos aprendido algunas lecciones en ese tiempo. Bajo el mando de Andrew, nuestro equipo recobró la disciplina. Las fugas de información que desestabilizaron al partido durante tantos años disminuyeron; trabajamos con ahínco en las políticas de elección y en expresar de forma correcta nuestra visión. Me parecía que comenzábamos a estar listos para gobernar.

Yo me llevaba bien con Andrew, siempre lo hice. Él me dio un lugar en su banca principal y me entregó la cartera de justicia, junto con la de las artes, los pequeños negocios y los niños. Continué promoviendo Best Start, el programa de créditos fiscales para los niños, así como las leyes infantiles que yo misma había redactado. Como quería entender qué estaba sucediendo en el cuidado estatal, leí años de reportes forenses de niños que fallecieron mientras se suponía que estaban bajo la protección de agencias gubernamentales; hablé con los expertos y traté de identificar en qué parte se estaba desgajando el sistema para los más pequeños. Y, a pesar de todo, comencé a escuchar una frase de forma persistente. Provenía principalmente de los comentaristas de medios, eran disquisiciones en apariencia inocuas, pero con una clara intención, que se publicaban en artículos generales o de opinión. *Pero ¿qué ha hecho?* Decían que yo no había hecho "ninguna contribución mayor a [mis] carteras" y cosas como: "Los rostros bonitos tienen un alcance limitado". Decían que era insulsa, boba, e incluso, "bastante estúpida". Las críticas se volvieron tan comunes que, a veces, las palabras resonaban en mi propia cabeza. ¿Qué había *yo* hecho?

Había pasado tres periodos como diputada diseñando con seriedad soluciones que ahora estaban listas y solo esperaban a ser implementadas. Solo que nada más las había disparado al aire como si tuviera en la mano una pistola de bengalas, con la esperanza de que atrajeran la atención de toda la gente o de que tuvieran algún impacto. Pero no fue así. En un ciclo mediático de 24/7, las notificaciones sobre nuevas políticas o el aviso de que se había llegado a un consenso no eran algo que entusiasmara a los editores o crearan encabezados en los que la gente querría dar clic. Para bien o para mal, los medios de comunicación necesitaban un cuadrilátero de boxeo con políticos en ambas esquinas; ese era su camino al éxito y, por extensión, también era el nuestro. Pero en mi opinión, esta forma de promover las políticas implicaba un costo.

Yo había estado visitando escuelas de manera regular. De hecho, si sentía que necesitaba aclarar mi mente, visitaba una escuela; si me sentía estresada o sin energía, o si necesitaba un estallido de inspiración, visitaba una escuela. Me encantaba hablar con los jóvenes sobre política y toma de decisiones, incluso adoraba las incisivas preguntas que formulaban. En estas visitas, con frecuencia hablaba con los estudiantes respecto al liderazgo y los ponía a prueba para averiguar cómo creían que debería ser. Les pedía que cerraran los ojos, que imaginaran a una persona de la política y me dijeran lo que veían. Luego ellos levantaban la mano y describían las imágenes que les venían a la mente: "hombre", "viejo", "canoso". Luego les pedía que se enfocaran en lo que escuchaban o en el tono de voz de la persona imaginaria. Las palabras no se dejaban esperar: "confiado", "enojado", "agresivo". Realicé este ejercicio en muchísimos salones de clase de todo el país, y las respuestas eran siempre las mismas. No resultaba sorprendente que eso fuera lo que pensaban los estudiantes: era lo único que veían en los medios.

Yo nunca sería ese tipo de líder, ni siquiera querría intentarlo. Si la única manera de anotarnos puntos siendo oposición era atacando y destruyendo a otras personas, entonces, tal vez sí yo *era* mediocre. No quería elegir entre ser un buen político y ser lo que yo consideraba que era una buena persona, por eso decidí aceptar las críticas.

Y cuando hice las paces con las críticas, tuve que confrontar una nueva dificultad, la especulación de los medios respecto a algo con lo que nunca creí que tendría que lidiar en público: si estaba embarazada o no.

DIECISÉIS

Cambios de último minuto

CUANDO ME DIO INFLUENZA, nos encontrábamos en medio de otro año de elecciones, 2017. Llevaba varios días en cama, muy débil y sintiendo pena por mí misma. Para cuando tomé mi teléfono, llevaba bastante tiempo en un ciclo en el que me despertaba y me volvía a quedar dormida sin darme cuenta. *Pero ¿qué hora es?* Diez y media de la mañana. Fue entonces que llegó el mensaje de texto. Una periodista.

¿Está disponible?

Contesté rápido y sin pensar. *Estoy enferma.*

Una pausa, y luego su respuesta: *¿Qué tan enferma?*

Le dije que era el tipo de enfermedad que me había mantenido en cama varios días y luego añadí: *Siento como si tuviera gripe masculina. ¿Sucede algo?* En realidad, yo no quería saber si ocurría algo, solo quería volver a cerrar los ojos y dejar que el sueño lidiara con mi dolor de cabeza, pero me preocupaba que, si no contestaba el mensaje de forma correcta, la periodista me llamaría por teléfono.

Los jefes acaban de escuchar el rumor sobre su pancita, escribió. *Me ordenaron confirmar que aún no está embarazada.*

Ah, esto de nuevo.

Para ese momento, los rumores llevaban un mes activos, tal vez más. Todo comenzó en mayo, la noche del anuncio del presupuesto del gobierno, uno de los días más intensos y difíciles en el Parlamento. El gobierno publica su presupuesto oficial para el año por venir y luego el partido de oposición examina las cifras a fondo.

Al final de aquella jornada, varios diputados y miembros del personal del Parlamento fueron a beber algo a la Colmena. Cuando llegamos, en lugar de beber una copa de vino, opté por agua mineral y una rodaja de limón. Al parecer, si eres una mujer en edad de reproducirte y te encuentras bajo los reflectores, esto es todo lo que se necesita para que empiecen las preguntas. Una tras otra, y luego muchas más. Tiempo después, hice una declaración: no, no estaba embarazada. Pero al parecer no sirvió de nada porque, tres semanas después, ahí estaba la periodista queriendo confirmar.

Me sentía afiebrada y muy irritada, así que le respondí con brusquedad: *Hay muchos momentos en los que en verdad siento mucha empatía por el empleo que ustedes tienen y este es uno de ellos. Le confirmo que no estoy embarazada y que no hay razón alguna por la que usted tenga que reportar lo que sucede con mis órganos reproductivos. Si sus jefes quieren noticias de último momento, puede decirles que esta gripe masculina me está pegando con fuerza.*

Después de eso, me giré en la cama. Ahora no solo me sentía enferma, sino también muy triste. Lo que acababa de decirle era verdad, no estaba embarazada pero… sí estaba *tratando* de embarazarme.

Los últimos seis meses habían sido como un tornado.

El verano anterior, las cosas parecían bastante sencillas. Clarke y yo empezamos a buscar una casa juntos, una que no estuviera en condiciones perfectas, pero que pudiéramos renovar, en alguna calle pequeña y tranquila de Auckland. También empezamos a hablar sobre tener hijos.

A principios de diciembre, sin embargo, surgió una vacante inesperada en el escaño del Laborista para el distrito de Mount Albert, el que solía ocupar Helen Clark. Que el lugar estuviera vacante significaba que, a pesar de que todavía faltaba un año para la elección nacional, habría una elección especial, solo para el electorado del distrito. Mount Albert era un baluarte del Laborista, ahí habitaba una mezcla de profesionistas jóvenes, residentes que llevaban mucho tiempo en el lugar y cierta cantidad de familias de migrantes. Pero para mí representaba incluso algo más, era la oportunidad de ya no depender solamente de la lista del partido, sino de tener un electorado propio, y por eso decidí postularme.

Poco después, Clarke y yo cerramos el trato de una casa en Mount Albert, una construcción de ladrillo y tejas, de treinta años de antigüedad y una sola planta, el equivalente neozelandés al búngalo. Le compramos la casa a una anciana viuda, tenía alfombras color durazno y papel tapiz texturizado que empezamos a arrancar de inmediato. Clarke era diestro para casi cualquier proyecto tipo "hágalo usted mismo"; claro, si omitimos el detalle de que la puerta de la ducha se quebró en mil pedazos sobre su cabeza. Yo, en cambio, dependí de la ayuda de mi madre para quitar el tapiz, lijar y pintar, al mismo tiempo que hacía malabares para lidiar con la campaña.

En febrero gané la elección especial para el distrito de Mount Albert en lo que los medios llamaron "un triunfo aplastante". Aunque oficialmente era verdad, es decir, gané con el 77 por ciento de los votos, la carrera electoral no fue nada estresante. El Partido Nacional ni siquiera presentó a un candidato, así que solo participamos yo, el candidato del Partido Verde y un ecléctico grupo de candidatos de partidos mucho más pequeños, como la Liga Comunista, el Partido para la Legalización del Cannabis, y un partido llamado Not a Party, cuya plataforma consistía en animar a la gente a boicotear la elección por principio de cuentas y que obtuvo 19 votos.

A pesar de las condiciones favorables, trabajé como siempre: como si fuera la carrera electoral de mi vida. Era la única forma en que sabía hacer campaña y, cuando todo terminó, por fin me convertí en diputada con electorado, con mi propia circunscripción.

Por supuesto, no tenía tiempo ni para celebrar porque todavía estábamos en año electoral y, en solo siete meses, los votantes irían a las casillas. Esta vez, para variar, nos sentíamos esperanzados.

El primer ministro John Key había anunciado su renuncia poco antes. A menudo lo describían como un "conservador compasivo" y fue primer ministro durante ocho años. Logró mantener un sólido nivel de popularidad a lo largo del tiempo que ocupó el cargo, a pesar de que tomó varias medidas impopulares, como aumentar los impuestos sobre los bienes y servicios, y vender activos del Estado.

El anuncio de su renuncia produjo en el Laborista una gran oleada de esperanza. Sentíamos como si, en aquellos largos periodos que fuimos la oposición, hubiéramos permanecido en la jungla. Ahora que John Key había renunciado al puesto, había una apertura, una oportunidad y, por supuesto, queríamos aprovecharla.

Desafortunadamente, con la inminente elección también surgieron comentarios públicos respecto a una potencial reestructuración en el liderazgo del Laborista, no en cuanto al líder del partido, sino respecto del segundo al mando, es decir, de la líder adjunta de Andrew Little.

La líder adjunta actual era Annette King, amiga mía y lo más cercano que tenía entonces a un mentor. Annette había estado en el Parlamento durante más de treinta años, durante los cuales fue ministra en múltiples áreas. Era una mujer pragmática y sabia, y había ayudado a estabilizar al partido en sus momentos más difíciles.

Annette también era experta en compartimentar. En una ocasión la vi tener una acalorada discusión en la Cámara de Representantes, el tipo de experiencia que a mí me habría dejado reflexionando durante horas. Ella, en cambio, en cuanto se volvió a sentar en su silla, tomó su teléfono, abrió la aplicación de *Candy Crush* y empezó con toda calma a hacer coincidir coloridos dulces de colores como si nada hubiera sucedido.

Annette cuidaba de mí, también me animaba, siempre daba fin a nuestras conversaciones diciendo: *Lo estás haciendo muy bien, Jacinda*. O, después de una larga jornada, por ejemplo, me enviaba un mensaje de texto que decía: *Muy buen trabajo el de hoy*. También me aconsejaba de manera reiterada que organizara bien mi agenda para que la política no consumiera mi vida entera. Y, como probablemente no creía que siguiera sus consejos, incluso trató de arreglarme algunas citas antes de que yo conociera a Clarke.

En un partido, el líder adjunto está ahí, en parte para equilibrar la papeleta electoral, y Annette había realizado una estupenda labor en este sentido. A pesar de ello, algunos comentadores insinuaban que al Laborista le vendría bien tener una nueva cara en el puesto del segundo al mando, e incluso Annette había cuestionado a Andrew sobre esto en privado. Andrew dijo que quería que ella se quedara, pero eso no impidió que los comentarios siguieran resonando.

Aunque Annette y yo nos veíamos como amigas y colaboradoras, en los medios nos retrataban de una manera muy distinta, y yo detestaba eso. Siempre que los comentaristas hablaban de un posible cambio en el liderazgo, lo hacían de una forma demasiado simplista: lo viejo contra lo nuevo, la generación anterior contra la nueva generación. En una caricatura política, nos representaron como una yegua y una potrilla trotando juntas. En otra, Annette aparecía mirándose en un espejo sobre el que se leía la leyenda: DIPUTADA ADJUNTA, y en el reflejo se veía mi dientona sonrisa mirándola como si quisiera asesinarla. Nunca hubo matices, nadie reconoció que no se trataba de una lucha, que Annette y yo no estábamos involucradas en una guerra.

En medio de toda la especulación, sin embargo, Annette, en un gesto característicamente suyo, decidió tomar el asunto en sus propias manos. El 1 de marzo anunció que renunciaría, no solo como líder adjunta, sino también como diputada. Llevaba treinta y tres años en el Parlamento, había vivido once ciclos electorales y estaba lista para irse. Después de eso, Andrew me pidió que asumiera el puesto.

La noche que Annette anunció sus planes, me envió un mensaje de texto. *Lo harás de una forma espléndida*, escribió. *No dudes de ti misma. Pon la barbilla en alto y diles que estás lista.*

Tal vez podía decirles que estaba lista, pero no siempre sentía que así fuera, y un comentario publicado poco después de que asumí el cargo de adjunta del líder tampoco ayudó. El 3 de marzo de 2017, un periodista con bastante experiencia escribió en *The New Zealand Herald*: "Andrew Little acaba de montar un espectáculo de pantomima con Jacinda Ardern".

Ay, no, esto de nuevo. Poco después de que Andrew anunciara que yo sería su adjunta, fui a Copperfield's y, cuando estaba sentada a una mesa, escuché una voz conocida proveniente de la transmisión en vivo desde la Cámara de Representantes. Era una de las diputadas del gobierno, una mujer que tenía la misma edad que yo. Estaba de pie en la Cámara, dando un discurso en el que decidió hablar de mi ascenso. Vi los subtítulos deslizarse por la pantalla, vi mi nombre y luego las palabras "superficial estiramiento facial cosmético", después dijo que me habían dado el puesto solo por las oportunidades que habría para tomar buenas fotografías.

Me pidieron que respondiera a este comentario, es decir, el mismo callejón sin salida. Por eso casi no dije nada, solo me lancé de lleno a desempeñar mi trabajo en mi nuevo puesto y usé mi primer discurso oficial como diputada para hablar de la salud mental de los jóvenes y de las cosas que me mantenían trabajando en la política.

En medio de toda esa labor, noté que algo había cambiado en mi interior, que ya no reaccionaba de la misma forma a comentarios como ese. Después de ocho años en el Parlamento, la conmoción que me provocaban al principio se había desgastado. Ya no me sorprendían, ya ni siquiera me ofendían. De hecho, empezó a suceder algo muchísimo más interesante. Escuchar a otros insultarme había comenzado a funcionar como una especie de antídoto contra mi síndrome del impostor. ¿Todavía tenía dudas sobre mí misma? Por supuesto. Sin embargo, mis dudas personales eran una cosa, y escuchar públicamente las dudas de otros era algo muy distinto. Cuando decían algo, me quedaba muy claro lo hirientes y equivocadas que eran sus palabras, de una manera que nunca había podido sentir cuando las dudas provenían de mi interior. Yo *no era* superficial y *tampoco era* una mujer superflua, y ahora estaba decidida a probarlo.

En 2017, todo sucedió muy rápido. Tenía una casa nueva, un escaño nuevo en Auckland, un nuevo papel en el partido y, además, una nueva elección se perfilaba en el horizonte en los próximos meses. Como si todo eso no bastara, también tenía un nuevo médico, un especialista en fertilidad.

Para ese momento, había cumplido treinta y seis años, y era una mujer realista. Después de varios meses en los que no pude embarazarme, supuse que mi edad era parte del problema y fui a ver a un médico para que me hiciera algunas pruebas.

A pesar de que estaba en la banca de la primera fila, me salí de una reunión para tomar la llamada del médico. Los resultados del laboratorio mostraban que sería difícil embarazarme sin algún tipo de intervención. Traté de recibir estos resultados de la misma forma que alguien podría enterarse de que el proyecto de renovación de su casa había salido mal. Traté de pensar que se trataba de algo que simplemente podría "repararse", a pesar de que, en el fondo, era consciente de que no era así.

—Todo estará bien —me aseguró Clarke cuando le comuniqué los resultados del laboratorio—. Solo tenemos que ser pacientes —dijo. No tenía muchos deseos de que nos lanzáramos de lleno a ningún tipo de tratamiento.

—Clarke, estoy envejeciendo —le dije—. Estas cosas no se vuelven más fáciles con el tiempo.

Lo que en realidad estaba tratando de decirle era que quería asumir el control de algo que, de otra manera, sentiría que estaba fuera de mis manos por completo. Tenía miedo de que *esperar un poco* se convirtiera en un *nunca*. Y así empezó una nueva etapa para nosotros, una etapa que implicó incontables inyecciones, muchas pruebas de sangre y desplazarnos todo el tiempo entre clínicas y laboratorios.

Los tratamientos de fertilidad exigen muchísimo tiempo, no es algo que uno pueda solo llevar a cabo cuando le quedan algunas horas libres en la agenda. Exigen tiempo, planeamiento y coordinación. Tratar de programar todo eso y ser diputada al mismo tiempo me parecía imposible. A veces, cuando necesitaba hacerme pruebas de sangre, estaba fuera de la ciudad, en el lugar equivocado. En otras ocasiones tuve que hacer mis consultas de forma remota. En muchos de mis viajes en avión tuve que llevar una hielera verde llena de hormonas inyectables; parecía que estaba transportando un órgano para trasplante.

En las visitas para realizar las constantes pruebas de sangre que exigía el tratamiento, me sentaba en salas de espera con mis formularios de fertilidad amarillos en las manos. Un día noté que las otras mujeres en el lugar tenían los mismos formularios, y entonces comprendí que me había incorporado a una comunidad de la que nadie hablaba. Una comunidad unida por el simple anhelo de tener hijos, un deseo que yo había dado por hecho. Y, ahora, ahí estábamos todas. Ver lo grande que era la comunidad fue reconfortante, pero también me rompió el corazón.

No hablé con nadie al respecto, solo guardé mis formularios amarillos en mi bolso, fuera de la vista, por si acaso. No podía pertenecer a esta comunidad de forma abierta porque, siendo diputada y adjunta del líder del partido en un año de elecciones, lo último que necesitaba era que mi tratamiento de fertilidad se volviera un asunto público.

Además, no parecía estar funcionando.

Los tratamientos de fertilidad son un espectro, van de lo que uno podría llamar "intervenciones parciales" hasta el procedimiento completo de la fecundación *in vitro*. Algunas personas, como fue nuestro caso, recorren todo el espectro, es decir, si una opción fracasa, intentan la siguiente. Y luego la siguiente. Al principio, después de cada fracaso, podía consolarme a mí misma diciendo: *Siempre queda la siguiente opción, y siempre quedará la siguiente después de esa.* También me ayudaba el hecho de que Clarke nunca perdió el optimismo.

"Ya llegará —decía—. No te preocupes". Nunca en mi vida había escuchado tres palabras tan contraproducentes: "No te preocupes". Todas las revistas y la información sobre los tratamientos advertían que uno no debía preocuparse porque, cuanto más estresada estás, menores son las probabilidades de embarazarte. Pero, por supuesto, eso solo hacía que me inquietara más. *¿Qué tal si nada de esto funciona? ¿Qué tal si no sucede, si todas las opciones de tratamiento fracasan?*

El 26 de julio celebré mi cumpleaños número treinta y siete con una charla en una asociación de negocios en Tawa. Me sorprendieron con un pastel con glaseado rojo y blanco: un alegre guiño a los colores del Laborista. Sin embargo, cuando estaba cortando la primera rebanada, se dieron el lujo de decirme que el interior del pastel era azul brillante, el color del movimiento conservador. En mi opinión, se rieron muchísimo más tiempo de lo que los buenos modales lo permitían.

En fin, ese era el estado de las cosas. Estábamos a dos meses de la elección de 2017 y, a pesar de nuestra renovada disciplina, de nuestro nuevo equipo y de que John Key había renunciado y ahora había un nuevo primer ministro, Bill English, el Partido Laborista continuaba siendo el blanco de las bromas. Los sondeos indicaban que estábamos alrededor de los veinticinco puntos y el Partido Verde continuaba creciendo. Habíamos anunciado un plan para trabajar con los Verdes, sería un intento por fortalecer el bloque de izquierda y posicionarnos en la lucha por formar un gobierno, pero aún no teníamos todo lo necesario.

Tomé el pastel tecnicolor y salí de la conferencia en la asociación de negocios. Si ser el blanco de la broma de alguien implicaba comer un enorme pastel, lo mínimo que podía hacer era guardarlo en la cocina de nuestra oficina para que todos pudieran disfrutarlo.

Ese mismo día, un poco más tarde, visité una empresa de producción fílmica en Miramar con Andrew Little. Mientras recorríamos el litoral de Wellington, pasamos al lado de vallas publicitarias del Laborista que estaban pegadas en reservas públicas y en algunas intersecciones. En el cartel aparecíamos Andrew y yo, lado a lado, con un fondo en rojo y gruesas letras blancas que parecían vociferar: UN ENFOQUE FRESCO. Yo no elegí el lema; de hecho, me parecía que era una frase que podías leer en un letrero de una tienda de alimentos. Como si Andrew y yo fuéramos productos agrícolas que la gente se sentiría tentada a comprar.

Cuando llegamos a la empresa, nos reunimos con algunos productores para discutir las políticas de la industria fílmica. Nos encontrábamos en un cuarto con muy poca iluminación cuando nuestros teléfonos empezaron a vibrar al mismo tiempo. Nos miramos. El Laborista recibía cifras de las encuestas cada semana, siempre casi al mediodía. Las cifras no habían sido buenas en mucho tiempo, pero los resultados de las últimas dos encuestas fueron muy desalentadores. Me preocupaba que, si algo no cambiaba, y si no cambiaba pronto, empezáramos a caer en picada.

Continué con la conversación, pero no pude contenerme, así que saqué mi teléfono por debajo de la mesa y, cuando alguien más en el otro extremo empezó a hablar y nadie me miraba, volteé rápido hacia abajo.

Oh, no.

Me esforcé por mantenerme impávida y puse mi mejor cara de póker, pero sentía que el estómago se me revolvía. Ya no pude seguir enfocada en la conversación, no después de ver esas cifras, eran mucho peor de lo que me esperaba. Habíamos caído tres puntos en solo una semana. Estábamos a 23 por ciento, mientras que el Partido Nacional estaba a 42 por ciento. No solo nos enfrentábamos a una derrota en la elección, también corríamos el riesgo de ser aniquilados; existía la posibilidad de perder tantos diputados que, el Laborista, con sus cien años de historia, dejaría de ser en algún momento un partido importante y creíble. Yo había depositado mis esperanzas en que el inicio de la campaña, para el que solo faltaban algunas semanas, nos proveyera la plataforma que necesitábamos, pero las cosas ahora se veían particularmente fatídicas.

En el trayecto de vuelta al Parlamento nos mantuvimos en silencio y, al llegar, Andrew fue directo a su oficina sin despedirse de mí. Le envié un mensaje de texto rápido: *No importa cuánto reboten esas encuestas, yo me mantendré optimista respecto a nuestro futuro. ¡La situación mejorará!*

Cuando me respondió, solo dijo que quería hablar conmigo.

En su oficina siempre hacía frío; cuando entré, el aire acondicionado me provocó escalofríos. Andrew estaba detrás de su gran escritorio de madera, mirándome como perdido en sus pensamientos. Me acerqué al sofá, me senté y esperé a que me dijera qué necesitaba.

Él salió de la parte de atrás de su escritorio y se sentó en el otro sofá, frente a mí. Traté de enderezarme un poco más, pero el asiento me succionó hacia los cojines. Andrew todavía no había dicho nada. Miré el reloj, eran casi las dos de la tarde. En cualquier momento sonarían las campanas anunciando que debíamos volver a la Cámara de Representantes para la hora de preguntas.

Andrew aclaró la garganta. "Creo que debería renunciar —dijo—. Y que tú deberías asumir el puesto de líder".

Escuchaba las voces en el corredor, el bullicio de los diputados preparándose para ir a la Casa del Parlamento. Puertas que se abrían y se cerraban. El zumbido de una impresora. *Andrew quiere renunciar. Cree que yo debería asumir el cargo.* Les di vuelta a sus palabras en mi cabeza, traté de encontrar su lógica.

No era ingenua, sabía que la gente consideraba que yo era una líder en potencia. Apenas unas semanas antes, una revista publicó un artículo intitulado: JACINDA ARDERN: POR QUÉ ES NUESTRA PRIMERA MINISTRA EN ESPERA. Mi nombre incluso había empezado a aparecer en las encuestas sobre las preferencias de los votantes para primer ministro, aunque, claro, con un irrisorio 8 por ciento. Por otra parte, también había trabajado el suficiente tiempo en la política como para saber que los comentaristas promovían a los diputados como futuros líderes todo el tiempo. Escuchar a la gente especular era una cosa, pero aquí estábamos hablando de postularse a dos meses de una elección.

Había anuncios filmados y carteles instalados, era demasiado tarde para todo esto.

Me quedé sentada en silencio, anonadada. Mientras tanto, Andrew me explicó que, tal vez, esta sería la mejor decisión para el partido. No creía poder ganar; pensaba que, si se quedaba, perderíamos demasiados diputados.

Él hablaba y mi mente trabajaba a toda velocidad, anticipándose varias semanas hacia un futuro hipotético. Esa parte de mí ya no estaba en la oficina de Andrew, se encontraba en un oscuro estudio de televisión y sabía que, del otro lado de la cámara, había un público conformado por millones de personas con los ojos bien abiertos. En ese estudio, las cámaras se enfocaban en dos atriles que estaban lado a lado, sobre un reluciente piso de linóleo. Detrás de uno de ellos había un hombre relajado y confiado, el primer ministro Bill English. No era tan afable como John Key, era más bien pragmático y tranquilo, y se veía como un líder en todos los aspectos. Detrás del otro atril estaba yo.

Los debates, pensé. Los debates televisados. *No, no puedo hacerlos, no puedo hacer nada de eso.*

Y esa era otra de las razones por las que toda la especulación pública sobre la posibilidad de que me convirtiera en líder estaba errada. Porque ninguna de las personas que escribieron aquellos encabezados o que respondieron a las encuestas sabían lo que yo: que si mi primera reacción cuando me solicitaron que asumiera el puesto fue ponerme a hacer una lista de todas las razones por las que no podía aceptar, entonces no era lo bastante fuerte para ser líder.

No sé lo que Andrew estaba diciendo cuando por fin lo interrumpí, pero recuerdo que hablé con claridad y contundencia. Le expliqué con voz firme por qué no era buena idea hacer un cambio así en ese momento, en el último minuto. Necesitábamos estabilidad, el partido la necesitaba, los votantes también. Cuando la campaña comenzara, podríamos mejorar nuestras cifras, solo necesitábamos tiempo. Tiempo y congruencia. Estaba a media frase cuando las campanas empezaron a repicar. Solo teníamos cinco minutos para llegar a la Cámara de Representantes, así que me puse de pie y me preparé para bajar. "¿Hablamos después?", le pregunté.

Andrew solo asintió. Era imposible saber si lo había convencido de que tenía que permanecer en el cargo, o si solo me había convencido a mí misma.

SEIS DÍAS DESPUÉS entré a la Cámara del Consejo Legislativo, donde esperaban veinte miembros de los medios. Los micrófonos estaban encendidos y las cámaras habían comenzado a grabar. Me coloqué frente al podio, a mi lado estaba Kelvin Davis, antiguo director de escuela, diputado de Te Tai Tokerau y nuestro nuevo líder adjunto. Kelvin era un hombre de un *mana* discreto y de raíces en la Nueva Zelanda rural. Grant lo nominó como diputado y el caucus lo respaldó de forma unánime. Grant estaba detrás de mí, a mis costados había otros miembros importantes del Partido Laborista. Yo llevaba un vestido negro y chaqueta de vestir color rojo brillante, igual que mi lápiz de labios. Los colores del partido.

—Gracias a todos por acompañarnos esta tarde —dije—. Quisiera empezar por hacer una breve declaración —agregué. Los destellos de las cámaras fotográficas iluminaron el lugar mientras yo escuchaba los clics de los obturadores. *No dudes de ti misma. Pon la barbilla en alto y diles que estás lista*, me había escrito en un mensaje Annette apenas unos meses antes—. Tras el anuncio que hizo Andrew esta mañana —continué—, fui nominada para ser líder del Partido Laborista y mi nominación fue aceptada de forma unánime.

Llevaba exactamente cinco meses de ser líder adjunta, y ahora estaba en la carrera para llegar a ser primera ministra de Nueva Zelanda. Hubo momentos en que sentía que me cernía sobre mí y era solo una observadora de todos aquellos sucesos que se desarrollaban a una gran velocidad. Me parecía irreal. O, quizá, como uno de mis sorprendidos colegas gritó desde la parte de atrás de la sala del caucus cuando Andrew nos dijo que iba a renunciar y me nominó enseguida: "¡Qué jodido está esto!".

Habían pasado seis días desde que Andrew me pidió que fuera a su oficina y se preguntó si debería continuar siendo el líder. Poco después se realizó otra encuesta, esta vez pública, y la presión aumentó. En los días que siguieron, no tuve claro qué pensaba Andrew, pero en el fondo de mi mente dejé que se desplegaran los posibles escenarios. Comencé a preguntarme: "Y si…". *Y SI Andrew se fuera, ¿qué diría yo? Y SI me nominaran, ¿qué haría? Y SI fuera líder, ¿cómo necesitaría ser la campaña?*

Y ahí estaba ahora: Andrew renunció, yo era la líder del Partido Laborista… y estábamos a solo cincuenta y tres días de la elección.

Continué con mi declaración usando un truco que había descubierto muchos años atrás: si hablaba fuerte y con vigor podía evitar que mi voz se quebrara. Usé palabras como *resuelta*, *firme* y *decidida*.

Hablé de la visión que el Partido Laborista tenía para Nueva Zelanda: que nuestro país fuera un lugar donde todos tuvieran un techo y un empleo digno; donde la educación fuera gratuita; donde los niños vivieran en un entorno de creatividad, no de pobreza; donde fuéramos líderes del mundo en la manera de enfrentar los desafíos ambientales. En otras palabras, quería practicar *kaitiakitanga*, el arte maorí de la protección y de la responsabilidad de ser guardianes; quería construir una Nueva Zelanda que fuera mejor que la que nos entregaron. Dije que Kelvin y yo nos mantendríamos positivos, que seríamos organizados y que estábamos listos para la elección. Y lo dije como si en ese momento no hubiera en todo el país cientos de vallas publicitarias con el rostro de alguien que ya no era el líder del partido.

Luego di inicio a la sesión de preguntas, las cuales no se dejaron esperar.

¿Cree que está a la altura del empleo como primera ministra?

¿Con qué características cree que cuenta para desempeñar el papel?

¿Cree que puede formar un gobierno creíble, tomando en cuenta que en las encuestas el Laborista solo tiene el 24 por ciento?

¿Quiénes son Jacinda Ardern y Kelvin Davis?

Puse la frente en alto para contestar, traté de proyectar la confianza que desafiaba las preguntas que me habían hecho y luego terminó la sesión. Fue rápida y, en general, muy ágil, todo duró veinticinco minutos. Y no solo eso, fue el mejor comienzo que pude brindarnos como partido.

Aunque sabía que nada de esto sería fácil.

DIECISIETE

¡Hagámoslo!

LAS APARICIONES EN TELEVISIÓN COMENZARON DE INMEDIATO. Me presenté en vivo con Jesse Mulligan, anfitrión de un programa llamado *The Project*. Jesse era inteligente y curioso, ingenioso y agudo, y siempre formulaba buenas preguntas. No obstante, me confesó que tenía una que ni siquiera sabía si tendría permitido hacerme. Al tomar en cuenta que muchas mujeres sentían que debían elegir entre su carrera profesional y tener hijos: "¿Es esta una decisión que siente que debe tomar o que, tal vez, ya tomó?".

O, formulado de otra forma: *¿Va a tener un bebé?*

Yo acababa de recibir los resultados negativos de mi más reciente prueba del tratamiento de fertilidad, justo antes de que nos desplomáramos en las encuestas y de que todo en mi vida sufriera un revés. Ahora era la líder del partido y estaba en medio de una campaña, a siete semanas de una elección. Francamente, no tenía idea de si algún día tendría un bebé o de si siquiera podría tener uno, y eso era lo que hacía que la pregunta de Jesse fuera tan difícil de responder. Sonaba bastante sencillo, como si alguien pudiera elegir, declinar o, simplemente, posponer la llegada de un hijo. Yo había elegido tener un bebé, mi cuerpo declinó, y ahora mi carrera me indicaba que debía posponer el proyecto. Estaba en un momento en que, lo que determinaba mi maternidad era un montón de factores fuera de mi control.

Respondí de la mejor manera que pude: "Mi postura es la misma de la mujer que tiene tres empleos o que está en una posición que la obliga a lidiar con muchas responsabilidades distintas". Vaya, qué manera de evadir una pregunta, de responder sin decir nada.

La pregunta de Jesse no me molestó. Al día siguiente, sin embargo, cuando me encontraba con Mike Jaspers, mi secretario de prensa, sentada en un pequeño cuarto verde, preparándome para participar en un programa de televisión llamado *The AM Show*, pude ver la transmisión en vivo mientras esperaba mi segmento. Los presentadores estaban hablando de la nueva función que desempeñaría y Mark Richardson, el hombre que leía las noticias deportivas, dijo que yo debería estar abierta a discutir mis planes reproductivos.

"Si eres el empleador de una empresa —dijo— necesitas saber este tipo de información sobre la mujer que vas a contratar… La pregunta es: ¿es correcto que la primera ministra tome una licencia por maternidad mientras está en el cargo?".

Cuando llegó el momento de entrar al aire, me senté frente a los presentadores. No tenía ningún plan específico en mente, pero el comentario de Mark me había transformado en un meteorito de furia. Una cosa era que hablara sobre mí, pero eso no fue lo que él hizo, él formuló la discusión en torno a que toda mujer en edad de tener hijos estaba obligada a hablar de sus planes reproductivos, y no precisamente para que su posible empleador le preparara una canasta de regalos.

Cuando el momento llegó, contesté irritada.

—En efecto, en el pasado mencioné sin reservas que deseaba ser madre. Decidí hablar al respecto, fue mi decisión y, por lo tanto, estoy abierta a continuar respondiendo a este tipo de preguntas —dije, y enseguida volteé a ver a Mark Richardson, extendiendo mi dedo índice hacia él—. Pero *usted*… —exclamé—, es totalmente inaceptable que, en 2017, diga que las mujeres deberían responder a esa pregunta en el lugar de trabajo, es *inaceptable*.

La única mujer entre los presentadores empezó a aplaudir mientras yo reiteraba mi posición con vehemencia. Todas esas ocasiones en que me quedé callada respecto a este tema porque elegí el silencio en lugar de parecer una persona sin sentido del humor de pronto salieron a la superficie mientras repetía por segunda y, luego, por tercera vez: "¡Es *inaceptable*!".

Cuando estuvimos de nuevo en el automóvil, camino al aeropuerto, Mike Jaspers sacó su teléfono celular y una sonrisa irónica apareció en su rostro mientras me mostraba la pantalla. Alguien ya había elaborado un meme del momento: una imagen de mí con el dedo índice extendido y frunciendo el entrecejo, y un texto en gruesas letras mayúsculas: JACINDA ARDERN NO TIENE TIEMPO PARA TUS ESTUPIDECES.

ESTABLECÍ UN LÍMITE de setenta y dos horas para formular un nuevo plan de campaña, con todo lo que ello implicaba. Nuevo lema, nuevos anuncios y nuevas vallas publicitarias. Llamé a mis amigos de las campañas en Auckland Central y les pedí que nos ayudaran con los lemas y el rediseño. Las instrucciones fueron simples, quería mostrarme positiva, práctica y con esperanza. No solo quería hablar de las cosas que podríamos mejorar, sino también de cómo podríamos lograrlo. Estaba decidida a alejarme de la negatividad de la oposición y de las campañas desbordantes de ataques; quería que los votantes dejaran de pensar solamente en lo que no funcionaba, que se concentraran en lo que era posible. Necesitábamos expresar todo eso en algunos anuncios de treinta segundos y en vallas publicitarias de un metro cincuenta por un metro veinte.

En menos de veinticuatro horas me llamó Eddy, un amigo cercano y excelente especialista en comunicación. "Tenemos algo, Jacinda —dijo—. Cuando te convertiste en líder, al final de tu publicación en Instagram escribiste algo interesante: HAGÁMOSLO".

Hagámoslo. Me gustó, era un lema que se defendía por sí solo, pero, además, podría ayudarnos a destacar posturas específicas:

Mejor atención médica. Hagámoslo.
Educación gratuita. Hagámoslo.
Más casas. Hagámoslo.
Ríos limpios. Hagámoslo.

Kelvin Davis se encontraba a mi lado cuando revelamos nuestro nuevo lema. Kelvin y yo estábamos trabajando bien como equipo y, cuando tuve que viajar para la campaña, él asumió la tarea de trabajar con los diputados y los candidatos. Kelvin era nuestro primer líder adjunto maorí, y había días en que me resultaba evidente el gran peso que le suponían las expectativas de todo mundo, como si dependiera de él reparar todos los errores que habían cometido los políticos y que tuvieron un efecto en los maoríes. Yo sabía que, mientras estuviera en la oposición, no podría hacer nada por él en ese sentido, pero si estuviera en el gobierno, tal vez podría asumir parte de esa responsabilidad.

Nos tomaría dos semanas imprimir y enviar las nuevas vallas publicitarias y los carteles, pero no importaba: los voluntarios del Laborista empezaron a "corregir" los anteriores. Algunos los doblaron a la mitad, a otros les cortaron con un cúter el rostro de Andrew Little y dejaron solo el mío, un agujero enorme y el lema UN ENFOQUE FRESCO cubierto de pintura en la parte superior.

Andrew y yo habíamos filmado anuncios solo dos semanas antes, y ahora me encontraba con un pequeño equipo, redactando mensajes de treinta y noventa segundos que luego grabaría en un estudio. Todos los mensajes eran breves y contundentes, en ellos tratamos de mezclar nuestras plataformas clave y, al mismo tiempo, de rechazar el cinismo: *Intentarán sofocar nuestro optimismo... convencerte de no agitar las cosas... Pero podemos aspirar a algo mejor.*

Grabé las mismas frases decenas de veces con distinto énfasis: "Estoy lista. Estamos listos. Hagámoslo". Esas tres frases, una y otra vez. *Hagámoslo.*

AUNQUE HABÍAMOS TRABAJADO CON AHÍNCO en la recolección de fondos para nuestra campaña de 2017, ahora teníamos que cambiarla por completo, y eso costaba dinero.

Nueva Zelanda tiene límites estrictos en el gasto de las campañas y, en aquel entonces, los partidos no podían gastar más de un millón ciento quince mil dólares en los tres meses previos al día de la elección. Los candidatos electorales no podían gastar más de veintiséis mil doscientos. En algunos países, estas cifras parecerían irrisorias, pero en el nuestro las donaciones son modestas por lo general y, además, el Laborista es un partido que depende de la gente.

Les enviamos correos electrónicos a los miembros y a nuestros partidarios para preguntarles si podrían ayudar, cualquier cantidad haría la diferencia, cinco, diez dólares, cualquier cosa que pudieran darnos. Y si eso no era posible, entonces tal vez podrían colaborar brindándonos su tiempo, convertirse en voluntarios, distribuir folletos en las calles, tocar puertas o ayudar a conseguir votos el día de la elección. Dimos clic en *Enviar* y cruzamos los dedos.

Esa noche entré a la oficina del Laborista por la parte de atrás y encontré a los integrantes de nuestra campaña apiñados alrededor de una computadora.

—¡Setecientos dólares! —gritó alguien.

—¿Setecientos dólares en total? —pregunté desilusionada. No, no podía ser.

—¡No! ¡Setecientos dólares *por minuto*! —fue la jubilosa respuesta.

ERA IMPOSIBLE GANAR, al menos, no cuando estábamos a siete semanas de la elección y las encuestas nos daban 23 puntos. Sin embargo, me pareció que tal vez podría rescatar lo positivo de la experiencia.

En la primera semana escuché en mi mente esta frase una y otra vez: *Recuerda, solo necesitas rescatar lo positivo.* Nadie esperaba un milagro, pero, tal vez, si lograba dirigir una campaña exitosa, podríamos conservar a los diputados que teníamos, conseguir algunos más y, con suerte, cambiar la narrativa que se había tejido sobre el Laborista; la idea era que en las siguientes elecciones las encuestas, quizá, se inclinaran un poco más a nuestro favor.

Siete días después de mi nombramiento como líder, recibimos las primeras cifras de nuestras encuestas internas: *Nacional, 43 por ciento; Partido Laborista, 36 por ciento; Verdes, 8 por ciento; Nueva Zelanda Primero, 8 por ciento.*

Habíamos conseguido 13 puntos en una semana. El encuestador incluyó una sola palabra en la sección de comentarios: "¡Buum!".

No, no habíamos superado al Nacional, pero no necesitábamos hacerlo porque en el sistema electoral de Nueva Zelanda un partido rara vez gana más de 50 por ciento de los votos de partido. Esto significa que los gobiernos se forman con coaliciones. Los partidos más grandes, en este caso el Nacional y el Laborista, negocian con los pequeños para formar alianzas. Hasta ese momento, habíamos tenido resultados tan bajos en las encuestas que ni siquiera formando una coalición con los Verdes podríamos alcanzar la mayoría. Este salto, sin embargo, nos había vuelto a colocar en la carrera.

Pero todo dependía, claro, de lo que decidiera Nueva Zelanda Primero.

Nueva Zelanda Primero es un partido populista de izquierda. Fue fundado en 1993 y, desde entonces, siempre lo ha dirigido Winston Peters. Winston era una personalidad política abrumadora; era carismático y brusco, y tenía reputación de disidente. Era famoso por su forma de vestir, con traje a rayas hecho a la medida y pañuelo en el bolsillo, y atraía a los votantes de mayor edad. Cuando yo iba a tocar puertas, más de una señora mayor me dijo: "Winston Peters podría dejar sus pantuflas debajo de mi cama cuando él quisiera". A mi propia abuela Margaret le agradaba bastante.

Mi experiencia con él, sin embargo, fue limitada. Siempre me pareció un enigma, alguien con un perfil público tan avasallador que no permitía ver más allá. Winston había formado gobiernos tanto con el Nacional como con el Laborista, lo que hizo que la gente lo viera como una persona con gran influencia. Cuando nuestro salto en las encuestas se hizo público, en los medios le empezaron a preguntar si trabajaría con nosotros.

Todo se intensificó entonces: la campaña, las expectativas y el impulso. De pronto ya no solo estábamos tratando de rescatar lo positivo, en realidad teníamos la posibilidad de ganar.

En una campaña, los tropiezos y los errores acechan en todos lados: uno puede hablar de más, puede cometer un error de juicio o dejarse tomar una fotografía inoportuna y desfavorable. Y lo único que se puede hacer para evitarlo es planear los eventos con esmero y visitar con anticipación los sitios donde tendrán lugar. A pesar de todos los cuidados, desde aquel día que Helen tuvo que enfrentar a los manifestantes en el campus de la Universidad Victoria, comprendí que siempre podía suceder algo, y en nuestra campaña cometí errores desde el principio.

A menos de veinticuatro horas de convertirme en líder del partido, me reuní con algunos colegas para elaborar una lista de todas las políticas que podríamos anunciar en los siguientes dos meses. La lista era muy amplia e incluía todo, desde la implementación de un año de educación universitaria y pasantías gratuitas que podrían comenzar antes de lo previsto hasta un referéndum sobre el cannabis. En realidad, estábamos haciendo una lluvia de ideas y escribiendo todas las opciones de entre las que elegiríamos varias para hacer anuncios importantes. Con el resto diseñaríamos un programa diario. Mi plan era volver a revisar la lista en los siguientes días y seleccionar los temas que le presentaríamos al público.

Guardé la lista en un fólder y me dirigí al aeropuerto. Mike Jaspers había hecho arreglos para que me hicieran una entrevista antes del vuelo. La periodista estaba a un lado de los mostradores de la aerolínea, y junto había un carrito de servicio de limpieza. Caminé de prisa con el fólder bajo el brazo y el portafolios en la mano, dejé mis cosas en el suelo, me coloqué el auricular en el oído, miré a la cámara y empecé a hablar. Cinco minutos después, Mike y yo estábamos a punto de abordar.

Cuando ya estábamos en el avión, revisamos nuestros teléfonos y Mike gruñó, acaba de recibir un mensaje de texto de la periodista. Después de la entrevista había levantado mi portafolios, pero dejé el fólder sobre el carrito de limpieza. *Ese* fólder, el que contenía incontables páginas con ideas y propuestas de políticas que podríamos o no adoptar, pero que, por el momento, no habíamos catalogado bajo ningún criterio.

A cualquier persona que no hubiera estado presente en la reunión del equipo, la lista le parecería un plan de campaña completo y no anunciado. Una primicia que, de hacerse pública, nos haría perder el control de nuestra agenda y destruiría nuestra campaña. Y, ahora, el fólder que contenía todo estaba en manos de una periodista en el aeropuerto.

—¿Qué quieres que hagamos? —me preguntó Mike frotándose la frente preocupado.

Pero ¿cómo pude dejar el fólder? ¡Y con una periodista al lado!

—Envíale un mensaje —contesté—, dile que no es nada importante, que solo lo boté en el contenedor de basura. Pero dilo *despreocupado*. Con indiferencia.

Como si fuera posible mostrarse despreocupado en un mensaje de texto.

Sin embargo, parece que las habilidades de redacción de Mike en el teléfono celular bastaron para salvarnos de aquella situación. Unos minutos después, cerró los ojos aliviado y exhaló. La periodista contestó, había tirado el fólder, y yo logré eludir las consecuencias de un error trascendente… por el momento.

Planeamos una visita a Morrinsville, visitaría mi antigua preparatoria, pasaría un momento a Golden Kiwi y ofrecería una conferencia de prensa en la casa en que crecí. Fue en mi antiguo pueblo, a la sombra de un árbol frente a mi escuela, que un avezado periodista me preguntó: "¿Cuál es su respuesta al anuncio que hizo el Official Cash Rate?".

Official Cash Rate (OCR) es una herramienta esencial del Banco de la Reserva de Nueva Zelanda que influye de manera directa en las tasas de interés. Yo no había visto todavía el anuncio porque lo hicieron mientras estaba en Morrinsville College, pero eso no era una justificación. El OCR es tan importante que debí ver su anuncio y prepararme para las preguntas. De pronto, la conversación ya no era sobre Morrinsville, sino sobre cómo era posible que una candidata al puesto de primer ministro no estuviera al tanto del anuncio económico más reciente e importante.

A partir de ese momento, y hasta que llegó la noche, no dejé de castigarme por mi error. Lo que significaba que me lo reproché mientras estaba en una teleconferencia de campaña, mientras revisaba documentos de procesos legislativos para el día siguiente, cuando colgué en la percha de la puerta del baño la ropa que me pondría por la mañana. *Debiste tener la respuesta. Debiste prepararte mejor.*

Lo único que podría acallar a esa voz en mi cabeza era la estrategia que me funcionó tantos años atrás, cuando me senté en silencio en la sala de nuestra casa estilo Lockwood y me puse a envolver, una y otra vez, media col con periódico. Me prepararía más, leería más y me dormiría tarde revisando documentos para estar lista para lo que se presentara. Porque cualquier cosa podría presentarse.

VIAJÉ A TODOS LADOS. A Te Puea Marae, a una escuela de vuelo, a un *pub* rural, a instalaciones de embalaje, a áreas de construcción, a una escuela de estilistas, a universidades en Wellington, Auckland, Dunedin y Hamilton. Llevé a cabo reuniones públicas multitudinarias en enormes teatros antiguos, hice recorridos en centros comerciales y visité los comedores para empleados de empresas y fábricas durante los descansos a los que llamamos *smokos*.

Di a conocer un plan de cien días con la lista de las tareas que realizaríamos en cuanto llegáramos al poder: extenderíamos seis meses la licencia parental; invertiríamos en viviendas sociales; aumentaríamos los subsidios para los estudiantes; incrementaríamos el salario mínimo; formaríamos una comisión independiente para el clima; exigiríamos que los caseros cumplieran con las normas de aislamiento térmico, calefacción y ventilación; y, finalmente, *finalmente*, daríamos a conocer nuestro crédito fiscal Best Start y legislaríamos para empezar a lidiar con la pobreza infantil. Llevaba años trabajando en esos problemas y, por primera vez, parecía que sería posible hacer algo al respecto.

Para mediados de agosto, a un mes del día de la elección, nuestras encuestas internas mostraban que el Nacional estaba a 40 por ciento y nosotros a 37 por ciento. Solo nos separaban tres puntos, una diferencia lo bastante insignificante para que Winston Peters pudiera decidir que Nueva Zelanda Primero trabajaría con cualquiera de los dos: el Laborista *o* el Nacional. Por el momento, se mantenía en calma y preparado para lo que viniera, y no había dado ninguna señal de con quién preferiría colaborar. En mi opinión, sin embargo, la posibilidad de formar un gobierno y ganar la elección ahora estaba a nuestro alcance.

Yo rara vez estaba en casa, e incluso cuando iba no siempre veía a Clarke. Su idea del programa de televisión sobre peces y el mar se había convertido en realidad. TV3 decidió producir *Fish of the Day*, y él se encontraba ocupado filmando en el océano Pacífico y en distintos lugares del país. Hablábamos todos los días y, aunque él siempre estaba preparado y dispuesto a dejar todo por ayudar en la campaña, no le pedí que lo hiciera. Mis contrapartes varones con frecuencia se hacían acompañar de sus esposas o sus parejas, pero yo sentía que, en mi caso, las cosas eran distintas. Me preocupaba que Clarke apareciera a mi lado con cierta frecuencia y que a la gente le pareciera que yo no era lo bastante fuerte o resiliente para hacer campaña sola.

En las ocasiones en que por fin podíamos reunirnos, él hacía precisamente lo necesario, sin importar si eso significaba permanecer de pie a mi lado o quedarse en el fondo de un salón. En un evento en el valle Hutt, quedé atrapada entre una multitud de miembros y de seguidores del partido, y él permaneció a un lado sosteniendo mi abrigo. Entonces dos chicas se acercaron a él y le preguntaron si se podían tomar una fotografía. Para ese momento, Clarke era una personalidad de televisión y lo conocían en casi todos los hogares neozelandeses. Para su sorpresa, sin embargo, las chicas no querían tomarse la fotografía con él, sino con mi abrigo.

Cuando Clarke y yo empezamos a salir juntos, en algún momento señalé el hecho de que yo era distinta a sus novias anteriores. La más reciente, por supuesto, había sido Shavaughn, pero antes de ella salió con una famosa y multipremiada cantante, reconocida por tener una poderosa voz imbuida de la profundidad del *soul* y por su audaz forma de vestir.

¿Y yo? Yo era una política debilucha. ¿Qué demonios tendría en común con ellas? Cuando se lo pregunté a Clarke, se me quedó mirando como si le hubiera hecho una pregunta capciosa y, tras una pausa, dijo: "Las tres son en verdad excelentes en lo que hacen".

Su respuesta implicaba algo más, una extensión tácita de la idea: *Eres buena en lo que haces, así que deberías continuar haciéndolo.* Y ahora lo estaba haciendo mientras él se esforzaba al máximo por facilitarme las cosas: preparaba tazas de té, me llamaba cada vez que se publicaban los resultados de las encuestas, me enviaba mensajes de aliento cuando yo estaba de viaje. En general, hacía todo esto en privado, detrás de cámaras, hasta el día en que un exdiputado, llamado Richard Prebble, escribió un artículo de opinión en el que dijo que yo "nunca había tenido un empleo de verdad, ni [había tenido] experiencia en la vida real, solo una carrera parlamentaria mediocre y deslucida."

Clarke contestó por internet, publicó un tuit diciendo que Prebble no era más que un viejo "dinosaurio" alarmista. No me enteré porque Clarke me lo haya dicho, sino por un periodista que me pidió que hiciera un comentario al respecto durante una conferencia de prensa.

Lo llamé en cuanto acabó la conferencia.

—Ya me enteré de tu tuit —dije con voz severa porque no me agradó que me tomaran por sorpresa.

Clarke me ofreció disculpas, no por lo que escribió en el tuit, sino por no haberme avisado.

—La próxima vez te avisaré con tiempo —dijo, como si eso resolviera el asunto de una manera elegante.

Pero por supuesto no era así. Tal vez Clarke tuvo la mejor de las intenciones, y era innegable que su descripción de Prebble era bastante precisa, aunque esto solo lo pudiera yo admitir en privado, sin embargo, sabía que lo que mi pareja pensaba que era un acto de apoyo, sería considerado por la prensa como un acto de protección. Y, ¿qué tipo de políticos necesitan que los protejan? Solo los débiles, solo ellos. Si cambiáramos de papeles, ¿aplicarían las mismas reglas? ¿Si él fuera quien estuviera en la carrera electoral y yo hubiera tuiteado algo presa de la frustración y del enojo? Tal vez no. Pero en la historia de Nueva Zelanda había treinta y nueve primeros ministros, y solo dos habían sido mujeres. Aunque yo estaba tratando de convertirme en la tercera, la cantidad de percepciones que podía cambiar era limitada, y esta no estaba entre ellas por el momento.

31 de agosto: Nacional, 42 por ciento; Laborista, 42 por ciento; Verdes, 4.4 por ciento; Nueva Zelanda Primero, 7 por ciento.

Estreché manos con miles de personas y abracé a aún más: personas mayores, gente joven y todas las edades intermedias. Algunos días sentía como si estuviera en un abrazo casi permanente. "Gracias —le dije un día a una desconocida que caminó hacia mí y se acercó para abrazarme—. Esto es como una inyección de energía para mí".

Debatí con Bill English, no una, sino cuatro veces distintas, y, aunque cada detalle fue una prueba de fuego para mis nervios, hubo también momentos muy vigorizantes, como cuando me preguntaron en el segundo debate si descriminalizaría el aborto y dije que sí, sin dudarlo.

Di entrevistas y, con frecuencia, muchas en un solo día; respondí preguntas estando todavía en bata de baño, en el asiento trasero de muchos automóviles, en escenarios vacíos de centros comunitarios y, una vez, mientras jugaba ping-pong y me tomaban fotografías. Mi oponente en ese partido, un periodista de *The New Zealand Herald*, también decidió ponerme a prueba, un mes antes, en una visita a la fábrica de aislantes térmicos Pink Batts.

—¿Con qué materiales están fabricados los aislantes Pink Batts? —me preguntó.

—Con fibra y vidrio reciclado —respondí.

—¿Qué tipo de vidrio?

—Trozos de vidrios de ventanas.

—¿Y qué temperatura alcanza el vidrio fundido cuando lo calientan? —preguntó y me quedé pensando.

—Mmm… ¿doscientos grados?

—No, la respuesta es mil trescientos grados —me corrigió.

Estar en campaña significaba ser puesta a prueba todo el tiempo mientras mi mente escaneaba el paisaje en busca de posibles desastres y errores involuntarios. No quería que nada volviera a atormentarme, no quería que me sucediera lo que les pasó a David Shearer cuando puso en alto aquellos pargos, a David Cunliffe cuando ofreció disculpas por ser hombre, o a Don Brash cuando levantó la pierna para subirse en aquel automóvil de carreras.

Un día hice una visita a un programa de turismo en una escuela politécnica. Damien O'Connor, un adorable pero travieso diputado del Laborista que representaba a un distrito rural decisivo y que fue el modelo para la portada de la edición de la guía de viajes *Lonely Planet* dedicada a Nueva Zelanda en 1993, trató de animarme a que me tomara una fotografía en una balsa inflable mientras me levantaban varios estudiantes, y me negué.

—¡Vamos! ¡Sube! —insistió y, aunque me sentí como una verdadera aguafiestas al decir "no", en mi mente solo veía el texto del meme que harían: NI SIQUIERA UN BOTE SALVAVIDAS PUEDE SALVAR A JACINDA ARDERN.

10 DE SEPTIEMBRE: NACIONAL, 42 POR CIENTO; LABORISTA, 38 POR CIENTO; VERDES, 8 POR CIENTO; NUEVA ZELANDA PRIMERO, 7 POR CIENTO.

A dos semanas de la elección nos encontrábamos cuatro puntos abajo. ¿Estaríamos estancándonos? ¿O sería el principio de un descenso? Podría ser lo segundo y, en ese caso, sería mi culpa.

Durante años, el Partido Laborista promovió el impuesto a las ganancias de capital porque, después de todo, Nueva Zelanda era una de las pocas economías que no lo tenía. Andrew había propuesto que, para el siguiente periodo, hubiera un grupo de trabajo para este asunto, lo que aplazó cualquier posible cambio en las políticas hasta el próximo ciclo electoral. Yo pensé que podríamos avanzar más rápido y hacer todo en un solo periodo. Mis oponentes colocaron anuncios falsos en los que tergiversaban mi posición. De pronto me encontré teniendo que negar políticas que ni siquiera existían aún.

Precisamente estaba pensando en los impuestos cuando llamó mamá.

En mis carreras anteriores, incluso cuando más ocupada estaba, la veía todos los días, pero ahora estaba intentando cubrir un país de 268 000 kilómetros cuadrados en unas cuantas semanas. Ella trataba de hacer todo lo que podía como siempre, me llamaba para asegurarse de que hubiera comido y preparaba enormes bolitas de la felicidad caseras que luego empacaba en bolsas de plástico para mí.

Esta vez, sin embargo, mamá no llamó por algo relacionado con la campaña. Se habían llevado a mi abuelo Eric en ambulancia al hospital, pero como no tenían espacio, después de hacerle algunas pruebas de laboratorio, lo dieron de alta en medio de la noche. Mi abuelo estaba bien, pero, tal vez debido al estrés de lo sucedido, ahora mi abuela era quien no se sentía bien. "*Creo* que todo está en orden —dijo mamá para tratar de reconfortarme—, solo quería que estuvieras al tanto".

Colgué el teléfono y fui directo a una reunión con Grey Power, un grupo de acción política para la defensa de los ancianos, pero no podía concentrarme. Cuando di mi discurso, tuve la estúpida idea de mencionar la experiencia de mi abuelo como ejemplo de por qué nuestro sistema de salud necesitaba reformas. No usé ningún nombre y mis abuelos ni siquiera tienen el mismo apellido que yo, pero, por supuesto, a un reportero no le tomó mucho tiempo rastrear a mi familia. Poco después, escuché que estaba planeando visitar la casa de mis abuelos. *Por favor* —le pedí a mi secretario de prensa—, *por favor, persuádelo de dejar a mis abuelos en paz*. Por suerte, así fue.

Para ese momento, ya había recibido otra llamada de mamá. A mi abuela Margaret le había dado un accidente cerebrovascular y no estaba nada bien.

El trayecto de Auckland a la iglesia de St. David, en Te Aroha, duró dos horas. Cuando Clarke y yo bajamos del automóvil, vi a un fotógrafo con su cámara. Asentí a manera de saludo, como una forma de reconocer su presencia. *Debe ser horrible*, pensé, *que te envíen a tomar fotografías de alguien en el funeral de su abuela.*

Estuve a punto de no ver a mi abuela Margaret por última vez antes de su fallecimiento. Tuvo un segundo accidente cerebrovascular y, para cuando llegué al hospital, mi familia ya estaba reunida alrededor de su cama, hablando en voz baja mientras ella yacía inmóvil, con los ojos cerrados. Mi abuelo Eric estaba sentado a su lado, se había suavizado mucho con el paso de los años, se había vuelto más amable; ahora tenía la mano de mi abuela entre las suyas. Me acerqué a un lado de la cama y la envolví con mis brazos al tiempo que le susurraba algo al oído para que supiera que estaba ahí.

Mi abuela siempre vio el mundo de una forma distinta a la mía, estábamos en desacuerdo casi en todo, en las uniones civiles, en el sistema de prestaciones sociales, en la inmigración. Toda su vida votó por los conservadores y estaba muy orgullosa de ello.

Yo sabía que me amaba. Siempre me envió una tarjeta en mi cumpleaños y su casa siempre estuvo abierta para que yo bebiera una taza de té o tuviera un lugar donde quedarme. También me prestó su automóvil y asistió a mis reuniones como candidata. Pero me parecía que solo había soportado mis inclinaciones políticas. En el mejor de los casos, las había tolerado, y, en el peor, se avergonzaba de ellas. Y, sin embargo, en aquel cuarto de hospital, después de acercarme a ella y susurrar mi nombre para que supiera quién la estaba abrazando, me dijo sus últimas cinco palabras: "Estoy muy orgullosa de ti".

Para mi sorpresa, Grant voló para estar presente en el funeral y, cuando este terminó, lo espié un poco. Iba caminando hacia él cuando una de las congregantes, una mujer de la edad de mi madre, a quien no reconocí, fue a mi encuentro.

—Jacinda —dijo— solo quería decirte que mucha gente en Morrinsville está orando por ti.

—Gracias —dije sonriendo—, son muy amables.

Entonces me tomó de las manos y las estrujó.

—No van a *votar* por ti —aclaró—, pero están *orando* por ti.

La elección tendría lugar en poco más de veinticuatro horas, y yo estaba en el escenario, frente a una multitud de cientos de voluntarios. El evento se realizó en Auckland, en el Centro Aotea, un gran lugar de artes escénicas en el corazón de la ciudad. Unos minutos antes, había caminado entre la muchedumbre, la gente estaba tan aglomerada que el personal de seguridad que me acompañaba ni siquiera pudo formar un camino, por lo que solo me condujeron a través de una hilera de sillas vacías. Cuando llegué al escenario, todos estaban de pie.

La gente de los medios estaba hacinada, cernida sobre el frente del escenario, y, de vez en cuando, los reporteros ocultaban el teleprompter mientras yo entrecerraba los ojos para tratar de leer la pantalla. No había problema, las palabras estaban frescas en mi mente, las acababa de escribir esa misma noche, sin estar segura aún de si tendríamos que conceder, o de si nos veríamos forzados a esperar y ver con quién decidiría Nueva Zelanda Primero formar una coalición.

Empecé a hablar mientras los resultados de la elección todavía estaban apareciendo en una pantalla cercana.

Bill English y el Nacional obtuvieron la mayor cantidad de votos. Llamé a Bill para reconocer esta información, pero el resultado final de la elección de esta noche no lo decidiremos nosotros, sino el sistema de representación proporcional mixta, el MMP.

Estaba hablando en clave, por supuesto, era una forma de decir que ni el Nacional ni el Laborista tenían suficientes votos para formar un gobierno propio. Ambos necesitaban de Nueva Zelanda Primero.

Me esforcé por sonar optimista, pero me enfrentaba a esa realidad: necesitábamos más de 60 escaños para formar un gobierno. Para cuando terminó la noche, el Partido Laborista y los Verdes teníamos 52 en conjunto. Nueva Zelanda Primero tenía otros 9; si elegían trabajar con nosotros, tendríamos 61, apenas lo necesario. Claro, era lo necesario *oficialmente*, pero si un solo diputado fallaba o se saltaba del barco, todo el gobierno se vendría abajo. Para Nueva Zelanda Primero sería una locura formar un gobierno de coalición con una diminuta mayoría de un solo escaño y, por eso, estaba casi segura de que este era el final de la carrera.

A pesar de ello, terminé hablando de la forma en que podríamos abordar las negociaciones si las cosas llegaran a ese punto y, finalmente, les agradecí a todas las personas que nos ayudaron como voluntarios y a las que votaron por nosotros. Sabía que, para algunos, sonaba como si estuviera admitiendo la derrota y, quizás, una parte de mí lo estaba haciendo.

Cuando me dirigí a la parte trasera del escenario, alguien gritó: "¡Podríamos lograrlo con los especiales!".

Los especiales. Eran la última esperanza, el último destello de posibilidad. Los votos especiales eran la única razón por la que no admití la derrota por completo. Los "especiales" eran votos adicionales que todavía tendrían que ser computados, los votos de la gente que vivía en el extranjero y de quienes votaron fuera de su distrito electoral. Si una cantidad suficiente de esos votos fueran para el Laborista, eso podría darnos un pequeño empujón para obtener un escaño adicional.

Todavía teníamos una oportunidad.

Esperamos dos semanas porque ese fue el tiempo que tomó para que llegaran los votos especiales. Había cientos de miles, la espera fue agonizante. Me esforcé por descansar, recuperarme de la elección y prepararme para lo que fuera que nos esperara. Pero toda esa incertidumbre hacía que la cabeza continuara dándome vueltas. Clarke y yo nos tomamos un fin de semana de descanso, fuimos a la playa, pero en lugar de libros, llevé dos fólderes llenos con documentos de coaliciones pasadas para estudiarlos. Por si acaso.

Sabía a qué hora podría llegar el mensaje del secretario de nuestro partido con el conteo final, así que me quedé mirando la pantalla de mi teléfono hasta que apareció la notificación. *Los resultados de los votos especiales son estrictamente confidenciales. Estarán bloqueados hasta las 2:00 p. m. Nacional –2, Laborista +1, Verdes +1.*

—¡Dos escaños más! —grité mientras corría por el pasillo hacia donde se encontraba Clarke—. ¡*Dos* escaños más!

Con eso bastaba para formar un gobierno, es decir, si Nueva Zelanda Primero nos elegía.

Nueva Zelanda Primero solicitó algunas semanas para elegir entre nosotros y el Partido Nacional y yo reuní de inmediato un equipo de negociación: Grant, Michael Cullen, Annette King y Kelvin, el líder adjunto del Partido Laborista. Los elegí a ellos porque entendían bien nuestra posición, conocían nuestra plataforma y también, por lo menos, a algunas de las personalidades de Nueva Zelanda Primero.

Empezamos por reunirnos con los Verdes porque sabíamos que para formar un gobierno necesitábamos establecer un acuerdo con ellos también. Yo conocía al líder del Partido, James Shaw. Cuando ambos vivíamos en Londres, él fue candidato de su partido. Nuestras conversaciones eran abiertas y amigables, pero a los medios no les interesaban porque nuestros partidos entraron a la elección bajo un memorándum de entendimiento, y se esperaba que nos comunicáramos bien. En realidad, todas las miradas estaban puestas en Nueva Zelanda Primero.

Yo todavía no conocía a Winston Peters en verdad. Sabía que tenía esa personalidad pública, la de los comentarios ingeniosos y las peleas con los medios, pero también estaba todo aquello que había escuchado de él en privado: que era un político de la vieja escuela, que esperaba cierto nivel de respeto por parte de los demás, y que muchos de sus colegas lo llamaban *Matua*, una palabra maorí que significa anciano o patriarca.

Aunque durante la campaña Winston me había comparado con una hamburguesa sin carne, ahora necesitaba que me eligiera a mí, a mi partido y nuestras ideas. Esto se tradujo en ridículos debates en mi cabeza. *¿Debería llevar algo de comer? ¿Qué tal el famoso pastel de carne con jengibre de Julia? ¿Sería un gesto lindo? ¿Qué haría una hamburguesa con carne en una situación como esta? Un momento, ¿se supone que debo comportarme como una hamburguesa con carne?*

A pesar de todo, me había fijado límites que quería que permanecieran inamovibles, y uno de esos temas no negociables era la política de inmigración. Nueva Zelanda Primero tenía la reputación de ser un partido duro con las comunidades de migrantes, y yo no quería que ese mensaje cobrara fuerza debido a alguna concesión de mi parte.

Aunque no sabía por quién se inclinaba Winston, las conversaciones fueron directas y respetuosas. Nos esforzamos por transmitir solidez y confianza, no solo frente a él, sino frente a todo el país. Una tarde, salimos de la sala de negociaciones y nos encontramos con que las cámaras de los noticieros nos estaban captando a través de las puertas de vidrio. Michael, Grant, Kelvin y yo coordinamos nuestra salida, subimos por las escaleras con la cabeza en alto hasta que llegamos a las puertas automáticas por las que nos estaban grabando. Entonces golpeé el botón verde con el puño para abrir las puertas, todo a un ritmo perfecto para no perder el paso.

El problema fue que las puertas *no se abrieron*. Volví a intentarlo y nada. Para ese momento, ya habíamos perdido el ritmo de la marcha. Nos quedamos juntos y las cámaras continuaron grabando mientras yo golpeaba el botón varias veces más. Poco después, Grant también trató de oprimir el botón mientras yo murmuraba como un ventrílocuo, tratando de no mover los labios: "Esto es muy incómodo, Grant". Finalmente, después del sexto intento, Grant tomó el asunto en sus manos y empujó las puertas manualmente como superhéroe con traje y lentes. Entonces salimos juntos, tratando de ocultar nuestro ataque de risa.

La verdad era que no tenía idea de cómo iban nuestras conversaciones. Tal vez formaríamos una coalición y tal vez yo sería primera ministra, o quizá pasaríamos tres años más como oposición pero, de cualquier forma, me daba mucho gusto contar con ese equipo.

FUE EN MEDIO DE ESE TORBELLINO que terminé sentada sola en *aquel* baño y con *aquel* artefacto en la mano, esperando los obligatorios tres minutos para que apareciera el resultado. Estábamos en las últimas etapas de las negociaciones, y Clarke estaba filmando en el norte, muy lejos de Wellington. Mi amiga Julia me había ofrecido comida hecha en casa, un baño en tina y una cama donde dormir, y luego, cuando le describí cómo me había sentido últimamente, me ofreció algo más: una prueba de embarazo.

No creí que fuera posible que estuviera embarazada, pero hubo algo en esos ciento ochenta segundos que hizo que lo improbable se acercara un poco a la realidad. *¿Y si...?* Me pregunté, de la misma forma que lo hice semanas antes, cuando Andrew me dijo que yo debería asumir el mando. *¿Y si...?*

Cerré los ojos y alcé la cabeza hacia el techo, luego respiré muy profundo, abrí los ojos y miré hacia abajo.

En el recuadro de la prueba había dos líneas verticales. El resultado era positivo.

¿Positivo? Volví a mirar. Levanté la caja y releí las instrucciones, luego eché un vistazo a la fecha de caducidad. Después examiné el dispositivo. El resultado seguía siendo positivo.

Pero ¿cómo es esto posible?

Había pasado por interminables pruebas y una cantidad incontable de intervenciones médicas que fracasaron. Me habían dicho que mi arduo trabajo, mi estilo de vida y el estrés general me impedirían tener un bebé. Y ahora me encontraba ahí, en medio de un proceso para tratar de convertirme en primera ministra... y estaba embarazada. La cabeza me dio vueltas. ¡¿Ahora?! Esto está pasando ¡¿ahora?!

—¡Juliaaaa! —grité antes de desplomarme en el suelo del baño.

—Un paso a la vez, Jacinda —dijo Julia dándome suaves palmadas en el hombro cuando vio el resultado positivo—, un paso a la vez.

Julia salió del baño, cerró la puerta y me dejó sola. Entonces yo me volví a sentar en la tapa del inodoro y llamé a Clarke.

UNOS DÍAS DESPUÉS, Winston Peters anunció que daría una conferencia de prensa en las noticias de las seis de la tarde. Le diría al país entero con qué partido formaría la coalición Nueva Zelanda Primero y, por ende, quién sería primer ministro. Yo me enteraría de las noticias de la misma forma que el resto de la gente en el país: viendo la televisión.

Nos reunimos en mi oficina del tercer piso del Parlamento. Clarke estaba cerca de mí con un saco; se había vestido más formal de lo que acostumbraba. Annette, Kelvin y Grant también estaban presentes, por supuesto, al igual que los oficiales de protección que me fueron asignados por la campaña y poco más de diez líderes de rango superior y miembros del personal del partido.

En las otras oficinas del mismo piso, a lo largo del corredor, otros diputados y empleados hacían lo mismo: mirar la pantalla y esperar. En algún momento, se escuchó un sonoro grito desde una oficina cercana. Fue lo bastante fuerte para que los medios empezaran a especular que acabábamos de recibir una llamada de Nueva Zelanda Primero, pero, de hecho, eran solo algunos miembros del personal que estaban viendo el programa de juegos *The Chase*.

No hubo llamada telefónica y yo no tenía idea de lo que sucedería a continuación.

Mientras esperábamos en mi oficina a que empezara la conferencia de prensa, el televisor permaneció encendido, pero con el sonido apagado. Annette estaba sentada en el sofá y nos miraba alternadamente a mí y a la pantalla. Detrás de ella estaba Grant de pie, inquieto, con las palmas unidas a la altura de la frente, como si rezara, y meciéndose de atrás hacia delante. Todos estábamos esperando a que la transmisión en el estudio se transfiriera en vivo a la Colmena. Esperando a que Winston saliera de su oficina.

La expectación había sido demasiada. En ese momento esperábamos el inicio de la conferencia, pero también esperamos durante las negociaciones y, antes de eso, esperamos los resultados de los votos, los resultados de las encuestas y, mientras fuimos oposición, esperamos durante años a que llegara la oportunidad de *hacer* algo. En unos minutos, toda esa espera llegaría a su fin y solo dos cosas podrían suceder: o yo continuaría estando del lado de los opositores o me convertiría en primera ministra de Nueva Zelanda.

De pronto se escuchó una oleada de voces. "¡Suban el volumen!", decían. Winston Peters estaba en la pantalla.

Winston habló en términos generales durante los primeros minutos, sin dar ningún indicio de a qué partido había elegido. Tenía el rostro de un hombre en una partida de póker, concentración absoluta, cero gestos. Yo tenía el aliento atrapado en la garganta cuando dijo: "¿Podría solo decir que demasiados neozelandeses han llegado a considerar que el capitalismo no es su amigo, sino su enemigo? ¿Y que no se equivocan? Es por eso que creemos que el capitalismo debe recuperar su rostro humano".

Esas fueron las palabras: "Rostro humano". En cuanto las escuché, me cubrí la boca con las dos manos porque lo supe. *Nosotros* éramos el rostro humano al que se refería.

Winston había elegido al Partido Laborista.

Todos comenzaron a celebrar. Escuché los gritos a mi alrededor haciendo eco en todo el corredor, pero no pude ni abrir la boca; por un instante, todo se quedó en silencio. Me quedé contemplando la pantalla, asimilando lo que acababa de decir: *Elegimos al Partido Laborista.* Se suponía que yo tenía que rescatar lo positivo, evitarle a mi partido una derrota aplastante. Todo ese tiempo me había sentido profundamente responsable de mis colegas y de nuestro personal, pero, sobre todo, de la gente que necesitaba que ganáramos. Y todo el tiempo traté de reprimir esa sensación para poder levantarme cada mañana y continuar trabajando. Ahora, en un instante, fue como si me hubieran quitado la carga de encima; toda la presión, las preocupaciones y el miedo, comenzaron a abandonar mi cuerpo a gran velocidad, y lo que quedó fue alivio y absoluta alegría.

Lo hicimos.

Lo hicimos.

Sería primera ministra de Nueva Zelanda.

Grant me abrazó y empezó a temblar de felicidad y a sollozar con fuerza. Clarke, quien observó el anuncio desde un rincón de mi oficina, se acercó a mí y me abrazó también. Y luego, alguien más, no sé quién, puso una copa de whisky en mi mano. Me quedé mirando el vaso de vidrio tallado antes de dejarlo en una mesa.

Sí, era la primera ministra.

Pero, también, estaba embarazada.

DIECIOCHO

Juramento

PODRÍA HABLARTE DE CUANDO PRESTÉ JURAMENTO. Podría hablarte de cómo me vestí: un vestido rojo y azul hasta la rodilla en tela brocada. O podría decirte que, después de la modesta ceremonia con la gobernadora general en la Casa de Gobierno, volví al Parlamento en autobús, acompañada de los ministros recientemente electos, a quienes sentía como parte de mi familia. Podría explicarte que, al bajar del autobús, escuchamos saxofones, un trombón y el ritmo constante de la sección rítmica de varios miembros de Fat Freddy's Drop, un icónico grupo de Wellington. Estaban tocando de forma exuberante al pie de la escalinata de la Casa del Parlamento y, al verlos, pensé: *Esta es la escena más kiwi que jamás había visto.*

Podría describirte las multitudes de aquel día, de todas las personas que tapizaban la explanada, presionaban las vallas del perímetro y se empujaban hacia la estatua del antiguo primer ministro Dick Seddon y entre sí también. De la gente en traje de vestir o en camiseta, con bufandas y lentes oscuros, con la cabeza cubierta con pañuelos o con gorras de beisbol. Podría hablarte del estallido de color que las prendas producían bajo el intenso azul del cielo.

También podría hablarte de los eventos formales, como los discursos y la firma de las órdenes judiciales, y contarte que nos acomodaron para la fotografía oficial como cuando estábamos en la escuela. Te podría decir lo que sentí cuando miré hacia atrás, desde la mesa en la que se llevó a cabo la ceremonia en que presté juramento, y vi a mi papá vestido de traje y enviándose mensajes de texto con mi mamá, quien estaba en Londres porque Louise acababa de dar a luz a un bebé al que llamaron Alejandro. Y podría contarte también que caminé al Parlamento con Clarke a mi lado, tomados de la mano y acompañados por sus sobrinas, aquellas pequeñas que, tiempo atrás, comían en sus sillas altas y, ahora, caminaban con nosotros, la mayor con vestido y zapatos Converse, y la menor con las trenzas deshaciéndose.

Hay muchísimas cosas que podría decirte sobre aquel día, pero la verdad es que, en ese momento, todo me parecía un poco vago y nebuloso en medio de aquel torbellino de sonrisas y abrazos, de manos que estreché, y del viento fresco entrando por las ventanas del autobús.

Por eso, creo que mejor te contaré sobre una conversación que tuve antes de que todo comenzara. Estaba en el automóvil y me dirigía a la Casa de Gobierno, donde ocuparía el cargo de forma oficial. Al otro lado de la línea telefónica estaba John Campbell, un periodista a quien había visto en televisión desde que tenía once años. John quería hablar conmigo en los últimos instantes, antes de que todo cambiara.

Me preguntó cómo estaba y yo respondí como si fuera cualquier otro día.

—Estoy bien, gracias, John. ¿Tú cómo estás?

—Pues, estoy bien, pero lo que quiero decir es que, vaya, no soy yo quien se encuentra en un automóvil y se dirige en este momento a la Casa de Gobierno para ser primera ministra —dijo divertido. Luego me preguntó dónde estaba y le dije que junto a un local de sándwiches de Subway. En ese momento, cuando íbamos dando vuelta de Aitken a Mulgrave Street y pasamos por los archivos nacionales, empezaron a sonar con fuerza varios martillos neumáticos.

—Y, cuando regrese —dijo—, la próxima vez que esté en el Parlamento de nuevo, será la primera ministra número cuarenta de Nueva Zelanda. Es extraordinario, ¿no es cierto?

Sí, supongo que era extraordinario.

John me pidió un "último deseo idealista" antes de que comenzara el duro trabajo de gobernar.

—Dígame el gran panorama, sin limitarse. ¿Qué le gustaría hacer?

A lo largo de la campaña contesté a preguntas como esa cientos de veces: *¿Cuál es el plan? ¿Cuáles son los puntos de su agenda?* Podría listar todas las tareas de un programa de trabajo sin tener que mirar ningún documento, de forma espontánea, pero eso no fue lo primero que me vino a la mente.

—Quiero que la gente perciba a este gobierno de manera distinta —dije—, que sienta que es abierto y que la escucha, que piensa traer la amabilidad de vuelta.

Amabilidad, esa era la palabra. Era una palabra amorosa, infantil, incluso simple, de cierta forma. Y, sin embargo, abarcaba todo lo que había dejado huella en mí: mi padre con su uniforme en Murupara, decidiendo no arrestar a un hombre de inmediato en la plaza central de un pueblo para permitirle conservar un poco de su dignidad. La esposa de Hamish cuidando a mi madre cuando sufrió un colapso nervioso, mi madre misma haciéndose cargo de absolutamente todos. La gente del pueblo que conocí a lo largo de los años: la familia y los amigos, las personas a las que veneré o con las que trabajé, incluso aquellos con quienes tuve disputas, pero siempre en pos de algo mejor, siempre.

Algunas personas pensaban que ser amable significaba ser sentimental y blando, un poco ingenuo incluso, y yo lo sabía. Pero también sabía que se equivocaban, que la amabilidad conllevaba un poder y una fuerza que no era posible encontrar en otro lugar en este mundo. Para ese momento, había visto cómo la amabilidad había logrado cosas extraordinarias, la había visto darle esperanza a la gente, la había visto hacer que algunos cambiaran de opinión y la había visto transformar vidas. No tenía miedo de decirlo en voz alta y, en cuanto lo hice, estuve segura: amabilidad. Ese sería el principio que me guiaría sin importar lo que me esperara en el futuro.

—¿Dónde está ahora? —preguntó John Campbell y le dije que estaba junto a un restaurante de KFC. Nos reímos y hablamos un poco más sobre lo que podría cambiar en los próximos días y sobre *cuánto* podría cambiar. Y, para ese momento, ya casi llegaba a la Casa de Gobierno y todo estaba a punto de comenzar.

DIECINUEVE

Un hermoso secreto

Esa semana, mis náuseas matutinas se manifestaron de forma decisiva y consistente, igual que le sucedió a mi mamá cuando estaba embarazada de mí y se sentía tan indispuesta que tenía que alimentar a Louise desde el otro lado de la cocina. De hecho, tenía náuseas cuando mi papá y Clarke llevaron las pocas pertenencias que tenía en el apartamento tipo estudio que había estado rentando en Wellington a Premier House, la residencia oficial del primer ministro, al borde del frondoso verde cinturón ecológico de Wellington. También sentí nauseas cuando la persona encargada de Premier House me acompañó durante el primer recorrido, cuando pasamos por las salas de reunión del primer piso y cuando entramos al apartamento residencial del primer ministro en el segundo piso y vi aquella decoración ecléctica pero acogedora, compuesta por muebles de distintas eras de la historia de Nueva Zelanda.

Afortunadamente, no sentía tantas náuseas como para ir corriendo al baño, al menos, no todavía, así que pude asentir con entusiasmo mientras la guía me mostraba y describía las distintas vistas de la casa… *Ese es el escritorio de Muldoon, ahí está el armario de la ropa blanca, y el equipo de protección civil lo encontrará aquí*. Observé con atención, pero tenía el estómago revuelto, me sentía un poco mareada y tenía la piel sudorosa.

Lo peor era cuando me despertaba. Algunas mañanas salía de la cama y ese simple movimiento bastaba para que la cabeza me diera vueltas. Corría al baño, donde me dejaba caer junto al inodoro y esperaba que pasaran las náuseas lo suficiente para, por lo menos, poder levantarme. En general, seguía funcionando y lo más importante era que podía concentrarme, pero las náuseas y el malestar no se iban, estaban ahí todo el día.

Las náuseas estuvieron ahí cuando nuestro gabinete se reunió por primera vez, solo algunas horas después de que presté juramento, y estuvieron ahí en los días que siguieron, cuando contratamos al personal y revisamos la larga lista de nuestro plan de cien días: un plan con casi veinte puntos de acción distintos. Algunos de esos puntos requerirían la redacción o implementación de nuevas leyes, en tanto que otros, como el plan de que el primer año de la universidad o el politécnico fuera gratuito, exigirían la creación de nuevos sistemas.

¿Le confesé a alguien que tenía náuseas? Por supuesto que no. ¿Permití que las náuseas matutinas me volvieran más lenta? Claro que no. Hice lo que hacen muchísimas mujeres todos los días, lo que han hecho incontables mujeres a lo largo de toda la historia: oculté todo lo que me estaba sucediendo, lo guardé para mí y continué trabajando. Compartimenté como si fuera deporte olímpico, estuve presente en una reunión tras otra, permanecí concentrada y no dejé que se me notara nada.

Hubo pequeñas cosas que me ayudaron, como beber agua tibia con limón, comer algunas galletas saladas al despertar y, lo mejor de todo, comer frituras de papa con sal y vinagre. ¡Por montones! Lo que más me ayudaba era la combinación de la sal y el sabor intenso, por eso tenía mis reservas ocultas en la oficina y consumía una bolsa tras otra.

Trece días después de que presté juramento, cuando todavía no se cumplían tres semanas desde que mi vida cambió por completo, desperté sintiendo que el estómago me daba vueltas. Como todavía estaba oscuro, encendí la lámpara sobre mi mesa de noche, ahí tenía un pequeño paquete de galletas saladas, pero ni siquiera me dio tiempo de abrirlo. Ese día, fue distinto, tuve que ir corriendo al baño y solo alcancé a sujetarme de los bordes del inodoro de porcelana antes de vomitar. Hasta ese momento, lo que más me había provocado problemas eran las náuseas, no el vómito, pero ahora, estando de rodillas sobre los mosaicos del baño, me pregunté si no habría iniciado una nueva etapa.

—¿Estás bien? —me preguntó Clarke desde la puerta del baño, pero no pude contestar, solo empecé a vomitar de nuevo.

No, no estaba bien, pero tenía que estarlo porque ese día era la apertura del Parlamento, es decir, el momento en que el gobierno volvía a reunirse, pero bajo su nuevo liderazgo. Mi liderazgo. Como siempre, sería un evento majestuoso, desbordante de pompa y solemnidad. Sollocé al sentir la frialdad de los mosaicos en mis piernas, necesitaba ponerme de pie.

Repasé mentalmente las fases del evento. Primero, todos los diputados participarían en una procesión formal a la Cámara de Representantes; luego, Trevor Mallard, nuestro nuevo portavoz, entraría acompañado del sargento de armas, portando el bastón ceremonial que representaba la autoridad del Parlamento. Mientras tanto, en la terraza, es decir, en el espacio público frente al Parlamento que se usaba tanto para ceremonias como para manifestaciones, se reuniría la Fuerza de Defensa de Nueva Zelanda, y los trompetistas de la Real Fuerza Aérea harían sonar sus instrumentos a la llegada de la gobernadora general. Luego se entonaría el himno nacional, se realizaría la inspección de las tropas y se presentaría el *mana whenua*: la gente de la tierra, los maoríes. Enseguida, los maoríes darían inicio a la *pōwhiri*, una ceremonia tradicional de bienvenida, y después se realizaría la *haka* durante la entrada de la gobernadora general y de su comitiva a la Casa del Parlamento y a la cámara legislativa. Sería un evento desbordante de tradición y formalidad, y en él participarían todos: los cuerpos diplomáticos, los jueces y los ministros. A menos, claro, de que lloviera. En ese caso, solo entraríamos al lugar.

La jornada culminaría con un discurso conocido formalmente como el "Discurso desde el trono". Aunque lo redactaba el gobierno, es decir, yo y mi equipo, quien lo leía era la gobernadora general. Este discurso servía para informarle al Parlamento la agenda con que se trabajaría los siguientes tres años. Era una revisión previa de las leyes que aprobaríamos, de los problemas domésticos en que nos enfocaríamos, e incluso de la forma en que abordaríamos el escenario internacional. Dado que éramos un gobierno de coalición, formado por el Laborista, los Verdes y Nueva Zelanda Primero, redactar el discurso no fue nada sencillo.

Trabajamos en él varias semanas, incluso le pedimos a Heather Simpson, mejor conocida como H2, que nos ayudara. Heather conocía tanto a los Verdes como a Nueva Zelanda Primero, y nos ayudó con gran maestría a negociar el texto. Tiempo atrás, su intelecto y su forma de ser me habían intimidado muchísimo, y por eso ahora me parecía casi irreal que estuviera ahí, parada junto al escritorio del primer ministro, igual que cuando yo solo era una asesora *junior* de veinticuatro años. En esta ocasión, sin embargo, era *yo* quien estaba sentada en ese escritorio, con un montón de frituras de papa con sal y vinagre al lado.

Ahora, de vuelta en el baño y a solo algunas horas de que tuvieran lugar todos esos eventos, jalé la cadena del inodoro y me levanté despacio. ¿Qué pasaría si sintiera la necesidad de vomitar ese día, en medio del acto oficial de apertura? *¿Qué demonios voy a hacer?*

Clarke me trajo agua y más galletas saladas, y yo me moví muy lento. Me puse rápido unas mallas, un vestido azul marino con estampado de figuras abstractas y un saco negro encima. Deseé con todas mis fuerzas que mi estómago se asentara y fui a la ceremonia dando cada paso de forma deliberada, manteniendo siempre la frente en alto. Poco después, en la cámara había ciento veinte diputados. Al frente había gente con uniforme militar, trajes tradicionales, y las togas y pelucas del atuendo legal. En un majestuoso asiento de respaldo alto estaba la gobernadora general mirando a la multitud y yo estaba a su lado. Con un gesto le indicó a la gente que se sentara, fue también la señal para que yo me pusiera de pie y le entregara el discurso que leería. Empezó a hablar en cuanto volví a sentarme: "Es un privilegio para mí ejercer la prerrogativa de Su Majestad la Reina y declarar abierto el Parlamento número 52". Tal vez fue el hecho de que me tuve que parar, no lo sé, la cuestión es que en ese instante supe que tenía que vomitar.

Sentí presión en la parte de atrás de la garganta, casi como si me estuviera ahogando. Empecé a salivar, señal inequívoca de que mi estómago no podría aferrarse a lo poquísimo que había en él. Miré alrededor para definir una ruta de escape: la puerta a la derecha, el baño en la sala de los síes. Había una salida, pero sabía que estaban transmitiendo en vivo y que una primera ministra no puede simplemente pararse y salir del lugar a la mitad del discurso desde el trono. *No vomites, no vomites, no vomites.*

No sé cómo lo hice, pero logré contenerme hasta que terminó la ceremonia. En las siguientes semanas, sin embargo, esto sucedió en varias ocasiones. Cuando me reuní con dignatarios de otros países en la Colmena, cuando fui presidenta de asambleas del caucus o a la mitad de conferencias de prensa. Sentí náuseas con tanta frecuencia, que empecé a relacionar el aroma del noveno piso con mi indisposición. Poco después, cada vez que salía del elevador sentía la oleada de náuseas.

En ese momento, las únicas personas que sabían sobre mi embarazo eran Julia y Clarke, pero, finalmente, llamé al consultorio de medicina general. La doctora me recibió fuera de horas de consulta y me prescribió unas pastillas para las náuseas. Le pregunté en varias ocasiones si podrían hacerle daño al bebé, pero sabía que no tenía más opción que tomarlas.

Luego vino el siguiente obstáculo. "Necesita hacerse un ultrasonido —me dijo. Tenía un antiguo amigo y colega que sabía que sería discreto, era un obstetra en el cercano suburbio de Mount Eden. Tomó su teléfono y miró la pantalla—. Puedo enviarle un mensaje de texto para ponerlos en contacto, y usted podrá darle seguimiento al asunto".

Cuando llegamos a Mount Eden Road, ya era de noche, el automóvil sin distintivos de la policía que nos seguía en esa época a todos lados iba detrás de nosotros, pero, al menos, nosotros íbamos solos en nuestro automóvil. El breve trayecto nos dio la oportunidad de planear lo que haríamos cuando llegáramos al consultorio del obstetra, porque ni siquiera los oficiales de protección debían enterarse de por qué estábamos ahí. Cuanta más gente lo supiera, más corríamos el riesgo de que la noticia se filtrara a la prensa y, si eso llegara a suceder, de pronto tendría que hablar sobre tener un bebé a apenas unas semanas de haber asumido el cargo.

—Entonces, ¿qué acordamos que les diríamos a los oficiales? —me preguntó Clarke.

—Les dije que solo visitaríamos a un amigo para ponernos al día —expliqué—. Un poco más temprano, ese mismo día, hablé con el obstetra, su nombre era Nick Walker. Él ya tenía todo un plan, me indicó que nos estacionáramos frente a su consultorio, dijo que el lugar era "oscuro, silencioso y con una amplia zona para estacionarse", luego debíamos caminar a la parte posterior del edificio y él nos encontraría en la entrada. Dijo que estaba seguro de que nadie nos vería a esa hora de la noche, sobre todo en fin de semana. Nadie, excepto el Servicio de Protección de Dignatarios o DPS, por sus siglas en inglés. El DPS era un cuerpo de oficiales de policía con entrenamiento especial que tenían la tarea de registrar todos mis movimientos en una pequeña libreta, pero, en lo que a ellos respectaba, esta solo era una visita a un viejo amigo que, por casualidad, había pasado el fin de semana trabajando.

Clarke estacionó el automóvil y los oficiales del DPS se colocaron en el espacio de junto. Bajaron del automóvil y se quedaron al lado del mismo. Si yo hacía una visita privada, ellos no entraban conmigo al lugar, y eso era justo lo que necesitaba que pensaran ahora. Bajé del automóvil del lado del pasajero con mi bolso y una botella de vino. Levanté la botella por encima de mi cabeza y luego bajé el brazo y grité muy alegre: "¡No tardaremos!". Creo que mi actuación fue un poco exagerada.

Vi a Nick en cuanto dimos vuelta en la curva de la casa rural remozada. Estaba en los escalones de la parte de atrás, vestía casualmente y tenía gruesos rizos negros. Tendría cuarenta y tantos años, tenía la apariencia de alguien que podría ser, sin lugar a dudas, un antiguo amigo de la universidad.

—¡Hola! ¡Qué gusto volver a verlos! —nos dijo como si fuéramos amigos de mucho tiempo atrás, justo como lo habíamos planeado—. ¡Pasen!

Continuamos la actuación hasta que entramos y, una vez en su consultorio, dejé la botella de vino a un lado y nos presentamos de manera formal.

Nick era una persona tranquila, había algo en él que resultaba reconfortante. Durante el repaso que hicimos de todos los detalles de mi "embarazo geriátrico", como se le denomina a un embarazo en alguien de mi edad, fue serio y divertido al mismo tiempo, y siempre actuó de forma metódica y minuciosa. De pronto se detuvo.

—Bien, es obvio que no podemos usar su verdadero nombre en los documentos por el momento, así que solo la registraré como "Kilgore Trout" —dijo.

¿Kilgore Trout? La última vez que estuve hospitalizada, cuando era diputada y tuve aquella terrible infección en la garganta, una de las enfermeras me dijo que me habían registrado como "Dolly Parton", nombre que me parecía muchísimo más halagador que "Kilgore Trout". Pero entonces Nick me explicó por qué eligió ese seudónimo: se trataba de un personaje de un libro de Kurt Vonnegut sobre espías. Era obvio que había pensado las cosas muy bien y que estaba muy contento y satisfecho con su plan.

—Muy bien, Nick, en ese caso, seré "Kilgore Trout" —dije mientras él preparaba todo para el ultrasonido.

UNOS DÍAS DESPUÉS, desperté sintiendo que me congelaba y, por un instante, no supe dónde me encontraba. La luz entraba por las pequeñas persianas en la ventana.

Vietnam, estoy en Vietnam. Me recosté bocarriba por un momento, teniendo cuidado de no levantarme demasiado rápido, y luego repasé el plan que había hecho la noche anterior. *Me voy a levantar. Tomaré una ducha. Me cubriré de pies a cabeza con repelente de insectos nivel tropical fabricado con DEET y luego releeré mis informes.*

Era mi primer viaje fuera del país, asistiría a la reunión de líderes de la Cooperación Económica Asia-Pacífico o APEC. La reputación de

Nueva Zelanda en el extranjero es algo que nos produce un gran orgullo como país. Cuando la gente habla de nosotros en el escenario internacional, usa frases como: "Los neozelandeses dan más de lo que pueden", con lo que quieren decir que, aunque en cifras somos pequeños, nunca hemos rehuido la responsabilidad de abordar los problemas de forma directa y contundente. Dos días después de que Hitler invadió Polonia, fuimos uno de los primeros cuatro países que le declararon la guerra a Alemania. Desde entonces, nos hemos opuesto a las pruebas nucleares, el *apartheid* y a la guerra de Irak. También fuimos el primer país del mundo en el que las mujeres tuvieron derecho a votar. Para ese momento, habíamos defendido de forma abierta los derechos humanos, las leyes laborales y las ventajas del comercio justo. Como líder de Nueva Zelanda, también era embajadora, y en mis manos se encontraba nuestra reputación y nuestro legado. Naturalmente, me parecía una responsabilidad enorme.

Ese año, la reunión de la APEC en Vietnam tendría una importancia particular porque coincidiría con las últimas etapas de la negociación del Tratado Amplio y Progresista de Asociación Transpacífico, o CPTPP, por sus siglas en inglés. A pesar de su terrible nombre, este acuerdo comercial era muy relevante para Nueva Zelanda. Durante las elecciones, el Partido Laborista discutió sobre el tema y exigió mayor protección para nuestro país en el marco del acuerdo, y ahora yo tenía que cumplir con nuestra postura y esquivar a los mosquitos al mismo tiempo.

Para cuando llegó el momento de partir a Vietnam y luego a Filipinas, todavía se estaban reportando casos de fiebre viral causados por el virus del Zika. El Zika se propagaba a través de picaduras de mosquito y no era particularmente peligroso para una persona que no estuviera embarazada, pero si estabas embarazada, podía provocar terribles malformaciones congénitas, entre ellas la microcefalia, es decir, cuando el cráneo del bebé se ve afectado e impide el desarrollo correcto del cerebro. Yo me encontraba en el primer trimestre de un embarazo del que nadie estaba enterado y, por supuesto, el Zika me tenía paranoica.

Durante la conferencia pude pasar de una sala de juntas a otra sin problemas porque, afortunadamente, el aire acondicionado mantuvo apartados tanto a los mosquitos como a mis náuseas. El primer día tuve no uno, sino tres desayunos de trabajo y, a pesar de ello, en cada uno logré no comer casi nada. No soy vegetariana, pero cuando viajaba le decía a la gente que lo era porque me parecía que eso llamaba menos la atención que hacer una lista de todas las cosas que se suponía que una mujer embarazada no debía consumir.

Aprendí pronto a caminar rápido, a seguir al equipo de protección asignado y a siempre usar el distintivo, el que les decía a los miembros de los cuerpos de seguridad que yo era un líder y que debía estar dentro de un perímetro estrictamente controlado y en reuniones a las que asistían los presidentes Xi Jinping, Vladimir Putin y Donald Trump.

Llegar a ser primera ministra es una experiencia irreal. A veces, los momentos más demenciales son anodinos e intrascendentes, como la primera noche que pasé en Premier House y ordené comida para llevar de un restaurante indio no lejos de ahí, pero decidieron no preparar la orden porque dieron por hecho que "Jacinda Ardern, con domicilio en Premier House" era una broma demasiado evidente. O como cuando, esa misma noche, para ser precisa, fui a buscar sábanas y encontré cascos y chalecos antibalas entre las toallas y los edredones. O como cuando traté de ir a un concierto de Aldous Harding en Uber, y los agentes del equipo de seguridad me dijeron: "No puede continuar utilizando ese modo de transporte, *ma'am*".

En otras ocasiones, los momentos peculiares llegan de una forma más dramática, como fue el caso cuando entré a un salón repleto de otros líderes del mundo y noté a alguien en particular. *Ahí está Donald Trump*, pensé. Y sí, era él, no en una pantalla, sino en vivo y frente a mí, más alto de lo que yo pensaba y con un bronceado mucho más intenso. Y por allá estaba Vladimir Putin, callado, con frecuencia solo e indolente. O Justin Trudeau, con el brazo extendido para estrechar mi mano, saludarme y conducirme a donde se encontraba Michelle Bachelet, la presidenta de Chile, una de las pocas mujeres en el lugar, alguien que, además, sabía lo que significaba sobrevivir a una dictadura. Todos portaban el mismo distintivo dorado con el que le hacían saber al mundo que tenían un país a su cargo, igual que yo. Ese momento casi irreal solo duró unos instantes, pasó con fugacidad porque había mucho trabajo por hacer.

A media reunión de la APEC, Shinzo Abe, primer ministro de Japón, programó un encuentro para discutir el CPTPP. Abe fue uno de los primeros líderes a los que conocí en mi papel como nueva primera ministra de Nueva Zelanda. Era un hombre que se movía con agilidad y propósito, daba la impresión de ser reservado y siempre se comportaba de forma directa y digna. El encuentro era un asunto formal en el que no hubo cabida para la plática trivial, todos expresaron con rapidez sus puntos de discusión. Cuando terminó la reunión, nos quedamos al lado de nuestras respectivas banderas con los brazos estirados para que tomaran la tradicional fotografía de los líderes. Entonces, el ministro Abe se inclinó un poco y me murmuró al oído: "Lamento mucho lo que le sucedió a Paddles". Se refería al gato de pelaje anaranjado que Clarke y yo adoptamos en un refugio y que, algunos días después de que presté juramento como primera ministra, fue atropellado por un automóvil afuera de nuestra casa y murió. En medio de aquella oleada de solemnidad, ese instante, imbuido de una emoción tan peculiar y personal, me conmovió muchísimo.

El primer ministro Abe estaba liderando un último intento desesperado por avanzar en el CPTPP, ya que las negociaciones para ese punto eran bastante tensas. David Parker, nuestro nuevo ministro de Comercio, estaba ahí conmigo y, aunque habíamos logrado avanzar, aún no estábamos seguros de que el trato se cerraría.

Cuando me dirigía a la reunión, pasé junto a grupos de oficiales y de agentes de seguridad, caminé al lado de Malcolm Turnbull, primer ministro de Australia, un hombre autoritario que no se andaba con tonterías y que, como yo, estaba concentrado en cerrar el acuerdo comercial. Mientras caminábamos, hablamos de los sucesos más recientes en el marco de las negociaciones. Los oficiales pasaban en ambas direcciones, muy cerca de nosotros, porque había demasiada gente en los pasillos. Cuando llegamos a la sala de conferencias, Malcolm entró sin problemas, pero antes de que yo pudiera hacer lo mismo, los guardias de seguridad que estaban a ambos lados de la puerta bajaron los brazos frente a mí y me impidieron el paso.

—Lo siento, pero se supone que debo entrar a la sala —dije con calma. Obviamente, estaban convencidos de que no era una líder, pero traté de ser amable. Como en el pasillo había una muchedumbre apiñada y demasiado bulliciosa, los guardias no me escuchaban. Para colmo, ya ni siquiera me estaban mirando porque estaban ocupados tratando de impedirle la entrada al siguiente impostor, solo tenían los brazos extendidos a lo largo de la puerta.

Estaba pensando cuál debería ser mi siguiente acción cuando, de pronto, solo sentí que alguien me sujetaba del brazo. Malcolm había regresado a través de los guardias de seguridad y ahora me estaba llevando hacia el interior de la sala.

—¡Es la primera ministra de Nueva Zelanda! —gritó indignado en mi nombre. No lo noté sino hasta ese momento en que bajé la mirada y vi lo que había sucedido, mi cabello había cubierto mi distintivo y, fuera de ese brillante indicador, no había nada que revelara que era una líder. Y, por supuesto, mucho menos en una reunión en la que formaba parte de un grupo de tres, junto con las otras dos mujeres presentes, Carrie Lam, de Hong Kong, y Michelle Bachelet.

Los momentos como ese nunca me sorprendían realmente, ni siquiera en casa, en Nueva Zelanda. Algunos meses después de que presté juramento, fui a la cafetería del Parlamento y ordené algo para cenar. Cuando le pregunté a la chica que estaba detrás del mostrador si podía cargarlo a mi cuenta, me miró y me preguntó mi nombre. "Jacinda Ardern", dije, y ella bajó la vista para revisar su lista de cuentas. "¿Puede deletrearlo, por favor?"; comencé a deletrear mientras mi oficial de protección trataba de contener la risa. *Así se mantienen los pies en la tierra*, pensé, riendo de buena gana también.

Casi al final de mi visita a Vietnam, subí al asiento trasero del automóvil apestando a repelente de insectos. Conmigo iba G. J., mi jefe de personal en funciones. Cuando se cerraron las puertas y el automóvil avanzó, vi un mosquito atrapado en la parte de atrás. La parte racional de mi cerebro sabía que la posibilidad de que ese mosquito fuera portador del Zika era mínima porque, en Vietnam, nada más se habían infectado sesenta y ocho mujeres embarazadas. No obstante, solo en los últimos meses, me convertí en líder del Partido Laborista, presté juramento como primera ministra y me embaracé a pesar de que los médicos me habían dicho que era casi imposible. Obviamente, ya no creía en las "probabilidades mínimas".

El mosquito voló en el interior del automóvil y, cuando se me acercó, me eché para atrás, hacia el reposacabezas. G. J. me estaba hablando, pero yo solo miraba al insecto, empecé a dar manotazos en el aire para alejarlo o atraparlo. G. J. se me quedó viendo.

—¿Se siente bien? —preguntó.

—Sí, ¿por qué? —contesté tratando de sonar casual, a pesar de que lo que hacía no era nada casual. Parecía el peor de los mimos franceses. Nos detuvimos frente al centro de convenciones y, en cuanto las puertas del automóvil se abrieron, me lancé hacia fuera. A continuación, solo me alisé la falda y me dirigí a la cumbre de líderes, como si nada hubiera sucedido, como si todo estuviera en orden.

"La pregunta es: ¿es correcto que la primera ministra tome una licencia por maternidad mientras está en el cargo?". La pregunta que Mark Richardson me hizo a la mañana siguiente de que me nombraron líder del Partido Laborista continuaba dándome vueltas en la cabeza mientras revisaba el comunicado de prensa: LA PRIMERA MINISTRA ANUNCIA EMBARAZO.

Era mediados de enero, todavía no se cumplían mis primeros cien días, pero, de todas formas, para ese momento habíamos logrado que el primer año de la universidad y los programas de aprendizaje fueran gratuitos, establecimos una comisión provisional para los asuntos climáticos y aprobamos leyes para extender la licencia parental pagada. Yo tenía veinte semanas de embarazo y, hasta entonces, el verano me había permitido usar blusas holgadas, pero mi vientre era cada vez más prominente y se había vuelto difícil ocultarlo.

Aprovechamos un breve periodo vacacional en el verano para avisarles a nuestras familias, primero le dijimos a la familia de Clarke, lo hicimos justo antes de ir a ver una película. Les dimos la noticia y, minutos después, cuando salimos de ahí, los vimos anonadados en la mesa del comedor, tratando de procesar lo que estaba sucediendo.

Algunos días después les dijimos a mis padres, quienes estuvieron encantados. Mi mamá se conmovió tanto que empezó a llorar y, minutos después, llamó a mi abuelo Eric por teléfono. "Válgame Dios", dijo mi abuelo. Pensé que tal vez añadiría algo, pero no, solo continuó repitiendo esas dos palabras sin cesar. *Válgame Dios. Válgame Dios. Válgame Dios.*

Había llegado el momento de compartir la noticia fuera del círculo familiar y, francamente, me preocupaba que el país entero tuviera la misma reacción que mi abuelo Eric.

¿Cómo lo tomaría la gente? Llevaba tres meses haciéndome la misma pregunta y, en cada ocasión, la respuesta era distinta. En mi carrera, hasta ese momento, siempre me había parecido que tenía una capacidad razonable para predecir cómo podría reaccionar la gente ante algo, pero había perdido la perspectiva por completo respecto a este tema. Algunos días me convencía a mí misma de que la gente se pondría contenta por mí; en otros, estaba segura de que cualquier esperanza que tuviera de ser una líder eficaz se vería abrumada por comentarios como: "La primera ministra le da prioridad a su familia por encima del país".

En nuestra última semana de las vacaciones de verano, vino a visitarme un buen amigo que trabajaba en la política y en comunicación. Hablamos sobre una amiga en común que acababa de decirnos que estaba embarazada.

—Siempre tuve la esperanza de que tuviéramos hijos al mismo tiempo —dije y, después de un momento de silencio, agregué casualmente—: ¿Qué crees que la gente diría si eso sucediera?

Mi amigo rio entre dientes.

—No creo que lo tomaría bien.

—Claro —dije riéndome, como si la pregunta hubiese sido hipotética—. Claro...

Para ese punto, en realidad ya no importaba lo que la gente pudiera decir. Les di la noticia a algunos miembros del personal y, a partir de ese momento, planifiqué cómo dar a conocer la noticia de manera más amplia. Primero me reuniría con Winston y le diría que él tendría que asumir el puesto de primer ministro durante las seis semanas que yo planeaba solicitar la licencia por maternidad, pero también tenía que informarles a otros: a la gobernadora general, al Partido Verde, a mis colegas del caucus y a los amigos y amigas que consideraba que deberían enterarse por mí, no por los medios.

Finalmente, le diría al país.

Cuando llegó el día, implementamos con precisión militar un plan que incluía ofrecer una conferencia de prensa y publicar un anuncio simultáneo en Instagram. Usamos una imagen muy simple, dos ganchos de pescar, uno al lado del otro. En el centro del segundo había un gancho más pequeño, un gancho bebé. La leyenda decía: "¡Y pensamos que 2017 había sido un gran año! A Clarke y a mí nos emociona mucho que, en junio... seré primera ministra Y mamá, y Clarke será el 'primer caballero de la pesca' y papá al cuidado del bebé en casa... Sé que habrá muchísimas preguntas, y las responderemos todas (¡les aseguro que tenemos listo el plan que pondremos en acción!), pero por ahora, que venga 2018".

Di clic para publicar la imagen y esperé.

VEINTE

Obstáculos tangibles y momentos irreales

ENTRE TODO LO QUE LLEGÓ POR CORREO, recibí una imperfecta y alegre cobija para bebé que destacó de manera particular. La conformaban, en total, veinticuatro cuadros, veinticuatro bloques de brillantes colores realizados con puntadas disparejas y sencillas. La habían confeccionado niños, tenía cuadros rojos y amarillos, azules y turquesa, algunos de color marfil, uno violeta y, otro que, más que un cuadrado era un rectángulo negro, todos unidos con costuras de estambre amarillo para formar un glorioso y asimétrico conjunto. Al verla, solo pude imaginar las pequeñas manos aprendiendo a manejar con precisión sus agujas y casi escuché la voz adulta que guiaba al grupo escolar: *La primera ministra va a tener un bebé. ¿Creen que deberíamos elaborar un regalo para ella y su familia?*

La respuesta al anuncio de mi embarazo fue casi abrumadora, empezó por los interminables correos electrónicos. A pesar de que Dinah, la persona que organizaba mi correspondencia, estaba acostumbrada a recibir decenas de miles de mensajes al año, veinticuatro horas tras la difusión de las noticias dijo que nunca había visto tal afluencia.

Poco después, una kiwi llamada Heather McCracken creó la etiqueta #knitforjacinda, tejamos para Jacinda, con la que invitaba a los neozelandeses de todas partes a confeccionar artículos para bebés y a donarlos a las unidades neonatales de los hospitales. Tanta gente respondió a esta convocatoria que otra persona, de la Isla Sur, publicó en Twitter lo siguiente: "El ruido de la mitad de Dunedin tejiendo botitas para bebé no me deja concentrarme".

Los lindos regalos hechos a mano también llegaron a la oficina. El equipo de correspondencia dispuso una mesa de exhibición en la que, días después, ya no cabía nada más. De vez en cuando, Dinah hacía paquetes con algunos regalos y los guardaba en mi portafolios; un día colocó otra cobija de bebé, esta era de color marfil y estaba confeccionada con un encaje tan delicado que parecía una obra de arte. En la carta que la acompañaba se explicaba su origen. Fue un proyecto iniciado mucho tiempo atrás, cuando la hija de la persona que la tejió estaba embarazada. Sería para su primer nieto o nieta, pero, desgraciadamente, el bebé perdió la vida de forma trágica y la frustrada abuela dejó de tejer, dejó la cobija sin terminar. No fue sino hasta que anuncié mi embarazo, que la retomó y terminó su labor.

Yo me había preparado para lo peor, era una figura pública acostumbrada a que me juzgaran, a estar bajo el escrutinio de todos. Ahora también era una mujer embarazada que no se había casado y, para colmo, era nueva en mi empleo. Si la gente quisiera atacarme, tendría razones de sobra para hacerlo. Había, sin embargo, una verdad fundamental que yo no había considerado, que los políticos eran, en primer lugar, humanos, y que, quizás, el público no había olvidado eso. No había tomado en cuenta que, tal vez, en el hermoso país que era Nueva Zelanda, las felices noticias de un bebé que llegaría al mundo podrían ser simplemente eso: noticias felices.

A pesar de todo el apoyo, estar embarazada trajo consigo un nuevo tipo de presión. Yo sería la segunda líder mundial en la historia en tener un bebé estando en funciones. La primera fue Benazir Bhutto, quien, además, fue la primera mujer que dirigió Paquistán. En 1990, a dos años de estar en el cargo, tuvo una bebé. Yo no creía que la mirada del mundo estuviera fija en mí, pero sí que los detractores no dejaban de observarme, aquellos que solo estarían esperando el momento adecuado para poder decir: *¿Lo ven? Uno no puede desempeñar un trabajo así de exigente y ser madre al mismo tiempo.*

Poco después de haber hecho el anuncio, asistí a un evento donde hablé con una mujer que contaba con una larga e impresionante carrera en el sector corporativo. Mientras conversábamos, olvidé un detalle, algo insignificante, una palabra o, tal vez, un nombre. Entonces me reí de la laguna de mi memoria.

—El embarazo me tiene despistada —dije, pero ella no se rio.

—No, espere, no puede decir eso —dijo con voz directa y firme mientras me miraba severamente—. No puede decir eso de ninguna manera —insistió. Era una advertencia. Lo que en realidad estaba diciéndome era: *Si les da a sus oponentes una oportunidad, cualquiera que sea, usarán su embarazo para decir que, ni a usted, ni a ninguna otra mujer, se le debería permitir ocupar un puesto de autoridad.* Era algo que yo ya sabía, pero aquella ejecutiva me recordó la facilidad con que uno podía darles a otros esa oportunidad.

A partir de ese momento, empecé a ver mi embarazo como si se tratara de una prueba, de una serie de obstáculos que tenía que superar sin sudar ni una gota. En febrero realicé el peregrinaje a Waitangi. No solo se trataba de una importante celebración nacional que marcaba la firma del histórico Tratado de Waitangi, también era un evento político trascendente que, en ocasiones, podía volverse muy tenso. Por lo general, el primer ministro asistía uno o dos días y hablaba durante la *pōwhiri*, la misma ceremonia de bienvenida maorí que se realizó para la apertura del Parlamento. Luego había un desayuno en un hotel local al que solo se podía asistir con invitación.

Yo, sin embargo, quería que la relación de nuestro gobierno con los maoríes y los otros *iwi*, o sea, con los otros pueblos o tribus, fuera distinta a la de las administraciones previas. Por eso establecimos una flamante cartera de relaciones entre los maoríes y la Corona, y se la asignamos a Kelvin Davis. Kelvin estaba en el proceso de formar el Te Arawhiti o "puente", una nueva agencia del gobierno que iría más allá de los tratados de los asentamientos, es decir, de la compensación que les fue entregada a los maoríes porque el gobierno violó el Tratado de Waitangi, y que mejoraría la relación actual entre el gobierno y los neozelandeses indígenas. Si queríamos mostrar nuestras intenciones con acciones y no solo con palabras, todo tendría que comenzar en el Waitangi.

Por eso, en lugar de ir solo un día, asistimos a cinco. Durante ese tiempo visité una escuela y varios proyectos en los que estábamos invirtiendo, así como el campamento *waka*, de canoas, donde los jóvenes aprendían habilidades tradicionales de navegación. Pasé tiempo con nuestros guardianes maoríes, una red de voluntarios de la comunidad que durante años habían apoyado en eventos como el Waitangi. Antes de presentarme frente a la multitud en aquella galería, ensayé un sinfín de veces mi *mihi*, o introducción, en *te reo*, o sea, en la lengua maorí. Después de recitarla en la ceremonia, hablé del trabajo que, como gobierno, teníamos frente a nosotros. *Haere mai tatau ki tenei ra nui, ki tenei ra o Waitangi.* A pesar de que casi todos los discursos que daba los empezaba en la *te reo* maorí, esa ocasión fue diferente porque estábamos en el lugar donde se firmó el tratado. Yo sabía que, como nunca aprendí formalmente el *te reo* maorí, tartamudearía y cometería errores, pero también sabía que la lengua sería un símbolo de nuestro compromiso para llegar a un entendimiento y para cerrar las brechas.

Cuando el viaje llegó a su fin, no solo me invitaron al desayuno a puertas cerradas como se había acostumbrado hasta entonces, también pude participar, junto con Kelvin, Grant, que ahora era nuestro ministro de Finanzas, y Andrew Little, ministro de Justicia y de los tratados de los asentamientos, en una parrillada en la que todos cocinamos huevos y tocino para mil personas. Estando ahí, bajo la dorada luz del sol, con el delantal cubriendo mi barriguita embarazada y percibiendo en el aire el vapor y el aroma que irradiaba de las parrillas, me sentí sumamente optimista.

Yo había asistido a la ceremonia de Waitangi durante años, sabía que era un lugar donde se llevaban a cabo conversaciones difíciles, y ese era el punto. Pero también era un lugar de comunidad y de *whānau*, de familia. A menudo, los medios de comunicación presentaban, sobre todo, los momentos de tensión, como las manifestaciones contra el gobierno o las protestas de activistas que actuaban de forma independiente. La mayoría de los neozelandeses sabía que a Don Brash, el líder del Partido Nacional que compitió contra Helen Clark —quien había echado mano de argumentos que, en mi opinión, tenían como objetivo azuzar a la gente con nociones racistas—, la gente que asistió a Waitangi le arrojó lodo. En tiempos más recientes, en medio de una conferencia de prensa, un manifestante le lanzó a un ministro del Partido Nacional un dildo; el aparato le rebotó en la mejilla y el meme que la gente creó circuló por todas partes. Ninguno de esos momentos transmitía la importancia de las conversaciones que se llevaban a cabo en el marco de esta importante celebración. Ahora, en cambio, gracias al liderazgo de Kelvin, daba la impresión de que incluso los medios tendrían que reconocer que era un lugar para el intercambio de ideas, para fortalecer a la comunidad y, lo más importante, para que el gobierno se hiciera responsable de sus acciones.

Después de eso, me esperaban muchos viajes más. Para marzo ya tenía seis meses de embarazo y participé en una misión del Pacífico con un grupo de delegados de Tonga, Samoa, Niue y las Islas Cook. El objetivo era posicionar a Nueva Zelanda como la nación del Pacífico que éramos, a través de la modificación de la dinámica donante y beneficiario que operaba hasta entonces, para convertirla en un sistema de colaboración. En esa misión me acompañaría Winston Peters, de Nueva Zelanda Primero, porque era nuestro ministro de Asuntos Exteriores. Para ese momento, teníamos una relación de trabajo tan buena que yo estaba casi sorprendida. Winston era combativo en los medios, pero en privado esperaba que todos se comportaran de manera respetuosa. Nos separaban más de tres décadas y algunas diferencias políticas bastante tangibles, pero estábamos logrando que las cosas funcionaran.

En ese tipo de viajes, los integrantes de los medios de comunicación nos seguían las veinticuatro horas del día, incluso viajaban en el Defence Force 757 conmigo y, cuando estábamos en tierra, asistían a todos los eventos, reuniones y comidas. Como sabía que estarían conmigo de manera constante, decidí mostrarles que, embarazada o no, tenía bastante vigor.

Durante todo el viaje el calor fue sofocante, pero, en una conferencia de prensa en particular, noté que a los periodistas les corría el sudor por el rostro. Yo vestía de forma modesta, tenía los brazos y las rodillas cubiertas, y, poco después, se me empezaron a hinchar los pies. Entonces, los zapatos, que usualmente me quedaban cómodos, se me clavaron dolorosamente en la piel. A pesar de ello, en lugar de dar fin a la conferencia, continué hasta que no hubo más preguntas, los periodistas se habían quedado en silencio y así permanecieron incluso pasado el tiempo disponible para el diálogo. Luego, cuando estuve segura de que yo no sería la primera en ceder, me puse de pie y me fui cojeando para darme un baño de pies con agua fría.

Un mes después, cuando ya tenía siete meses de embarazo, recogí del consultorio de mi obstetra una carta en la que confirmaba que todavía estaba en condiciones de viajar en avión a pesar de lo avanzado de mi estado, en caso de que la gente de la aerolínea solicitara esta información. La Reunión de Jefes de Gobierno de la Mancomunidad de Naciones (CHOGM, por sus siglas en inglés) se realizaría en Londres, y la reina, nuestra jefa de Estado, la presidiría. Yo aproveché y decidí añadir algunas paradas adicionales al viaje.

Nueva Zelanda puede estar en los confines del mundo, pero siempre ha sido un país exportador, nuestra economía depende por completo de lo que enviamos al exterior: mantequilla, queso, leche en polvo y carne, además de frutos como el kiwi y las manzanas, vino y muchas cosas más. Como gobierno nos fijamos la meta de aumentar el comercio, de manera específica a través de acuerdos de comercio con Europa y con el Reino Unido, después del Brexit, y, por esa razón, Clarke y yo nos reuniríamos con la canciller alemana Angela Merkel; el presidente de Francia, Emmanuel Macron; y la primera ministra del Reino Unido, Theresa May.

En estas reuniones bilaterales abordaríamos un poco de todo: seguridad, clima y proteccionismo, entre otras cosas. No obstante, yo quería enfocarme en que Nueva Zelanda fuera uno de los primeros países en firmar un acuerdo de libre comercio con el Reino Unido después de Brexit. Y, en medio de aquel contexto diplomático de alto nivel en que tanto estaba en juego, también estaba mi abultada barriga y todo lo que implicaba.

Cuando comenzaron las pláticas sobre el comercio con la canciller Angela Merkel, a la hora del almuerzo, el personal colocó varias charolas de carne frente a las ocho personas que estábamos reunidas ahí, pero a mí me sirvieron un plato con verduras. La canciller miró las zanahorias. "¿No come usted carne?", me preguntó desconcertada. Por supuesto que comía carne y, de hecho, me encontraba ahí para promover nuestra exportación cárnica, el problema era que la historia que conté en el Ministerio de Comercio y Asuntos Exteriores, cuando dije que era "vegetariana cuando viajaba", seguía persiguiéndome. Por eso tuve que continuar con las pláticas mientras contemplaba con envidia los platos de los demás.

Esa entrevista con Angela Merkel fue la primera conversación bilateral que tuve con otra líder mundial, con otra mujer, y siempre la recordaré de manera especial, no por las zanahorias ni por la forma en que me inspeccionó el guardia cuando llegué, tampoco por el periodista neozelandés que, con gran torpeza, le preguntó a otra líder mundial si yo le parecía una persona "simpática", ni por el habitual intercambio de regalos. Fue memorable porque la canciller me hizo preguntas. Angela Merkel era una líder poderosa y muy respetada en Europa, y estoy segura de que tendría muchísimos asuntos más en qué pensar, además de Nueva Zelanda. Y, sin embargo, habló, me escuchó e indagó. Después de trece años en el cargo, continuaba siendo una mujer que manifestaba curiosidad.

La Reunión de Jefes de Gobierno de la Mancomunidad de Naciones en Londres fue la última parte de nuestro viaje. Nos reunimos en el Palacio de Buckingham para la sesión inaugural y para tomarnos la foto oficial. Antes de que los líderes entraran al salón con brillante alfombra roja y pilares blancos y dorados que enmarcaban la enseña real colgada en el fondo, las personas que nos mostraron la entrada nos acomodaron en filas.

Cuando un miembro del personal me movió al lugar que me habían asignado, pregunté en broma si nos organizarían por "niño, niña, niño, niña". Se me quedó mirando un momento, como tratando de pensar si debería de tomar el comentario en serio, y luego solo pasó al siguiente líder. Naturalmente, lo había dicho en broma, de los cincuenta y tres líderes que asistimos a la reunión, solo cinco éramos mujeres.

Mientras tanto, Clarke estaba viviendo una experiencia distinta, porque era uno de los pocos hombres en el grupo de los cónyuges de los líderes internacionales y lo estaba disfrutando. Con mucho entusiasmo se unió al programa formal de cónyuges, el cual incluía actividades como reuniones de té por la tarde y paseos en jardines. Durante las actividades, Clarke fue diligente y se esforzó por conocer a "las esposas". Una noche, cuando nos dirigíamos a otra cena formal en grupo, le dije que necesitaba hablar con un líder con el que me había estado costando trabajo establecer una conexión. "Pues, si te sirve de algo la información —dijo—, su esposa tiene una extensa colección de orquídeas".

La noche de inauguración de la CHOGM era uno de esos eventos formales. Para verme presentable con mi barriguita, que para ese momento era más prominente, ordené la confección de una prenda especial. Fue creada por la diseñadora neozelandesa Juliette Hogan. Era un vestido vaporoso de color mostaza que usé con una *kākahu*, una capa tradicional maorí tejida con lino y cubierta de plumas que me prestó Ngāti Rānana, un grupo maorí con sede en Londres.

A mi lado, Clarke, quien ni siquiera tenía un traje formal cuando nos conocimos, ahora se veía distinguido y muy guapo con su esmoquin negro. Mientras caminábamos por los pasillos del Palacio de Buckingham, nos maravillamos ante la belleza y la historia de todo lo que percibíamos en nuestro entorno. Volteé de nuevo; en ese momento, Clarke se veía como todo un estadista, a pesar de que, solo veinte minutos antes, lo había visto gritando como loco frente a un espejo, diciendo que quería matar a la persona que, en Nueva Zelanda, le dijo que una corbata de moño sería buena idea.

Así fue la vida en esos primeros meses, increíble, desbordante de momentos irreales mezclados con la realidad cotidiana de tener un trabajo que desempeñar. Como en cualquier empleo, había muchísimas tareas por cumplir: papeles que firmar, conferencias de prensa, eventos a los cuales asistir, zapatos que ajustar, corbatas de moño que no funcionaban… Continuaba siendo la vida, claro, solo que una vida muy distinta.

Mientras estuve en Londres me reuní con la reina Isabel, nuestra reina. Como ella crio a sus hijos a la vista de todos, durante nuestra reunión privada le pregunté si tendría algún consejo que darme. "Uno solo hace lo que tiene que hacer", dijo. Eso fue todo. Lo expresó de forma directa y realista, justo como lo habría dicho mi abuela Margaret.

Apreté un poco el paquete que tenía entre las manos, era un regalo de su parte. Una fotografía enmarcada de ella durante un viaje real a Nueva Zelanda en 1953; en ella aparecía con la cabeza hacia atrás, riendo con ganas, relajada. *Uno solo hace lo que tiene que hacer.*

Por supuesto, eso es todo.

AL VOLVER A CASA, no desperdiciamos el tiempo, implementamos las iniciativas de inmediato. En los primeros seis meses de nuestra administración, cancelamos los recortes fiscales que el gobierno del Partido Nacional había previsto. En su lugar aumentamos el crédito fiscal familiar y el salario mínimo, e introdujimos una ayuda económica para el pago de energía eléctrica en el invierno. También establecimos las bases para una ley cero carbono y una comisión independiente para el clima; asimismo, empezamos el proceso para pasar a energías renovables. Ahora, entre otras iniciativas, estábamos examinando qué tan bien funcionaba nuestro sistema de prestaciones sociales.

En general, teníamos una red de protección: si alguien estaba desempleado y no podía trabajar debido a una enfermedad o incapacidad, o si una madre o un padre soltero necesitaba cuidar de un hijo, nuestro sistema podía respaldarlos. Esta ayuda, sin embargo, no siempre llegaba a la gente que más lo necesitaba y, además, el proceso para acceder a ella podía resultar hostil y marginal. Cuando era diputada, visité las oficinas de Trabajo e Ingresos y me reuní con electores que entraron por las puertas de esa organización en uno de los momentos más desesperados de su vida, solo para que los enviaran de vuelta a casa diciéndoles: "Llame y haga una cita". Hablé con otros más que tuvieron que permanecer horas en salas de espera con sus niños y sin acceso a un baño, y que, después de eso, salieron del lugar sin garantía de que recibirían ayuda.

La diferencia entre lo que somos y lo que podríamos ser es el mayor desperdicio de todos. Con frecuencia todavía pensaba en este tema de debate que abordamos cuando estaba en la preparatoria. ¿Qué tal si la diferencia, si esa pérdida de potencial humano, no solo fuera el resultado de trascendentes y memorables eventos y traumas en la vida, sino también de la suma de un sinfín de acciones menos relevantes? ¿Qué tal si los momentos insignificantes de deshumanización se acumularan con el tiempo y terminaran convirtiéndose en algo más que la suma de todas sus partes? De ser así, ¿había algo que pudiéramos hacer al respecto?

No había mejor persona para abordar esta pregunta que nuestra nueva ministra de Desarrollo Social. Carmel Sepuloni era Pasifika, la hija de un inmigrante tongano-samoano que no hablaba inglés cuando llegó a Waitara para trabajar en un matadero local. Cuando era niña, Carmel empezó a dejar de ir a la secundaria en algunas ocasiones, la directora de la escuela lo notó y le dio el apoyo que necesitaba para cursar la universidad. Tiempo después, Carmel tuvo un bebé, se convirtió en madre soltera y necesitó de nuestro sistema de prestaciones sociales, lo que significaba que entendía la problemática desde el otro lado, el de los usuarios. En los meses previos a mi licencia por maternidad, Carmel desarrolló un plan para modernizar por completo la experiencia de los usuarios cuando solicitaran las prestaciones sociales. Empezó por implementar espacios en que los niños pudieran estar y sentirse a gusto; letreros y señalamientos en diversas lenguas; mayor privacidad; baños accesibles; y nuevos procesos y adiestramiento del personal para poner énfasis en la dignidad de los usuarios y ofrecer una sensación de seguridad.

Progresamos mucho en cuanto a nuestros objetivos como gobierno, pero luego empezaron a surgir problemas inesperados. Me despertaba cada día sin saber qué nuevo obstáculo llegaría a mi escritorio. En una semana normal, podíamos tener cosas como una disputa sobre la política forestal entre los miembros de nuestra coalición; la noticia de que en Kaipara habían encontrado un mosquito exótico, portador de la encefalitis japonesa; la muerte de cinco delfines a los que nos habíamos esforzado muchísimo por proteger, pero que terminaron atrapados en la red de un pescador, lo que causó un gran alboroto entre la opinión pública; o una riña entre tribus maoríes del área de Murupara, donde se suponía que yo inauguraría, durante una ceremonia, un comedor local.

Y luego, las vacas.

En las granjas lecheras de la Isla Sur de Nueva Zelanda se constató la aparición de *Mycoplasma bovis* en el ganado, es decir, de tuberculosis bovina. Y, en un país con más vacas que gente, donde las principales exportaciones son productos lácteos, una enfermedad bovina que provoca malestar, infección y atrofia en el desarrollo de los terneros representa una gran contrariedad. Un asesor me aseguró que si el *M. bovis* se extendía en Nueva Zelanda, en diez años podría destruir bienes de nuestra industria por un valor de mil trescientos millones de dólares. Pero entonces, ¿qué deberíamos hacer al respecto? Otros países habían llegado a la conclusión de que era una enfermedad intratable y decidieron simplemente vivir con las consecuencias; ninguno la eliminó. Nueva Zelanda, sin embargo, no solo es un país, también es una *isla*, y si alguien tenía la posibilidad de erradicar el *Mycoplasma bovis* éramos nosotros. El trabajo de erradicación tomaría por lo menos diez años e implicaría que las granjas afectadas sacrificaran todo su ganado. Sin embargo, con la información que recibimos de los granjeros y de los expertos, este fue el camino que decidimos seguir. Para este momento en que escribo, han pasado seis de los diez años del programa y aún no puedo afirmar que haya sido la decisión correcta, tal vez solo alguno de los granjeros afectados podría decirlo. No obstante, la vigilancia continúa y, a finales de 2024, la cantidad de granjas afectadas por la *M. bovis* era cero.

En junio, cuando me dirigía a los Fieldays, el evento agrícola más importante del país, no dejaba de pensar en la *M. bovis*. Estaba a solo unos días de mi fecha de parto y entonces me enteré de que, siempre que viajaba a lugares alejados, las parteras locales recibían una alerta.

En algún momento noté que uno de los miembros de mi equipo de seguridad traía consigo una pequeña bolsa adicional cuando viajábamos, y no pude evitar preguntarle qué era.

—Es un botiquín de primeros auxilios, *ma'am* —contestó.

—¿En caso de que entre en labor de parto? —pregunté en tono de broma, pero como no rio conmigo, me di cuenta de que era justo para eso.

—¿Y qué contiene el botiquín? —continué preguntando y riendo entre dientes—. ¿Toallas y una tetera?

El guardia ni siquiera sonrió. De pronto me di cuenta de que, mientras para mí era un suceso bastante improbable, él se había entrenado de forma adicional, por si acaso, y se lo tomaba muy en serio.

Supongo que como para entonces, más que caminar, avanzaba ladeándome como pato, la posibilidad de que estallara en cualquier momento, a los otros les parecía elevada. Así que no, en verdad no podía culparlos por estar preparados.

Una semana después, casi según lo previsto, tuve que ir al hospital. Cuando llegamos, le envié un mensaje de texto a Winston Peters, quien ocuparía mi puesto durante mi ausencia: "Voy saliendo hacia el hospital, así que, ¡todo queda en tus manos! Hablamos pronto".

VEINTIUNO

Un año de luchas y desvelos

Setenta y dos horas después nació Neve, nuestra hija. Clarke y yo ofrecimos una conferencia de prensa para presentársela al mundo. Todo lo planeamos antes de que yo diera a luz, y por eso estaba segura de que saldría bien. *Si Kate Middleton lo hizo*, pensé, *creo que yo también puedo lograrlo.*

Pero ahora que acababa de dar a luz, las cosas eran un poco distintas.

Desde que Neve llegó al mundo, yo había pasado casi todo el tiempo despierta, viéndola de la forma en que todos los padres primerizos miran a sus hijos recién nacidos. Había esperado mucho tiempo y me había preocupado, pero ahora ella estaba ahí, y lo único que sentía era alivio y euforia.

Mi cuerpo, sin embargo, estaba en una situación distinta. Incluso los nacimientos más sencillos parten el cuerpo en dos, y el de Neve no fue del todo simple. Poco antes del alumbramiento, su pulso descendió de forma precipitada y, cuando emergió, tenía el cordón umbilical enrollado en el cuello. La primera noche permaneció despierta doce horas, y yo con ella, por lo que me encontraba casi en un estado de delirio debido a la falta de sueño.

Además, no me había quitado la pijama desde que nació, tampoco me había lavado el cabello y, a lo más que podía aspirar, era a recogerlo en un chongo. Tras el parto, podríamos decir que mi vientre permaneció muy inflamado, y solo dar unos pasos me hacía sentir que las entrañas se me desprendían.

Tal vez lo que más me desconcertaba era que todos los carteles en las paredes de la unidad de maternidad advertían que las madres podrían sentirse inundadas por emociones incontrolables de manera repentina. Yo, en particular, no sentía que eso estuviera a punto de suceder; en todo caso, estaba demasiado cansada, pero de todas formas, las imágenes me hicieron sentir que en cualquier momento podría empezar a sollozar con fuerza y romper en llanto como aspersor de jardín.

Recordé cómo se veía Kate Middleton el día que les presentó a las multitudes, a los medios y al mundo, al recién nacido príncipe Jorge. Recordé lo distinguida, tranquila y centrada que se veía con aquel vestido color celeste con lunares blancos, ¡hacía que pareciera tan fácil! *¿Cómo?*, me pregunté mientras caminaba tambaleándome por el pasillo hacia el vestíbulo del hospital para mi conferencia de prensa, *¿Cómo lo hizo Kate?*

Tenía a Neve en mis brazos, envuelta en una cobija tejida por la madre de Clarke y con un gorrito verde también tejido que nos regaló Libby, mi experimentada partera. Clarke estaba a mi lado, sonriente y con un suéter de lana con un patrón tradicional del sudoeste de Nueva Zelanda al frente. No se parecía en nada a aquel hombre al que, algunos años atrás, vi levantar a su sobrino con tanta incomodidad porque, en aquel tiempo, parecía que le resultaba más fácil sujetar a un cangrejo de río que sostener a un bebé.

Ahora, en cambio, se veía preparado para su papel. Se veía como un papá.

Naturalmente, no les dije todo a los reporteros, no les dije, por ejemplo, que en la entrada de la habitación del hospital había un estrecho vestíbulo para oficiales de seguridad porque, originalmente, fue diseñada para albergar a presos del cercano centro penitenciario Mount Eden que necesitaran ser hospitalizados. Tampoco les dije que, mientras yo estaba en trabajo de parto, Clarke se escabulló entre la gente de los medios sin que nadie lo notara, para conseguirme una paleta helada de limonada, ni que la primera comida que tuve después del parto había sido, quizá, la mejor de mi vida: pasta de extracto de levadura Marmita untada en pan tostado y una taza de chocolate Milo. No les revelé lo que me había dicho Clarke, que la primera vez que abracé a Neve parecía demente, que tenía los ojos abiertísimos por el júbilo; tampoco les dije lo que le contesté: ¿Cómo creía que se habría visto él después de realizar una labor así de colosal? No, no dije nada de eso, solo miré hacia las cámaras y los micrófonos que tenía frente a mí y dije que me daba mucha alegría presentarle al país a nuestra hija.

La primera pregunta que me hicieron fue sencilla: ¿cuál era el origen del nombre completo de Neve? Neve Te Aroha Ardern Gayford. Por supuesto, su segundo nombre era el de la montaña a cuyo pie nacieron mis padres y quería decir simplemente "el amor". Creo que si hubo algo que estuvo a punto de hacerme llorar durante la conferencia fue esa parte. Escuché mi voz vacilar, pero por suerte los aspersores del jardín no se activaron mientras expliqué que, para nosotros, aquel nombre capturaba lo que sentimos cuando le anunciamos su existencia al mundo: amor, amor de los desconocidos, de nuestros amigos, de la familia, de los distintos *iwi*, de los maoríes. Amor de todo un país. Simplemente, amor.

Después de eso, yo solo quería salir de ahí, arropar a Neve, colocarla en su asiento especial en el automóvil e irnos a casa, pero aún había preguntas. Recuerdo que balanceé mi cuerpo apoyándome en una pierna y luego en la otra, tratando de mantener todo donde correspondía, órganos, emociones, fluidos corporales… Entonces un reportero de televisión hizo la segunda pregunta. "Primera ministra —dijo—, ¿qué descubrió respecto al estado del sistema de salud pública?".

Al parecer, solo fui mamá cuatro minutos, después de eso, volví a ser la primera ministra.

DESDE MUCHO ANTES supe con exactitud qué tipo de madre deseaba ser. No quería obsesionarme con amamantar ni con los horarios para hacerlo, tampoco quería saber con precisión cuántos minutos había dormido Neve. Definitivamente, mi objetivo no era sentirme ni abrumada, cansada o irritable por los esfuerzos de Clarke por ayudar. Nada de eso, había planeado pasar mi licencia por maternidad gozando de cada minuto con mi hermosa Neve.

A pesar de que Clarke se tomó algún tiempo y dejó de filmar su programa de televisión, y de que mi mamá andaba atareada por toda nuestra casa en Auckland, cocinando, limpiando y haciéndome consumir galletas para lactancia hasta reventar, de todas formas, escribí todas las cosas que *no* pensaba hacer como si fueran parte de una lista de pendientes.

Para empezar, esperaba que amamantar a Neve fuera mucho más simple de lo que terminó siendo. Sabía que no siempre era sencillo en el caso de las mamás primerizas y había escuchado algunas historias aterradoras, incluso de mi hermana. Nada de eso cambió mis expectativas. Yo había dado por sentado que, en algún momento, mi cuerpo haría lo que se suponía que debía hacer. Algunos días después, sin embargo, Neve empezó a bajar de peso, así que, para aumentar mi suministro, me enganché a un extractor de leche materna… y empecé a bombear leche sin parar, como si estuviera obsesionada.

¿Algunas madres miran atrás y dicen "desearía haber pasado más tiempo extrayéndome leche"? Tal vez no, pero yo empecé a sentir que estaba fallando en mi primera prueba. Poco después, todo fue muy claro, tendría que complementar la alimentación de Neve con fórmula materna y, para colmo, parecía que tendría que hacerlo de forma permanente.

Luego vino el asunto del sueño. Neve dormía bien durante el día y, mientras tanto, yo trataba de trabajar porque, a pesar de que Winston estaba temporalmente al mando y de que yo sentía que había dejado todo lo más organizado posible, todavía había documentos que necesitaba revisar, asuntos políticos en los que tenía que involucrarme y planes sobre los que tenía que dar mi opinión. Por todo esto, me unía a conferencias en video con Neve recostada en mi regazo y trataba de abarcar dos universos distintos.

Por la noche, Neve no lograba tranquilizarse; era una "bebé fiestera", como decía Clarke. Al principio, esto hizo que los días se convirtieran en una neblina borrosa. Pero algunas semanas después, el hecho de no dormir se transformó en otra cosa por completo. Despertarme con tanta frecuencia era tan doloroso físicamente, que la noche empezó a darme miedo.

Luego, en algún momento, mi cerebro, tan privado de sueño, decidió que la solución era ni siquiera tratar de dormir, solo *quedarme despierta*. Y eso era lo que hacía, solo veía Netflix entre una sesión de lactancia y la siguiente. Me quedaba sola en una habitación oscura e intenté ver algunos programas sobre crímenes, como los que me gustaba ver antes de que Neve naciera, pero por alguna razón, ahora me incomodaban y me hacían sentir irracionalmente molesta. Entonces empecé a ver la comedia interactiva *Unbreakable Kimmy Schmidt* y, tarde o temprano, cuando empezaba a quedarme dormida, soñaba que estaba en el programa, en el sótano de Kimmy, y que Titus Andromedon era mi estilista.

Por otra parte, también estaba la simple realidad sobre la recuperación física. Desde el momento en que me enteré de que estaba embarazada y que me catalogaron como madre geriátrica, supe que enfrentaría más vicisitudes que otras mujeres. Eso también significó que me sentiría un poco más maravillada también. Mi cuerpo de treinta y siete años había logrado formar a un ser humano completo y mantenernos vivas a Neve y a mí durante nueve meses. Después de ese tiempo, la lanzó a ella al mundo con sus enormes ojos y un cuerpo perfectamente formado. Pero eso no significaba que *mi* cuerpo estaría feliz de recuperarse tras el gran suceso y de funcionar como yo necesitaba que lo hiciera. Durante varias semanas me costó mucho trabajo pararme bien erguida. Caminaba por toda la casa un poco encorvada porque sentía que, en mi interior, nada había vuelto a su lugar, y me preguntaba si las cosas se quedarían así a partir de entonces.

Afortunadamente, algunas semanas después, Neve empezó a tener mejores noches, y los periodos de sueño duraron un poco más. La fórmula materna también ayudó y mi obsesión por amamantar disminuyó. Asimismo, empecé a caminar más y ligeramente más erguida, habían pasado seis semanas.

Era momento de volver a Wellington, a la Colmena y a mi empleo de tiempo completo como primera ministra.

Después de aquel periodo en nuestra casa de Auckland durante mi licencia por maternidad, el hecho de que Clarke, Neve y yo volviéramos solos a Premier House me alegró y me hizo sentir cierta familiaridad. El apartamento ahí era cálido y acogedor, tenía una desgastada alfombra color mostaza y una mezcla ecléctica de muebles. Algunos eran antiguos y pesados, ornamentales; otros eran de los años setenta, como las sillas de bejuco cubiertas de palma en el solárium, donde alimentaba a Neve bajo la luz matinal. Las sillas de la mesa de la cocina eran perfectamente reconocibles por el característico cuero rojo y los motivos dorados: eran antiguas sillas de oficina de la Sala del Gabinete de la Colmena.

En Premier House también acechaban fantasmas del pasado. Como el escritorio de Robert Muldoon, conocido por su baja estatura. Su escritorio era un poco más achaparrado y menos largo que los escritorios comunes, por lo que, con mi metro setenta y cuatro de altura, me costaba trabajo meter las piernas en la parte inferior. En el primer cajón había una lista pegada con cinta adhesiva, eran los números de "marcación rápida". Junto a uno de ellos solo decía "Bronagh", era el nombre de la esposa del primer ministro anterior, John Key. Y en una alacena cerca de ahí, había alteros de papel membretado del gobierno Nacional de los años noventa.

Entre todos esos objetos históricos, Neve y yo dejamos nuestra huella. La persona encargada de Premier House había transformado un cuarto al final del corredor en la habitación del bebé, por lo que, cuando llegamos, encontramos una antigua cuna de madera y, en el interior, una cobija con una jirafa bordada al frente. También había una cama adicional sobre la que habían dejado acomodados regalos tejidos y cojines con el nombre de Neve bordado; eran artículos que enviaron muchas personas de todo el país con sus mejores deseos para nuestra familia. Esa histórica casa había albergado a muchos primeros ministros, pero esta era la primera vez que sería el hogar un bebé.

Para ese momento, ya habíamos implementado una nueva rutina. Casi todas las semanas, Clarke, Neve y yo volábamos de ida y vuelta entre Premier House y nuestra casa en Auckland. Clarke se hacía cargo de Neve y la llevaba en su carriola varias veces a lo largo del día a la Colmena, que quedaba a diez minutos caminando, cuando el clima era favorable. De esa forma yo podía amamantarla en mi escritorio o en la cocina contigua a mi oficina. Cuando Clarke tenía que alejarse algún tiempo para filmar su programa, mi mamá venía y se quedaba con nosotras y, en algunas ocasiones, quien también nos visitaba para ayudarnos era la madre de Clarke.

En distintas ocasiones he escuchado decir que, cuando uno tiene sus propios hijos, llega a apreciar muchísimo a su madre. Yo no solo la apreciaba, dependía de ella. Mamá estaba ahí siempre que la necesitábamos y también hacía que mi vida como madre trabajadora fuera una experiencia gozosa. Escribía en una lista las cosas divertidas que Neve hacía y decía, con frecuencia me enviaba mensajes de texto redactados en primera persona, de parte de Neve, como si mi pequeña hubiera escrito con sus manitas en el teclado: "Buenos días, mami, ¡esta mañana fui buena niña y dormí mi siesta!". Y no solo eso, mamá aprovechaba para vestir a Neve con las prendas usadas más adornadas y con más holanes del mundo. Un día, llegó a Wellington con un vestido rosa y blanco de cuello enorme y ribete en el dobladillo: era uno de mis viejos trajes de bebé. Mamá lo había guardado y había esperado todos esos años para vestir a mi hija de la misma forma en que me vestía a mí.

Contábamos con un grupo numeroso de gente y estábamos logrando que las cosas funcionaran.

Luego, un mes después de que terminó mi licencia por maternidad, realicé mi primer viaje al extranjero sola; fui a al Foro de las Islas del Pacífico en Nauru. Llevar a Neve no era una opción porque era demasiado pequeña y el viaje sería muy intenso, incluiría un vuelo de noche y permanecer todo un día en el lugar.

En ese tiempo no solo tenía que prepararme para las labores de mi trabajo, también tenía que trazar la logística y esta incluía decidir cuándo y dónde me extraería leche materna y esterilizaría todas las piezas del equipo. Extraía leche en todos lados, en mi oficina, en la cocina de la Colmena, en el asiento trasero de los automóviles, en los vuelos comerciales domésticos. En una ocasión, un día bastante ajetreado, me di cuenta de que la única oportunidad que tendría de hacerlo sería durante un vuelo de una hora de New Plymouth a Auckland. Tenía conmigo bombas portátiles, de las que puedes colocar debajo de tu blusa sin conectarlas a nada externo. Las saqué y me las coloqué en el baño del aeropuerto y luego abordé el avión. Cuando despegamos, encendí el aparato, segura de que el ruido del avión cubriría el del pequeño motor de mi bomba, la cual producía un sonido parecido al de los cobertizos de ordeña de las granjas lecheras de Morrinsville. Durante la extracción, miré de reojo al oficial de seguridad que me había acompañado en ese vuelo; tenía la vista fija al frente y su cuerpo estaba demasiado rígido. Era claro, el pobre hombre sabía que había algo debajo de mi blusa.

Y así me fui a Nauru, con todas mis bombas de extracción, las tabletas para esterilizar el equipo y una hielera. Por su masa continental, Nauru es el tercer país más pequeño del mundo y, como la mayoría de las islas del Pacífico, está rodeado de un hermoso mar azul que lo hace extremadamente vulnerable al impacto del cambio climático. Los potentes sucesos meteorológicos se habían convertido para entonces en una amenaza existencial que la gente veía desarrollarse en tiempo real.

Esa reunión sería importante, sin lugar a dudas, y yo tenía que estar presente, pero era la primera vez que me alejaba de Neve. Por lo que, como siempre lo hacía cuando me sentía en conflicto debido a la importancia de asumir dos responsabilidades, dejaba de pensar en el asunto, o sea, compartimentaba. Simplemente, tenía un trabajo que hacer, algunas veces implicaba estar en una sala de reuniones y, otras, estar conectada a una bomba extractora en un cuarto privado, rodeada de pequeños aparatos y una hielera. Ambas labores eran esenciales y tenía que llevarlas a cabo; ambas implicaban una gran carga en muchos sentidos.

En septiembre, algunas semanas después del Foro de las Islas del Pacífico, tenía programado dar un discurso en la Asamblea General de las Naciones Unidas. Sabía bien de qué quería hablar: de la crisis climática, de su impacto en nuestra región y de cuánto necesitábamos que los países trabajaran en conjunto para encontrar soluciones, justo como nos pedían que lo hiciéramos los líderes de Nauru y de atolones como Tokelau.

Como el viaje a la ciudad de Nueva York era demasiado largo para que lo realizara sola una mamá que todavía daba de amamantar, Clarke y Neve me acompañaron. Fue un vuelo de trece horas por Air New Zealand, viajamos por la noche de Auckland a Houston, y luego tres horas más al aeropuerto John F. Kennedy. Cuando llegamos a nuestro hotel, era la una de la mañana en Nueva York, pero en Nueva Zelanda ya era hora de cenar.

Para ese momento, le había cambiado pañales a Neve en el suelo de los aviones, la había transportado con rapidez en los carritos para pasajeros de los aeropuertos, y le habíamos sujetado y desmontado de su asiento infantil muchas veces. Estaba exhausta y su ritmo de sueño fuera de control, así que hizo lo que cualquier bebé razonable de doce semanas habría hecho en esas circunstancias: comenzó a berrear y a berrear sin parar.

Le cantamos canciones de cuna al oído, caminamos con ella de un lado al otro de la habitación y también la mecimos, pero estaba inconsolable. Tenía el rostro enrojecido y desencajado, y no dejaba de echar la cabeza hacia atrás y de agitar sus piernitas y sus brazos. Su cuerpo parecía estar luchando contra el sueño. Me sentí responsable de que estuviera ahí y de que se sintiera tan incómoda e infeliz. Miré el reloj. En la mañana, temprano, tendría que hablar en una reunión sobre desarrollo sustentable, era un evento menor, previo a mi discurso ante la Asamblea General. Eso significaba que tendría despertarme en cuatro horas.

Finalmente, Clarke terminó enviándome a la cama. "Necesitas dormir", insistió mientras caminaba en la habitación meciendo a Neve con suavidad de arriba abajo como cuando estaba en casa y trataba de apaciguarla. Era evidente lo cansado que estaba, lo mucho que él también necesitaba dormir. "Estaremos bien", repitió en voz baja. Ambos sabíamos que yo era quien tendría que despertarse temprano y participar en una conferencia por la mañana, así que les di sendos besos a ambos para desearles buenas "noches", me arrastré hasta la cama y me cubrí la cabeza con una almohada.

Pocas horas después, cuando empezó a entrar la luz por la ventana, encontré a Clarke sentado en el sofá cama desplegable de la habitación del hotel. Estaba bien despierto y en calzoncillos, con Neve apoyada en el pecho. Ella estaba tranquila por fin, pero tenía los ojos abiertos. La televisión estaba encendida y ambos miraban hipnotizados lo que parecía ser una pelea del Ultimate Fighting Championship.

Yo estaba lista, con mi vestido y un *blazer*.

—¿Están bien?

Clarke asintió.

—¿Pudiste dormir? —pregunté.

—Ajá —contestó—. Neve se quedó dormida en algún momento. —¿Y tú? ¿Pudiste dormir?

—Un poco.

Le entregué un poco de leche, volví a besarlos y salí de la habitación.

ALGUNOS DÍAS DESPUÉS, di un discurso en un evento en conmemoración de Nelson Mandela, en la Asamblea General. Clarke y Neve estuvieron presentes, pero tras bambalinas y solo en caso de que ella necesitara que la amamantara. Por suerte, para ese punto ya se había ajustado bastante al cambio de huso horario.

Cuando terminé mi discurso, nos sentamos juntos en los asientos designados para Nueva Zelanda en la Asamblea General, y yo no dejaba de mirar de forma alternada a Neve y a los otros oradores. Entonces empecé a escuchar *clic, clic, clic*. Me esforcé por mirar alrededor, incómoda, pero no pude ver de dónde provenía el ruido. No fue sino hasta que nuestro alto comisionado señaló una hilera de cabinas sobre el recinto de la Asamblea. "Hay algunos representantes de medios ahí", me explicó.

Sin comprender aún que lo que les interesaba a los medios éramos precisamente nosotros, le hice caras graciosas y estúpidas a Neve mientras Clarke la sostenía en sus brazos. Para cuando terminó la jornada, las imágenes ya viajaban por todo el mundo.

Esas fotografías capturaron la primera vez que alguien llevaba a un bebé a la Asamblea General de las Naciones Unidas, pero cuando yo las observo, cuando veo la pequeña papada de Neve, sus mejillas abultándose alrededor del chupón que tenía en la boca, el vestido a rayas azul y blanco que le heredó Louise y que solo usaría unas semanas porque estaba en pleno crecimiento, francamente no pienso en el momento histórico.

Pienso más bien en todas las personas que no aparecen en cuadro, en la asesora de políticas exteriores que la cuidó para que nosotros pudiéramos asistir a un evento con el presidente de Estados Unidos; en el alto comisionado que consiguió un moisés, esterilizadores y un pequeño saltarín *Jolly Jumper*, y que convirtió su casa en una zona de juegos. Pienso en Clarke, quien cambió pañales, arrulló a Neve hasta que se durmiera y me siguió por todos lados con ella en brazos para que yo pudiera amamantarla.

Me preocupaba que la foto se convirtiera en la bandera del lema "las mujeres pueden con todo" o en algún tipo de justificación de por qué las mujeres nunca deberían quejarse de toda la carga que tienen encima porque, ¡oigan!, miren, ¡aquí tienen a una mujer dirigiendo un país y siendo mamá al mismo tiempo! Por supuesto, las mujeres pueden hacerlo todo, son madres, empleadas, trabajadoras, cuidadoras, portadoras del cambio, abogadas, defensoras, consejeras, voceras y muchas cosas más que, a veces, hacen con muy poco apoyo. Eso, sin embargo, no significa que deban hacerlo.

Las mujeres no deberían tener que elegir —como nuestras madres en tantas ocasiones se vieron obligadas a hacerlo— entre ser competentes en su profesión y ser buenas madres o hijas. Debería haber redes de apoyo, toda una tribu, como gusten llamarle; gente que pueda ayudarles a las mujeres a hacer todas esas cosas sin que se pierdan por completo en el proceso. Yo tuve la bendición de contar con eso en las Naciones Unidas y en todos los demás lugares, de contar con el amor y el apoyo de muchos otros. Hoy en día, esto es justo lo que digo cuando alguien menciona aquellas fotografías o cuando me detienen un momento en el supermercado para preguntarme cómo lo hice.

Aquel viaje a las Naciones Unidas fue histórico, pero en algunos sentidos también lo recuerdo como una experiencia agridulce. El segundo día noté que Neve hacía berrinches cada vez que trataba de amamantarla. Antes de un discurso que di en la Universidad de Columbia, Clarke, Neve y yo permanecimos en un vestidor contiguo al auditorio. Era un espacio vacío, con paredes de bloques de hormigón blanco y bancas para sentarse. Nos rodeaban personas ofreciendo ayudarnos y haciéndonos todo tipo de preguntas: *¿No querría beber té? ¿Ir al baño? ¿Un lugar más cómodo para instalarnos? ¿Necesitaba ayuda con mi bolso o con mis notas del discurso? ¿Con el vestido? ¿Con la bebé?* "No, gracias", contesté a todo, solo quería alimentar a mi hija antes de subir al escenario a dar el discurso.

Como no había una zona privada, busqué un rincón y lidié lo mejor que pude con mi vestido, pero Neve no quería que la alimentara. Clarke me vio batallando y yo traté de encontrar una explicación para darle fin al asunto: "Tal vez se debe al cambio de huso horario". Pero incluso mientras lo decía, sabía que no era verdad porque lo había visto venir desde antes.

Yo no quería renunciar a amamantar a Neve, pero ella ya no quería que yo continuara haciéndolo. Ella estaba harta de mi suministro irregular o de que, en ocasiones, hacía las cosas de forma muy apresurada. Parecía haberse alimentado lo suficiente cuando estuve disponible. Yo, sin embargo, no había querido ceder porque, desde mi perspectiva, ceder significaba fracasar. También significaría perder mi excusa para tener a mi hija a mi lado, en los viajes o en la oficina.

Aún sentados en aquel vestidor, dejé a Neve en los brazos de Clarke y me volví a cubrir con el vestido hasta los hombros. De haber estado en casa, me habría sentado sola y en silencio en un rincón, y me habría puesto a llorar. Habría lamentado esa pérdida, esa tarea que nunca llegué a dominar del todo y que, por lo tanto, me hacía sentir como si hubiera fracasado en mi primera prueba como madre. Me encontraba en un vestidor en Nueva York, rodeada de personas que solo deseaban ayudarme, pero, tristemente, nadie podría brindarme la única ayuda que en verdad necesitaba en ese momento.

Yo solo quería sentir que era una buena madre, pero en ese instante no era así como me percibía.

En diciembre, justo antes de las vacaciones de Navidad, llevé conmigo a casa la última carpeta del año. Terminé mi papeleo y metí los documentos en un fólder de papel manila que luego guardé en el bolso. Cerré el broche y dejé el bolso en el suelo.

Había nuevas cosas por las cuales inquietarse: cifras del PIB menores a las esperadas; un ministro que estaba bajo escrutinio por la forma en que lidió con un caso de inmigración; y una queja y un reporte por uno de nuestros nombramientos en la policía. Y a mí me parecía que no había suficiente tiempo, que el día no tenía suficientes horas: la queja universal de todas las madres.

Me asomé a ver a Neve en su habitación, estaba profundamente dormida en su saco de dormir. Cerré la puerta, caminé a mi cuarto, me acosté en la cama y me cubrí con las cobijas. Entonces pensé que 2018 había sido demasiado complicado.

—El próximo año —le dije a Clarke—, el próximo año será más sencillo.

VEINTIDÓS

Christchurch

El viernes 15 de marzo de 2019 desperté pensando en hidrógeno.

Me dirigía al antiguo distrito de Harry, New Plymouth, para lanzar algo a lo que le llamamos "el Mapa del hidrógeno". Algunos meses después de que me nombraron primera ministra, anuncié que Nueva Zelanda ya no otorgaría nuevas licencias para la exploración petrolera y gasífera en el mar. Mi razonamiento era muy simple: si necesitábamos hacer una transición para dejar atrás los combustibles fósiles, tendríamos que dejar de buscarlos.

Los medioambientalistas y los activistas del cambio climático recibieron bien este anuncio, pero las reacciones en New Plymouth, el centro de actividad petrolera y gasífera de Nueva Zelanda, iban del llano escepticismo a la franca hostilidad. Neil Holdom, el alcalde del lugar, era un individuo agradable, con una energía positiva y la tendencia a proteger; siempre me hacía pensar en un director de escuela. Sin embargo, en algún momento me dijo que yo hacía que quisiera esconderse bajo su escritorio.

Desde mi perspectiva, la transición no significaba el cierre total de toda una industria y todo lo que eso implicaría. Aún recordaba lo sucedido en los años ochenta en Murupara, cuando la industria forestal cambió de la noche a la mañana. Sabíamos que New Plymouth necesitaba un plan alternativo a largo plazo, y ahí era donde el hidrógeno entraría en acción.

Ese día me acompañaría Andrew Little, el antiguo líder del Laborista que me entregó las riendas justo antes de la elección. Andrew no solo era ministro de Justicia, también era el diputado que nos representaba en New Plymouth. Megan Woods, nuestra ministra de Energía, también hablaría en la cumbre en la que lanzaríamos el plan. Megan era una de nuestras ministras más decididas; si teníamos alguna tarea difícil que realizar, ella era una de las personas a las que se la encomendábamos. De hecho, en el noveno piso a menudo bromeábamos; decíamos que se sentiría igual de cómoda siendo general en el ejército que diputada. Con su labor y su constante determinación Megan no solo nos ayudó a atravesar la difícil decisión sobre el petróleo y el gas, también fue una de las impulsoras más aguerridas de la iniciativa del hidrógeno.

Teníamos bien planeado el resto del día, yo visitaría una escuela ambientalista con el alcalde Holdom. Luego, en la tarde, asistiría a la inauguración del festival World of Music, Arts and Dance, mejor conocido como WOMAD. Clarke se reuniría conmigo ahí y mi tía Marie se haría cargo de Neve. El día sería ajetreado, pero quise añadir una parada no programada de la que no le había hablado a nadie aún.

Ese día se llevaría a cabo la manifestación internacional School Strike 4 Climate, en la que millones de estudiantes, inspirados por Greta Thunberg, planeaban tomar las calles para exigir acciones contra el cambio climático. Por lo menos cuarenta ciudades y pueblos de Nueva Zelanda se estaban preparando para las manifestaciones, New Plymouth, entre ellos. Según mis cálculos, teníamos apenas suficiente tiempo para pasar un momento antes de ir a la cumbre del hidrógeno.

Llegué a New Plymouth, descendí del avión con otros pasajeros en un pequeño aeropuerto regional y abordé de inmediato una camioneta que me esperaba en la esquina. En esa época, pasaba mucho tiempo en camionetas como esa porque prefería evitar que varios automóviles del gobierno se desplazaran como convoy, con un ministro tras otro en el asiento trasero de cada uno. Ese tipo de ineficiencia me daba escalofríos y, además, me molestaba mucho lo ostentoso que se veía el desfile. Simplemente supuse que sería mejor que viajáramos juntos en un solo vehículo.

Pero, por supuesto, mi idea de compartir el transporte les dio a algunas personas la oportunidad de burlarse. Un ministro, por ejemplo, decía que mi camioneta era como la de Scooby-Doo. Su propia broma le pareció menos graciosa cuando lo obligué a viajar en mi camioneta. Compartir un vehículo tenía sus ventajas. En el periodo en que tuvimos que tomar las decisiones respecto a la *M. bovis*, tuve que viajar de granja en granja con Damien O'Connor, ministro de Agricultura. Así fue como conocí a una de las integrantes de su personal. Kelly Spring era amable y considerada, también trabajaba con mucho ahínco, pero siempre lograba mantener la cabeza fría y en calma. Pasó su infancia en una granja en las afueras de Wellington y me recordaba a la gente con la que crecí; era pragmática y tenía muy buen humor. Cuando en nuestro equipo de prensa hubo una vacante, insistí en que Kelly se uniera, y ahora se encontraba ahí, con nosotros, apenas una semana después de haber comenzado sus labores.

Cuando Kelly y yo abordamos la camioneta en New Plymouth, ella se sentó a mi lado; Andrew y Megan ya estaban dentro esperando y, frente a nosotros, había un oficial de mi equipo de seguridad.

—Bien —les dije a todos mientras me acomodaba en el asiento—, sé que no planeamos esto, pero creo que deberíamos hacer una parada en la manifestación de los estudiantes —anuncié.

Como lo imaginé, Kelly permaneció impávida.

—Sabía que dirías eso —exclamó, al tiempo que tomaba su teléfono sonriendo. Mientras tanto, mi oficial de seguridad empezó a comunicarse como si hablara con su manga, como lo hacía siempre que se me ocurría alterar un poco un plan perfectamente trazado. Poco después, ya estábamos bajando de la camioneta en la plaza del centro de la ciudad.

Yo había escuchado los reportes: miles de jóvenes se dirigirían a la explanada del Parlamento en Wellington, donde se había programado que James Shaw, nuestro ministro para el clima y colíder en el gobierno por el Partido Verde, diera un discurso. En realidad, me preguntaba si James estaría dispuesto a aparecer en público, dado que la mañana anterior, cuando se dirigía al trabajo, lo atacó un promotor de teorías de la conspiración. El hombre lo agredió afuera de los jardines botánicos, lo golpeó varias veces y empezó a gritar cosas respecto a las Naciones Unidas. Después de eso, hablé por teléfono con James, por lo que sabía que se encontraba bien, pero, aun así, seguía conmocionada por lo cruel y azaroso de la agresión y, sobre todo, seguía preocupada por él.

Raj, mi jefe de personal interino, había estado lidiando con situaciones similares. Trabajaba en el sector privado, pero lo recluté para que volviera a la política y fuera el líder de nuestro equipo de consejeros. Raj asumió el cargo cuando mi anterior jefe de personal tuvo que abandonar su empleo debido a problemas de salud. Era una persona discreta y enfocada, y trabajaba incansablemente, como nadie más. Yo sabía, sin embargo, que debajo de esa afable apariencia externa había algo más porque Raj estaba en la política por las mismas razones que yo. Ahora estaba haciéndose todas las preguntas pertinentes sobre la seguridad de los diputados. Esa fue una de las razones por las que no le mencioné mi cambio de planes al equipo del noveno piso: sabía que ya estaban lidiando con suficientes problemas. Además, era consciente de que preferían que no participara en un evento en el que podrían abuchearme, pero era un riesgo que estaba dispuesta a correr, en especial porque estaba de acuerdo con los estudiantes.

Cuando llegué a la plaza, vi a cientos de jóvenes reunidos, con uniformes escolares y pancartas escritas a mano:

> EL CLIMA ESTÁ CAMBIANDO, ¿POR QUÉ NOSOTROS NO?
>
> LA TIERRA NECESITA QUE TE IMPORTE LO QUE SUCEDE
>
> APRENDE A ACTUAR O APRENDE A NADAR

Y, sobre las pancartas, se veía la imagen de la Tierra en llamas y dos palabras: ¡DESPIERTA YA!

No tenía un discurso preparado, pero cuando alguien me pasó el micrófono, decidí decirles a los estudiantes la verdad, que Nueva Zelanda se comprometía a alcanzar la neutralidad en carbono para el año 2050.

"No porque queramos, sino porque tenemos que hacerlo", expliqué. Me fui de ahí convencida de que, a pesar de las dificultades que implicaba, prohibir la exploración petrolera y gasífera era la decisión correcta.

La cumbre del hidrógeno fue un evento directo y simple, se dieron los discursos programados y luego hubo una breve conferencia de prensa. Para la 1:40 p. m., Megan ya se había ido al aeropuerto, y Kelly y Andrew Little estaban de nuevo en el interior de la camioneta. El alcalde Holdom y yo nos sentamos juntos, y el oficial de seguridad iba frente a nosotros, así nos dirigimos a la escuela ambientalista.

Me sentía bien, como siempre que termino las "tareas difíciles" del día. La cumbre se desarrolló como se había programado y la manifestación de los estudiantes en favor del clima incluso me dejó vigorizada.

Mientras la camioneta serpenteaba por los caminos rurales, el alcalde Holdom y yo hablábamos sobre la cumbre. Andrew iba sentado en silencio y Kelly contestaba llamadas en el asiento trasero. El aire se sentía fresco y, aunque el cielo había estado nublado esa mañana, empezaba a despejarse. Por las ventanas veíamos aparecer y desaparecer franjas de verdor y animales pastando.

Entonces Kelly se inclinó hacia el frente.

—Primera ministra —dijo. En su voz, que normalmente era cálida y reconfortante, escuché un tono de urgencia cuando me entregó el teléfono.

—Hubo un tiroteo en Christchurch.

Con el auricular pegado a la oreja, escuché a Andrew Campbell, mi secretario de prensa en jefe, describir los hechos que se conocían hasta el momento.

Un tiroteo. Tres decesos confirmados. Algunas zonas de Christchurch están en confinamiento, incluso las escuelas. No se sabe si son varios atacantes o si el ataque se está llevando a cabo en distintos lugares.

En Nueva Zelanda teníamos muy pocos tiroteos y, cuando llegaban a suceder, lo más común era que se debieran a las actividades de las pandillas, pero por los fragmentos de información que estaba recibiendo supe que esto era distinto. Tuve preguntas de inmediato. ¿Era un ataque coordinado? ¿El tirador estaba trabajando solo? ¿Había más víctimas? Pero nadie podía responderlas con certeza.

Pensé en todo lo que Andrew acababa de decir y traté de armar un panorama a pesar de lo diverso de los hechos. En el asiento del frente de la camioneta, mi guardia de seguridad se comunicaba de nuevo como si hablara hacia su manga. De pronto, Andrew dijo algo más, algo que destacó en medio de todos los datos confusos. "El tiroteo fue en una mezquita".

Para ese momento, la camioneta se desvió hacia un lado del camino para dar la vuelta en U. Volteé a ver al alcalde, estaba inmóvil y con la mirada al frente. "Lo lamento —dije, aunque resultaba absurdo, como si el hecho de que el vehículo acabara de hacer un dramático giro de 180 grados no lo explicara todo—. Creo que no podremos hacer la visita escolar hoy".

Hice varias llamadas más. Al ministro de Policía y a mi líder adjunto. Luego llamé a Clarke, pensando en lo que Andrew Campbell acababa de decirme. *Podría ser un ataque coordinado.* Clarke respondió de inmediato con voz vibrante.

—Neve tomó una buena siesta —dijo alegremente—. Acabamos de llegar a un café para almorzar.

Le dije que tenía que volver al hotel enseguida.

—¿Cómo? ¿Irnos? Pero ¿por qué? Acabo de ordenar un pastel de carne.

Le dije lo esencial: un ataque, tal vez varios, una mezquita, mucha incertidumbre y, mientras hablaba, solo lo imaginaba lidiando con la carriola y la pañalera de Neve, tratando de armar el rompecabezas con los fragmentos de información que acababa de darle. En el mejor de los casos, eso era lo que le daba a Clarke casi siempre: historias a medias, con lagunas que luego él tenía que tratar de llenar.

En otras ocasiones, simplemente no le decía nada y luego me enojaba porque él no había logrado captar la magnitud de la casi siempre confusa situación en que me encontraba. Sabía que estaba volviendo a hacerlo, pero también necesitaba que se apresurara.

—Por favor, amor mío —insistí—. Solo vuelvan al hotel.

Estaba desesperada por obtener información, cualquier cosa que me pudieran decir sobre lo que estaba pasando. Cuando llegamos a la estación central de policía de New Plymouth y entramos al estacionamiento —rodeado de altas vallas de metal y alambre de púas enrollado en la parte superior— solo habían pasado veinte minutos, lo suficiente para enterarme de que los ataques se habían realizado en dos mezquitas, que también había reportes no confirmados de otro tiroteo en un hospital, y que la cifra de muertos aumentaba con rapidez. Todo parecía incierto, los detalles eran vagos y yo no lograba entenderlos, no comprendía la escala ni el significado. No aún, al menos.

Me despedí con prisa del alcalde y de Andrew Little.

"Espero que puedan regresar sin problemas", dije, pero antes de que pudieran responder, el oficial de seguridad ya nos estaba empujando a mí y a Kelly al interior de la estación. Esperaba encontrar actividad en pleno en la estación, pero al entrar nos pareció estar en un pueblo fantasma. Era un espacio amplio, lleno de escritorios y cubículos vacíos que me produjeron una sensación espeluznante. La luz era tenue debido a las persianas que cubrían las ventanas. Reinaba el silencio, ningún teléfono sonó. Atravesamos una cocina comunitaria para ir a la oficina del sargento, la cual se encontraba en el extremo de esa planta. Di por hecho que ahí me darían un informe, pero al llegar ahí no encontramos a nadie.

Entonces comprendí que no estaba ahí para recibir información, que la policía solo estaba tratando de mantenerme a salvo. Me sentí inquieta y frustrada de inmediato, no sabía a quién interrogar o con quién pelearme para que nos dejaran salir a Kelly y a mí de ahí. Era claro que el equipo de seguridad estaba haciendo su trabajo, pero yo tenía que hacer el mío también y, mientras me encontrara aislada en una estación de policía, lejos de la gente que podía ponerme al tanto de lo que estaba sucediendo y de la información que necesitaba para tomar decisiones, no podría hacer nada y continuaría sintiéndome inútil. Mi teléfono sonó en ese momento y me senté para tomar la llamada.

Era Andrew de nuevo. "Hay un manifiesto —dijo. Al fondo pude escuchar el sonido de impresoras y a la gente hablar con urgencia—. El tirador escribió un manifiesto y nos lo envió".

Un pensamiento aterrador atravesó mi mente. *¿Recibimos un manifiesto? ¿Eso significa que pudimos evitar esto?* Pero en ese momento, Andrew comenzó a describir en qué orden se desarrollaron los sucesos. A la 1:30 p. m., el tirador, que se identificó como un hombre australiano, envió un correo electrónico a nuestra oficina. En él hablaba del ataque en tiempo pasado, como si ya hubiera tenido lugar. Algunos minutos después de que llegó el correo, Dinah, la persona que organizaba toda nuestra correspondencia, lo abrió. Se dio cuenta de inmediato de que era algo que tenía que tomarse muy en serio y llamó al Departamento de Seguridad del Parlamento en los primeros seis minutos desde que el tirador oprimió la tecla para enviar el correo. Instantes después, a la 1:40 p. m., el equipo de seguridad llamó a la policía, justo en el instante en que el tirador comenzó a disparar. Todos los involucrados respondieron de la manera correcta, pero todo sucedió tan rápido que ninguna de sus acciones bastó.

Andrew empezó a describir el manifiesto. Era un documento de setenta y cuatro páginas de incoherencia y paranoia, de odio desbordante. Y, sin embargo, el tirador había dejado muy claras sus intenciones y sus motivos. Era australiano, pero se mudó a Nueva Zelanda cuando descubrió que nuestro país recibía con los brazos abiertos a personas de todo tipo de creencias. Eso era justo lo que quería destruir, por eso nos eligió. Quería que nos volviéramos unos contra los otros, por eso vino y atacó a nuestra comunidad musulmana.

Aún tenía en la mano la pluma y estaba sentada frente a una mesa de centro, pero en algún momento dejé de escribir.

Había demasiadas lagunas en lo que sabía sobre los tiroteos. Todavía ignoraba, por ejemplo, cuántos heridos había, ni cuántas personas perdieron la vida. Lo único que me quedaba claro era que alguien comenzó a disparar contra un grupo de personas inocentes en su lugar de culto, y cuando pensé en eso, toda la confusión y frustración que sentía se transformaron en una sola emoción: ira ciega.

Cuando terminé de hablar con Andrew, me puse de pie, salí de la oficina del sargento y me dirigí a la zona del elevador. Comencé a caminar de un lado a otro, no alcanzaba a comprender. Un manifiesto, un ataque planeado, tanto odio. En poco tiempo tendría que comunicarle la información a la gente de todo el país y asegurarme de que se sintiera tranquila y a salvo, a pesar de que el plan del atacante tenía como objetivo justo lo contrario. Tenía que concentrarme y diseñar un plan; por suerte, al menos sabía con quién quería trabajar para lograrlo.

Grant iba camino a la Colmena cuando contestó mi llamada. Escuché el eco de mi voz retumbando en su automóvil.

—Grant —dije sintiendo el estómago como una enorme bola de fuego—, tengo que trabajar en lo que le comunicaré a la gente.

Continué caminando de un lado a otro frente al elevador. Quejándome, maldiciendo. Estaba hablando con Grant, pero en mi mente en realidad estaba respondiendo al manifiesto.

—¿Cómo se atreve? —exclamé una vez, luego otra y otra más—. ¿Cómo se atreve?

¿Cómo se atreve este hombre a venir a nuestro país y a tratar de hacer que los neozelandeses se pongan unos contra otros? ¿Cómo se atreve a usarnos de esa manera?

—Grant —continué—. Un extranjero vino y atacó a *nuestra* gente. Algunas de esas personas nacieron en otros lugares, pero formaban parte de *nuestra* comunidad. Son neozelandeses. Ellos son *nosotros*.

—Jacinda —dijo finalmente Grant con voz tranquila y decidida—. Solo di eso.

COMO NO VINO NADIE a la estación de policía, les pregunté a los oficiales de seguridad si podíamos irnos. Les dije que daría una conferencia de prensa en el hotel. Al llegar ahí, justo antes de dirigirme a los neozelandeses, pasé a nuestra habitación. Neve dormía y Clarke veía el reporte en vivo por televisión con el volumen muy bajo. Nos miramos fijamente y, durante un largo momento permanecimos así, conmocionados y en silencio. Luego volteé a ver la pantalla.

Vi una ambulancia y las luces parpadeando afuera del hospital de Christchurch. Por las puertas traseras del vehículo estaban sacando a un hombre; no logré apreciar su rostro, pero por el movimiento de su cuerpo supe que estaba vivo y consciente. Mientras empujaban la camilla hacia la entrada del hospital, el hombre levantó el brazo hacia el cielo, hacia Dios, hacia su creador. Levantó el brazo como si estuviera implorando de forma desesperada.

Hasta ese momento, todos los reportes que había recibido eran verbales; fueron hechos, no imágenes. Cifras, no seres humanos. Eso no significaba que ver a la gente lastimada y tirada en el suelo hiciera que el ataque fuera más real que cuando Kelly me pasó el teléfono en la camioneta. Pero a partir de que vi las escenas, a todo lo que había sentido ese día lo reemplazó una aflicción tan inmensa que no encontraba las palabras para describirla, y así sigue siendo.

En ese momento, sin embargo, solo tenía cinco minutos para encontrar palabras que me ayudaran a decir lo que fuera. Me quedaban solo cinco minutos antes de dirigirme a la nación.

El hombre de la camilla en la pantalla atravesó las puertas del hospital y desapareció. Entonces llegó otra ambulancia y luego otra.

Tomé el papel en que había escrito varios puntos, era la otra cara de la página en donde estaba escrito mi discurso para la cumbre del hidrógeno.

Hablaría de los hechos, pero solo de aquellos que habían sido confirmados. Los hechos, sin embargo, no bastarían.

La pluma se movió con agilidad sobre el papel. *Este es un acto de violencia extraordinaria e inusitada, para el que no hay lugar en Nueva Zelanda...*

Kelly estiró la cabeza, estaba en un rincón cerca de la entrada, lista para escoltarme a la improvisada mesa de prensa que fue instalada en el salón de eventos del hotel.

—¿Está lista? —me preguntó,

—Un segundo —dije sin dejar de escribir. *Muchas de las personas que resultaron afectadas por esta violencia extrema eran migrantes, eran refugiados. Pero Nueva Zelanda es su hogar. Ellos son nosotros.*

Saqué un marcador y empecé a destacar ciertas palabras, era un hábito de mi tiempo como estudiante. El marcador iba rápido sobre las palabras que quería que se quedaran plasmadas en la memoria.

Ellos son nosotros.

Doblé la hoja de papel y eché un vistazo al espejo, llevaba la ropa que me había puesto para un día muy distinto: una blusa anaranjada, saco negro de vestir y, alrededor de mi cuello, un collar con cuentas muy grandes que reflejaban la luz. Me quité el collar y caminé por el corredor.

La improvisada sala de conferencias tenía techos altos y alfombra oscura, era el tipo de lugar en el que probablemente se llevaban a cabo conferencias de negocios y bodas, un sitio donde la gente cenaba comidas tipo bufet y bailaba toda la noche. Ese día, sin embargo, se encontraba vacío. En el extremo había una mesa cubierta con un mantel negro y, al centro de la misma, había dos micrófonos, varios dictáfonos y una jarra de agua.

Por lo general, en una conferencia de prensa hay reporteros de varios canales de televisión y estaciones de radio, tres o cuatro periodistas de los medios impresos y muchas cámaras, pero me encontraba en New Plymouth, a horas de distancia de las ciudades principales. Ese día solo había dos camarógrafos y cuatro periodistas sentados frente a mí, y todos estaban en silencio.

Kelly se quedó parada detrás de ellos. Yo me senté a la mesa, desdoblé la hoja de papel y me dirigí a los neozelandeses.

—Este es uno de los momentos más sombríos de Nueva Zelanda.

MÁS TARDE, ESA MISMA NOCHE, de vuelta en mi oficina de Wellington, tomé mi teléfono y marqué el número de Gamal Fouda, el imam de la mezquita de Al Noor, donde se registró la mayor cantidad de muertes.

Por la ventana vi que había oscurecido, el teléfono repiqueteaba del otro lado de la línea y yo no tenía idea de qué debía decir. Iba a hablar con un hombre al que nunca había visto y que, apenas unas horas antes, estando al frente de su lugar de culto, vio cómo les disparaban a los creyentes, a la gente de su comunidad. Megan lo conocía, me advirtió que se encontraba conmocionado.

—Hola —respondió Gamal en voz muy baja. Detrás de la suya, escuché otras voces y el bullicio de un ajetreado hospital.

—Hola, imam —dije—. Soy Jacinda Ardern.

Gamal no respondió.

—Imam, ¿me escucha bien?

Escuché un sonido apenas perceptible, la mínima indicación posible de que estaba ahí, de que me escuchaba. Lo imaginé parado en medio del caos y la desesperanza, rodeado de las familias de su comunidad. Pensé en todo lo que habría visto, en todo lo que jamás podría dejar de ver.

—Lo lamento —le dije—. Lo lamento muchísimo.

Una vez más, respondió con un sonido diminuto, por eso repetí la frase una y otra vez. La repetí hasta que estuve segura de que me había escuchado.

—Lo lamento muchísimo, muchísimo, imam.

VEINTITRÉS

La lección de empatía

A LA MAÑANA SIGUIENTE, muy temprano, me encontraba en mi oficina del noveno piso leyendo las notas de otra conferencia de prensa, la última que daría antes de viajar a Christchurch.

Arrestaron al atacante en menos de treinta minutos desde que comenzó a disparar, pero en ese breve periodo mató a cuarenta y nueve personas y otras se encontraban en condiciones críticas. La violencia a esa escala era incomprensible, en particular en Nueva Zelanda, donde tenemos un promedio de diez incidentes fatales de este tipo al año y más o menos el mismo número de víctimas.

Le Roy, mi secretario privado, llegó a mi oficina. "Tiene una llamada de la Casa Blanca", dijo. Desde que se dio a conocer la noticia del ataque, los líderes de los otros países se habían puesto en contacto, pero el anuncio de Le Roy me sorprendió. En general, para que se lleve a cabo una llamada de ese tipo, se sigue un protocolo en que ambos países buscan un espacio para sostener la conversación. Nosotros no habíamos hecho nada de eso o, al menos, no que yo supiera, y, sin embargo, ahora Donald Trump estaba llamando.

Había hablado con el presidente de Estados Unidos en algunas ocasiones, tanto en persona como por teléfono. Me llamó para felicitarme cuando fui elegida como primera ministra, y luego lo conocí en persona en la APEC, en Vietnam. Desde mi elección, muchos de los periodistas de los medios me habían descrito como "anti-Trump", un breve término con el que suponía que intentaban describir las diferencias entre nuestras políticas y nuestros valores. A mí nunca me agradó ese apelativo. Quería ser reconocida por mi liderazgo, no por la forma en que este discrepaba del de alguien más.

Le Roy permaneció un instante junto a la puerta, quería saber si estaba preparada para tomar la llamada. Asentí.

Fue una conversación breve, el presidente Trump solo me hizo un par de preguntas. Hablamos de lo que podría sucederle el terrorista y, sí, usé esa palabra de forma específica. El presidente me preguntó si habíamos decidido llamarle de esa forma al tirador.

El tirador había enviado un manifiesto incoherente y desbordante de odio, y decoró sus armas con los nombres de supremacistas blancos que habían asesinado a otros musulmanes. Su intención no solo fue cobrar vidas, también quería suscitar miedo e intimidar. Asimismo, esperaba que sus actos instigaran nuevas olas de violencia y, si eso no era terrorismo, entonces no sabía yo qué más podría serlo. "Sí —le dije al presidente—, es un hombre blanco de Australia que, de forma deliberada, atacó a nuestra comunidad musulmana. Es un terrorista".

Trump no dijo nada al respecto, solo preguntó si había algo que Estados Unidos pudiera hacer por nosotros. Esperé un momento y pensé en lo que un país pequeño como el mío podría pedirle a un país con tantos recursos como el suyo, y mi respuesta fue simple: "Puede mostrarles simpatía y amor a las comunidades musulmanas".

Las calles de Christchurch estaban decoradas con flores y guirnaldas de vivos colores; también había tarjetas y letreros escritos a mano que dejaron los neozelandeses por todos lados, con el corazón destrozado por aquella violencia. Desde el automóvil miré hacia fuera y vi el mar de regalos, de símbolos del luto. Imaginé los rostros de las personas que los habían colocado ahí, a muchas las había visto en los noticiarios enjugándose las lágrimas al tiempo que depositaban en el lugar grandes ramos de rosas y claveles envueltos en celofán y con tarjetas abiertas para que todos pudieran leer y conocer el mensaje: nadie está solo en su desconsuelo.

Me dirigía al centro comunitario Phillipstown, donde se reunieron los líderes de la comunidad musulmana. No tenía idea de qué esperarme, pero pensé que, fuera lo que fuera, lo enfrentaría y lo asimilaría. Ira o dolor, lo que fuera.

En esta ocasión, viajamos en convoy: los diputados locales, los ministros responsables de la policía y de las comunidades étnicas, los líderes de los otros partidos y yo. James Shaw, del Partido Verde, nos acompañó también. Me quedé sorprendida al ver que tenía un ojo morado. *Pero, por supuesto*, pensé. *El conspiranoico lo atacó apenas hace dos días*. Y, sin embargo, se sentía como toda una eternidad.

Para ir al centro comunitario, le pedí a Julia que me prestara un largo pañuelo negro con borde dorado. Antes de salir del automóvil, lo puse sobre mi cabeza para cubrirme el cabello. Me escoltaron hasta el interior de un salón de clases adaptado para la reunión, los miembros de la comunidad estaban sentados en sillas de plástico. Reconocí de inmediato a Lateef Zikrullah Alabi, el imam del Centro Islámico Linwood. Esa mañana, su imagen había aparecido en la primera página de *The Press*: tenía la túnica de color azul claro manchada de sangre, del pecho a las rodillas. A él no le habían disparado, era la sangre de otras personas, de aquellos a quienes abrazó y sostuvo, a quienes trató de salvar.

El imam Lateef fue el primero en ponerse de pie. Juntó las manos frente a él, estrujándolas lentamente. En ese momento alcancé a ver por la ventana a un fotógrafo tratando de encuadrarnos con su cámara y de obtener una fotografía aceptable a pesar del vidrio que nos separaba. El imam Lateef levantó la cabeza y empezó a hablar con palabras dulces y serenas. No era eso lo que me esperaba.

Entre todo lo que pudo decir en ese momento, solo nos agradeció. *Nos agradeció.* Escuché sus palabras sin alcanzar a comprender, nos estaba *agradeciendo* por estar ahí. Agradeció el apoyo y la solidaridad de los neozelandeses. Le agradeció a Nueva Zelanda por compartir el luto de su comunidad. El odio fue lo que impulsó el ataque, y ahora, ahí estaba el imam, hablando de lo efusivo del amor.

Mientras lo escuchaba y me preparaba para responder a sus palabras, uno de los fotógrafos logró retratarme a través de la ventana, una imagen que, unas horas después, sería publicada en muchos lugares. En ella aparecía con las manos entrelazadas, la mirada fija al frente y el amplio pañuelo de Julia cubriéndome la cabeza. Era algo muy simple, pero como fue tomada del otro lado de un vidrio, no solo capturó mi imagen, también se veían los reflejos de las flores y los árboles, y las motas doradas de la luz del sol. Oscuridad y luz fundidas en un difuso collage.

A la fotografía tomada por Kirk Hargreaves le llamaron de muchas formas. Dijeron que era la "imagen definitiva" de mi liderazgo, una "imagen de esperanza", "el rostro de la empatía". Todos esos comentarios, sin embargo, solo proyectaban la situación hacia mí, en una especie de inversión de la realidad. Incluso ahora, cuando examino la fotografía y pienso en los instantes antes de que la cámara la capturara, la verdad es que no me veo a mí como tal. Solo veo un alma inocente y gentil que, aunque quebrada por el horror, encontró la manera de continuar guiando con el corazón. La imagen es una lección de liderazgo, es cierto, pero quien impartió esa lección no fui yo, sino el generoso imam Lateef.

Mi segunda reunión fue en Hagley College, donde se había instalado un centro de crisis para las víctimas y sus seres queridos. Había muchísima gente desesperada por recibir información. La noche anterior, ya muy tarde, Andrew Campbell, mi secretario de prensa en jefe, recibió en su teléfono celular la llamada de un joven muy angustiado. Su hermano estaba entre las personas perdidas y necesitaba saber si estaba muerto, y, de ser así, ¿por qué no le habían devuelto el cuerpo a su familia para prepararlo para el pasaje final?

La tradición musulmana exige que el difunto sea bañado, envuelto en una mortaja y enterrado lo más rápido posible, en las primeras veinticuatro horas después del deceso como máximo. Para cuando llegamos al centro de crisis habían pasado más de veinticuatro horas, pero, como las mezquitas eran ahora la escena de un crimen, la policía y los equipos forenses aún estaban reuniendo evidencia. Esto significaba que todas las víctimas continuaban en el suelo de las mezquitas.

Cuando el proceso de recolección de evidencia terminara, empezaría otro. Los difuntos serían transportados a las morgues de emergencia que se instalaron en el Hospital de Christchurch para ser identificados de forma oficial y, como se trataba de algo que los médicos forenses llaman "incidente fatal en masa", el proceso de identificación tomaría tiempo. Dicho de otra forma, no solo no había una lista definitiva con los nombres de las víctimas, tampoco sabíamos cuándo serían devueltos los cuerpos.

Los procedimientos eran importantes. Tras los bombardeos terroristas de 2002 en Bali, muchas de las víctimas que fueron reconocidas de forma visual fueron mal identificadas. Luego, en 2004, en el terremoto y el tsunami en el océano Índico, algunos de los cuerpos fueron repatriados a países equivocados, a familias que no eran las suyas.

A partir de entonces se crearon nuevas normas internacionales para las fatalidades en masa, normas que requerían varias y diversas formas de identificación. Ahora, la identificación por parte de un miembro de la familia ya no era suficiente y, como en este caso había migrantes y refugiados entre las víctimas, llevar a cabo las diversas labores de identificación sería difícil y tomaría mucho tiempo. Como gobierno, estábamos lidiando al mismo tiempo con los procedimientos estatales y con las expectativas religiosas; tratábamos de conciliarlos, pero para ese momento, solo una cosa era segura: los cuerpos no serían devueltos pronto.

El problema era que nadie les había explicado esto a las familias, y sabía que sería yo quien tendría que hacerlo.

Para cuando llegamos al edificio donde estaban reunidos los familiares, el fresco aire matinal le había cedido el paso a un día caluroso. A lo largo de todo el perímetro del vestíbulo de Hagley College había miembros de pandillas con chaquetas de cuero montando guardia. No, no tenían ningún vínculo formal con la comunidad musulmana, simplemente se autonombraron protectores y estaban ahí para enfrentar a cualquier grupo de blancos supremacistas que se sintieran tentados a molestar o a continuar aterrorizando a las familias en luto. Me acomodé el pañuelo en la cabeza y entré al edificio. Vi una mesa en el corredor de linóleo, en ella había varios trabajadores de la Cruz Roja. No alcanzaba a ver el salón principal, pero sentí de inmediato el calor de la gente ahí reunida.

El lugar estaba abarrotado. Había cientos de personas hacinadas tratando de escuchar a un hombre que, desde el frente, hablaba a través de un micrófono. La mitad de las personas respondían a lo que él decía, mientras que la otra mitad le pedía a la gente de alrededor que se callara para poder escuchar. En el ambiente se sentían el miedo y la frustración acumulados.

Caminé entre la multitud hasta llegar a Gamal, el imam de Al Noor al que le costó trabajo hablar durante nuestra llamada la noche anterior. Se veía ojeroso y demacrado, pero me saludó amablemente, con palabras que me fue imposible escuchar por el ruido.

En la sala no había ni escenario, ni podio, ni una plataforma desde donde dirigirse a la multitud. Me di cuenta de que, si trataba de hablar por el micrófono, solo produciría más ruido, por eso solo extendí los brazos al frente y luego los bajé, un gesto con el que invitaba a la gente a sentarse. Pasé un buen rato haciendo eso. *Siéntense, por favor.* Hice contacto visual con la mayor cantidad de gente posible. *Siéntense para que podamos vernos, para que podamos escucharnos.*

La gente comenzó a sentarse poco a poco, una fila y después otra. Poco después, el lugar se encontraba en silencio y nadie se movía. La gente esperó, algunos levantaron sus teléfonos y, gracias a eso, pude conectarme con sus seres amados, incluso con aquellos que escuchaban desde el otro lado del mundo.

Respiré profundo. "As-salamu alaykum". *La paz sea con ustedes.* Me sorprendió escuchar el tremor en mi voz, pero continué hablando. Pasados algunos minutos en los que me solidaricé con su dolor lo mejor que pude, empezaron las preguntas. Muchos querían saber cuándo recuperarían el cuerpo de sus seres amados.

Inhalé y respondí lenta y claramente, les dije la verdad: los cuerpos aún estaban en la mezquita. Les dije que sabíamos lo importante que era que fueran sacados de ahí para reunirlos con sus familias. Expliqué que todos estaban trabajando lo más rápido posible, pero que el proceso múltiple de identificación tomaría tiempo, que estábamos tratando de ser eficientes y que tomábamos muy en serio las costumbres religiosas, pero que era imposible negar que tomaría tiempo. No sabía cómo respondería la gente ante esto, pero mientras hablaba sentía que lo correcto era decir la verdad.

Un hombre que estaba frente a mí empezó a asentir y una sensación de sosiego empezó a extenderse en el lugar. Tal vez las malas noticias sean mejores que las preguntas sin respuesta.

Esa noche, después de hablar con nuestras contrapartes del gobierno australiano y pedirles que nos prestaran personal adicional para el proceso de identificación de las víctimas, la policía dio a conocer una lista provisional con los nombres. Con ella les confirmamos lo peor a las familias de las cincuenta víctimas contabilizadas hasta ese momento.

CUANDO SALÍ DEL CENTRO DE CRISIS, hablé con una mujer que no encontraba a su esposo. Eran turistas y estaban de vacaciones, venían de Fiyi. Su esposo fue a la mezquita para hacer su oración del viernes y no había tenido noticias de él desde entonces. No sabía si estaba vivo. Unos desconocidos la llevaron en su automóvil a varios hospitales de la ciudad, pero como no habían tenido suerte, la trajeron al centro de crisis con la esperanza de que alguien pudiera brindarle ayuda. Se veía exhausta, abrumada por la multitud.

La tomé del brazo y la llevé hasta donde estaba uno de los trabajadores de la Cruz Roja. "Puedo hacerme cargo", dijo el trabajador y, aunque dudé en dejarla sola, sabía que no podía resolver todos los problemas individuales, que primero tenía que entender lo que necesitábamos hacer como gobierno. *La Cruz Roja le ayudará*, me dije antes de salir de ahí y dirigirme al hospital.

Cuarenta personas resultaron heridas por los disparos y algunas de ellas se encontraban en estado crítico. En mi primera visita hospitalaria entré a la unidad de cuidados intensivos sin saber que, en las siguientes semanas y en los meses por venir, iría a muchísimas más. Iba de una habitación a otra, hablaba con las familias y escuchaba sus historias. Conocí a un hombre al que le dispararon en la pierna y cuya hija de cinco años se encontraba ahora inconsciente en una de las camas del hospital. El hombre no podía dejar de pensar en cada uno de los pasos que dio ni de dudar de todas las decisiones que tomó, no cesaba de buscar un escenario en el que habría podido poner a su hija a salvo. Hablé con unos refugiados sirios que llegaron a Nueva Zelanda para escapar del horror en su país, solo para perder a su padre y a su hijo. El segundo hijo sobrevivió, pero también fue víctima de los disparos. Conocí a un hombre que administraba un local de alimentos, le dispararon en el hombro y no sabía cuándo podría volver al trabajo, si acaso podía.

En cada una de las visitas que hice, cada vez que estuve al lado de una cama de hospital, me perturbó ver a tantas personas lesionadas. Pero eso no fue lo único, *la cantidad* de heridas que tenía cada una me parecía increíble. De hecho, todos habían recibido múltiples disparos. El terrorista usó varias armas, entre ellas un fusil AR-15, capaz de disparar sesenta balas por minuto. La violencia causada por esta arma me resultaba incomprensible.

Esa noche, Raj y yo regresamos al aeródromo de la Fuerza de Defensa en el aeropuerto de Christchurch para volar a Wellington. Era un espacio vasto e impersonal, un hangar industrial con techos de metal y suelo de concreto, rodeado de una cerca de malla metálica. Me senté en una silla de plástico rígido y, por primera vez en todo el día, me derrumbé.

A pesar de que estaba totalmente expuesta, de que me rodeaban algunos integrantes de la comitiva que me acompañó a lo largo del día, así como algunos miembros del personal de la Fuerza Aérea, fue el momento más privado que había tenido desde aquella mañana. A lo largo de la jornada, el abrumador dolor que me envolvió me ayudó a contenerme, pero ahora, en aquella silla de plástico, en medio de un hangar, mis sentimientos y mi propia aflicción se desbordaron.

Michael Wood era un incansable e incondicional partidario del Laborista, alguien a quien nunca veía uno con un cabello fuera de sitio, y formaba parte de la delegación de diputados que viajó a Christchurch. De pronto se acercó y me entregó un vaso de poliestireno con té sin decir nada, solo me dio algunas palmadas en el hombro. Luego se acercó Andrew, mi secretario de prensa. Creo que no había visto mi rostro porque empezó a hablar de las entrevistas que tenía en puerta.

"Tienes dos entrevistas en vivo. Empezaremos con la de TV1 —dijo, pero en ese momento me vio y su expresión cambió de inmediato. Solo de recordarlo imagino cómo debo de haberme visto. Ojos enrojecidos e hinchados, la cara manchada por los ríos de rímel corriéndome por las mejillas—. Eeeh... Jacinda, la primera entrevista es en cinco minutos —añadió, señalando vagamente mi rostro—. ¿Crees que podrías hacer algo respecto a...?". Tenía razón, necesitaba refrescarme un poco. Todavía quedaba mucho por hacer: más reportes, más entrevistas, más anuncios, noticias de último minuto y declaraciones.

El terrorista se presentó esa mañana en la corte y, además, estaba el asunto de los cuerpos, pero estaba convencida de que había otras cosas que el gobierno debía hacer, como reemplazar los ingresos de las víctimas que ya no podrían trabajar y para las familias que perdieron a la persona que aportaba su sustento principal. Tendríamos que cubrir el costo de los entierros y asegurarnos de que cada una de las víctimas y los miembros de su familia que tenían visas temporales tuvieran acceso a la residencia permanente. Así que respiré y recobré la compostura pensando: *No puedo volver a derrumbarme de esta forma.*

Cinco días después del tiroteo visité la Preparatoria Cashmere, en Christchurch, el lugar donde estudiaban dos de las víctimas más jóvenes. Cuando entré, acompañada de los diputados locales, cientos de estudiantes nos recibieron en el gimnasio antes de llevar a cabo el único acto que conozco capaz de evocar poder, orgullo y dolor al mismo tiempo: la *haka*.

Cuando llegó el momento de mi discurso, saqué una pequeña hoja de papel en la que había anotado algunos puntos. Les dije a los estudiantes que debíamos recordar a las personas que perdimos, no a quien les arrebató la vida. Les dije que sentirse tristes no era malo y que, aunque tal vez sería difícil expresar nuestras emociones, debíamos pedir ayuda si la necesitábamos.

Al final, les pregunté si querían decir algo o hacerme alguna pregunta. Hubo un momento de silencio, pero luego una niña de complexión menuda que estaba sentada al fondo, levantó la mano y, muy lento, como si estuviera pensándolo muy bien, me preguntó algo que no me esperaba en absoluto.

—¿Cómo se siente usted?

—¿Cómo me siento? —dije, repitiendo su pregunta.

Alguien había dicho que yo era la "principal doliente de Nueva Zelanda" y, en ese momento, no supe qué sentir al respecto. ¿En verdad era la principal doliente? Y, en ese caso, ¿sería eso algo bueno?

Había tratado de concentrarme en el dolor de quienes resultaron más afectados. Pero un periodista me preguntó recientemente si lloraba por las noches cuando volvía a casa. Por supuesto que lloraba en casa. La noche del ataque regresé a Premier House y, como Neve se había acostado a dormir mucho antes, solo encontré a Clarke esperándome al final del corredor. No sé cuánto tiempo lloré en su hombro, pero me pareció una eternidad, pero, obviamente, no le iba a decir eso a Barry Soper de Newstalk ZB.

Esa mañana, sin embargo, aquella chica me preguntó de forma directa cómo me sentía y yo acababa de decirles que estaba bien sentirse triste, a ella y a los otros estudiantes que perdieron a dos compañeros de clase en medio de una violencia inimaginable. *¿Cómo me siento yo?* Traté de evitar que se me quebrara la voz y logré decir solamente tres palabras, la oración más breve posible que me permitió confesar cómo me sentía. "Estoy muy triste".

Cuando terminaron las preguntas y los estudiantes se pusieron de pie en silencio para despedirse, la chica encontró la manera de caminar hasta donde yo estaba. Al verla de pie, noté sus grandes ojos y cómo le colgaba el largo cabello rubio en la espalda. Parecía ser una de las más pequeñas en el lugar y, a pesar de ello, poseía el valor y la sabiduría necesarios para comprender que ni la edad ni el poder determinan quién necesita ser reconfortado ni quién puede reconfortar a otros.

Y tal vez por eso, sin decir nada, se acercó a mí y me abrazó.

HUBO VARIOS EVENTOS PARA CONMEMORAR lo sucedido el 15 de marzo, pero hay dos que quedaron grabados en mi memoria de manera especial. El primero se llevó a cabo exactamente una semana después del ataque terrorista, cuando la comunidad musulmana retomó sus oraciones del viernes. Le pedimos a la estación nacional de radio que transmitiera el llamado a la oración y, de forma simultánea, la ciudad de Christchurch convirtió Hagley Park, su parque más grande, en una zona de oración abierta, a solo unos pasos de la mezquita Al Noor.

En el interior de la mezquita todavía estaban los orificios que dejaron las balas en los muros. Para ese momento todas las víctimas habían sido identificadas y los últimos cuerpos fueron finalmente entregados a las familias. Las calles de Christchurch estaban cubiertas de mensajes personales y de símbolos conmemorativos, girasoles, lirios, gerberas y hortensias. Había tantas flores que no se veía el pavimento. También había velas, osos de peluche y muchísimos letreros pintados a mano, con leyendas como: SOMOS UNO, DEJA QUE EL SOL BRILLE y TE AMAMOS.

Miles de personas caminaron hasta el parque; se calcula que hubo quince mil asistentes y todos estuvieron ahí para mostrar su solidaridad a los creyentes musulmanes. Las escenas del evento se convirtieron en una forma de repudio al odio, en un rechazo desafiante a todo lo que el terrorista esperaba conseguir. Después nos enteramos de que, en Auckland, Wellington y muchas otras partes del mundo, se realizaron eventos similares.

Justo a la hora en que empezó el tiroteo, se escuchó en todo el país el llamado a la oración y luego hubo silencio. Observé a la multitud, deseé que todos permanecieran en calma, en una paz ininterrumpida. Gamal subió al escenario, tomó el micrófono y se expresó con decisión y serenidad; dijo que su comunidad tenía el corazón roto, pero no estaba quebrada. Cuando terminó, me paré junto a un micrófono colocado cerca de mí y leí una cita del profeta Mohammed que describía el dolor de Nueva Zelanda: "Cuando una parte de tu cuerpo sufre, todo el cuerpo sufre".

Al sentarme noté a un joven hombre musulmán parado al borde del área de oración. Era de complexión delgada y tenía los hombros encorvados. Llamaba a su madre buscándola entre la multitud; luego se acercó al micrófono, lo tomó y empezó a hablar, pero para ese momento el servicio había comenzado y el micrófono ya estaba apagado. Nadie escuchó lo que dijo.

Estaba muy cerca de mí, por lo que, cuando miró alrededor, me vio. "Jacinda Ardern", dijo, como si le sorprendiera verme ahí. Entonces lo reconocí: era el joven que habló directamente al celular de Andrew la noche del ataque, el que estaba desesperado por encontrar a su amado hermano. Se quedó parado mirándome fijamente y repitiendo mi nombre una y otra vez.

Algunos miembros de la comunidad lo vieron y se dieron cuenta de que estaba solo. Fueron hasta él, lo abrazaron y se lo llevaron con cuidado. Entonces desapareció. Yo había visto muchísima aflicción, en especial esa semana, pero al estar sentada en el parque, con el sol iluminándonos al atardecer, la imagen de aquel joven luchando por comprender una pérdida absurda y fútil fue, y sigue siendo, la manifestación más contundente que he visto del dolor.

El segundo evento que quedó plasmado en mi memoria fue el National Day of Remembrance: Ko Tātou, Tātou: Somos uno. Ese día, dos semanas después del ataque, se reunieron más de veinte mil neozelandeses y yo tuve la oportunidad de reunirme con una *kuia*, una respetada matriarca del *iwi* local. La *kuia* me colocó sobre la espalda una capa ceremonial, *kakahu*, y luego comenzó el *karanga*.

Karanga es un sonido que no se parece a nada que yo conozca. Lo emiten las mujeres maoríes y sirve para unir a los vivos con el mundo espiritual. Es un sonido profundo y gutural, es canto y lamento. He escuchado el *karanga* en muchas ocasiones, pero no deja de conmoverme. Cuando lo escuché resonar por todo el parque y posarse sobre los millares de personas presentes, fue como ver un manto que unía a un grupo de desconocidos.

Después de la entonación del *karanga*, se leyó en voz alta el nombre de cada una de las víctimas y, un hombre, cuya esposa murió en el ataque, habló de una forma muy emotiva sobre el perdón. Cuando terminó, alguien, a quien yo no conocía, subió al escenario. Era un hombre que parecía tener menos de setenta y cinco años, tenía barba bien cuidada y lentes oscuros. Vestía con sencillez, pantalones negros y una camisa polo, negra también. Llevaba al cuello una pequeña pieza de *pounamu*, el jade neozelandés. Acompañado de solamente su guitarra y un contrabajista a su lado, empezó a rasgar los acordes de una canción que me resultaba tan familiar que parecía que venía de mi interior. Entonces comenzó a cantar:

I've been smilin' lately
Dreaming about the world as one

"He estado sonriendo últimamente, al soñar que el mundo es uno solo". Era Yusuf Islam, el hombre que alguna vez fue conocido como Cat Stevens y, la canción, "Peace Train", era aquella que escuché casi treinta años atrás, sentada con las piernas cruzadas en el suelo de la escuela intermedia, la que ese día lejano me hizo llorar y este también.

Todo había cambiado muchísimo desde que escuché "Peace Train" por primera vez, yo también cambié. Había visto mucho y había empezado a entender cuán cruel y oscuro podía ser el mundo, pero en ese momento en el parque estaba igual de comprometida que siempre con un mundo en el que pudiéramos cuidarnos los unos a los otros. Todavía creía que, ante la disyuntiva de elegir entre el odio y la esperanza, uno siempre podía escoger la esperanza.

Han pasado varios años desde aquel 15 de marzo, pero aún pienso en los días que siguieron a los ataques. Recuerdo la noble fortaleza del imam Lateef, la consideración y el valor de Gamal, el dolor y la gentileza que manó de una nación devastada y se desbordó por todos los rincones. Pienso en la reunión en el centro de crisis, en lo difícil que parecía dar a conocer las malas noticias y en todos aquellos momentos terribles y hermosos en el hospital. Pienso en el brío, el amor y la bondad de los que fui testigo una y otra vez.

Y, a pesar de todo, la tristeza del 15 de marzo no me ha abandonado.

VEINTICUATRO

Una reforma en diez días

En el ataque terrorista del 15 de marzo se utilizaron seis armas de fuego y entre ellas había dos rifles AR-15, un arma semiautomática y una escopeta con acción de bombeo. El terrorista las adquirió de forma legal y luego las modificó para volverlas incluso más devastadoras.

No era ciudadano neozelandés, solo llevaba dieciocho meses viviendo en el país y, a pesar de ello, obtuvo una licencia para usar armas que tenían un único propósito: matar la mayor cantidad de personas en el menor tiempo posible.

En Nueva Zelanda no hay ningún derecho constitucional que le permita a alguien poseer un arma, pero no es raro que la gente las adquiera y las tenga. De acuerdo con algunos cálculos, nuestra proporción de ciudadanos que poseen armas nos colocan en el décimo séptimo lugar en todo el mundo y, eso, a su vez, nos pone entre el 10 por ciento de los países que se encuentran en la cima de la lista. En todo el país, los neozelandeses aprenden a usar armas para dispararles a renos, cabras y a algunos animales considerados como plagas, como tuve que hacerlo para lidiar con las zarigüeyas en nuestro huerto.

Durante varios años hubo intentos por modificar nuestras leyes sobre armas, pero la mayoría no llegó muy lejos o, más bien, no fue a ningún lado. Algunos de los cambios más sustanciales se produjeron a principios de los años noventa, poco después de un suceso específico que fue, hasta antes del 15 de marzo, el tiroteo más importante en la historia de Nueva Zelanda: el ocurrido en Aramoana, en el que un hombre que tenía problemas con sus vecinos mató a trece personas. Aunque las reformas realizadas después de Aramoana impusieron pasos adicionales para tener acceso a ciertas armas, ninguna fue prohibida.

Luego, el 15 de marzo, sucedió lo impensable y eso me hizo tomar una decisión. Nuestras leyes sobre las armas debían cambiar, y ya teníamos un modelo que podríamos usar.

En 1996 hubo un tiroteo masivo en Port Arthur, en Tasmania, Australia. El hombre que perpetró el crimen usó dos rifles semiautomáticos y, aunque sus motivos fueron distintos a los del atacante de Christchurch, la pérdida de vidas también fue significativa. Treinta y cinco personas recibieron impactos de bala y murieron. El primer ministro australiano en ese tiempo, el conservador John Howard, actuó con rapidez para prohibir las armas con acción de bombeo, las semiautomáticas y las automáticas. También implementó un programa de recompra y amnistía para cualquier persona que poseyera armas prohibidas. Para mí era muy claro que no teníamos por qué reinventar la rueda, podríamos usar la reforma australiana como modelo.

Raj trabajó con un pequeño grupo en un reporte inicial para prohibir las armas semiautomáticas estilo militar y, mientras tanto, algunos oficiales de la policía de Nueva Zelanda y de la oficina del ministro de la Policía trabajaron a gran velocidad y prepararon todos los documentos necesarios para hacer los cambios formales. Tres días después de los ataques, el gabinete estuvo de acuerdo, en principio, en continuar con la reforma.

Una reforma, sin embargo, no es algo general, exige comprometerse con cuestiones detalladas: definiciones, normas y procedimientos específicos. Y, a veces, eso implica tomar decisiones con criterio. Nosotros estábamos concentrados en las armas de alta capacidad, pero ¿qué consideraríamos exactamente como "alta" capacidad? Los cazadores de patos, por ejemplo, a veces usan escopetas con acción de bombeo, que también son de las armas más comunes en las granjas porque las utilizan para lidiar con las plagas. Por otra parte, algunos fusiles de este tipo tienen capacidad de cinco disparos y otros de diez. ¿Cuántos necesitaba un cazador o un granjero? Estuvimos analizando estas preguntas y debatiendo sobre lo que nos permitiría implementar una reforma significativa y lo que podría solo generar una onerosa carga.

Cinco días después del 15 de marzo, me reuní en Christchurch con los oficiales que atendieron la situación el día del ataque y tuvimos una junta en un vestidor de la estación de policía. Era el lugar donde el escuadrón especializado en atacantes armados se preparaba, donde los oficiales se ponían el equipo de protección cada vez que una situación exigía una respuesta armada. El propósito de mi visita era muy simple, quería agradecerles porque, aunque quienes ubicaron y detuvieron con gran valentía al tirador armado cuando se dirigía a una tercera mezquita fueron dos oficiales de rango superior llamados Jim y Scott, el escuadrón especializado en atacantes armados trabajó muy de cerca para frenar el ataque.

Los oficiales permanecieron sentados en las bancas frente a sus casilleros mientras yo hablaba; estaban callados y con la cabeza agachada. Terminé de agradecerles y me dirigí a la salida, pero en ese momento se me ocurrió una idea, así que di media vuelta y los miré de frente.

—Me gustaría hacerles una pregunta rápida. ¿Cuántos de ustedes cazan? —dije, y casi todos levantaron la mano—. Y supongo que muchos usan escopetas de acción de bombeo, ¿no? —continué. La mayoría asintió—. Entonces, tal vez puedan ayudarme. Como cazadores o granjeros, ¿qué cantidad de disparos les parece razonable que tenga una escopeta de este tipo? Si *ustedes* tuvieran que redactar de nuevo la ley, ¿qué límite impondrían?

No había nadie más preparado para reflexionar sobre esta pregunta que ese grupo de oficiales porque no solo usaban armas, también se enfrentaban a ellas. Cazaban como pasatiempo, pero también eran los primeros en responder en emergencias que involucraban a criminales armados.

En un instante, su silencio se transformó en una animada discusión. Hablaron sobre la lógica de tener cinco tiros contra diez y tomaron en cuenta las implicaciones para la seguridad pública, pero, a su vez, consideraron lo que se requeriría para cazar patos con éxito.

Finalmente, llegaron a un consenso.

—Cinco disparos —dijo uno de ellos y los demás asintieron—. Uno no necesita diez para cazar, con cinco es suficiente.

Les agradecí de nuevo. Tal vez fue una discusión improvisada, pero tenía que aprovechar que, sin habérmelo propuesto, me encontraba frente al grupo focal más informado y reflexivo que habría podido reunir y, por todo eso, me sentía muy agradecida. Llamé al equipo en cuanto abordé el automóvil. "Creo que tenemos nuestra respuesta a la pregunta sobre las escopetas", dije.

DIECISIETE DÍAS DESPUÉS DE LOS ATAQUES presentamos la nueva ley y, diez días después, con el apoyo de todos, salvo por un miembro del Parlamento, fue aprobada la ley que prohibía las armas semiautomáticas tipo militar. Esta ley incluía amnistía y un programa de recompra que les permitiría a las personas que poseían el tipo de armas que se acababan de volver ilegales recibir una compensación por entregarlas al gobierno.

En el primer mes tras la aprobación de la ley, la policía recibió diez mil armas a través de un sistema de transacciones muy sencillo. Establecimos puntos de recolección a los que los ciudadanos podían llevar sus armas prohibidas; las entregaban y, a cambio, recibían dinero en sus cuentas bancarias. Luego se iban a casa.

Para cuando terminó el año, se habían entregado y destruido cincuenta y seis mil armas y casi doscientas mil partes de armas.

Aún se necesitarían reformas más sensibles, pero sabíamos que no era posible ganar todas las batallas. Después introdujimos un programa de registro que les permitía a los oficiales de policía saber cuántas y qué tipo de armas tenían los propietarios. Esto, a su vez, sirvió para que los médicos y profesionales de la salud supieran si algún paciente corría riesgo en casa debido a la presencia de armas. Este programa fue aprobado, pero con menos unanimidad, lo que ponía en riesgo a la política que lo originó, ya que un futuro Parlamento podría invalidarla.

A pesar de todo, actuamos, hicimos *algo*. Y, lo más importante, demostramos que siempre se *puede* hacer algo.

Actualmente, cuando participo en conferencias en el extranjero, mis discursos invariablemente suscitan aplausos espontáneos debido a una frase: *Reformamos nuestras leyes sobre las armas en diez días.* La gente no aplaude solo de vez en cuando, todos los públicos reaccionan de la misma forma cuando hago esta afirmación. Su respuesta me ha permitido constatar que la gente no se ha dado por vencida, ni siquiera en los países donde la violencia relacionada con las armas parece inextricable y donde una reforma parecería imposible. Se niegan a aceptar el extremismo violento como algo inevitable y a considerar la brutalidad de las armas como parte de una especie de nueva normalidad.

La reacción de los públicos también me dice que toda crisis exige que se lleven a cabo acciones claras e inequívocas, y que así seguirá siendo hasta que las cosas no cambien.

ENTRE TODO LO SUCEDIDO, también estaba el asunto del video. El 15 de marzo, el tirador transmitió en vivo diecisiete minutos del ataque hasta que fue detenido. En las primeras veinticuatro horas, el video se compartió en YouTube a una velocidad de una vez por segundo y Facebook eliminó 1.5 millones de copias de su plataforma.

Incluso a mí me apareció el video poco después del ataque, cuando abrí Instagram para publicar información dirigida al público. Todavía estaba en New Plymouth en ese momento, iba en camino al aeropuerto. Ver que el video estaba entre el *feed* de Instagram fue tan traumático, tan visceral y tan horrible, que aventé mi teléfono celular al suelo de la camioneta.

Si yo lo vi, ¿cuántas personas más no lo habrían visto también? ¿Cuántas más lo verían aún? ¿Y qué impacto tendría en ellas?

Ese video no solo fue filmado para revictimizar a las personas heridas y a sus familias, también tenía como objetivo convertirse en un arma e instigar a otros, tanto a imitar las acciones como a atacar por venganza. Me enteré de incontables historias de gente que lo había visto: familiares de las víctimas, amigos, miembros de la comunidad musulmana, y me era imposible imaginar un mundo en el que te pudiera suceder lo peor posible, que mataran a un ser querido tuyo y que, además, el acto fuera grabado y transmitido para que todo el mundo lo viera.

En los días subsecuentes al ataque, algunas empresas de redes sociales, como Facebook, nos contactaron y pidieron reunirse con nosotros, pero yo sabía que, si aceptaba verlos, lo más probable era que se ofreciera una disculpa, que se tomara una fotografía y, luego, solo se irían. Es decir, existía la posibilidad de que no se hiciera nada al respecto. Pero, por al menos un instante, tuvimos la oportunidad de pedir algo más.

Llamé a Angela Merkel, luego a Emmanuel Macron y a Justin Trudeau. Les pregunté si se unirían a Nueva Zelanda para que la iniciativa fuera mucho más significativa. Todos estuvieron de acuerdo, así que le llamé a Mark Zuckerberg de Facebook, a Jack Dorsey de Twitter, a Sundar Pichai de Google, y luego a Susan Wojcicki, directora ejecutiva de YouTube, a Jeff Bezos de Amazon y, finalmente, a alguien de gran importancia, Brad Smith, presidente de Microsoft. Brad era un defensor clave de nuestra labor. En ocho semanas diseñamos y lanzamos lo que se llegó a conocer como Christchurch Call to Action, un proyecto cuyo propósito era comprometerse con la eliminación de contenidos terroristas y de violencia extremista en línea.

Para este momento, distintos gobiernos, la sociedad civil y más de 130 empresas importantes se han unido a este llamado a la acción. Gracias a eso, el mundo ahora tiene nuevos protocolos de crisis, herramientas y políticas que no existían antes de los ataques del 15 de marzo. Estos logros abarcan un sistema global de respuesta a crisis para evitar la difusión de ataques transmitidos en vivo; la implantación de controles en las plataformas tecnológicas para las transmisiones en vivo; e inversión en nuevas herramientas para ayudarles a los investigadores a comprender la influencia de los algoritmos, así como la forma en que la gente se radicaliza en internet.

No obstante, la violencia engendra violencia, y, mientras esta continúe en internet y fuera de él, deberemos persistir en nuestra labor para oponernos a ella. No, la tristeza del 15 de marzo no me ha dejado, pero tal vez algunos tipos de tristeza nunca deban irse porque son, quizá, lo que nos mantiene concentrados en el cambio.

VEINTICINCO

Compromisos

En las semanas que siguieron al 15 de marzo empecé a notar que mi mente divagaba por momentos. El trabajo del gobierno continuó y, en muchos casos, tenía que hacerse de manera urgente, pero ese no era el problema. Mantenerme ocupada era una manera de evitar estar demasiado tiempo a solas con mis pensamientos.

Anteriormente, había hecho campaña por el asunto de los impuestos por ganancias de capital, es decir, por una aplicación fiscal sobre todas las inversiones salvo las casas de las familias. Las ganancias de capital representaban una importante fuente de ingresos para nuestros ciudadanos más adinerados y, por lo tanto, nos parecía justo establecer impuestos sobre esos ingresos de la misma forma en que se hacía sobre los salarios. Yo creía en este cambio, me parecía que era una cuestión de igualdad, y Grant también estaba muy comprometido con la iniciativa. Sin embargo, Nueva Zelanda Primero insistía en que el impuesto por ganancias de capital era demasiado complejo. Marzo terminó y le dio paso a abril, luego pasaron varias semanas más, y entonces me empecé a preguntar si podríamos llevar a cabo esta tarea.

En casa, Neve y Clarke eran mi alegría, mi alivio temporal. Cuando estaba lejos de ellos por periodos prolongados, Clarke me enviaba videos cortos en los que documentaba los sucesos del día. Eran videos sencillos: Neve aparecía en su saltarín *Jolly Jumper*, saltando de arriba abajo en el marco de una puerta. A veces saltaba con tanto vigor, que yo estaba segura de que saldría disparada. Luego venían las hazañas alimentarias. Neve tenía ya diez meses y, cada vez que comía, reinaba el desastre. Grandes manchas de aguacate y calabaza, o trozos de pollo regados por todo el piso de la cocina. También había empezado a ponerse de pie sola y a caminar tambaleándose a lo largo del sofá, sujetándose del borde con mucha determinación.

A veces, cuando yo estaba en casa y veía a Neve explorar los nuevos lugares a su alcance o sacar de los cajones de la cocina todos los contenedores Tupperware, mi mente viajaba al pasado, a mi propia infancia. Me transportaba a todos aquellos recuerdos que me hacían feliz: el aroma de la leche fresca derramada en los establos, la sensación del pasto recién cortado y tibio por el sol bajo mis pies desnudos, el rocío salado con que el viento nos bañaba en la playa. Anhelaba especialmente la playa.

Inspirada por todos esos recuerdos, en abril, un mes después del ataque terrorista, Clarke y yo empacamos, guardamos todo en el automóvil, colocamos a Neve en su asiento especial y nos dirigimos al aeropuerto desde donde volaríamos a la costa este para las vacaciones de Pascua. La familia de Clarke tenía una sencilla casa de playa hecha de tablas de madera, como las que llamamos *bach* en Nueva Zelanda, una cabaña vacacional, digamos. La casa estaba en Māhia, una hermosa zona con extensas y sedosas franjas de arena dorada, dunas modestas e interminables y ondulantes colinas de bosques preservados con vista al mar.

Me agradaba pasar tiempo con los padres de Clarke, eran el tipo de personas que creaban, que hacían cosas. Tony, su padre, tuvo huertos en el pasado y, ahora que estaba retirado, se afanaba por toda su propiedad como lo hacía mi abuelo Eric, de quien parece una copia, pero más alegre. Cuando los visitábamos, me despertaba por la mañana y siempre lo encontraba fuera de casa, haciendo estacas para las enredaderas o reorganizando sus herramientas. En una ocasión, estando en la playa, encontró un buen madero que llegó con las olas. Lo arrastró hasta la casa y, unos días después, ya lo había convertido en una mesa de centro perfectamente funcional. Peri, la madre de Clarke, era trabajadora social, pero, antes de dedicarse a eso, tuvo una florería: Peri's Tropicana. También tejía con agujas y con ganchillo, e incluso retapizaba muebles. Cuando Clarke tenía cinco años, le tocó representar el papel de "la pequeña y solitaria Petunia" en una producción de teatro escolar, y Peri confeccionó su disfraz con todo el cuidado necesario para evitar la desgracia que le sobrevino a otro niño en el huerto de cebollas, quien se desmayó porque la media que le pusieron en la cabeza le apretaba demasiado.

Peri y Tony también eran abuelos experimentados, Neve era su sexta nieta. Siempre que alguno de los niños los visitaba, sacaban un cofre lleno de libros de cuentos, muñecas y juegos de té que, en la mayoría de los casos, habían sobrevivido desde la época en que Clarke y sus hermanas eran pequeños. Tony era el tipo de persona que dejaba de hacer cualquier tarea para ir a perseguir a sus nietos y jugar con ellos. Peri, por su lado, se tiraba al suelo a armar rompecabezas, leer libros o construir jardines para las hadas.

Siempre les daba mucho gusto y alegría cuidar a Neve para que Clarke y yo pudiéramos caminar por la playa o entregarnos al pasatiempo favorito de él: ver lanzamientos de botes en la playa Mokotahi. Por supuesto, Clarke y yo nunca estábamos solos durante esos paseos porque, como primera ministra, siempre tenía a mi equipo de seguridad diplomática cerca. Pero, para ese momento, a casi un año de haber sido elegida para el cargo, nos habíamos acostumbrado en buena medida a nuestras silenciosas y permanentes sombras.

Un día, en aquellas vacaciones de Pascua de 2019, Clarke y yo dimos uno de estos paseos. Fuimos a Mokotahi Hill, una corta y empinada franja de tierra que serpenteaba hasta llegar a un hermoso mirador desde donde se podía contemplar Taylor's Bay. Ese día, yo no me sentía con ánimos de caminar, estaba cansada y desmoralizada porque, además de que apenas me estaba recuperando del 15 de marzo, poco antes me enteré de que Winston Peters, de Nueva Zelanda Primero, no apoyaría la introducción del impuesto por ganancias de capital, lo que significaba que no contábamos con los votos necesarios para que se aprobara la ley. Fue por eso que, antes de irnos de vacaciones, hice una llamada estratégica para no incluir la propuesta en la siguiente elección. Mi temor era que, si basábamos una campaña para una cuarta elección consecutiva en el impuesto por ganancias de capital, Nueva Zelanda Primero lo rechazaría de nuevo y nos pusiera en riesgo de perder votos en el proceso. Por supuesto, era consciente de que había decepcionado a algunas personas, en especial a Grant, y de que había dejado sin resolver un problema relevante en nuestro sistema fiscal.

En verdad no quería hacer una excursión y tampoco tenía ganas de hablar de la espantosa semana que tuve en el trabajo antes de partir, pero me di cuenta de que Clarke tenía muchos deseos de subir por la colina, así que acepté ir con él. Sería una excursión intensa, pero al menos me parecía corta, estaríamos de vuelta antes de que necesitara alimentar a Neve a la hora de la cena. Entonces noté que él estaba metiendo botellas de agua en una mochila y me pregunté si tendría el plan de ir más allá de la colina.

"¡Vamos!", gritó Clarke desde la puerta. Suspiré, me até las agujetas de los zapatos y lo seguí. Iain, nuestro agente del Servicio de

Protección de Dignatarios iba detrás de nosotros, no muy lejos. Como todos los agentes del DPS, Iain era estoico y siempre estaba alerta, pero, a diferencia de los otros, no era el tipo de individuo que pasara desapercibido entre de la multitud. Era muy alto, para empezar, y también tenía la cabeza afeitada y aquella "magnificente barba", como la gente describía su profusa barba negra, características que le hicieron ganarse su apodo en redes sociales: #hipster-bodyguard.

Como el sendero era demasiado estrecho para que Clarke y yo camináramos juntos, él se colocó al frente y empezó a subir con, tal vez, demasiado vigor para enfrentar la inclinación del ascenso. Yo me quedé un poco rezagada y traté de seguirle el paso; habían pasado diez meses desde que nació Neve, pero todavía me costaban trabajo las actividades físicas y no había recuperado la forma. Mientras yo subía dando bocanadas, Iain fingió que no tenía que caminar a paso de tortuga detrás de mí.

Cuando llegamos a la cima, Clarke se sentó en la crecida hierba y yo me acomodé a su lado respirando hondo y tratando de hacer descender mi ritmo cardiaco. Me sentí vieja y, de pronto, me di cuenta de que tal vez también así me veía, sobre todo con aquellas mallas de lycra, la sudadera y el gorro de Honda Marine de Clarke. Porque, sí, eso es lo que llevaba puesto cuando Clarke se giró hacia mí y me pidió que me casara con él.

Clarke siempre me sorprendió, desde el principio. No era el tipo de hombre que organizara majestuosos escenarios románticos, tampoco que regalara rosas rojas y joyas. Clarke dejaba notas escritas a mano debajo de mi almohada cada vez que viajábamos. Cuando volvimos de Nueva York, escribió una nota diciéndome lo orgulloso que estaba de mí, la escribió en una servilleta del avión que luego deslizó entre el asiento y mi charola plegable mientras yo estaba en el baño. Hacía muchas cosas así…

Como la taza de té que me esperaba sobre la mesa de noche para enfrentar el día, no solo en ocasiones difíciles, sino cada mañana, ¡sin falta! Y la taza de té que me preparaba por las noches, en cuanto terminaba de lavar los platos. Cuando llegaba yo a casa, Clarke siempre parecía saber si tendría que escucharme despotricar respecto a mi día, si solo dejaría pasar lo sucedido o si recurriría a la risa para olvidarme del asunto. Y, si acaso yo recurría a la risa, se aseguraba de que ambos riéramos lo bastante fuerte para hacernos olvidar cualquier cosa que estuviera pasando en el mundo. Todos estos eran los actos constantes de alguien que no solo hacía mi vida más sencilla, sino mucho mejor.

Entonces, ¿aceptaría casarme con él? Sí, sin pensarlo siquiera.

En ese momento, sacó de su mochila una botella pequeña de Lindauer, un sabroso vino espumoso muy económico, y un gran huevo de Pascua de chocolate envuelto en delgado papel aluminio dorado. De pronto escuché que, en el interior del huevo, había un objeto chocando contra el chocolate. Cuando lo partí, encontré el anillo de matrimonio de la abuela de Clarke, una argolla estilo *art déco* de la década de los años veinte, con dos diamantes cuadrados al centro. Lo deslizó en mi dedo y nos quedamos sentados un rato más sobre la hierba. Y, no lejos de ahí, Iain continuaba caminando con pasos lentos y escudriñando el paisaje, en caso de que alguien decidiera subir por el mismo sendero que nosotros.

—¿Crees que Iain se haya dado cuenta? —le pregunté a Clarke, pero era broma, por supuesto: los oficiales del DPS eran testigos silenciosos de todos los eventos de vida importantes de los dignatarios a quienes protegían.

—Nah —dijo Clarke, y ambos reímos y bebimos el vino que servimos en vasos de plástico. Debajo de nosotros estaba Taylor's Bay, repleta de los maderos arrastrados por las corrientes. Era el mismo sitio en el que, la primera vez que visité Māhia, Clarke lanzó al mar un bote inflable y me llevó remando a los lugares donde pescaba cuando era niño, mientras hablábamos de mis planes más recientes de campaña. Ese día de las vacaciones de Pascua acabábamos de añadir un preciado recuerdo más a aquel lugar tan especial.

Cuando volvimos a la casa, Peri estaba alimentando a Neve en su silla alta, pero al vernos entrar levantó la vista ansiosa y rio con aire de complicidad. *Por supuesto*, pensé. *¿Quién más habría logrado introducir con tanto cuidado el anillo dentro del huevo de Pascua? ¡Solo Peri!* La madre de Clarke me abrazó y ambas nos sentamos a la mesa. Entonces me empezó a contar cómo introdujo en el huevo de chocolate aquel antiguo y hermoso objeto: el anillo que le perteneció a la madre de Tony.

Mientras hablábamos y reíamos, Clarke se dedicó a hacerle caras a Neve, quien rio contenta cuando, minutos después, la levantó para llevarla a la tina para su baño. Observé todo con atención, la luz del sol inundando la cocina, el sonido del chapoteo proveniente del corredor, las palabras de Peri. Y entonces pensé que era una persona sumamente afortunada.

UNA SEMANA DESPUÉS DEL COMPROMISO, el príncipe Guillermo, duque de Cambridge, viajó a Nueva Zelanda para visitar a las víctimas del 15 de marzo. La primera vez que tuve contacto con él fue cuando asistió a la inauguración del nuevo edificio de la Suprema Corte y yo fui invitada a la parrillada con temática del Pacífico que organizó en honor suyo y de los jóvenes líderes. La anfitriona fue la gobernadora general. Como llevaba muy poco tiempo siendo diputada, me sentía muy nerviosa. En esa ocasión usé un vestido floral en colores brillantes y traté de esconderme un poco detrás de uno de los grandes árboles endémicos que había por aquí y por allá en el jardín trasero de la gobernadora general. Cuando el príncipe caminó entre los invitados, en verdad parecía muy interesado en saber quiénes eran y en conocer sus opiniones.

Poco después, se acercó a nuestro grupo y el árbol no bastó para ocultarme. No tenía ni idea de qué decir, pero otros diputados, como Darren Hughes, sabían bien qué hacer. El príncipe había visitado la isla Kāpiti, una reserva natural y santuario de aves que formaba parte del electorado de Darren. Él le preguntó al príncipe si le había agradado la visita y luego relató algo que le había sucedido en Kāpiti: extendió los brazos y los pájaros descendieron en masa y se posaron sobre él.

No pude evitar reír, creo que casi olvidé con quién estábamos. Le pregunté a Darren si esa no era también una escena de la película *Ace Ventura*, todavía no acababa de decirlo cuando pensé: *Ay, no, Jacinda, ¿en serio acabas de decir eso?* Pero el príncipe Guillermo se rio también y explicó que a él le había sucedido algo similar, que un pájaro se posó en él. No lo sé, tal vez solo estaba tratando de ser amable, pero, de cualquier forma, después de eso volví a ocultarme detrás del árbol.

Mi segundo encuentro con él no fue menos accidentado. El príncipe Guillermo y la duquesa de Cambridge visitaron Nueva Zelanda en 2014, en esa ocasión con el pequeño Jorge. La gente estaba muy emocionada y hubo mucha algarabía, muchos querían conocer a la pareja en un evento que se realizó de forma específica para los diputados y sus invitados. Con el fin de que la pareja real pudiera pasar y saludar a la multitud rápido, la gente se organizó en grupos de ocho y se asignó a una persona para hacer las presentaciones. Para ese evento, yo invité a mi prima Crystal, fue mi "+1". Ella era una gran admiradora de la familia real, de esas que coleccionan recuerdos, incluso hizo una fiesta temática en su casa para celebrar el compromiso de la pareja.

La duquesa entró al lugar y caminó hasta el primer grupo, el nuestro. Se veía muy elegante esa noche con aquel vestido negro ajustado y el broche de platino y diamantes incrustados en forma de hoja de helecho. Era un regalo que le dieron a la reina Isabel cuando visitó Nueva Zelanda en 1953. David Shearer, antiguo líder del Partido Laborista, la recibió y la acompañó hasta donde nos encontrábamos mi prima y yo muy nerviosas, y, cuando llegó, me levanté de un salto, como si estuviera en una inspección militar.

—Esta es Jacinda Ardern —dijo David y yo sonreí. Luego extendió el brazo hacia mi prima—. Y esta es su pareja, Crystal —dijo. Mi prima y yo nos quedamos viendo boquiabiertas. Yo tenía un saludo preparado, pero la presentación de David me desconcertó y, para cuando reaccioné, la duquesa se había ido de todas formas.

Crystal se inclinó y susurró.

—Espera, ¿dijo que tú y yo estábamos… *juntas*?

—Eso creo —contesté.

—¿Crees que deberíamos aclararle que somos primas? —me preguntó Crystal.

Deliberamos por un momento y llegamos a la conclusión de que, la posibilidad de confusión, es decir, de pensar que teníamos una relación y que, *además*, éramos primas, era tal vez demasiado elevada.

David Shearer empezó a guiar a la duquesa hacia el siguiente grupo, pero ella, antes de irse, se inclinó hacia nosotras y dijo: "Ambas se ven encantadoras".

Esta sería la tercera visita real y yo esperaba que, en esta ocasión, las cosas fueran distintas. Todavía me preocupaba mi tendencia a decir tonterías, pero ahora ya no era solo una "invitada", y el príncipe Guillermo, además de ser el heredero al trono, tenía un compromiso muy profundo con Nueva Zelanda. Mi trabajo consistiría en relatarle lo sucedido el 15 de marzo, y tenía un plan muy claro en mente: presentaría al príncipe ante la comunidad musulmana y luego daría un paso atrás y me mantendría a la distancia.

Primero viajamos al hospital Starship Children's, en Auckland, para visitar a algunas de las víctimas de menor edad del ataque, como la niña de cinco años cuyos padres permanecieron en vigilia al lado de su cama mientras ella estuvo en coma. Ya se había despertado, y al verla ahora, apoyada en la cama, hablando con el príncipe, me pareció que estaba presenciando un milagro.

Vi al príncipe acuclillarse cuando hablaba con los niños en el hospital, los miraba a los ojos y les hacía preguntas que solo un padre o una madre con niños pequeños haría. A lo largo de los años había visto a muchos políticos y figuras públicas interactuar con la gente, y me había dado cuenta de que uno siempre podía percibir cuándo esa persona solo hacía las cosas por inercia, sin alma. Cuando el príncipe Guillermo preguntaba algo, escuchaba las respuestas con atención y con la expresión de alguien que también conocía el dolor. Pensé que tal vez se sentía desfasado por el brutal vuelo de veinticuatro horas desde Inglaterra y que, quizá, también extrañaba a su familia, pero, si ese era el caso, no lo demostró en ningún momento.

Esa misma tarde volamos a Christchurch. A pesar del ruido de los rotores, hablamos sobre rugby, sobre su viaje a Nueva Zelanda y sobre el hecho de que a él le apasionaban los helicópteros y a mí me aterraban. También hablamos del ataque y de la información que yo tenía acerca de algunas de las familias con las que él se encontraría al día siguiente. Para cuando aterrizamos, le hablé de Neve, le conté sobre Clarke y sobre nuestro reciente compromiso, a pesar de que aún no lo habíamos anunciado públicamente.

Dos días después, el príncipe regresó a Londres y, tras su breve visita, los medios me preguntaron lo mismo que siempre querían averiguar cuando interactuaba yo con la familia real. Yo creía que, en algún momento, Nueva Zelanda debería formar una república y tener su propio jefe de Estado, y, naturalmente, los reporteros querían saber si eso hizo que la visita fuera incómoda. No, en absoluto, mi postura no había cambiado.

Hubo, sin embargo, algo que me hizo ver de forma distinta otro aspecto de mi función como primera ministra. Yo siempre había respetado a la familia real, pero ver de cerca lo que hacían sus integrantes era una experiencia más personal. Cuando estuve con el príncipe Guillermo en el avión, comprendí que, a diferencia de mi trabajo como funcionaria pública, el suyo era un cargo vitalicio. La mayoría de los neozelandeses recuerdan las imágenes de la primera visita del príncipe a nuestro país con sus padres. Cuando se sentó en el césped de la Casa de Gobierno con un mameluco y jugó con Buzzy Bee, el icónico juguete neozelandés en forma de abeja, solo tenía diez meses, la misma edad que Neve tenía ahora. Es decir, llevaba todo ese tiempo frente a las cámaras.

Yo entré a la vida pública a los veintiocho años y mi trabajo como ministra llegaría a su fin en algún momento, habría una nueva o un nuevo primer ministro, y luego habría otro. Yo me dedicaría a otras cosas y tendría una vida más serena. El príncipe, en cambio nunca tendría esa oportunidad. Me pregunté cómo sería saber que tus deberes nunca terminarán. A pesar de todo, en ningún momento vi en él un gesto de arrogancia ni ningún tipo de resentimiento por la vida que le había tocado. No lo vi mostrar nada así, ni en la parrillada, ni en el hospital, ni en el avión. Francamente, no tenía idea de cómo lo hacía.

Algunas semanas después, una estudiante de periodismo notó mi anillo y yo por fin confirmé públicamente que Clarke y yo nos casaríamos. Casi enseguida, llegó un enorme buqué de flores a la Colmena felicitándonos por el compromiso. La tarjeta decía: *De Guillermo y Catherine.*

MUCHAS OTRAS PERSONAS vinieron a Nueva Zelanda para presentarle sus respetos a nuestra comunidad musulmana: dignatarios, diplomáticos y otros líderes. Sin embargo, creo que la visita que menos me esperaba fue la de Russell M. Nelson, presidente de la Iglesia de Jesucristo de los Santos de los Últimos Días, o el "profeta mormón", como también se le conocía.

Nelson viajó a Nueva Zelanda para ofrecer condolencias en nombre de todos los miembros de la Iglesia y para hacer una donación de cien mil dólares para la reparación de las mezquitas dañadas. Mi equipo y yo ya habíamos empezado a trabajar para reunir a líderes de las distintas creencias y discutir acerca de varios temas, desde la seguridad y la protección hasta la manera en que podríamos llegar a un mayor entendimiento interreligioso.

Recuerdo que cuando era niña quería saber en qué creían las familias de mis compañeros de clase, por qué algunos iban a la iglesia el sábado o por qué otros no celebraban la Navidad. A veces, mi curiosidad me metía en dificultades, como cuando le pregunté a uno de nuestros instructores religiosos si la Inmaculada Concepción significaba que Jesús era adoptado. No obstante, aprender sobre las distintas creencias me enseñó que, entender nuestras religiones y conocernos los unos a los otros, también era una forma de comprender mejor a la gente. Siempre me pareció que los niños eran curiosos y tolerantes por naturaleza, y por eso me preguntaba: ¿cómo sería nuestro mundo si, como adultos, en lugar de acercarnos a los demás con la tendencia a excluir que nos enseñan, lo hiciéramos con la inocencia y la capacidad de inclusión con que nacimos?

Había algunas cosas sobre el presidente Russell Nelson de las que estaba al tanto porque las había leído en los periódicos. Sabía que fue cirujano cardiovascular, que ahora estaba retirado, que tenía noventa y cuatro años y que llevaba más de treinta de pertenecer a la Iglesia. Yo, por otra parte, era mormona no practicante, era madre sin estar casada; además, celebraba de forma abierta a nuestra comunidad LGBTQ+, voté por la igualdad en el matrimonio, luchaba por una reforma de las leyes sobre el aborto y creía que debíamos prohibir la terapia de conversión sexual. Con todo esto, no estaba segura de qué sucedería en la reunión.

El presidente Nelson entró a mi oficina del noveno piso sin ayuda, su forma de moverse y su ánimo no dejaban entrever que tenía nueve décadas y media de vida. A pesar de que, en general, tenía un aire formal —vestía un traje discreto y conservador con corbata a rayas y zapatos bien lustrados—, irradiaba una gran calidez. En el borde de los ojos tenía el tipo de líneas de expresión que se marcan por reír y, mientras conversamos en la mesa de la sala de conferencias, se inclinó hacia mí. Cuando hablaba, lo hacía en voz muy baja y dulce, con las manos entrelazadas, y en su tono había una mezcla de dignidad y humildad. Era un hombre amable y no juzgaba para nada, era igual a los misioneros y los miembros de la Iglesia que conocí cuando era niña. Era como mis padres siempre fueron conmigo, incluso cuando abandoné la religión que tanto significaba para ellos.

A lo largo de los años conocí a muchas personas que abandonaron la religión organizada, incluso la mía, como yo lo hice. En muchas de las historias que escuché se percibía el sufrimiento, la pérdida, no solo de toda una comunidad, sino también de la familia. Al estar frente al presidente Nelson, me sentí afortunada porque, a pesar de que decidí darle la espalda a la Iglesia, nunca sentí que alguien me diera la espalda a mí. Y, ahora, nos encontrábamos aquí sentados, el profeta y la otrora mormona de Morrinsville, dos personas muy distintas que tomaron caminos divergentes y que creían en cosas disímiles, pero que todavía aspiraban a aportarle al mundo, al menos, un poco más de unidad.

El cumpleaños de Neve se acercaba y ella parecía ser más consciente de mis actividades, de cómo iba y venía. Claro, yo siempre había estado presente en los eventos más trascendentes de nuestra familia porque, por suerte, ningún nacimiento y ningún compromiso habrían podido realizarse si no hubiera estado yo ahí. Sin embargo, la vida también está hecha de instantes, de detalles fugaces y, por eso, también me esforzaba por convencerme de que no me estaba perdiendo de mucho, y por organizar mis días para estar con mi familia lo más posible.

Cuando estábamos en Wellington, salía corriendo de la Colmena a las seis de la tarde a fin de estar en casa para el baño de Neve y acostarla a dormir. Luego, o regresaba a la Colmena o pasaba la noche teniendo reuniones en Premier House, haciendo llamadas telefónicas o tratando de avanzar con mi trabajo del "portafolios", el cual era tan mágico como la lata de Nana con galletas de mantequilla: en cuanto lograba llegar al fondo del altero de papeles, de pronto el portafolios estaba lleno de nuevo.

Pero claro, era obvio que me estaba perdiendo de ciertas cosas.

En junio Neve comenzó a pararse sola y a mecerse de forma inestable mientras trataba de descifrar el complicado asunto de cómo caminar. Mi madre, quien, junto con Peri y mi prima Lynn eran la base de nuestro equipo para cuidarla siempre que Clarke tenía que filmar su programa, empezó a inquietarse porque sintió que me perdería sus primeros pasos. Incluso trató de influir en el proceso, por eso la animaba a sujetarse de los muebles un poco más.

Un día, Lynn me envió un mensaje de texto: *Neve está tratando de caminar*, escribió, y luego añadió con mucha alegría: *¡Tal vez lo haga este fin de semana, cuando estés en casa!* Algunos días después, cuando la vi dar unos pasitos titubeantes, tuve la sensación de que, quizá, lo que estaba viendo no era un debut, sino un *encore*.

La primera palabra que Neve pronunció fue *papá*. A este logro le siguieron otros: *queso*, *hola* y *popó*. Pero no, no dijo *ma* ni *mami*. Traté de entrenarla para que pronunciara esas palabras. Por las noches, a veces se las susurraba al oído, "mami", le decía y la veía sonreírme, tocar mi rostro con sus deditos gordos y jalarme el cabello. "Di 'mami'", insistía yo.

También la animaba a imitarme cuando le daba de desayunar en su silla alta o cuando la bañaba: "'Mami', ¿puedes decir 'mami'?". Insistí hasta que, en algún momento, mejor empecé a bromear con Clarke: "Creo que Neve va a recitar el alfabeto completo antes de decir 'mamá' ".

Un día, un viejo amigo de la familia nos visitó y filmó a Neve jugando con un rollo de papel higiénico vacío.

—¿Puedes decir 'hola', Neve? —le preguntó.

—Holaaaa —contestó ella sosteniendo el rollo con fuerza entre los labios.

—¿Sabes qué no puede decir? —pregunté riéndome—: "Mami".

En ese momento, Neve dejó el rollo en el suelo.

—Mami —dijo, y yo solo levanté los brazos como loca, como si fuera mi papá vitoreando a los All Blacks, su equipo preferido de rugby. Celebré no solo porque por fin había dicho "mami", sino porque estuve presente cuando lo hizo.

En el primer cumpleaños de Neve, de la misma forma que lo hicieron cuando nació, varios líderes de otros países nos enviaron regalos. El presidente Moon, de Corea del Sur, mandó un traje tradicional con que se vestía a los niños en su primer año, el cual incluía sombrero y unos zapatos diminutos. El príncipe Guillermo, que cumplía años el mismo día que Neve, le envió una Buzzy Bee, el mismo juguete con que lo fotografiaron a él cuando visitó Nueva Zelanda siendo aún un bebé. Esta abejita, sin embargo, tenía una pequeña placa en la parte inferior que decía: "Feliz cumpleaños, Neve, de parte del príncipe Guillermo".

Entonces se me metió en la cabeza la idea de compensar mis ausencias horneando el pastel de cumpleaños de Neve, sola y a partir de cero. Mi hoja de ruta para abordar esta aventura culinaria provenía del Santo Grial de los recetarios neozelandeses, el icónico y tristemente célebre *Australian Women's Weekly Children's Birthday Cake Book*.

Si uno había crecido en los años ochenta o los noventa en Nueva Zelanda, seguro conocía este recetario que les mostraba a las madres cómo batir y hornear más de 106 pasteles infantiles con formas distintas, como la locomotora de vapor tridimensional que va jalando varios vagones, o el enorme pastel en forma de "patito de hule" que incluía plumas hechas con maíz palomero y un pico formado con dos frituras de papa cóncavas. También había varios pasteles en forma de robot y uno que tenía una alberca exterior: los nadadores retozaban en "agua" hecha con gelatina azul y rodeada de una precaria valla confeccionada con dedos de chocolate.

Decidí que intentaría hornear una de las opciones más sencillas. Se trataba de un conejo bidimensional, era una oda al juguete de peluche favorito de Neve, un conejito llamado Buddy. Sin embargo, no comencé a cocinar sino hasta que logré avanzar un poco con los documentos de mi portafolios. Luego, cuando terminé de mezclar y hornear el pastel, esperé a que se enfriara y, para cuando empecé a trabajar en la atemorizante "cobertura de migajas de galleta", ya era de madrugada. En algún momento, creo que empecé a maldecir, quizá cuando la espátula rasgó la parte inferior del pastel.

—Tal vez podríamos turnarnos, una vez tú y una vez yo. Para que no tengas que hacer esto cada año —dijo Clarke con dulzura.

—Claro —contesté, deleitándome por adelantado al saber que, el siguiente año, él sería quien tendría que lidiar con la espátula.

Nadie me pidió que horneara el pastel, nadie esperaba que lo hiciera. Si me hubiera presentado a la fiesta de cumpleaños con uno comprado en una pastelería o sin pastel, a nadie le habría importado. En mi mente, sin embargo, había una serie mínima de tareas que debían hacer las "mamás". Y, diablos, hacer un pastel del *Australian Women's Weekly Children's Birthday Cake Book* era uno de ellos.

VEINTISÉIS

Y ahora, un volcán

SER MAMÁ ME CAMBIÓ. No solo como persona, también como política. No quiero decir que me enfoqué más en las políticas sobre los niños porque siempre tuvieron una gran relevancia para mí. Más bien, ahora pensaba casi todos los días en la fortaleza de los padres y las madres que criaban solos a sus hijos, y en el tipo de apoyo que tal vez necesitaban. Estaba segura de que pensar en las experiencias de las familias de una forma más integral nos permitiría ayudar a los niños a prosperar.

Con frecuencia afirmábamos que Nueva Zelanda era el mejor lugar del mundo para criar a un niño, y había algo de verdad en ello. Teníamos un sistema de salud universal gratuito, un sólido sistema educativo y playas, bosques y paisajes rurales que eran un increíble "jardín trasero" para cualquier niño o niña.

No obstante, también quería que nuestro país fuera el mejor lugar del mundo para *ser* niños y, francamente, no habíamos llegado aún a ese punto. Teníamos una crisis de vivienda, altos niveles de pobreza infantil, violencia intrafamiliar y un sistema de salud mental que estaba bajo serias presiones. Solucionar todas estas problemáticas no sería ni sencillo ni rápido, y yo era consciente de que no habría milagros. Pero también me quedaba claro que, si continuábamos dando por sentado que con los antiguos sistemas bastaba, no habría ningún cambio.

Grant había promovido durante muchos años la idea de ir más allá de parámetros económicos simplistas para medir el éxito de un país, como el producto interno bruto o PIB, y el patrón oro. Él era nuestro ministro de Finanzas, es decir, ocupaba el puesto más importante en el gabinete después del cargo de primer ministro, y no solo quería registrar la cantidad dinero que fluía a través de nuestra economía, sino también asegurar que la salud y el bienestar fueran más amplios en nuestro país. *El dueño de un negocio podría estar contaminando nuestras vías navegables*, lo escuché decir en una ocasión, *pero también podría estar sufriendo problemas de salud mental en su familia. Y, mientras el negocio continúe teniendo ganancias y pagando impuestos, el* PIB *indicará que todo está bien.*

Hacia mediados de 2019, estuvimos por fin en posición de armar el presupuesto que queríamos, es decir, uno que fuera más allá, un presupuesto en el que el PIB no fuera el único parámetro de nuestro bienestar ni el indicador principal de en qué deberíamos invertir. Bajo el liderazgo de Grant creamos algo llamado Presupuesto de Bienestar.

No era solo un título. Priorizamos y financiamos las iniciativas que más contribuían al bienestar nacional, lo que significó, entre otras cosas, que durante cuatro años invertiríamos mil novecientos millones de dólares en iniciativas de salud mental.

El trabajo acerca de la salud mental siempre me pareció un tema profundamente personal. Habían pasado más de veinticinco años desde que el hermano de mi amiga Fiona se quitó la vida, pero ese periodo de mi adolescencia siguió presente para mí. Lo sigue estando incluso ahora. En todos esos años, me había reunido con personas que habían lidiado con un problema de salud mental de manera personal, o que conocían a alguien en esa situación.

Todos conocían a alguien. Y cada historia que yo escuchaba, cada madre que me decía que había perdido a un hijo porque se suicidó, cada persona que me contaba que perdió a un hermano, un padre, una madre, un tío, un amigo, siempre me hacía volver a aquella mañana, a la desesperanza y la impotencia que sentí y que presencié cuando, un día, uno de los chicos más inteligentes e ingeniosos que conocía simplemente ya no estuvo ahí.

Gran parte del trabajo del gobierno se reduce a estadísticas, a objetivos; las metas y el progreso se miden por líneas de tendencia en gráficos. Sin embargo, para mí era imposible ver las problemáticas de salud mental y de suicido a través de la lente de las cifras. Simplemente porque estábamos hablando de seres humanos, de familiares y amigos, del hermano de tu mejor amiga. Por eso me costaba tanto trabajo establecer objetivos en nuestra labor, determinar los puntos de referencia con que mediríamos nuestro éxito.

En los primeros cien días de gobierno implementamos una encuesta en nuestros servicios de salud mental y adicción. Nuestro equipo de expertos, que contaba incluso con personas que habían sido usuarias del sistema, se fijó una meta de reducción de 20 por ciento en el índice de suicidios para 2030, pero la rechacé.

Los funcionarios nos presionaron. Señalaron que, junto con el ministro de Salud, yo había aceptado casi todas las otras cuarenta recomendaciones. Dijeron que llamaría la atención si no aceptaba esto también. Pero yo no podía aceptar, porque la idea de pararme frente a una familia que había perdido a un ser querido y decirle que, siempre y cuando no hubiera "tantos" suicidios estaríamos cumpliendo con nuestra meta, me parecía incorrecta e insoportable.

—Si no es el 20 por ciento, entonces, *¿cuál* es la meta? —preguntó un asesor para presionarme—. ¿Tenemos una meta para empezar?

Sí, yo tenía una meta. Sabía que me criticarían, que dirían que era un objetivo irreal e imposible de alcanzar, un fracaso garantizado. Sin embargo, cualquier otra cifra le daría a entender a la gente que seríamos tolerantes con la tragedia y la pérdida de vidas, y no, yo no pensaba hacer nada de eso.

—La meta es cero —insistí. El ministro de Salud estuvo de acuerdo y eso fue lo que anunciamos.

Después del cumpleaños de Neve, lanzamos otro programa: la Estrategia de Bienestar para los Niños y los Jóvenes. El año anterior habíamos aprobado una ley que estableció los objetivos para reducir a la mitad la pobreza infantil en los siguientes diez años. Ahora íbamos a lanzar un plan para asegurarnos de que todos los niños neozelandeses pudieran vivir en un hogar en el que se sintieran seguros y amados, y para que tuvieran todo lo necesario para prosperar.

En el tiempo que llevábamos en el gobierno, nuestro enfoque en la infancia nos llevaría a aumentar las prestaciones sociales económicas para las familias con niños; a construir más viviendas sociales de las que habían edificado todos los otros gobiernos anteriores en los últimos cincuenta años; a extender a la temprana infancia el acceso a los servicios de salud y la educación; a invertir en programas de prevención de la violencia y a implementar en las escuelas la entrega de productos higiénicos para la menstruación de forma gratuita. No obstante, queríamos incluir en nuestra labor las opiniones de los pequeños.

Cuando empezamos a desarrollar la estrategia, invitamos a los niños a decirnos qué era lo que esperaban. Enviamos miles de tarjetas postales y, como respuesta, recibimos dibujos, imágenes y notas escritas a mano. Leí cada una de ellas. El equipo que trabajaba en la estrategia enmarcó algunas de las postales y las colgué en la entrada del apartamento de Premier House. De esa forma, no podría ir al trabajo ni volver a casa sin verlas. *Estar con tu familia. Ser aceptado. Que te entiendan y te tomen en serio. Si los padres son buenos, los niños son buenos.*

Ahora lanzaríamos la Estrategia de Bienestar para los Niños y los Jóvenes, junto con un nuevo programa de alimentación en las escuelas. Comenzamos en una escuela de educación intermedia en Rotorua, el pueblo a donde solíamos ir a comprar víveres cuando yo era pequeña y vivíamos en Murupara. El día del lanzamiento nos acompañarían varios dignatarios y líderes. Yo, por supuesto, me sentía muy orgullosa de nuestra labor y estaba emocionada de compartirla con todos ellos.

Sin embargo, Clarke estaba filmando su programa y la logística para que yo asistiera al evento se complicó. El plan era que mi mamá, Neve y yo voláramos juntas de Wellington a Auckland. Al llegar, mamá llevaría a Neve a nuestra casa y yo tomaría un segundo vuelo de Auckland a Rotorua.

La mañana del lanzamiento, estando aún en Premier House, guardé en la pañalera las últimas cosas que necesitaríamos. *Un cambio de ropa en caso de accidentes en el avión. Una botella y fórmula para el vuelo, solo para ayudar a los oídos de Neve. Más pañales. Diablos, ¿dónde dejé a Buddy el conejito? Si no lo llevo, habrá problemas.*

Luego senté a Neve en su silla alta y ajusté con dificultad el cinturón porque se movía muchísimo en ese tiempo. Mamá colocó frente a ella un plato con avena y rodajas de plátano.

—¿Ya comiste algo? —le pregunté a mamá, pero me dijo que no quería nada, que no se había sentido muy bien desde el día anterior y que todavía no se recuperaba del todo. Neve empezó a comer las rodajas de plátano y yo terminé mi té.

—¿Te sientes suficientemente bien para viajar, mamá?

—Claro que sí —insistió.

Después de eso, salimos a toda prisa. Acomodé a Neve en su asiento especial en el automóvil, nos dirigimos al aeropuerto y abordamos el vuelo de Air New Zealand, seguidas de cerca por otro oficial del DPS llamado Brad. Él hablaba en tono suave y era muy experimentado en su trabajo. Íbamos a medio vuelo y Neve dormía en mi regazo cuando volteé a ver a mamá y noté que estaba muy pálida.

—¿Mami? —pregunté. Ella solo miraba al frente, pero sin enfocar, y tenía la boca un poco abierta. *Va a vomitar*, pensé. *O tal vez se va a desmayar.* Vi que tenía los ojos medio cerrados, seguía sin responder—. Mami, ¿estás bien?

Entonces la cabeza se le fue hacia atrás y su cuerpo empezó a sacudirse. Una convulsión, mamá estaba teniendo una convulsión. Ya había sucedido, pero los doctores nunca encontraron la razón y, con el tiempo, solo dieron por hecho que se había debido al calor y a que se había deshidratado. Pero escuchar a mi padre describir la convulsión era una cosa, y ver a mamá con la mirada perdida y el cuerpo temblando era algo muy distinto.

—¡Brad! —llamé con urgencia, pero él ya estaba ahí, bajando el asiento de mamá lo más posible y haciéndoles señales a los asistentes de vuelo. Necesitaba un tanque de oxígeno.

Para cuando el avión comenzó su descenso en Auckland, mamá ya había dejado de temblar. Había vomitado e hiperventilado, y empezaba a respirar de forma normal.

—Estoy bien —insistió, a pesar de que la estaban acomodando en una silla de ruedas—. Ya me sucedió antes, no hay problema. ¡Estaré bien!

Y, en efecto, resulta que mamá estuvo bien. Más adelante, los médicos dijeron que la convulsión se debió probablemente a un virus, pero yo no sabía eso cuando aterrizamos en Auckland. Llevaron a mi mamá al hospital, cientos de personas me esperaban en Rotorua, y yo, con Neve entre los brazos, no sabía a dónde debía ir en ese momento.

Empecé a enviar mensajes de texto de forma frenética, traté de improvisar un plan. Mi prima Lynn podría reunirse con mamá en el hospital, mi hermana estaba en casa con su hijo y podría cuidar a Neve, siempre y cuando yo lograra hacerla llegar a donde se encontraba. Pero mi avión a Rotorua estaba a punto de despegar. ¿Debería cancelar el evento? Me pasaron todas las posibilidades por la cabeza. Si no llegaba, la gente se preguntaría por qué no estuve ahí. ¿Los periodistas irían a buscar a mi madre al hospital? Y, al mismo tiempo, la idea de decepcionar a los niños en la escuela me angustiaba muchísimo. Todas las opciones me parecían terribles.

Taff, otro oficial del DPS, se ofreció a llevar a Neve a casa de mi hermana en la misma camioneta que ya estaba preparada para ella y para mi mamá. Conocía bien a Taff, también era padre, siempre estaba de buen humor y era alegre, pero ¿en verdad podía enviar a mi hija a otro sitio en un vehículo con un oficial del DPS? Senté a Neve en el asiento de la camioneta y empecé a ajustar su cinturón antes de siquiera decidir qué hacer.

Desde que Neve nació, un monólogo incesante se había reproducido en mi cabeza: *Debería tratar de pasar los fines de semana en casa.*

Hace días que no veo a Neve de la manera adecuada, pero el evento de Business New Zealand solo es una vez al año, debería ir. Todas las opciones eran binarias, decepcionabas a un grupo de personas o a otro. Cuando elegía trabajar, siempre había una parte de mí que pensaba en lo que había sacrificado, y cuando me quedaba en casa con mi familia y trataba de estar presente, me sucedía lo mismo. Vivía con una especie de incomodidad crónica, sintiéndome mitad culpable y mitad decepcionada todo el tiempo.

Neve estaba en el asiento de la camioneta, feliz y ajena a lo que sucedía a su alrededor. Respiré profundo.

—Taff, si no te molesta —dije mientras ajustaba la última hebilla—, ¿podrías tocar la música de The Wiggles en tu teléfono? Eso la distraerá.

Neve adoraba al grupo The Wiggles, siempre daba saltitos y subía y bajaba la cabeza al ritmo de sus canciones.

—Las tengo listas, *ma'am* —dijo Taff mostrándome la pantalla de su teléfono, ya había cargado el video.

—Gracias, Taff —dije y exhalé un poco.

Entonces comprendí. Quizás el trabajo de los oficiales del DPS era pasar desapercibidos para mantenerme a salvo de amenazas o de cualquier manifestación de violencia, pero, en ese contexto, también me habían visto reír, jugar con mi hija, maldecir e incluso llorar. Hubo muchos momentos en los que, en el asiento trasero de un automóvil, al caminar hacia la oficina o mientras me quejaba por una llamada telefónica o una conferencia de prensa que había salido mal, tal vez me sentí sola, y sin embargo, no lo estaba. Un grupo de personas me rodeaba veinticuatro horas al día, los siete días de la semana, y no solo habían llegado a conocerme a mí. Al parecer, ahora también conocían a mi hija.

La puerta de la camioneta se cerró y Taff y Neve se fueron a casa de mi hermana. Pasé saliva con dificultad, di media vuelta y corrí a tomar el avión.

Para cuando aterricé en Rotorua, ya sabía que mamá estaba bien y los médicos estaban en el proceso de darla de alta. Neve también estaba a salvo, pero yo me sentía distraída, no dejaba de reproducir los hechos de la mañana en mi cabeza. ¿Había hecho lo correcto cuando decidí continuar con mis actividades? ¿Fue un error? Iba de ida y vuelta entre las dos opciones.

Cuando llegué al auditorio de la escuela de educación intermedia, se percibía el viento fresco de la tarde. El lugar estaba repleto de niños, eran varios cientos y lo primero que hicieron fue presentar una vigorosa versión de la *haka*. Tenían los ojos bien abiertos y sus voces eran fuertes. En la fila del frente había un chico de no más de diez años con el pelo rapado, vestía shorts, tenía piernas muy delgadas y no dejó de mirarme mientras hacía los movimientos. Su interpretación fue muy intensa. Los demás también interpretaron muy bien la *haka*, pero aquel chico no solo la interpretaba, la estaba *sintiendo*.

Cuando terminaron los discursos, salimos del auditorio y nos encontramos con la luz del sol. Mi teléfono llevaba horas en silencio y, por un instante, empecé a creer que en verdad todo podría estar bien.

—La presentación de la *haka*… —empecé a decirle a una mujer del personal de la escuela, pero me costaba trabajo describirla. No fue necesario, ella ya estaba asintiendo.

—En cuanto supieron que usted vendría, hace una semana, los niños empezaron a practicar todos los días —me explicó sonriendo mientras caminábamos.

El miedo de decepcionar a la gente me perseguía como una sombra; decidir dónde estar y, por lo tanto, dónde no estar, siempre era complicado. Pero, al menos ese día, estuve ahí para ver a esos niños y a ese chico en especial, y me daba mucho gusto que así fuera.

HAY ALGO QUE CASI NADIE SABE SOBRE MÍ: cuando entré a la universidad, hubo un gran *casting* para reclutar extras. Era para aparecer en una modesta película llamada *El Señor de los Anillos*. Una parte de la filmación se realizaría en Matamata, un pueblo cercano a Morrinsville, y estaban buscando *hobbits*. Dado que yo medía un metro setenta y cuatro, no era la candidata ideal para hacer el papel de una pequeña criatura imaginaria, pero de todas formas me puse una de mis largas faldas mormonas con la esperanza de que nadie notara que tenía las rodillas encorvadas cuando pasé por la larga regla con la que medían a la gente en la entrada del lugar donde se realizaría el *casting*.

En el formulario que tenían que llenar los extras para la audición de ese día, había solo dos preguntas. ¿Podía montar a caballo sin silla? ¿Podía usar una espada y pelear mientras montaba a caballo?

Sabía que debía tomarme muy en serio ambas preguntas porque, en algunas de las habitaciones del lugar, vi a gente teniendo que *demostrar* que podía usar la espada.

"No —respondí en el formulario—, no puedo usar la espada montando, pero sí puedo montar a caballo sin silla". Fue algo que aprendí siendo niña, cuando ayudaba a la señora Bonner, una vecina, a cuidar de sus ponis, Prince y Princess.

Media Nueva Zelanda apareció en *El Señor de los Anillos*, pero tristemente no fue mi caso. A pesar de ello, mi fallida incursión en la trilogía de Peter Jackson resultó ser un excelente tema para iniciar la conversación cuando Stephen Colbert, un verdadero fanático de las películas, visitó Nueva Zelanda con el fin de explorar el set de *Hobbiton*.

La visita de Colbert generó mucha emoción porque sería una oportunidad para promover el turismo en Nueva Zelanda, una industria multimillonaria, y yo, por supuesto, estaba feliz de participar. Tal vez esa fue la razón por la que no tomé en cuenta todos los riesgos relacionados con una tarea que no tendría por qué ser complicada: "¿Puedes ir por Stephen al aeropuerto?".

En aquella época, yo todavía conducía todo el tiempo para ir a distintos lugares y, en ocasiones, también iba al aeropuerto, por lo que un recorrido de treinta minutos no me pareció gran cosa, incluso si las cámaras estarían filmando. Claro, Stephen dañó un poco la parte trasera de mi automóvil porque lanzó con demasiado entusiasmo su equipaje, no al interior de la cajuela, sino *contra* la cajuela. También trató de adivinar tantas veces el código de mi teléfono que terminó bloqueándolo. Pero era tan gracioso que cerca del final del viaje me reí tanto que me dolió el estómago. Bueno, solo hasta que dijo la palabra *cantar*.

Yo no podía cantar. Lo supe desde que estaba en la escuela intermedia, desde que, en una audición para *Man of Steel*, mi maestra, la señorita Barr, me hizo entonar "Old MacDonald Had a Farm" frente a mis compañeros de clase en el auditorio de la escuela y, después de la primera estrofa, declaró sin lugar a dudas que *no podía cantar*.

Pero, por supuesto, Stephen Colbert no aceptaría una excusa así. Me negué, pero él me aseguró que su entrenamiento para Broadway bastaría para que ambos pudiéramos hacerlo. Volví a negarme, pero insistió, presionó y me fastidió. *Solo elige una canción, solo una.* Debí de haber estado cansada, o tal vez había bebido demasiado café o, quizá, solo dejó de llegarle oxígeno a mi cerebro por reír tanto, pero entonces sucedieron dos cosas terribles de forma simultánea: no solo cedí, sino que de pronto mi recuerdo volvió a la niñez, a aquellos recorridos en el asiento trasero del automóvil del padre de Fiona, cuando cantábamos a viva voz la letra de una canción que aprendí cuando vi *Wayne's World*.

Y así fue como millones de personas me escucharon cantar en falsete las palabras de la insoportablemente larga "Bohemian Rhapsody". Creo que ese día hice un importante reajuste de las cosas por las que valía la pena preocuparse, y cantar desafinada en público no era una de ellas.

En especial tomando en cuenta que, en menos de un mes, nuestro país enfrentaría tiempos difíciles de nuevo.

A Nueva Zelanda a veces le llaman "las islas temblorosas" por la actividad sísmica y por nuestros paisajes rurales salpicados de conos volcánicos. Debido a nuestra extensa historia de desastres naturales, sabemos que tenemos que estar preparados. Crecemos haciendo simulacros para cuando haya un terremoto y, en el gobierno, sabemos que en cualquier momento tal vez necesitemos responder a un suceso de gran magnitud. Pero, a pesar de toda la preparación colectiva y de nuestra resiliencia, todo siniestro deja cicatrices.

El lunes 9 de diciembre de 2019, cuando salí de una reunión semanal del gabinete, me informaron que Whakaari/White Island, un volcán activo y centro turístico de importancia en la Bahía de Plenty, había hecho erupción, y que liberó gases volcánicos, rocas y ceniza. La isla es en realidad la cima del volcán y, cuando hizo erupción, había cuarenta y siete personas ahí, mayoritariamente turistas y guías. Algunos fueron rescatados, pero el hospital local estaba desbordado por toda la gente con severas lesiones por quemaduras a la que estaba tratando de atender. Por lo menos veinte personas aún no habían sido localizadas, y se creía que ninguna de las que seguían en la isla había sobrevivido, pero de todas formas, debido a las condiciones tóxicas y al riesgo de erupciones subsecuentes era imposible realizar labores de rescate.

Mientras recibía la información, algo me pasó rápido por la cabeza, pero solo me dije: *Basta.* Fue un pensamiento muy fugaz, pero no lo suficiente para olvidarlo por completo. Nueve meses antes vivimos un brutal ataque terrorista, también tuvimos inundaciones e incendios forestales. Ahora, un volcán hacía erupción. Ese fue el momento preciso en que comprendí que los desastres podrían seguir sucediendo porque ningún país cubre una cuota, porque es imposible decir: *Basta, es suficiente.* Estábamos hablando de la vida y la vida está repleta de tragedias inefables.

Esa noche, Andrew, mi secretario de prensa; el ministro de Defensa Civil y el director de Manejo de Emergencias de la Defensa Civil volaron conmigo a Whakatāne, el pueblo más cercano al desastre. Como era de esperarse, la situación era caótica. Los operadores de los cruceros estaban tratando de revisar las listas de las personas que bajaron de los barcos ese día para hacer una visita a Whakaari, y de verificar quiénes habían vuelto y quiénes no.

En los días subsecuentes, las distintas agencias trataron de diseñar un plan para volver a la isla. Juliet Gerrard, mi asesora científica en jefe, trabajó con varios vulcanólogos para evaluar el riesgo de una posible actividad adicional. Tiempo después, un buque de la marina estaba estacionado cerca, mientras que los hombres y mujeres jóvenes, generalmente desplegados para operaciones de desactivación de bombas, se pusieron equipo de protección pesado, abordaron botes inflables y comenzaron un minucioso proceso de recuperación.

Cuando los cuerpos fueron llevados a tierra, el pueblo o *iwi* local, los Ngāti Awa, dispusieron un lugar especial para que las familias pudieran reunirse y erigieron un refugio temporal con tapetes para que la gente tuviera dónde recostarse. Ahí, entonaron el *waiata*, un canto de lamento, y oraron. Los Ngāti Awa explicaron que cerca de Whakaari había un grupo de rocas llamado *Te Paepae o Aotea*, y que los maoríes de la zona consideraban que esas rocas eran el punto de partida de los difuntos, es decir, el lugar donde las personas pasaban del mundo de los vivos al mundo espiritual. En las semanas y los meses que siguieron, recibí cartas de los familiares de las veintidós personas que perecieron, muchas de ellas eran de Australia. En las cartas, las familias decían que sus seres amados habían fallecido cerca de ese significativo monumento natural, y los que escribían desde el extranjero mencionaron que se sentirían vinculados por siempre con *Aotearoa*, con Nueva Zelanda.

Cuando vives de cerca sucesos que implican trauma y aflicción, como el del 15 de marzo o el de Whakaari/White Island, te das cuenta de lo íntima e individual que es la experiencia de cada persona. Los días siguientes a la erupción, con mucha frecuencia pensé en mi tía Marie y en las cicatrices que el fuego dejó en su cuerpo. Tía Marie entró y salió del hospital incontables veces y se sometió a decenas de cirugías desde que sufrió el accidente hasta que fue adulta, y el recuerdo de sus lesiones todavía la hacía reaccionar y encogerse cada vez que escuchaba la sirena de una ambulancia. Después del desastre, visité a los sobrevivientes y a las familias de los fallecidos para hablar con ellos, me reuní con personas que apenas comenzaban un permanente viaje de pérdida o de recuperación, y, en muchos casos, de ambos. Sin embargo, solo estuve ahí un momento, presente en el inicio de una historia que solo a ellos les corresponde contar.

Al día siguiente de la erupción, los socorristas y los pilotos de los helicópteros que ayudaron en el rescate se reunieron en un auditorio comunitario local y yo asistí al evento para agradecerles. Algunas de las personas ahí reunidas habían realizado los actos más valerosos que uno podría imaginar y atendieron a personas con heridas devastadoras. Poco antes de llegar, un integrante de mi equipo me mostró una publicación en la que se criticaba mi visita, decía que estaba en Whakatāne para que me fotografiaran "abrazando a la gente". Sobra decir que la publicación me molestó mucho más de lo que quise admitir.

Para empezar, ¡claro que fui! Era un siniestro de gran magnitud en nuestro país y yo era la primera ministra, ¿cómo no iba a estar presente? Y, luego, ¿me iban a criticar por abrazar a la gente? ¿A personas que acababan de vivir algo tan terrible? La sociedad esperaba tan poco de sus políticos, que en algunos momentos el comentario me parecía cínico y, en otros, simplemente deplorable.

El lugar estaba repleto de bomberos, socorristas, policías y pilotos de helicópteros privados. También estuvieron presentes los medios. Había tantas cámaras y micrófonos cerca de mí, que las personas se empezaron a apartar cuando atravesé el lugar. Era imposible culparlas, después de todo lo que vivieron y soportaron, lo último que querían era una cámara de televisión en su cara.

Empecé a hablar con dos mujeres con el uniforme verde del personal de ambulancias. Una de ellas, una joven con el cabello recogido en una coleta y lentes oscuros, me dijo que solo llevaba una semana en el empleo cuando Whakaari hizo erupción. Mientras relataba los sucesos de aquel día, noté que a menudo miraba en otra dirección, como si hacer contacto visual le dificultara narrar la crónica. Al *ferry* en que transportaron a los heridos le tomó una hora volver a la costa y, cuando ella lo abordó, antes de que pudiera siquiera atracar en el muelle, se encontró con una escena para la que no estaba preparada. De pronto, su voz delató lo mucho que le estaba costando hablar de lo sucedido.

Fue un recordatorio de algo que yo siempre había creído: mi empleo no consistía solamente en responder de forma oficial a las emergencias nacionales y en encontrar los recursos necesarios para atenderlas. Extendí los brazos por instinto y coloqué mis manos sobre sus hombros, y su reacción fue envolverme con sus brazos. En ese momento escuché los clics de las cámaras.

Sabía que esas fotografías serían como combustible para mis detractores, para los que hablaban con cinismo sobre la empatía, los que pensaban que, de una u otra forma, todo era un espectáculo. *No importa*, pensé mientras respondía al gesto de la socorrista abrazándola también. *Prefiero que me critiquen a dejar de ser humana.*

Unas semanas después, cuando el gobierno suspendió labores por las vacaciones de Navidad, empacamos, cerramos la casa y nos dirigimos a la costa este para pasar las fiestas con la familia de Clarke.

Habían pasado tantas cosas ese año que los periodistas a menudo me preguntaban si estaba logrando procesar todo y mi respuesta siempre era la misma: cuando tenga tiempo de sentarme y reflexionar, entonces empezaré a procesar. Y, en mi mente, ese tiempo lo tendría cuando llegaran las vacaciones de fin de año. *Solo necesito soportar hasta entonces,* pensaba.

Al lado del paseo marítimo frente a su casa, los padres de Clarke ya habían colocado un pino que Peri decoró con guirnaldas rutilantes y pequeñas figuras de Santa hechas con pinzas para colgar ropa. Desde la casa vi que la gente que pasaba caminando notaba el lindo pino y tomaba fotografías a veces, y me pareció adorable que las decoraciones hechas a mano de la mamá de Clarke suscitaran tanta alegría en otras personas.

La primera mañana soleada fuimos caminando con Neve al mar. Al llegar le puse una camisa para evitar el sarpullido y cubrí su escaso cabello dorado con un sombrero de ala ancha. Luego froté su nariz con bloqueador solar blanco y ella frunció todo el rostro. Extendí una toalla y me senté. Clarke la tomó de la mano y la llevó lentamente hacia las aguas tranquilas. Aunque se tambaleaba un poco, Neve ya caminaba, pero como seguía siendo demasiado pequeña, Clarke tenía que encorvarse mientras ella daba pasitos descalza y se detenía a recoger una concha o a hundir las manos en la arena. Cuando llegaron al agua, entraron con cautela y, en cuanto ella sintió la frialdad en los pies, Neve apretó los puños ante el impacto del frío. A medida que se fue acostumbrando, empezó a agitar los brazos y a gritar de alegría. Clarke permaneció detrás de ella con las manos en la cadera, pero lo bastante cerca para sujetarla, la siguió hasta que el agua les llegó a los tobillos. Y repitieron ese breve recorrido una y otra vez.

Al verlos empecé a imaginar esa misma escena, pero en un momento más alejado en el tiempo. Neve sería un poco más alta, tendría el cabello más largo y, en lugar de bambolearse, caminaría con seguridad. Luego correría y los flotadores se convertirían en una pequeña tabla para iniciarse en el surf. Clarke ya no la levantaría ni la bajaría al ritmo de la llegada de las olas, solo correrían juntos para recibirlas.

Pude imaginarlo entonces: cómo pasaría el tiempo y la velocidad con que vendría y me haría desear congelarlo todo, oprimir el botón de pausa y conservar este momento presente.

Levanté el rostro hacia el sol e inhalé el salado aire tratando de desacelerar mi mente, el día, el tiempo mismo. El año 2019 había terminado y uno nuevo estaba por comenzar.

VEINTISIETE

La Colmena vacía

Cuando me preguntan respecto al covid, a veces las personas solo quieren escuchar el final de la historia: *¿Qué aprendió?* o *¿Qué haría de manera distinta?* Y, si acaso son más directas, preguntan: *¿De qué se arrepiente?* Y me parece comprensible porque fue una experiencia muy complicada para todos, un cambio muy drástico en nuestra experiencia del mundo. Por eso entiendo por qué alguien querría solo tomar un atajo y hablar de lo que sucedió cuando todo había pasado, llegar al momento en que sería posible resumir lo sucedido y mirar con satisfacción en retrospectiva. No obstante, me resulta imposible decir lo que me enseñó el covid o hablar de las cosas en las que aún pienso, sin primero explicar cómo fue estar en el interior de una pandemia.

Cuando escuché hablar por primera vez de una nueva neumonía viral en Wuhan, China, era enero de 2020, otro año electoral. En ese tiempo, demasiados asuntos entraban en mi mente, demasiadas cosas de las que me enteraba a través de los reportes o de breves memorándums que dejaban sobre mi escritorio con notas que decían: *Solo para que lo mantengas en tu radar* o *Esto no requiere de atención inmediata, pero tal vez quieras tenerlo a la vista.* Al principio, siempre era difícil saber cuáles problemas simplemente se esfumarían y cuáles requerirían mi atención y los recursos del gobierno. ¿Qué nueva enfermedad era esta?

Me mantuve alerta, leí todos los artículos. Una mañana, a finales de enero, estaba en la cama leyendo en mi teléfono un artículo de la BBC. Era muy temprano, todavía no daban las 7:00 a. m., y estábamos en nuestra casa de Auckland. Neve aún dormía, pero no siempre era el caso a esa hora. Clarke estaba en el vestidor guardando la ropa limpia; de hecho, él se encargaba de casi todo lo que tenía que ver con el lavado. En cuanto la ropa estaba lavada, la colocaba en una canasta de plástico que se quedaba sobre el antiguo arcón de ajuar de mi madre, a los pies de la cama, hasta que alguno de los dos por fin cedía y guardaba todo en su lugar.

—¿Ya viste las noticias de China? —le pregunté, pero, más bien, de forma retórica. Clarke nunca había dormido del todo bien y, en cuanto se despertaba, encendía la televisión para ver las noticias. Para cuando yo me levantaba, él podía ponerme al día con los sucesos recientes de todo el mundo, pero ese día estaba colgando una camisa en un gancho y guardándola en el clóset.

—Sí, en resumen, están poniendo a la gente en una especie de confinamiento —explicó. Continué deslizando la pantalla con el dedo mientras trataba de asimilar lo que estaba pasando. Esta nueva y misteriosa enfermedad parecía ser, además, letal. *¿Y para lidiar con el asunto están obligando a la gente a quedarse en su casa?* Me costaba trabajo entenderlo.

La enfermedad se propagaba con velocidad, así que traté de rastrear su movimiento en tiempo real. Todas las mañanas, en cuanto despertaba, tomaba mi teléfono y les echaba un vistazo a los medios internacionales. Quería saber cómo se estaba moviendo el virus y hacia dónde porque, en ese momento, me daba la impresión de que lo único sobre lo que tenía control era aquello que "sabía". Vi cuando llegó a Italia con los turistas que visitaron el país para la temporada de esquí, pero para entonces ya se habían reportado casos de contagio en Estados Unidos, Tailandia, Japón y Corea del Sur. Como muchos otros países, empezamos a pedirles a las personas que habían viajado a lugares donde el virus se estaba propagando con rapidez que se aislaran en casa, pero en algún momento me pregunté si el virus no se movería con más agilidad que nuestras exigencias. Todos los días había una nueva historia sobre un brote o se sumaba a la lista otro lugar, lo que evidenció algo: si el coronavirus no había llegado a tu país, pronto lo haría.

Continuamos con el trabajo del gobierno y anuncié la fecha de la elección con bastante anticipación, sería el 19 de septiembre, es decir, ocho meses después. Estábamos avanzando hacia una votación para despenalizar el aborto y, aunque era un poco difícil predecir hacia dónde se inclinaría el electorado, parecía que la opinión pública estaba a nuestro favor. Asimismo, todavía estábamos lidiando con la erupción de Whakaari y seguíamos debatiendo si nuestra legislación sobre salud y seguridad necesitaría actualizarse. También estábamos en medio de una disputa con Rio Tinto, una empresa multimillonaria que operaba una fundidora en Invercargill. El asunto legal tenía que ver con desechos tóxicos almacenados en el borde del río Mataura que se había visto amenazado por las inundaciones recientes.

En el plano internacional también estaban sucediendo muchas cosas. Se suponía que yo debía concluir la actualización y mejora de nuestro acuerdo de libre comercio con China y realizar visitas a Fiyi y Australia, pero dudaba que para hacer el viaje solo tuviera que atravesar la región de Tasman. Teníamos una relación cercana con Australia, pero las tensiones habían empezado a estallar y una de las cosas que más me frustraban era la política de deportación de nuestro país vecino. Dado que nuestros ciudadanos y los de ellos tenían derecho a vivir en el otro país sin necesidad de obtener la ciudadanía, había neozelandeses que se habían mudado a Australia cuando eran niños, habían crecido ahí, tenido familia ahí e incluso hablaban con acento australiano y no habían cambiado su estatus legal. Sin embargo, el gobierno australiano cambió los criterios para deportar gente y nos empezó a enviar a criminales que casi no tenían vínculos con nuestro país. A veces incluso deportaban a gente que no había cometido ningún crimen. Hice patente mi preocupación sobre esta política, pero Scott Morrison, el primer ministro de Australia, elegido casi dos años antes, se obstinó a pesar de que en Nueva Zelanda empezaron a formarse pandillas australianas, con todo el perjuicio y caos inherentes a la situación.

Un tempestuoso día, a finales de febrero de 2020, me encontré en Sídney, rumbo a una conferencia de prensa que daría junto con Scott Morrison. Estábamos en el exterior, el vestido se me sacudía alrededor de las piernas y el cabello me golpeaba el rostro, pero le advertí a Morrison que durante la conferencia me vería obligada a mencionar los problemas que habíamos discutido en privado.

—Está bien —dijo sin inmutarse, casi contento.

Como me molestó mucho la frívola manera en que respondió, le hice otra advertencia.

—En verdad no me importa —insistió. *¿Acaso escucho un ligero tono de burla?*, pensé. Incluso parecía disfrutar de la idea de que yo tuviera que fijar mi posición y aclararle las cosas, como si, de alguna manera, mi actitud "le conviniera".

—Ese es el problema, Scott, necesito que le importe —le dije furiosa. Y tal vez creyó que estaba fingiendo para dar un espectáculo, pero no era así.

Cuando estuve en el podio, el viento hizo que mi cabello volara por todos lados. Sujeté mis notas y mencioné todas las razones por las que la política de deportación del gobierno australiano era injusta. Entonces alcancé a ver a Raj del otro lado de las cámaras, se veía distraído y pálido. En cuanto la conferencia de prensa terminó, se acercó a mí.

—Lo siento, Jacinda —dijo—, parece que tenemos el primer caso confirmado de covid.

Y eso bastó para que la indiferencia y la arrogancia de Scott Morrison se borraran de mi mente.

El coronavirus había llegado a Nueva Zelanda.

El liderazgo es una prueba para la que uno solo se puede preparar de manera parcial. Si se tiene suerte, la información que se necesita está por ahí, en algún lugar y en algún formato. Pero eso no fue lo que sucedió con el coronavirus. En todo el mundo, los políticos, los médicos y los investigadores estaban tratando con desesperación de reunir cualquier tipo de información sobre este nuevo virus. ¿Qué tan mortal era? ¿Qué tan infeccioso y bajo cuáles circunstancias? ¿Cómo se transmitía? ¿Podía uno contagiarse si alguien más tosía o estornudaba? ¿Cuánto tiempo permanecía en el aire? ¿Era posible infectarse por tocar superficies? ¿Una persona podría propagarlo antes de que se manifestaran los síntomas? Esta última pregunta era de gran importancia desde un punto de vista de salud pública, ya que sería muchísimo más difícil contener un virus así que uno que solo se propagaba cuando la gente mostraba síntomas.

Y ahora, el coronavirus había llegado a Nueva Zelanda y tendríamos que tomar decisiones.

Nuestra primera acción importante fue cerrar la frontera. El primer caso fue el de alguien que venía de Irán y los que siguieron también fueron de gente que había viajado. A pesar de la medida, el número de casos aumentó. Entonces establecimos una política para desacelerar el contagio, rastrearíamos a todas las personas que habrían estado en contacto con el virus y las aislaríamos, pero era obvio que, mientras más casos hubiera, más difícil sería continuar así.

Cuando decidimos cerrar la frontera para todos aquellos que no fueran ciudadanos neozelandeses, sentí que estaba tomando la que llegaría a ser mi decisión más trascendente como primera ministra. El turismo era uno de los cuatro sectores de mayor relevancia y, básicamente, lo cerraríamos de la noche a la mañana. Pensé en todos los operadores de turismo que había conocido a lo largo de los años, pensé en Rotorua, un pueblo tan importante en mis recuerdos de la infancia, un pueblo que dependía de los visitantes. Pensé en la gran alegría que sentíamos al compartir Nueva Zelanda con el mundo y en todas las personas que perderían su empleo. Pero también sentí que no tenía opción y, por esa razón, el 19 de marzo, veinte días después del primer caso documentado de coronavirus en el país, cerramos nuestras fronteras a todos, salvo a nuestros ciudadanos que volvían de otros lugares.

Mi asesora científica en jefe durante la pandemia de coronavirus fue Juliet Gerrard, la misma que ayudó a la Fuerza de Defensa a cuantificar el riesgo durante la recuperación de cuerpos en Whakaari/ White Island. Juliet era británica, su acento transmitía calidez y su proceso de pensamiento era lógico y reflexivo. Su sonrisa era agradable, te hacía sentir que era accesible, usaba bufandas y pañuelos al cuello, y tenía abundante cabello rizado que enmarcaba su rostro. Juliet había empezado a colaborar con un colectivo internacional de asesores científicos para poder informarme acerca de lo que estaban observando en el extranjero. En Nueva Zelanda trabajó con especialistas en modelos para entender cómo podría propagarse la pandemia en nuestro país. Poco después, ya me comunicaba a diario con ella y, cuando no estábamos hablando, ambas leíamos.

Antes del coronavirus, Juliet reía mucho, pero a medida que la pandemia avanzó, la escuché reír cada vez menos. Cuando venía a mi oficina para hacer los reportes en persona, llegaba con una mochila al hombro y vistiendo un largo abrigo con ruedo asimétrico que casi llegaba a la parte superior de sus botas altas de cuero. Lo primero que hacía era descolgarse la mochila y sacar de ella documentos prolijos con notas perfectamente organizadas. A veces me entregaba un gráfico o una hoja con cifras, pero la mayoría de las veces solo hablaba.

Nos sentábamos juntas a revisar los gráficos, algunas veces en mi oficina y otras en la sala de conferencias. Muchos de ellos tenían el mismo formato, incluían la información de la cantidad esperada de casos, expresada de forma temporal y en comparación con la capacidad de los hospitales a nivel nacional, la cual aparecía representada con una línea punteada. La pregunta urgente detrás de todas esas imágenes era muy simple: ¿la cifra de casos rebasaría la capacidad hospitalaria? De ser así, tendríamos que implementar un nuevo plan. La mayoría de los países estaban adoptando una estrategia que parecía lógica: *aplanar la curva*. Todos necesitaban desacelerar el avance del coronavirus porque, de lo contrario, si continuaba a su ritmo y los hospitales se desbordaban, moriría gente que habría podido salvarse. En efecto, aplanar la curva era la opción correcta para nosotros también. Porque, si no, ¿qué otras opciones había?

Un día, Juliet llegó al noveno piso con información nueva. No habíamos acordado reunirnos, pero el coronavirus hacía que las cosas fueran más improvisadas. Salí de una junta que estaba teniendo lugar en mi oficina y me reuní con ella en una pequeña sala. Desde ahí escuché la voz de Raj, quien salía y entraba de la oficina del equipo de prensa, se estaba preparando para la reunión del gabinete sobre el coronavirus en el octavo piso, la cual tendría que presidir yo en algunos minutos. Grant vendría pronto también para hablar sobre los documentos en nuestra agenda. En ese momento, Juliet deslizó un gráfico más sobre la mesa.

—Tenemos nuevas cifras —dijo. Estaba sentada en su silla, alerta, inclinada hacia el frente. Bajé la vista, era el mismo gráfico que ya había visto: *casos, tiempo, capacidad hospitalaria*. Esta vez, sin embargo, la línea punteada estaba mucho, pero mucho más cerca de la parte inferior.

—¿Qué significa eso? —pregunté señalando la línea. ¡No podía ser la capacidad hospitalaria! La línea estaba demasiado abajo y la curva encima era tan grande que parecía un tsunami.

—Es la capacidad de nuestro sistema de salud —confirmó Juliet en un tono llano. Me explicó que los nuevos datos del extranjero mostraban que el coronavirus era muchísimo más infeccioso de lo que la gente pensaba—. El modelo más reciente indica que cien mil neozelandeses necesitarían ser hospitalizados y que habrá decenas de miles de muertes —añadió.

La miré un momento y volví a bajar la vista hacia el gráfico. La luz de las lámparas fluorescentes se sumaba a la crudeza de la información en el papel. Yo estaba inclinada hacia el frente en la silla de cuero y tenía las piernas suspendidas del suelo; me daba la impresión de que cualquier movimiento repentino me haría deslizarme desde mi asiento hasta el suelo. Mi asesora científica en jefe, la persona en quien confiaba y a quien respetaba, me estaba diciendo que, si no modificábamos nuestra estrategia, podrían morir decenas de miles de personas, una cantidad asombrosa para un país de solo cinco millones.

Habíamos tenido un plan hasta ese momento: trataríamos de desacelerar el avance del coronavirus, usaríamos el control fronterizo para disminuir las cifras y, cuando se presentaran nuevos casos, los aislaríamos y rastrearíamos el contacto. Sí, el virus estaría en Nueva Zelanda, pero trataríamos de evitar que nos sobrepasara. Este gráfico, sin embargo, me indicaba que no había forma de dominarlo, que si no queríamos sufrir sus enormes perjuicios, tendríamos que encontrar la manera de minimizarlo lo más posible.

Los políticos rara vez enfrentan un dilema tan extremo como este. Aunque habrá quien diga que tomamos decisiones de vida o muerte todo el tiempo, los efectos de lo que decidimos suelen ser indirectos y complejos, y, además, se manifiestan a lo largo de muchos años o incluso décadas. Excepto si se ordena el despliegue de tropas en medio de una guerra o conflicto, casi nunca hay un vínculo directo entre la decisión de un político y la supervivencia o la muerte de alguien. Esto, sin embargo, parecía ser la excepción.

Poco tiempo antes me había negado a establecer un porcentaje para el índice aceptable de suicidios a nivel nacional, y ahora que me encontraba ahí con Juliet y que junto a nosotras había un revistero lleno de periódicos del día con encabezados que servían como advertencia de lo que estaba sucediendo en otros países, supe que tampoco estaba dispuesta a ceder estas vidas.

Esa noche me reuní con Raj en mi oficina y analizamos los detalles de un nuevo plan para enfrentar al coronavirus. No solo necesitábamos erradicar los casos que ya teníamos, también era imprescindible crear un sistema para evitar más a futuro. Todo eso requeriría que encontráramos la manera rápida y sencilla de decirle a la gente lo que necesitábamos, de la misma forma en que le informábamos cuál era el nivel de una sequía o de un riesgo de incendio. Necesitábamos un sistema de nivel de alerta.

Aunque era después de la hora del descanso para la cena en el Parlamento, ni Raj ni yo habíamos comido. Había muchos elementos en juego y demasiada gente con la que tenía yo que interactuar, pero en ese momento solo quería trabajar con él porque era alguien a quien le podía expresar sin problema mis preguntas, mis dudas, mi frustración y mis miedos.

Raj es una persona que sabe contenerse, no habla con frecuencia en público y siempre tiene una expresión tan neutra que nadie sabe en qué está pensando. Si alguien más tomara en cuenta todas estas características, tal vez le pasaría desapercibido que, en realidad, nos parecíamos mucho. A ambos nos hacen enojar o sentirnos contentos las mismas cosas, y el hecho de haber trabajado juntos en torno al ataque del 15 de marzo también nos había dejado cicatrices parecidas. En aquel tiempo, Raj era mi jefe de personal interino, no era un empleo que él deseara cuando asumí el cargo de primera ministra, pero yo le pedí que se quedara porque pensaba que era el mejor.

Tras analizar la secuencia de las decisiones respecto al coronavirus mientras iba tachando cada una en su libreta con una escritura ilegible, Raj tomó su teléfono y miró la pantalla.

—¿Eh? —musitó.

—¿Qué sucede? —pregunté.

—La Cámara acaba de aprobar la reforma de la ley sobre el aborto —dijo mirando todavía su teléfono.

Tomé el control remoto y encendí la televisión en el canal que transmitía las sesiones del Parlamento en vivo. En efecto, el cartel que se deslizaba en la parte inferior de la pantalla indicaba que la votación por poderes acababa de tener lugar y que la ley del aborto había sido aprobada. Ahora se encontraban debatiendo el siguiente punto en el orden del día.

La victoria de la ley del aborto fue histórica. Mucho tiempo atrás, la abuela de una diputada murió debido a un aborto clandestino, y yo conocía a gente que, valerosamente, hizo campaña durante años para que la ley se modificara. En ese momento, sin embargo, sentía como si hubiera pasado una década desde aquel debate que tuve con Bill English, cuando me comprometí a eliminar el aborto del estatuto de crímenes y que muchos otros asumieron la responsabilidad de una reforma a la ley. Para ser franca, sentía que había pasado una década desde aquella mañana también.

Apagué la televisión, dejé el control remoto de nuevo en la mesa, junto al gráfico, y Raj y yo retomamos el trabajo.

AUNQUE CONTÁBAMOS CON EXPERTOS que nos proveían datos y modelos, no podíamos esperar a que también desarrollaran un plan para enfrentar al coronavirus porque la situación avanzaba con demasiada rapidez. Se habían confirmado casi doscientos mil casos en todo el mundo y habían muerto alrededor de ocho mil personas. En una semana, esas cifras se duplicarían y, en menos de un mes, las muertes se multiplicarían por diecinueve. Si acaso queríamos tener la oportunidad de impedir que esta enfermedad se apoderara de Nueva Zelanda, necesitábamos trabajar rápido y en equipo.

El miércoles, el gabinete estuvo de acuerdo en que necesitábamos un sistema de nivel de alerta y el viernes me senté frente a una mesa redonda con nuestros asesores, entre ellos se encontraban Juliet y

Ashley Bloomfield, director general de Salud. Estuvimos puliendo el plan hasta muy tarde y, luego, el sábado, se lo presentamos al público.

Nuestro sistema de alerta incluía cuatro niveles. El nivel 1 era vida normal: excepto por las restricciones en las fronteras, todo funcionaría de forma habitual. Los restaurantes y los negocios se mantendrían abiertos, y la gente podría reunirse incluso en grupos grandes.

En el nivel 2, los restaurantes y los negocios se mantendrían abiertos, pero se implementarían requisitos específicos respecto al distanciamiento social, así como límites en la cantidad de personas que podrían reunirse en un mismo lugar.

En el nivel 3 le pedíamos a la gente que permaneciera en casa, en su burbuja personal. Eso significaba que las escuelas cerrarían. Los supermercados, las farmacias y sus respectivos proveedores tendrían derecho a operar. Si un lugar de trabajo podía continuar funcionando de manera segura y sin contacto directo con el cliente, también podría operar. Los restaurantes solo podrían ofrecer comida para llevar.

El nivel 4, el más alto, era prácticamente un confinamiento. La gente permanecería en su burbuja en casa. Solo podrían operar los servicios esenciales como los supermercados y sus proveedores, los servicios de salud, la policía, los bomberos y cualquier otra organización involucrada en actividades para mantener a la gente segura y con vida. La gente podría salir, hacer caminatas y ejercitarse, pero tendría que mantenerse por lo menos a dos metros de distancia de los demás.

Aunque tal vez suene simple, no lo fue en absoluto. Por cada decisión que tomábamos, surgían cien cuestionamientos. Por ejemplo, si íbamos a mantener abiertos los supermercados incluso en el nivel 4, ¿por qué el carnicero tendría que cerrar? Si el carnicero abría, ¿por qué la panadería no podría abrir también? Una vez que estuviéramos en confinamiento, ¿cuáles serían los parámetros para saber que podíamos empezar a salir de esa situación? La gente que volvía a Nueva Zelanda y atravesaba la frontera, ¿tenía que hacer cuarentena en casa? ¿En hoteles? Y si la hiciera en hoteles, ¿cuáles serían autorizados y quién podría trabajar en ellos?

Cada una de las decisiones fue difícil, pero tratamos de movernos con velocidad y determinación porque sabíamos que, si hacíamos las cosas mal, el virus se nos escaparía de las manos.

Presenté nuestro nuevo sistema de nivel de alerta en televisión y expliqué que entraríamos en el nivel 2, pero que necesitábamos prepararnos para el nivel 4: confinamiento. Sabíamos que nuestras cifras aumentarían, pero, con suerte, si seguíamos el plan, se estabilizarían antes de empezar a descender en algún momento para, luego, detenerse de forma total. Cuando eso sucediera, independientemente de cuándo sucediera, podríamos empezar a relajar el confinamiento hasta que por fin pudiéramos salir de él por completo, libres de coronavirus y con un control severo en las fronteras que nos ayudara a permanecer así. O, al menos, ese era el plan.

Para ese momento, había ofrecido muchas conferencias de prensa sobre el coronavirus, pero esta sería distinta porque sería una transmisión en vivo. Estaría en mi escritorio en la Colmena y, detrás de mí, habría dos banderas que Le Roy colocó con muchísimo cuidado.

En cuanto comenzara la transmisión, tendría que mirar directamente a la cámara. El nerviosismo era patente en la atmósfera, y no solo en mi oficina, lo había percibido en todos lados durante días. Era una especie de incertidumbre, mientras la gente esperaba a ver qué ruta decidiríamos tomar como país. Y, una vez que tomamos la decisión, sentí como si estuviera llevando a Nueva Zelanda a una batalla. Tal vez así era.

El 27 de marzo de 2020, solo nueve días después de que Juliet deslizó aquel gráfico sobre mi escritorio, llegué a Premier House y encontré estacionada en el porche la camioneta Hyundai Santa Fe que mi papá adoraba. Enseguida lo imaginé dándole golpecitos al volante mientras conducía, como lo hacía siempre que viajábamos a la playa cuando yo era niña. El trayecto desde Morrinsville tomaba siete horas y mamá seguro empacó nueces y chocolate. Además de "la mitad de la casa", de acuerdo con el informe de mi papá.

No me sorprendió que eligiera estacionarse en el porche. De hecho, me parecía escuchar su voz: *Siempre debes dejar tu automóvil fuera del alcance de los elementos*, habría dicho. Por supuesto, eso significaría que él y mamá tendrían que subir y bajar caminando por el largo acceso vehicular para ir y volver a la casa principal, pero no había problema porque, después de todo, no irían a ningún otro lugar por algún tiempo.

La nuestra, como todas las familias del país, se mudó a la burbuja donde permanecería en las siguientes semanas. Mamá y papá se aislarían aquí, en Wellington, con Neve, con Clarke y conmigo. Acabábamos de entrar al nivel 4: confinamiento.

Cuando entré a la casa, mamá y papá estaban en la cocina con Clarke, y Neve lo tenía abrazado de las piernas. La camioneta Hyundai era la posesión más preciada de papá, pero, muy de cerca, en segundo lugar, estaba su máquina para hacer pan. En cuanto estuve en el umbral de la cocina, vi que ya había hecho espacio en nuestra encimera para colocarla y lo escuché decirle a Clarke: *¿No te da gusto que haya empacado esto?* Era lo mismo que decía en nuestras vacaciones familiares cuando yo era niña. Mamá estaba desempacando el contenido de una enorme hielera roja, buscando espacio en nuestro refrigerador y hablando consigo misma.

Que papá y mamá estuvieran en confinamiento con nosotros me brindaba alivio, así podría cuidarlos. También me daba gusto que les hicieran compañía a Neve y a Clarke, y que, en general, nos tuviéramos los unos a los otros. *Esta es mi burbuja*, pensé.

Bueno, mi burbuja en casa porque, como el país todavía necesitaba que el gobierno funcionara, había otro pequeño grupo de personas con las que seguiría interactuando en el trabajo.

Para ese momento, los diez pisos de la Colmena estaban casi vacíos. Los últimos días antes del confinamiento, el personal empacó sus pantallas y teclados, y se los llevó a casa para trabajar desde allá. Julia, mi amiga de antaño y colega, quien me ayudó a revisar nuestra política de erradicar la pobreza infantil, ahora era también mi asesora de salud, por lo que conversaba con ella todos los días. Como estaba embarazada, también empacó y se fue con su hijo pequeño a casa de su familia. Julia trabajaría a distancia como casi todas las demás personas del edificio, y las oficinas y los corredores permanecerían en un escalofriante silencio. En el noveno piso, sin embargo, se quedó el núcleo de mi equipo, mi personal "esencial", con quienes necesitaba seguir reuniéndome en la oficina, en lugar de solo verlos por Zoom.

Raj, mi jefe de personal, estaba ahí, por supuesto. También Holly, su adjunta, quien era más joven que yo, pero cuyas opiniones, intelecto y sereno comportamiento hacían que confiara en ella de forma implícita. Holly también conocía a fondo todos los detalles del sistema de nivel de alerta. Le Roy, mi secretario privado, mantenía la oficina funcionando como un reloj. Andrew, el secretario de prensa a quien tanta confianza le tenía, continuó tratando de lidiar con casi toda la comunicación, mientras los miembros de su equipo insistían en que les delegara tareas como era debido. Y, finalmente, Grant, quien seguía en su oficina de siempre en el séptimo piso, pero solo, y por eso ahora andaba por ahí en calcetines, luchando con su temperamental impresora.

Más que una persona, hubo un objeto que se convirtió en el séptimo miembro del equipo: una pizarra blanca. Le Roy y yo la encontramos en una sala de reuniones el primer día que la Colmena se quedó vacía como pueblo fantasma. Medía dos metros de ancho, tenía un marco de metal y en la parte inferior unas ruedas que se atoraban como las de los carritos de supermercado inservibles. Luchamos un poco para arrastrarla por el corredor, pero finalmente logramos colocarla a lo largo de la pared de mi oficina. Tomé un marcador y empecé a escribir las cifras, y, poco después, ya estaba obsesionada con esa pizarra.

Tal vez, para combatir la extrañeza que nos causaba todo, nos formamos rutinas. Yo empezaba por registrar en la pizarra las cifras de los casos y de las hospitalizaciones, y luego comenzaban las reuniones por Zoom. En ellas aumentamos las prestaciones sociales económicas, creamos un subsidio salarial para los empleados y rentamos lugares que hasta ese momento habían sido destinados a albergar a estudiantes internacionales, para que pudieran dormir ahí personas sin hogar. Todos los ministros trabajaron incansablemente y, a la 1:00 p. m., todos los días se llevaba a cabo una conferencia de prensa con el doctor Ashley Bloomfield, nuestro indispensable director general de Salud. En poco tiempo, los neozelandeses llegaron a conocer tan bien y a confiar tanto en el doctor Bloomfield que incluso su nombre terminó impreso en grandes bolsas de tela y en trapos de cocina. El doctor Bloomfield y yo hablábamos de las noticias que teníamos respecto al número de casos y sobre cualquier cosa que hubiéramos aprendido acerca del virus. Después de la conferencia, yo volvía al silencioso noveno piso.

Era claro que la Colmena no era lo único que me resultaba extraño ahora. Todas aquellas escuelas que alguna vez visité y que vi abarrotadas de niños sonrientes, también estaban vacías. Chris Hipkins, ministro de Educación, ordenó la compra de miles de módems y de otros aparatos electrónicos para asegurarse de que los niños pudieran continuar aprendiendo a distancia. Financiamos dos canales de televisión para la transmisión de contenidos relacionados con la educación, uno en inglés y otro en *te reo* maorí. Los canales transmitían su programación durante seis horas y media diarias. A veces, cuando caminaba por la Colmena, encendía las televisiones y escuchaba las transmisiones en el fondo para sentirme conectada con la gente del mundo exterior, con la tranquilidad de saber que, al menos, había algo que tal vez les brindaría alivio a los padres neozelandeses.

A otras personas, sin embargo, no podría ofrecerles ni alivio ni consuelo. Había gente en el hospital y sus seres amados no podían visitarla, hubo funerales a los que muchos no pudieron asistir. Un día me llegó una carta de una madre que no pudo ver el cuerpo de su hija, quien falleció en un accidente en una granja. Lloré en cuanto la leí. En su carta, la señora decía que no había escrito solo para contarme su historia, sino para decirme que, pese a lo duras que parecían, entendía por qué impusimos las restricciones. A pesar de sus palabras de solidaridad, yo, en efecto sentía lo *severas* que eran. *Por favor, permite que esto funcione*, pensaba. *La gente está renunciando a demasiado.*

En abril celebramos el Día Anzac, el día nacional en conmemoración de los australianos y los neozelandeses que sirvieron en la guerra. Desde que era niña había asistido a los servicios del Día Anzac con mi papá. Juntos colocábamos amapolas en nuestros sacos y metíamos las manos hasta el fondo de los bolsillos de nuestros abrigos para protegerlas del frío mientras veíamos salir al sol y pensábamos en las personas que sirvieron durante el conflicto, como mi abuelo Harry.

Ahora, como la gente no podía reunirse, le sugerimos buscar maneras distintas de conmemorar el día. Como nosotros no teníamos coronas de flores en casa, mamá y yo caminamos por el jardín un día antes y reunimos camelias blancas, rosas rojas y helechos.

El Día Anzac, muy temprano, Clarke, papá y yo caminamos hasta el final del acceso vehicular con flores en las manos y amapolas en nuestro pecho. Nos quedamos parados en la oscuridad y esperamos el amanecer. Desde donde estábamos alcancé a ver las siluetas de algunos de nuestros vecinos. Uno colocó una bocina portátil en la calle y, cuando el sol se elevó en el horizonte, sonó el "Toque de retreta", una sombría melodía interpretada por alguien que tocaba una corneta en solitario. Sentí la presencia de papá a mi lado, tenía los hombros bien erguidos y estaba parado en posición de atención como seguramente solía hacerlo cuando era cadete de policía. La luz del sol se fue extendiendo mientras escuchábamos, envueltos por el aire fresco de la mañana. Cuando el sol se elevó lo suficiente para permitirnos ver más allá, noté que había personas en el siguiente acceso vehicular, y en el siguiente y en el de más allá. Todo el vecindario estaba de pie al amanecer.

Fue en esa misma calle que, cuando caminaba al trabajo, empecé a ver osos de peluche acomodados detrás de las ventanas. Osos de peluche blanco y nariz negra, vestidos con trajes de tela escocesa. Algunos tenían el pelaje dorado y moteado, como si los acabaran de sacar de la caja de alguien que los guardó ahí en una infancia muy lejana. Al principio solo vi unos cuantos, luego vi más. Y después, incluso abrieron un grupo de Facebook: "No tenemos miedo—Caza de osos NZ". Era una referencia al gustado libro infantil de Michael Rosen, en el que una familia, que no tiene miedo, corre hacia la aventura de salir a cazar un oso, *chapoteando*, *aplastando* y *tropezándose*. Poco después, el grupo ya tenía miles de miembros, había osos de peluche por todas partes y los niños de todo el país tenían sus propias aventuras de caza... en casa. Fue una de esas tendencias peculiares que permitieron que el singular momento que atravesábamos se sintiera menos solitario y un poco más clemente.

Cuando asumí el cargo de primera ministra, le pedí a Dinah que me permitiera leer todas las cartas escritas por niños. Leí miles de misivas que, a veces, tuvieron implicaciones políticas directas. Recibimos tantas cartas de niños a los que les angustiaba el efecto que tenía la utilización de bolsas de plástico de un solo uso en las tortugas y los delfines, que presentamos una iniciativa para prohibirlas. Ahora, como los niños pasaban más tiempo en casa, me llegaban aún más cartas. Sabía que, aunque les agradaba estar con sus padres, extrañaban a sus amigos, y que estaban tristes por no poder celebrar los cumpleaños, pero que también les daba gusto poder mantener a otros a salvo. Fue a través de las cartas que me enteré de su preocupación por el conejo de Pascua.

El domingo de Pascua sería el 12 de abril y, a medida que la fecha se fue acercando, empezaron a llegar más cartas con la misma pregunta: *Querida primera ministra. ¿El conejo de Pascua es un trabajador esencial?* Poco antes de la Pascua, en una de mis conferencias de prensa cotidianas, di respuesta a esta urgente pregunta: Sí, el conejo de Pascua *era* esencial sin lugar a dudas. Apenas acababa de decirlo, cuando empecé a inquietarme por la idea de haber creado una nueva expectativa en casa, justo cuando los padres estaban tan presionados. Por eso añadí una advertencia de inmediato. "Como pueden imaginar, en este momento los conejos deben estar bastante ocupados en casa con sus familias y con sus propios conejitos. Por esta razón... si el conejo de Pascua no llega a su hogar, tendrán que entender que tal vez se deba a que le cuesta trabajo ir a todos lados". Todo esto lo dije en una conferencia de prensa a nivel nacional y transmitida en vivo, en el mismo tono en que habría recitado nuestras cifras del PIB.

Neve, por su parte, estaba por cumplir dos años y parecía encantada de estar rodeada por tantos miembros de la familia: papá, su abuela, su abuelo y, a veces, mamá. Con esto no quiero decir que estuviera ausente por completo, ya que en ese periodo creo que estuve en casa con mucha más frecuencia o, al menos, de manera más constante. La cuestión era que me costaba trabajo estar *presente*.

A veces llegaba a casa y encontraba a Neve en la sala, rodeada de grandes bloques de Lego *Duplo*. *De acuerdo*, pensaba. *Voy a jugar con mi hija ahora y no me distraeré. VOY A ESTAR PRESENTE.*

"Construyamos una torre", le decía antes de quitarme los zapatos y empezaba enseguida a apilar bloques, aún en ropa de trabajo. De pronto, la torre era demasiado alta para ella, así que le pedía que me pasara bloques de sus colores favoritos. La torre crecía y crecía, y yo sonreía. Me esforzaba mucho por estar ahí, en el momento, pero en mi mente solo había cifras y gráficos.

Sabía todo lo que había que saber sobre el apego, sobre la importancia de forjar vínculos sólidos. Incluso ayudé a diseñar políticas gubernamentales para promover esta idea. Y, sin embargo, todo ese tiempo que pasaba con mi hija y le decía cosas como *¿Qué te parece si me pasas el bloque azul, amor? Ahora uno amarillo. Mira qué alta está nuestra torre*, simplemente no estaba ahí. O, al menos, no estaba ahí por completo. Ni siquiera la mayor parte de mí.

Cuando recibí las noticias, me encontraba en casa colgando la ropa recién lavada en un tendedero en la habitación donde estaban los muebles de mimbre. Era el mismo lugar donde estaba cuando Julia me llamó para avisarme que se había registrado el primer deceso por covid en Nueva Zelanda, y el mismo tipo de llamada que aún recibía cada vez que perdíamos a alguien. Habían pasado seis semanas para ese momento, seis semanas de decisiones increíblemente difíciles, de aislamiento, de espera y de esperanza. La luz del sol bañaba la terraza interior mientras yo colgaba los *leggings* y los vestidos de Neve, antes de ir a la oficina. Mi teléfono estaba recargado sobre una taza de té frío.

En cualquier momento me llegarían las cifras de los nuevos casos de coronavirus. Cuando escuché el repiqueteo, dejé la ropa, contesté y, unos segundos después, empecé a dar saltos de felicidad.

Neve se acercó corriendo, sus verdes ojos brillaban. Tal vez no tenía aún dos años, pero ya reconocía una celebración espontánea cuando la escuchaba. La tomé de las manos y empecé a hacerla girar, pero ella no tenía idea de por qué pasé tan rápido de ser Mami-haciendo-quehacer a Mami-quiere-bailar. Y creo que tampoco le importaba mucho no entender.

Ambas giramos desde la terraza interior hasta la sala, y luego giramos y giramos de nuevo. Neve tenía la cabeza echada hacia atrás y reía encantada cuando ganaba suficiente velocidad para levantarla del suelo mientras giraba. Sus pequeñas manos se aferraron a las mías y sus labios se extendieron en un hermoso gesto de alegría.

Finalmente, la volví a dejar en el piso con cuidado, reímos un poco más y luego me dejé caer en una silla. Nunca estaba libre del estrés por completo, pero al menos, en ese instante, sentí un alivio temporal. Por primera vez, desde que comenzó el confinamiento mes y medio atrás, no tuvimos casos de covid. *El plan estaba funcionando.*

Algunas semanas después, el 14 de mayo, bajamos de nuevo el nivel de alerta y pasamos al 2. Aunque todavía no habría lugar para extensas reuniones familiares por algún tiempo, los miembros de la familia nuclear podrían estar juntos de nuevo. La gente podría salir a un restaurante, beber una copa de vino e invitar a sus vecinos a cenar en casa. Los neozelandeses salieron de sus burbujas y volvieron al mundo.

Clarke y yo celebramos con un *brunch*. Tuvimos que esperar afuera del café Olive un rato porque estaba repleto. Me alegraba tanto ver a la gente en la calle y feliz, que reímos con ganas cuando nos dijeron que no había mesas disponibles. No nos molestó, era bueno que el lugar estuviera lleno. Cuando cruzamos la calle para ir a otro lugar, el *maître d'* corrió detrás de nosotros y gritó: "¡Se desocupó una mesa!".

Nos sentamos y miré en todas direcciones, contemplé todo aquello que nos habíamos estado perdiendo. El bullicio de un café, la risa proveniente de las mesas de alrededor. Tras ordenar nuestros alimentos, sin embargo, Clarke y yo hablamos del mundo más allá. El coronavirus continuaba causando perjuicios en otros lugares y nuestra libertad nos hacía sentir casi culpables. En Reino Unido, no parecía que las escuelas abrirían sus puertas pronto; Fiona, mi amiga de la infancia, vivía en España con sus hijos y su esposo, y seguía en confinamiento. Aquí, en cambio, en Nueva Zelanda, estábamos tan contentos que parecía Navidad, y yo sentía la responsabilidad de mantener las cosas así.

ENTONCES COMENZÓ UNA NUEVA FASE. Hubo largos periodos de normalidad que se veían interrumpidos ocasionalmente por un ascenso en el nivel de alerta. Mientras en todo el mundo los casos aumentaron, durante el resto de 2020 la mayor parte de Nueva Zelanda permaneció en el nivel 1 o el nivel 2. Los niños volvieron a las escuelas y los restaurantes abrieron. Tal vez había cierta precariedad, pero gracias al compromiso de nuestro país con el sistema de nivel de alerta, la vida parecía bastante normal. Incluso empezamos a planear la elección que tendría que llevarse a cabo a finales de año.

En la Colmena, sin embargo, la situación era frenética porque cada nuevo caso de covid era una posible razón para anunciar un confinamiento, lo cual queríamos evitar a toda costa. Por eso, cada vez que alguien se contagiaba y no podíamos vincularlo con una persona procedente del extranjero, se desencadenaba una demencial búsqueda forense del contacto. Hacíamos hasta lo imposible, actuábamos con desesperación y, en algunas ocasiones, trabajábamos las veinticuatro horas del día con tal de no permitir que volviera a subir el nivel de alerta. Si lográbamos averiguar cómo se contagió la persona en cuestión, respirábamos aliviados porque significaba que podíamos limitar el aislamiento a un solo individuo y a la gente que estuvo en contacto con él o ella. Sin embargo, obtener las respuestas no siempre era sencillo.

Hubo un caso en el que una empleada de un negocio minorista en el centro de Auckland tuvo resultado positivo a la prueba de covid. Los especialistas de salud pública hicieron una lista de todos los contactos que tuvo y de todos los lugares a los que fue, y solo encontramos una causa posible. La mujer había estado en el distrito financiero central al mismo tiempo que otro caso, alguien que trabajaba en un centro de cuarentena. Ambos habían almorzado en una cafetería cercana. ¿Habrían estado ahí al mismo tiempo? No, resultó que no. ¿Y en los baños? ¿Los empleados de la tienda al menudeo compartían los baños con la cafetería? Saqué mapas del vecindario y me quedé mirándolos en la madrugada, una noche en que no podía dormir. Me alejé un poco de Clarke y bajé la pantalla un poco más allá del borde de la cama para que la luz no lo despertara mientras yo hacía *zoom* en la imagen y recorría los carriles y las calles de forma virtual. Y, mientras tanto, mi mente se repetía la misma pregunta una y otra vez: *¿Cómo se contagió esa mujer?* Poco después, se hizo una revisión de la filmación de las cámaras de videovigilancia y descubrimos que la empleada había pasado junto al trabajador del centro de cuarentena en la calle.

Pasaron varios meses y los días se sintieron cada vez más frescos y cortos. Nuestras cifras de casos se mantuvieron bajas y, para la mayoría, la vida siguió su curso normal. La gente salía a cenar, bailaba en las bodas y vivía su luto en familia en los funerales. Los neozelandeses también asistían a conciertos y a obras de teatro, tomaban clases de piano y participaban en las asambleas escolares. Mientras tanto, yo continuaba leyendo todo lo que podía al respecto. La información sobre la siguiente variante, los índices de transmisión en circunstancias específicas, la ventilación adecuada durante cuarentenas y los avances más recientes en las pruebas de detección. Leía todo, absolutamente todo lo que pudiera mostrarme cómo mantener al coronavirus al margen y, al mismo tiempo, nuestro equipo comenzaba a planear lo que haríamos cuando por fin llegaran las vacunas.

No había un interruptor, tampoco un tiempo fuera. El costo de una estrategia con índices bajos de contagio era la hipervigilancia. Eso significaba que, cuando yo no estaba trabajando, estaba trabajando, y que, sin importar lo que tuviera frente a mí, mi mente no dejaba de divagar y de pensar en el asunto. *¿Surgirá otro caso?*

Por si fuera poco, todo esto sucedía mientras avanzábamos hacia la siguiente elección.

Para agosto de 2020, más de doce semanas después de que salimos del confinamiento, ya me estaba preparando para volver a hacer campaña. En los últimos meses, no tuvimos confinamiento y nos mantuvimos casi libres de covid.

Naturalmente, todavía había desafíos. Hubo casos en los centros de cuarentena. Mantener las fronteras cerradas en verdad les dificultaba las cosas a quienes necesitaban viajar o volver a casa. Al mismo tiempo, yo era consciente de que vivíamos tiempos inciertos y de que la idea de que tal vez necesitaríamos volver a confinarnos en cualquier momento generaba una carga mental colectiva. No resulta sorprendente que la campaña 2020 se enfocara en el coronavirus. *¿Creíamos que habría más confinamientos? ¿Qué haríamos si se presentara un caso en Navidad? ¿Cuándo abriríamos la frontera con Australia?*

El 11 de agosto, primer día oficial de la campaña, hice una serie de visitas en Whanganui, una ciudad en la costa oeste de la Isla Norte. Visité una galería pública y varios negocios en la calle principal, me detuve en una farmacia para agradecerles a los empleados que trabajaron durante la etapa más difícil de la pandemia. En el lugar había algunos clientes y yo estaba de pie, hablando con uno de los empleados frente al mostrador, en la parte trasera del local. Habían pasado cien días desde que se registró la última transmisión de coronavirus en la comunidad, ¿cuándo surgiría el siguiente caso?

Alguien me pasó un objeto pesado, era un regalo: una jarra transparente de vidrio soplado. En la base interior había una montaña tridimensional que no reconocí de inmediato. Shinzo Abe, el primer ministro de Japón, me había dado un objeto similar en el que se veía el monte Fuji. *Japón*, pensé. *Uno de los muchos países donde los casos aumentan con rapidez*. Tenía una sonrisa congelada en el rostro, no sabía qué montaña era, pero como estaba debajo de una luz fluorescente, volteé la jarra con la mano y pasé el dedo por el relieve de la parte inferior. Una parte de mí continuaba presente y admiré el trabajo artesanal mientras que la otra trataba de adivinar la geografía representada. *¿Podría ser el monte Ruapehu? No, este es demasiado pequeño. ¿Tal vez la cordillera Ruahine?* Entonces elevé el objeto hacia la luz.

El empleado de la farmacia dijo algo, pero me pareció que no lo había escuchado bien porque juraría que había dicho "pezón".

—¿Cómo dijo? —pregunté.

—Es un pezón —repitió—. El artista fabricó este objeto para atraer la atención hacia el cáncer de mama.

—¡Oh! —de pronto cobré conciencia de la profundidad y seriedad del tema, también de la forma en que estaba sujetando el objeto. *Pero ¿hay alguna forma correcta de sujetar un pezón de vidrio?*, me pregunté.

—Es hermoso —exclamé, y en verdad me parecía que lo era. Hasta la fecha ocupa un orgulloso lugar en mi gabinete. Ese día, sin embargo, con los medios rodeándome y las cámaras listas para tomar fotografías, decidí que la mejor manera de sostenerlo sería con cuidado y colocarlo en su caja.

Las encuestas del Laborista nos mostraban fuertes, tanto que parecía que incluso Whanganui, una ciudad que había votado por el Partido Nacional en las últimas cinco elecciones, podría inclinarse a nuestro favor. Salí de la farmacia y, de repente, alguien en un *scooter* eléctrico apareció a toda velocidad en la calle, dirigiéndose hacia mí. Era una mujer, se detuvo y se presentó. Se llamaba Muriel, tenía ochenta y tantos años y me dijo que rompería su racha de veinte años sin votar. Que iría a la casilla y votaría por mí debido a la ayuda económica que recibió para cubrir su energía eléctrica en el invierno y a la forma en que manejamos la pandemia. Poco después de que Muriel se alejó a toda velocidad en su *scooter*, otra persona me tomó de la mano. Era una mujer que vestía traje deportivo y parecía un poco mayor que yo. Me preguntó muy preocupada cuál era la situación con la 5G y solo me esforcé por tranquilizarla. En internet habían estado circulando teorías demenciales que decían que la 5G había sido lo que desencadenó la pandemia de coronavirus o que, si no, al menos ayudó a propagarlo. Más tarde, cuando me bajé del vehículo frente a una fábrica de cubrebocas para realizar otra visita, me encontré con poco más de diez personas que se habían reunido para manifestarse; tenían pancartas que mencionaban el coronavirus y la 5G, entre otras teorías de conspiración.

No era un problema nuevo, la desinformación existía desde antes de que yo naciera e incluso se había documentado que era una táctica de interferencia estatal en lugares por parte de países como Rusia desde la década de los años veinte. Pero, naturalmente, el problema parecía haberse exacerbado en tiempos recientes.

No tenía mucho tiempo para quedarme a hacer aclaraciones. Esa noche, para cuando salí de Whanganui, hubo un nuevo brote de coronavirus que nos obligaría a posponer el día de la elección y rediseñarlo.

La noche de la elección llegó por fin el 17 de octubre y vi los resultados desde nuestra casa en Auckland. Mamá, papá, Clarke, Raj, un grupo de amigos y yo nos reunimos frente a nuestro televisor Samsung en la sala. Clarke preparó bocadillos con pescado que pescó ese mismo fin de semana y yo dispuse charolas de quesos y galletas, y serví frituras de papa en cuencos mientras esperaba con nerviosismo a que comenzara la cobertura. Sabía que tendríamos buenos resultados porque eso era lo que nos indicaban las encuestas, pero cuando empezaron a anunciar los escaños individuales en la pantalla me quedé anonadada. "¡¿Rangitata?! —grité refiriéndome a un distrito en el que el Partido Nacional derrotó al Laborista en las últimas elecciones—. Raj, ¿*viste* eso? ¡Jo se lleva Rangitata!".

Hacia el final de la noche, el Laborista había ganado la elección de 2020 con más de 50 por ciento de los votos. Era un resultado que ningún partido había visto desde que pasamos al nuevo sistema electoral en 1996. Era una victoria tan decisiva, que ya ni siquiera necesitábamos a Nueva Zelanda Primero, no necesitábamos que Winston Peters continuara en el gobierno. A pesar de que nuestras cifras continuaban aumentando, no permití que la emoción se apoderara de mí. *Lo único que esto significa es que quieren que sigas lidiando con el coronavirus, eso es todo*, pensé. Para cuando estuvimos listos para salir de casa y hacer el corto recorrido a la ciudad, sentía que el resultado, más que una victoria, era solo aprobación.

Después de cumplir con todas mis tareas oficiales, Clarke y yo nos dirigimos a un hotel a unas cuadras de donde se realizó el evento de la campaña. Mamá y papá estaban cuidando a Neve en casa, así que pensamos que sería la oportunidad perfecta para dormir un poco más de lo habitual, pero al día siguiente, a las 7:00 a. m., recibí un mensaje de Raj. *¿Puedes hablar?*, decía. *Sí*, escribí. *Estoy afuera de tu habitación*, fue su respuesta.

Cuando salí al corredor del hotel, Raj estaba agachado mirando al suelo. Su cabello se veía mucho más despeinado que de costumbre. Por fin levantó la cabeza, pero no sonrió ni dijo nada. No era necesario, comprendí todo.

Raj se enteró poco después de que se cerraron las votaciones, pero decidió no decirme nada sino hasta esa mañana para darme algo de tiempo para celebrar nuestra victoria: el caso más reciente era un trabajador portuario en Taranaki, y el largo y complicado proceso necesario para lidiar con el coronavirus tendría que empezar de nuevo.

Poco antes de Año Nuevo, Clarke y yo nos encontramos de pronto en un festival musical en Whangamatā, viendo desde bambalinas tocar a la banda musical Shapeshifter. El sol empezaba a ponerse sobre el campo cubierto de gente bailando; la luz dorada bañaba a los asistentes, que no dejaban de ondear los brazos en el aire. La gente se apoyaba en las barandillas, sosteniendo sus teléfonos celulares y capturando el momento, cantando y bailando, moviéndose de arriba abajo como una enorme y alegre masa humana.

En el hemisferio norte, el coronavirus se propagaba con violencia. En Estados Unidos, cientos de miles de personas habían muerto de covid ese año y los decesos solo aumentarían en los meses por venir. En España, donde vivía Fiona, las cifras alcanzaban las decenas de miles.

En Nueva Zelanda, la cifra ascendía a veinticinco y yo conocía personalmente las historias y las circunstancias de casi todos los casos.

Fuera de nuestro país, en todo el mundo, la gente estaba pasando poquísimo tiempo con sus seres queridos y todo indicaba que las cosas continuarían así durante un largo periodo. Y, mientras tanto, nosotros, en Nueva Zelanda, estábamos en un festival de música.

La escena que tenía frente a mí era justo la que había deseado, por la que habíamos trabajado tanto. Eso era lo que había anhelado, la oportunidad de que todos disfrutaran de sus vacaciones, de cerrar ese largo y angustiante año sintiéndonos libres y gozosos. Durante meses, solo pensé: *Por favor, solo permítenos disfrutar del año nuevo.* Y ahora, aquí estábamos.

Siempre fui el tipo de persona optimista que planeaba en caso de que se presentara el peor escenario, pero, en esos tiempos, el peor escenario siempre parecía estar demasiado cerca, y cada vez me costaba más trabajo no pensar más que en catástrofes.

Me recordé que todo acabaría pronto. Las vacunas llegarían, tal vez no tan pronto como en los lugares donde estaban sufriendo grandes pérdidas humanas y, además, traerían consigo sus propios desafíos. Sin embargo, llegarían y todos tendríamos la manera de salir de esa pandemia, solo necesitábamos aferrarnos y aguantar.

Pero hasta entonces, mientras Clarke balanceaba la cabeza al ritmo de la música y mientras miles de personas bailaban como si su vida dependiera de ello, lo único que yo podía pensar era: *¿Y qué tal si, en este momento, hay un caso de covid en medio de esa multitud?*

VEINTIOCHO

Ruptura de la confianza

Era octubre de 2021, habían pasado más de dieciocho meses desde que el coronavirus llegó a nuestras costas. Me encontraba en la pequeña alcoba entre mi dormitorio y el baño en Premier House. En la pared frente a mí había un gran espejo con marco dorado deslustrado, del tipo que las abuelas tienen en las habitaciones para invitados. Debajo había algunas repisas que me llegaban a la altura de la cintura; en ellas guardaba, principalmente, libros que había tenido la intención de leer. También guardaba ahí mis aretes. Algunos de ellos estaban en un joyero color durazno que había comprado en Kmart; otros, en una caja de madera con relieve. Tomé la caja pensando en el dilema en que se encontraba el país ahora, en el dilema en que me encontraba *yo* ahora. Aquella caja fue tallada por una persona encarcelada, un participante de los programas que promovimos en una prisión de Nueva Zelanda. Era de rimu color miel, una de nuestras maderas nativas. La parte superior tenía incrustaciones de una madera más oscura, y entre las dos formaban la estilizada imagen de una rosa en floración. Los pétalos se abrían alrededor del capullo, y el largo tallo se extendía más allá de donde terminaba la caja.

Me quedé contemplándola. *¿Qué vamos a hacer?*, pensé.

Hasta ese momento, habíamos evitado que el coronavirus se extendiera en Nueva Zelanda, pero, en esta ocasión, la estrategia no estaba funcionando. Ahora teníamos un brote de una variante llamada delta que no solo era más peligrosa que la cepa original, sino que también era mucho más infecciosa. Además, estaba presente en comunidades con las que nos costaba trabajo entrar en contacto para rastrear el virus: personas sin hogar y pandilleros. Eso significó un confinamiento de nivel 3 en Auckland y en Northland, que ya iba en su séptima semana. Era el más largo que habíamos tenido.

Las vacunas ayudarían, estábamos muy atareados distribuyéndolas, pero pasaría algún tiempo antes de que suficiente gente estuviera vacunada para evitar enfermedades graves y la muerte. Mientras tanto, yo estaba cada vez más convencida de que, en esta ocasión, no podríamos erradicar el virus. También sabía que todos estábamos agotados y que la noción de unión de Nueva Zelanda empezaba a fracturarse. Muchos estaban cansados de las constantes interrupciones en la vida e incluso comenzaban a enojarse. Otros seguían teniendo miedo de enfermarse.

Una vez más me enfrenté a un dilema. ¿Debería decirle al país de inmediato lo que creía?, ¿que esta vez quizá no venceríamos a la enfermedad? Los expertos me dijeron que, si hacía eso, la gente podría simplemente darse por vencida y, entonces, el contagio empeoraría. También podría generar ira y odio hacia las comunidades de las que se había apoderado el virus.

¿O quizá debería decirles que continuaríamos? Hacer cambios graduales para suavizar las restricciones, el tipo de cambios que mantendrían a la gente comprometida. De hacer eso, los cambios tal vez no les parecerían lógicos a todos. Francamente, todo el tiempo sentía como si estuviera leyendo uno de esos libros en los que hay que "elegir siempre un camino", en los que una opción implica caer en un pozo de fuego infernal y, la otra, en sofocantes arenas movedizas, y que, para colmo, también presenta la posibilidad de terminar en ambos.

Tomé una decisión. Suavizaríamos las restricciones de forma gradual, haríamos cambios sutiles que le permitirían a la gente continuar luchando. "Tenemos que aferrarnos", decía, pero mientras tanto, cada vez me parecía menos factible tener éxito en esta ocasión. Lo mejor que podíamos hacer era retrasar la propagación, minimizar el impacto de la cepa delta y vacunar a la mayor cantidad de gente posible.

En mi rostro se veía el cansancio y no había mucho que pudiera hacer al respecto. Me apliqué un poco de lápiz de labios y salí para ir a la Colmena, a una conferencia de prensa.

El viaje hacia el fin de año fue difícil para todos, pero para la Navidad de 2021, cuando las cifras de la variante delta habían bajado y las vacunas se estaban aplicando a escala nacional, pudimos levantar la mayoría de las restricciones. Le informamos a la gente que no volveríamos a los confinamientos y que nuestros índices de vacunación eran de los más altos en el mundo, más de 90 por ciento.

En enero, cuando llegó la variante ómicron, nos ajustamos a nuestra nueva normalidad: vivir con el coronavirus. Pero tuvimos suerte porque esta variante parecía ser menos letal que la delta, y porque la mayoría de la gente que se contagió ya tenía la protección de la vacuna. Esto, a su vez, produjo una situación singular. Como algunas de las personas que tuvieron su primer encuentro con el virus en este contexto no enfermaron tanto, entonces se preguntaron: *¿En verdad fue necesario todo aquello?* Qué ironía.

Para colmo, las vacunas, justo lo que estábamos esperando, la solución que nos ayudaría a volver a la normalidad, trajeron consigo otros problemas: miedo y teorías de conspiración.

El 29 de enero de 2022, a 14 000 kilómetros de Nueva Zelanda, cientos de camioneros formaron una caravana con sus vehículos y condujeron hasta los edificios gubernamentales de Ottawa, Canadá. De acuerdo con los miembros de "Freedom Convoy", la razón de la protesta fue que a los camioneros que cruzaban la frontera con Estados Unidos se les exigía vacunarse.

Diez días después, una caravana similar de automóviles y manifestantes llegó a la entrada del Parlamento de Nueva Zelanda. Para ese momento, habíamos dado fin a los confinamientos. Quienes dijeron dirigir la caravana, declararon estar ahí debido a las órdenes judiciales, es decir, al requisito de vacunarse que el gobierno les impuso a las personas que desempeñaban ciertos trabajos en la línea del frente, como quienes trabajaban con las personas más vulnerables, los trabajadores de la salud y los maestros. Las pancartas de las personas frente al Parlamento, sin embargo, indicaban que las órdenes judiciales no eran lo único que les molestaba. Muchos también sospechaban de las vacunas, y al parecer a otros les molestaban los cubrebocas, las Naciones Unidas, el comunismo y el gobierno.

En general, el Parlamento recibía a los manifestantes. Cuando había una protesta, incluso les proveíamos electricidad, bocinas y vallas a la altura de la cintura para mantener a todos seguros. Los diputados se reunían con regularidad con ellos en la parte frontal del edificio y, a veces, también se expresaban durante las protestas, como yo llegué a hacerlo.

Hasta ese momento, los manifestantes siempre se habían ido a casa tarde o temprano, pero esa ocasión fue distinto. La primera noche, alrededor de cien personas acamparon en los terrenos del Parlamento y, en las siguientes tres semanas, unas tres mil más ocuparon las instalaciones o las calles aledañas. Algunos se manifestaron de forma pacífica, pero otros perjudicaron a los negocios y a los residentes locales. Bloquearon las calles e instalaron baños improvisados. Algunos incluso les arrancaron los cubrebocas a las personas que pasaban por ahí.

En una etapa temprana de la ocupación, Trevor Mallard, quien, como presidente de la Cámara de Representantes, técnicamente estaba a cargo de los terrenos del Parlamento, colocó bocinas en los balcones que daban a la terraza y puso a todo volumen música de Barry Manilow y, luego, la canción "Baby Shark" en bucle. Luego, alguien más, no sé quién, encendió los aspersores.

Aun así, la ocupación continuó.

Todas las mañanas llegaba a mi oficina, me asomaba por la ventana y veía qué había sucedido por la noche: si la policía había movido barricadas o si había tiendas de campaña en nuevas zonas del terreno. Poco después, incluso había duchas. Era como ver un pueblo formarse en tiempo real.

La energía entre la multitud pasó de una atmósfera festiva a una de ira difícil de contener. Escuché los discursos de protesta y vi las pancartas. Vi mi propia imagen con bigote de Hitler, monóculo y la leyenda "Dictadora del año" estampada sobre mi cabeza. Vi los calabozos con todo y las horcas que, según los manifestantes, habían colocado para mí. Vi las banderas estadounidenses, las banderas de Trump y las esvásticas. En algún punto, incluso vi el destello del papel aluminio que, literalmente, algunas personas habían empezado a usar porque estaban convencidas de que los dolores de cabeza y los síntomas de influenza no se debían a la ola de covid que en ese momento se extendía por Nueva Zelanda, sino a campos electromagnéticos que, según ellas, el gobierno estaba emitiendo.

A lo largo de mi vida, había sido mormona entre los no mormones, progresista entre los conservadores, mujer en entornos principalmente masculinos y, sin importar lo que pasara, siempre encontré la manera de discutir, de debatir y de estar en desacuerdo. Encontré la forma de ser humana en primer lugar y líder en segundo. Sin embargo, acababa de comprender que, para la multitud que ocupaba el Parlamento, yo no era ni lo uno ni lo otro.

Los manifestantes exigieron reunirse con los políticos, pero solo David Seymour, un diputado del partido ACT, aceptó. Yo me negué. De haberlo hecho, habría enviado un mensaje muy claro: uno podía estar en desacuerdo con algo, ocupar de forma ilegal los terrenos del

Parlamento y, además, lograr que se cumplieran sus exigencias. ¿En verdad quería expresar algo así? No. Decidí que no me reuniría con los manifestantes, pero sí aprendería una lección de ellos.

Si bien la ocupación se centró en vacunas y órdenes judiciales, para algunos se trataba de mucho más que eso. Tenía que ver con la confianza o, para ser más precisa, con la *desconfianza*. Lo que se manifestaba a través de la ocupación era mucho más grande que Nueva Zelanda misma, era un desafío en el mundo entero porque, ahora, la gente ni siquiera podía estar de acuerdo en lo que era un hecho y lo que era ficción. Personas que residían en los mismos vecindarios o comunidades estaban viviendo realidades distintas, y eso hacía que resolver los problemas se volviera muchísimo más complicado. Cuando me asomé y vi los prados del Parlamento ocupados, estuve segura de que, si queríamos resolver ese problema global, tendríamos que hacerlo juntos.

Veintitrés días después de que comenzó la ocupación, la policía inició una operación para mover a la gente. Se realizaron doscientos cincuenta arrestos y cuarenta policías resultaron heridos. En las últimas horas, los manifestantes le prendieron fuego al jardín de juegos del Parlamento, un alegre lugar donde los más pequeños de Wellington y los niños en edad escolar jugaban casi todos los días. Las columnas de humo negro se elevaron entre árboles pōhutukawa y pinos de la Isla Norfolk que habían permanecido en pie durante más de cien años. Las camelias blancas en los jardines con que conmemoramos el movimiento del sufragio femenino fueron pisoteadas. Los manifestantes también desenterraron ladrillos del suelo y los transformaron en misiles.

No sé qué haya llevado a esas personas hasta ese punto, pero cuando todo terminó fue obvio que el Parlamento era un lugar y una institución en la que ya no creían.

TODAVÍA PIENSO EN AQUEL PERIODO con frecuencia, no solo en la ocupación, sino también en los dos años que la precedieron, en todos los días complicados y las decisiones imposibles. Y, sí, también pienso en el arrepentimiento.

La palabra *arrepentimiento* contiene mucha certeza. El arrepentimiento indica que sabes con precisión lo que habrías hecho de manera distinta y las consecuencias de haber actuado así. Sin embargo, uno nunca puede ver lo que habría sucedido, es decir, el resultado de las decisiones que *no tomó*. Tampoco puede ver las vidas que *tal vez* se habrían perdido. A mí me gustaría vivir en un mundo en el que salvemos vidas e incluyamos a todos, y, quizás, esa sea la diferencia entre arrepentimiento y remordimiento.

A pesar de todo, cuando pienso en ese periodo, también pienso en que salimos de la pandemia con una de las tasas más elevadas de vacunación en el mundo y con menos días de confinamiento que países como Reino Unido, y que, durante ese tiempo, la esperanza de vida de la gente de nuestro país de hecho aumentó.

Así que, cuando alguien se me acerca para decirme que piensa que nos equivocamos en todo, en especial si se expresa de una manera mucho menos educada que esta, tal vez incluso con los puños en alto y el rostro desencajado por la furia, o si empieza a reclamar con toda una serie de palabras fuera de tono, entonces recuerdo que todas esas decisiones complejas e imperfectas salvaron veinte mil vidas y que la persona frente a mí podría haber sido una de ellas.

VEINTINUEVE

La paciencia también se pierde

A PRINCIPIOS DE 2022, volví sola a Premier House. Habíamos pasado una buena parte de las vacaciones en Gisborne, en la casa de Peri y Tony, donde ocupamos nuestros días contemplando el mar, construyendo castillos de arena, destruyendo castillos de arena y saltando entre las olas. Neve tenía tres años y medio, y estaba obsesionada con saltar con su padre. Lo sujetaba de las manos y él la levantaba por encima de cualquier ola.

"¡Otra vez, otra vez!", gritaba hasta que a Clarke le dolían los brazos y ella terminaba temblando de frío.

Por las noches, Clarke y yo nos sentábamos en el saliente de la ventana de la casa de sus padres. Yo sostenía carretes de sedal mientras él lo enrollaba en cañas para pescar umbrina del Pacífico y pargo. Me encantaban los momentos como ese, cuando hacíamos tareas monótonas juntos.

Cuando terminó el verano, Clarke y Neve se quedaron en Gisborne una semana más, aproximadamente, pero el Parlamento estaba a punto de volver a reunirse, así que yo tuve que regresar.

Subí por los mismos escalones de Premier House, apoyándome en el mismo corto barandal. Atravesé la misma entrada de vidrio en la parte superior del rellano, pasé junto a la habitación de Neve y vi, colgado de su puerta, el misma letrero cosido a mano que le regaló una desconocida.

Y, sin embargo, todo se sentía diferente.

Me detuve al llegar a la entrada de la sala, me quedé ahí un largo rato parada, mirando un espacio que me parecía tan familiar y, a la vez, tan ajeno. El tibio aire del verano hacía que el lugar se sintiera más sofocante de lo usual. *Debería abrir las ventanas*, pensé, *dejar que entre algo de aire, algo de vida*. Pero entonces, solo me quedé mirando los libreros medio vacíos que nunca llené del todo, el horno de juguete que encontramos a un lado de la carretera, las viejas canastas para lavado que reutilizamos como contenedores para los juguetes de Neve. Habíamos tratado de convertir a Premier House en un hogar, pero ahora que estaba ahí me di cuenta de que no lo era.

Dejé caer mi bolso de viaje y di media vuelta. Subí al auto y fui a Kmart.

Más tarde, esa misma noche, una amiga y yo movimos los muebles oscuros, enrollamos las viejas alfombras persas, empacamos los monitores de las computadoras de la oficina que nadie usaba y llevamos de la sala al rellano un gabinete de televisión de vidrio ahumado.

Luego ensamblamos varios muebles que acababa de comprar: una base simple de enchapado en roble para la televisión, una sencilla mesa lateral con patas de metal blancas, un librero blanco con entrepaños en forma de cubos, una mesa de madera en miniatura con sus sillas y una mesita de noche color rosa brillante para Neve. Extendimos sobre el piso una alfombra de algodón color blanco y beige, y añadimos cojines azul marino al viejo sofá de cuero color crema. Por último, en la sala y en las paredes de la oficina colgamos algunos cuadros que encontré almacenados.

No eran objetos elegantes ni sofisticados en particular, eran funcionales. Era el tipo de cosa que encuentras en cualquier gran almacén. Pero lo que estaba tratando de hacer no era ganar un concurso de diseño de interiores, solo necesitaba que el espacio se sintiera distinto, un poco más ligero, que se sintiera nuestro.

Algunos días después, cuando volvió Neve a Premier House, corrió lo más rápido que se lo permitieron sus piernitas. *Solo estuve lejos de ella unos días, ¿por qué se ve más alta?*, pensé. Cada vez parecía menos una bebé, empezaba a verse como una niña grande. Al llegar a la parte superior de las escaleras, se detuvo antes de entrar a su cuarto y dio un grito ahogado cuando vio su mesa nueva.

"¡Un lugar para hacer manualidades!", exclamó con alegría. El pasatiempo preferido de Neve era hacer manualidades, podía pasar horas frente a la vieja mesa de centro que habíamos reciclado, cortando cajas de cereales, decorándolas con crayones, algodón o conchas marinas, y cubriendo todo con cinta adhesiva al final.

Una noche, en esa misma época, regresé tras un complicado día en la oficina y me asomé a su cuarto, pensé que estaría dormida, pero entonces escuché su voz desde su cama.

—¿Mami?

—¿Sí, cariño? —dije mientras dejaba a un lado mi portafolios—. Soy yo.

Neve se sentó en la cama, rodeada de todos sus muñecos de peluche. En uno de los rincones, cerca de su cabeza, estaba el cojín violeta tejido que alguien, a quien no conocíamos, hizo para ella cuando nació. ¡Cuánta generosidad representaban todos esos regalos para mi bebé! Me parecía imposible creer que hubieran pasado tantos años desde que llegaron a nuestra puerta. Me senté en el borde de la cama y froté suavemente la espalda de Neve, tratando de convencerla de volver a dormirse.

Neve rara vez se quejaba de mi trabajo y eso me sorprendía. Cuando nació, me daba miedo que protestara constantemente por mi ausencia. Daba por hecho que mi culpabilidad sería proporcional a las palabras que ella empezaría a decir en algún momento para hacerme sentir culpable, pero no fue así. Lo que sentía, el dolor constante de querer estar más tiempo con ella, lo había creado yo misma sin ayuda de nadie. Esa noche, sin embargo, por fin me hizo la pregunta que yo sabía que algún día llegaría.

—Mami, ¿por qué tienes que trabajar tanto?

Nunca le dijimos a Neve que yo era la primera ministra. No le ocultamos la naturaleza de mi empleo, pero tampoco se la explicamos porque yo quería que solo me conociera como "Mami". Hace tiempo, cuando alguien le preguntó si sabía cómo se ganaba la vida mamá, respondió: "Come chocolates". Se refería a la reserva que guardaba en un cajón de mi escritorio, y que ella siempre llegaba encantada a buscar cuando me visitaba en la Colmena. Pero ahora no me estaba preguntando *qué* hacía, me preguntaba *por qué* lo hacía.

—Bien, amor —dije al tiempo que le extendía bien la pijama en la espalda y cubría su pequeño cuerpo con el edredón—, sucede que tengo un empleo muy importante.

—¿Como cuidar de mí?

En medio de la oscuridad, un juego de luces de colores que brillaba a través de un frasco en su mesa de noche me permitió distinguir a Buddy, su conejito de peluche. Se veía desgastado, lo tenía bajo el brazo, justo donde lo colocó Clarke después de leerle un cuento antes de dormir. Imaginé toda la rutina para acostarse en la que yo no participé. Clarke haciendo voces para cada juguete de peluche, Neve sonriendo con el rostro iluminado, la forma en que rio mientras él leía, y cómo le pidió "otro cuento, papi", cuando terminó.

—Sí —contesté—, como cuidar de ti. Ese es mi trabajo más importante, pero también tengo que cuidar de otras personas.

Neve asintió muy seria, parecía satisfecha con la respuesta, pero no sabía que aquella simple pregunta, *¿Por qué tienes que trabajar tanto?*, fue directo al centro de mi dilema y del dilema de las madres y los padres de todo el mundo. Nuestros hijos son lo más importante para nosotros, son nuestra prioridad, pero el parámetro más elemental de ese amor y de esa preocupación por ellos es el tiempo. Yo había hecho todo lo posible por mostrarle mi amor a Neve de otras maneras, con afecto, comodidad, paciencia y con mi infinita lucha por estar presente.

Pero el tiempo seguía traicionándome.

Algunos meses después, un sábado por la mañana, Neve quiso jugar a las escondidas. Empezó a contar hasta cinco en el corredor, al principio lo hizo rápido y luego fue más lento. Se estaba cubriendo el rostro parcialmente con las manos cuando corrí hacia la sala, alcancé a ver sus ojos asomándose entre sus pequeños dedos. Me agaché detrás de un gran sillón individual que, muchos años atrás, fue tapizado en colores dorado y salmón.

—¡Aquí voy! —gritó y se dirigió a la sala dando pasos dramáticos, como si fuera un sabueso en miniatura. Entonces preguntó—: ¿Dónde está esa primera ministra?

¿Dónde está esa primera ministra? Estuve a punto de salir de inmediato de detrás del sillón para preguntarle dónde había escuchado eso, pero me contuve y me mantuve en silencio. Poco después, la vi asomarse riendo desde el otro lado del respaldo.

—¡Te encontré! —gritó encantada.

Después de celebrar un poco, retomé el tema.

—Neve, ¿cómo me llamaste? —pregunté.

Neve se rio como si supiera algo y, luego, feliz de continuar con la broma, se encogió de hombros y fingió que las palabras nunca estuvieron en sus labios.

—No lo sé, mami —contestó y se olvidó del asunto—. ¡Es tu turno!

Poco tiempo después, Neve estaba por cumplir cuatro años y yo empecé a preocuparme de nuevo por el asunto del pastel. El año anterior, Clarke se encargó de la preparación y fue todo un éxito. Neve le pidió que el pastel incluyera, no uno, sino tres temas distintos: las películas *Moana* y *Frozen* y Mickey Mouse. Una petición así habría desanimado a cualquier padre... menos a Clarke. Construyó el pastel en forma de televisión antigua, le puso antenas de tiras de dulce de orozuz, e hizo la base con dedos de chocolate y los diales con trozos de dulce de orozuz también. Luego cubrió el pastel con glaseado blanco de *fondant* y marcó el perímetro de la "pantalla" con... tiras de dulce de orozuz. Después de eso, pasó horas montando un proyector sobre la mesa, desde el que proyectó en el *fondant* escenas de *Moana* y *Frozen*, y caricaturas de Mickey Mouse. Las imágenes cubrían a la perfección la pantalla y todo se podía operar por control remoto. Tengo que admitir que fue asombroso. Neve, literalmente, "vio" su pastel antes de comerlo.

Y ahora era mi turno. Decidí hacer una catarina.

Algunos días después de ese cumpleaños, celebramos un evento distinto: *Matariki*, el año nuevo maorí. En 2020 declaramos como nueva fiesta nacional este celestial evento; sería un festejo exclusivo para los maoríes. Ese fue el primer año que lo celebramos de forma oficial; fue una fría noche de mediados del invierno. Clarke, Neve y yo nos reunimos con otras familias y, juntos, apiñados y arropados con abrigos y bufandas, disfrutamos bajo las centelleantes constelaciones. En algún momento me quedé atrás y vi a Clarke cargar a Neve sobre sus hombros, eran como cualquier otro padre e hija en medio de la multitud y la oscuridad. Muchísima gente asistió a los diversos eventos de Matariki: servicios al amanecer, eventos escolares y caminatas al atardecer. Pensé en lo que significaría esta gran fiesta: las nuevas generaciones de niños ahora conocerían las tradiciones del país donde nacieron de una manera que a mi generación no le tocó.

Esa también era la razón por la que, cuando apenas llevaba yo un año en el cargo, hicimos obligatoria la enseñanza de la historia de Nueva Zelanda en las escuelas. Ahora, nuestros jóvenes aprenderían sobre nuestro pasado, y eso nos ayudaría a todos a entender mejor el presente, incluso a quienes no tuvieran la suerte de contar con alguien como el señor Fountain en su salón de clase. Esta fue, y sigue siendo, una de las políticas de las que más me enorgullezco, porque no fue solo cuestión de modificar un programa escolar, sino de construir una nación. Los maoríes indígenas compartían con nosotros, de una manera muy generosa, su lengua, sus prácticas culturales y muchos valores que hacían que Nueva Zelanda fuera única, desde *pōwhiri*, el acto de recibir a los recién llegados, hasta *manaakitanga*, el acto de mostrar amabilidad, generosidad y preocupación por los otros. En mi opinión, esta riqueza solo se podría apreciar por completo si todos entendiéramos una historia y un pasado que, con frecuencia, fueron brutales. Dicho de otra forma, si pudiéramos ayudar a que la gente comprenda mejor nuestro propio país, tal vez podríamos reparar las grietas en el camino.

Había otros errores del pasado que el gobierno aún debía reconocer, por eso comenzamos a trabajar en ello de inmediato. Realizamos una comisión real sobre el cuidado de los niños por parte del Estado. Investigamos la mina Pike River, sitio del desastre letal minero de 2010; el objetivo era conseguir la evidencia necesaria para que las familias de las víctimas pudieran llevar a los responsables ante la justicia. Emitimos una disculpa formal por los "Dawn Raids", la política de inmigración de los años setenta que incluyó actos de discriminación y de intimidación dirigida hacia los miembros de nuestra comunidad provenientes de las islas del Pacífico. No realizamos estas acciones para reabrir antiguas heridas, sino para aprender del pasado y evitar un daño mayor.

Después de la reapertura mundial de las fronteras empecé a viajar a otros países de nuevo. En mayo de 2022 fui a Estados Unidos con una delegación de comercio. En la ceremonia de graduación de Harvard hablé sobre la violencia del extremismo y me reuní por primera vez con el presidente Joe Biden, quien se mostró sumamente cálido y generoso durante nuestra amplia conversación. Hablamos de todo, desde la seguridad regional hasta la guerra en Ucrania, sin dejar de lado los asuntos comerciales.

Un mes después, volví a Europa para celebrar de forma oficial el fin de los trabajos para los Acuerdos de Libre Comercio con Reino Unido y Europa. Cuando el Laborista llegó al poder, 50 por ciento de las exportaciones globales de Nueva Zelanda gozaban de la protección de un acuerdo de libre comercio, pero para ese momento, habíamos logrado elevar la cifra a más de 73 por ciento.

Cuando volví a casa de aquel viaje, enfrentamos inundaciones reiteradas. Eran el tipo de siniestro que antes solo sucedía "una vez cada siglo", pero que ahora se producían cada año. Esta situación solo fortaleció mi decisión de continuar con nuestros planes para atender el cambio climático.

En medio de mi implacable agenda, también hubo momentos de alegría. Cuando Trevor Mallard se retiró del Parlamento, Adrian Rurawhe fue electo para reemplazarlo como presidente de la Cámara de Representantes. Adrian fue el segundo presidente maorí del país y, al ser electo, su escaño lo ocupó una mujer de nuestra lista del partido.

Gracias a eso, el Parlamento estuvo conformado 50 por ciento por mujeres por primera vez en la historia de Nueva Zelanda.

Celebramos este suceso histórico con una fotografía. Las diputadas de la Cámara se formaron en la antigua biblioteca parlamentaria, el mismo lugar donde, más de ciento veinte años antes, se tomaron las primeras fotografías de un Parlamento neozelandés integrado solamente por hombres. En la imagen aparezco al frente con una sonrisa radiante. Yo fui la nonagésima novena mujer en entrar al Parlamento y, solo catorce años después, ya éramos ciento setenta y siete.

Los cambios estaban teniendo lugar en todos lados. Liz Truss fue elegida como primera ministra en Reino Unido para reemplazar a Boris Johnson, quien, a su vez, remplazó a Theresa May. Una noche, mientras leía las noticias de la BBC antes de dormir, le di clic a un reporte sobre la primera reunión oficial de Liz Truss con la reina. En la fotografía, la reina aparece vestida de color azul cielo, tiene una mano apoyada en su bastón y la otra extendida para estrechar la mano de la flamante primera ministra. Hice un acercamiento en la pantalla a la mano de la reina, tenía la piel pálida y una mancha morada. *Es la mano de mi abuela*, pensé al recordar cómo se veía la mano de mi abuela Margaret cuando Eric la acarició antes de que falleciera. Sentí una oleada de tristeza. Luego solo dejé el teléfono y apagué la luz de mi mesa de noche.

Unas horas después, me desperté muy asustada. Había alguien en la puerta, pero solo alcancé a ver el rayo de luz de una linterna atravesando la habitación en medio de la oscuridad, no a la persona. Me senté de inmediato confundida.

"Lo lamento, *ma'am* —dijo la voz. Era un oficial de policía vestido de civil—. Es la secretaria del gabinete y dice que necesita hablar con usted".

No sé cómo, pero lo supe de inmediato. La reina Isabel II, nuestra jefa de Estado, había fallecido.

Había muerto la reina Isabel, la matriarca cuyo reinado abarcó más de setenta años y una cantidad tan abrumadora de cambios mundiales, que resultaba difícil comprenderlo. La reina, quien no era como mi abuela Margaret en absoluto, pero que siempre me recordó mi infancia. Aquellos tiempos en que, desde un remolque enganchado a una podadora, solo podía ver la parte de atrás del peinado de mi abuela, idéntico al de la reina, mientras su corgi trotaba a nuestro lado.

En los días que siguieron, llevamos a cabo todos los asuntos ceremoniales. Bajamos las banderas a medio mástil, colgamos moños negros en las fotografías de la reina, abrimos los libros de condolencias en el Parlamento y dimos inicio a los preparativos para los servicios fúnebres y para la transición de nuestro nuevo jefe de Estado, el príncipe Carlos. En lo personal, sin embargo, pensé en todas las afortunadas interacciones que tuve con Su Majestad. Como la ocasión en que llamó durante la pandemia de covid, solo para ver cómo íbamos, o como cuando la contacté para expresar la tristeza de nuestra nación frente a la pérdida de su esposo y compañero de vida, y pude percibir su estoicismo. Pero, sobre todo, recordé su candoroso consejo cuando, estando yo aún embarazada, le pregunté cómo lograba lidiar con su extraordinaria e imparable vida pública de servicio y, al mismo tiempo, ser madre y abuela.

"Uno solo hace lo que tiene que hacer", fue lo que dijo, y creo que, en general, tenía razón. Un paso, luego el siguiente. *Uno solo hace lo que tiene que hacer.*

• • •

Antes de dirigirme al funeral de la reina y de reunirme con el rey Carlos, nuestro nuevo jefe de Estado, me sometí a un examen físico. Dentro de poco visitaría la Base Scott, la estación de investigación de Nueva Zelanda en la Antártida, donde vivían alrededor de ochenta personas en la temporada de verano. Se suponía que volveríamos solo tres noches después, pero entrar y salir volando de ahí implicaba la posibilidad de que ocurriera cualquier cantidad de dificultades, y uno no podía arriesgarse a tener una emergencia médica en un entorno con tanta incertidumbre. Por eso tuve que hacerme el examen.

Fue un examen integral con un panel de sangre completo y auscultación física de pies a cabeza, la cual incluyó un examen de palpación mamaria. Así fue como encontramos el bulto.

¿Un bulto? Estoy segura de que no es nada, pensé en cuanto escuché a la doctora que fungía como mi médico general pronunciar la palabra, pero luego, por alguna razón, empezó a hablar rápido, demasiado rápido.

"Lo siento, creo que tendrá que consultar a un especialista. El bulto se ubica en el lado izquierdo y no mide más de un centímetro, es todavía muy pequeño. Me temo que no hay mucho más que le pueda decir —dijo antes de hacer una pausa. El repentino silencio ocupó el lugar de sus palabras por un instante, pero luego añadió—: Lo siento".

Me pregunté si se estaría disculpando por haberlo encontrado o por el inconveniente que representaba, pero bueno, eso era lo de menos. Mientras estaba recostada en la cama de auscultación de vinil, con aquella hoja de papel crujiendo debajo de mi cuerpo, de pronto me encontré consolándola a ella. "Está bien, descuide, estoy segura de que todo está bien, estas cosas son comunes, lo sé". Y en realidad creía que era cierto, tal vez todo estaría bien. Era probable. Quizá. Pero también era una mujer realista y sabía que tenía una historia familiar de cáncer de mama que incluía el fallecimiento de una mujer de treinta y tantos años. Es decir, sabía que el riesgo en mi caso era elevado.

Pero entonces, ¿en verdad todo *estaba* bien?

Después del examen médico volví a la oficina, solo tendría un momento libre antes de que se reuniera el gabinete y de mi conferencia de prensa de costumbre. Traté de olvidar mi conversación con la doctora y fui al baño a arreglarme. La luz que iluminaba las paredes de mosaico siempre me hacía ver un poco maltrecha, pero ese día, mientras me cepillaba el cabello frente al lavabo, noté que me veía más abatida que de costumbre. Claro, me veo como me veía esta mañana y ayer, y el día anterior, antes de que mi doctora pronunciara la palabra *bulto*.

Me quedé parada con el cepillo en la mano y decidí no decirle a Clarke. No aún, al menos. No hasta que supiera un poco más. ¿Para qué preocuparlo? De hecho, ¿por qué habría de preocuparme yo misma? Lo más probable era que no fuera nada, solo necesitaba dejar de pensar en ello. *Eso es lo que haré, no pensaré en ello.*

En unos minutos más, me dirigiría al gabinete y no pensaría en ello; luego hablaría con los periodistas y no pensaría en ello. Volvería a casa, abrazaría a Neve y la acostaría a dormir. Le contaría a Clarke todo lo demás que sucedió en mi día, salvo eso. Porque no estaría pensando en ello.

Pero mientras estaba ahí, tratando de acomodar mi mundo en pequeños compartimientos, los peores pensamientos se apoderaron de mí. ¿Qué tal si era cáncer? ¿Entonces qué? ¿Cómo lidiaría con algo así y con este empleo? ¿Cómo podría hacerlo cualquiera? Tal vez no podría, y entonces, quizá, podría irme.

¿Quizá podría irme?

Me quedé parada, sujetando el cepillo sobre la parte superior de mi cabeza. ¿Qué significaba *quizá podría irme*? ¿De dónde salió esa idea? ¿Y en qué tipo de sitio me encontraba si, en lugar de considerar el cáncer como una posibilidad devastadora, lo veía como un boleto para salir de la oficina?

En realidad, no había nada fuera de lo ordinario que me instara a pensar así, pero eso fue lo que pensé. Por supuesto que estaba cansada, pero ¿acaso no todas las personas de cuarenta y tantos lo están? Y, claro, en el verano, cuando me ponía a planear a largo plazo y a imaginar el futuro, también había considerado dejar la política, pero no de esta forma.

En esta ocasión, el pensamiento aterrizó de repente, sin que me lo esperara, y mi mente se aferró a él como si fuera un salvavidas. Pero en lugar de obsesionarme, terminé de cepillar mi cabello, salí del baño y me preparé para el gabinete. *Solo estoy cansada*, pensé.

En una semana me realizarían un escaneo y, con él, cualquier inquietud de que el bulto pudiera ser canceroso, desaparecería. El miedo se desvanecería casi de inmediato. Lo que no desapareció, sin embargo, fue el pensamiento que acompañaba al miedo, aquellas tres palabras.

Esa noción, el *quizá podría irme*, perduró.

HACÍA FRÍO, mucho frío. A pesar de las dos capas de guantes y de las bolsas de calor que tenía en las palmas de las manos, no sentía las puntas de los dedos. Los pisos de madera crujían bajo mis pesadas botas mientras caminaba lento y tratando de absorber cada detalle. Cerca de la estufa había calcetines en tendederos, y del techo colgaban piernas de jamón que parecían llevar ahí cien años. El refugio en el que me encontraba en ese momento, la cabaña de Ernest Shackleton en Cape Royds, era un museo gélido y parecía haber permanecido más o menos igual a como se veía aquel día en que sus ocupantes salieron por la puerta para no volver jamás.

Yo había leído sobre el explorador Ernest Shackleton desde que era niña, de hecho, se había convertido en uno de mis héroes. Mi papá fue quien despertó mi interés y, desde entonces, había continuado leyendo muchísimo sobre él. A Shackleton se le conocía por dos misiones fallidas. El lugar donde yo estaba ahora fue parte de su expedición *Nimrod* de 1908, en la que trató de llegar al Polo Sur. Él y su equipo hicieron una excursión de alrededor de 2 700 kilómetros caminando sobre el hielo, pero, cuando llegaron a unos 179 kilómetros, o 97 millas náuticas, de su meta, las condiciones se deterioraron y se tornaron tan peligrosas que el explorador tuvo que hacer lo impensable: dar media vuelta y volver a casa.

Mientras estaba en la cabaña, imaginé lo que debió significar abandonar la seguridad de un refugio tibio, arriesgar tanto, acercarse tanto a la meta y luego tener que volver. Pero al menos, el explorador y los hombres que lo acompañaban sobrevivieron.

De vuelta en la soleada Auckland, que ahora me parecía un planeta distinto, continué bebiendo de una taza vieja y despostillada que tenía una cita de Shackleton: “El optimismo es el verdadero valor moral”. Aquella taza reposaba en una repisa, cerca de varias imágenes enmarcadas de la Expedición *Endurance*, la cual falló porque al barco de Shackleton lo atrapó y luego lo aplastó un gran témpano. Pero al menos, su tripulación también sobrevivió en esa ocasión.

Yo había pasado buena parte de mi vida pensando en el valor, en la resistencia y en la supervivencia, y ahora me encontraba ahí, donde alguna vez estuvo Ernest Shackleton. Lo imaginé mirando por última vez alrededor, contemplando las alacenas, las literas, los frascos con especímenes, la tetera, las cacerolas y las sartenes, y me quedé un largo rato así, sin moverme. Había un fotógrafo detrás de mí y no quería que viera mi rostro porque, aunque tal vez el frío me había adormecido todo el cuerpo, aún sentía las lágrimas que se iban formando.

“Por favor, deslícese un poco más hacia atrás”, me indicó el fotógrafo un instante después, y eso hice sin dejar de contemplar por la ventana el hostil y oscuro paisaje de rocas grises que empezaban a llenarse de motas de nieve blanca y que, poco después, crecieron hasta formar una gran masa, las cuales un poco más allá se tornaron en un infinito y espeluznante océano de blancura y vacío.

ALGUNOS DÍAS ANTES de que acabara el año, Andrew Campbell, mi secretario de prensa en jefe, tocó a mi puerta. Yo acababa de volver a mi oficina tras una tumultuosa sesión de preguntas en la Cámara y ahora estaba tratando de terminar de redactar un discurso a toda prisa.

—Hooo... ooola —dijo separando la palabra en dos partes. Era algo que Andrew hacía a veces, pero solo cuando algo andaba mal.

Entonces me preparé. Era probable que hubiera dado una mala respuesta ese día, tal vez me expresé mal o usé el lenguaje con torpeza, y ahora mi error repercutía sin control en la galería de prensa.

—Bien, hoy, en la Cámara —empezó a explicar—, cuando te sentaste después de responder a las preguntas... parece que tu micrófono seguía encendido.

Entonces dejé de escribir en la computadora. *Oh*. Sabía con exactitud lo que había hecho, así que solo me quedé mirando a Andrew y esperé.

—Parece que se continuó escuchando tu voz cuando dijiste que David Seymour era —dijo haciendo una pausa antes de terminar—... “un cabrón arrogante”.

Ah, no, eso *no era* lo que me esperaba.

—¿Estás seguro? —pregunté.

David Seymour era el líder de ACT, un partido libertario de derecha. Era joven y confiado, el tipo de individuo que alguna vez trabajó con un comité de expertos conservador y ahora actuaba como si él debiera gobernar el mundo. David me había atacado de manera obsesiva desde que asumí el cargo y fue el único diputado que votó en contra del proyecto de ley para prohibir las armas semiautomáticas tipo militar tras el ataque del 15 de marzo y en contra de las leyes de cero emisiones de carbono. Y no solo eso, también fue el único diputado que se reunió con los manifestantes que ocuparon los terrenos del Parlamento un mes.

Durante las sesiones de preguntas, David siempre parecía más interesado en grabar videos cortos para sus seguidores personales en redes sociales que en obtener respuestas reales. Y, ese día en particular, utilizó sus preguntas para lanzar una serie de ataques. Primero me preguntó cuándo "mostraría un poco de liderazgo" y despediría a un ministro a quien él había estado atacando de forma injusta. También insinuó que nuestro plan de ampliar las disposiciones sobre discursos de odio dentro de la Ley de Derechos Humanos para proteger la religión era una extralimitación. Finalmente, usó una pregunta para insinuar que yo era incapaz de admitir errores o de mostrar remordimiento y, en ese momento, me enfadé muchísimo. Después de responder a todas sus preguntas, me senté, volteé hacia Grant y, susurrando, dije que David Seymour era lo que Andrew me explicaba ahora.

—¿Estás seguro de que *eso* fue lo que dije? —le pregunté.

—Los medios lo escucharon, Jacinda —explicó con una expresión muy seria—. Así que revisé las grabaciones para escucharlo por mí mismo. No hay lugar a dudas, dijiste que era un "cabrón arrogante" —confirmó.

Entonces exhalé sintiendo un gran alivio.

—Gracias a Dios —exclamé. Andrew se me quedó mirando confundido—. ¡Pensé que había dicho que era un *jodido cabrón de mierda*!

Hice todo lo posible para atemperar los efectos colaterales. Ofrecí disculpas públicamente por haberlo insultado haciendo referencia al adagio: "Si no tienes nada agradable que decir…". David aceptó mis disculpas y luego ambos autografiamos una transcripción de la conversación, la cual se subastó por más de cien mil dólares que fueron donados a la Fundación contra el Cáncer de Próstata.

Tal vez ese debió ser el fin de la historia, pero no pude dejar de pensar en el asunto. Todos esos años me había esforzado por no permitir que la oposición me sacara de quicio, pero en algún momento noté que las cosas empezaban a molestarme más de lo usual. Y no solo en la Colmena.

Un mes antes, le respondí de forma visceral a un periodista durante una conferencia de prensa con Sanna Marin, primera ministra de Finlandia. Después de nuestra reunión, dimos tiempo para preguntas de la prensa y un periodista neozelandés levantó la mano.

—Mucha gente se preguntará —dijo— si ustedes se han reunido solo porque tienen más o menos la misma edad y porque tienen muchas *cosas* en común…

La implicación era obvia, según él no nos habíamos reunido porque fuéramos primeras ministras, sino porque éramos "chicas".

Ni siquiera dejé que terminara de hablar, más que responderle, me pregunté a mí misma en voz alta si alguien les habría preguntado a Barack Obama y a John Key, antiguo primer ministro de Nueva Zelanda, si se habían reunido "solo porque tenían más o menos la misma edad". Mientras hablaba, sentí cómo aumentaba mi indignación, pero cuando bajamos del podio, me pareció que debía ofrecerle una disculpa a Sanna.

—Descuida —me dijo riendo—, solo me habría gustado mucho decirle que, en lugar de hablar de acuerdos comerciales en nuestra reunión, nos trenzamos el cabello la una a la otra.

Esa noche, más tarde, Clarke me envió un mensaje con algunos de los comentarios que se publicaron en línea respecto a la conferencia de prensa. Parecía que el periodista que hizo la pregunta estaba enfrentando fuertes ataques. Claro, debió reflexionar antes de hacer una pregunta así, pero también era joven y, seguramente, poco experimentado, y ahora todo internet lo estaba juzgando. ¿Habría sido yo quien sentó las bases para ese ataque masivo? ¿Estaba siendo menos paciente que antes?

No era la primera vez que enfrentaba preguntas como esa. En mis primeros días como líder del Laborista, reprendí al periodista que insinuó que las mujeres deberían darles a conocer a sus empleadores sus planes reproductivos. Pero, en aquel tiempo, sentía que estaba librando una batalla en nombre de todas las mujeres. Ahora, en cambio, me preguntaba si no estaría librándola solo en mi nombre.

Por otra parte, parecía no ser la única que estaba perdiendo la paciencia.

Después de un día de trabajo intenso, fui al aeropuerto de Auckland con los dos miembros del personal de seguridad que viajarían conmigo. Estábamos esperando juntos para abordar un vuelo comercial, pero me separé de ellos un momento para ir al baño. Cuando estaba lavándome las manos frente al lavabo, entró una mujer de unos cincuenta y tantos años. Llevaba una llamativa blusa azul elástica y muchas joyas de gran tamaño. Cuando me vio, se dirigió hacia mí con toda intención, como si hubiera sabido desde antes que estaría ahí.

No era inusual. Incluso cuando era diputada sin un cargo oficial la gente se me acercaba en los supermercados o en los centros comerciales y, desde que asumí el puesto de primera ministra, sucedía todos los días. Estábamos en la era de las *selfies* y, a menudo, eso era lo que pedía la gente. Me había tomado fotografías incluso frente a las cabinas en los baños. En otras ocasiones, las personas querían hablar sobre algo específico, como hacer civil la Fuerza de Defensa, tema que alguien quiso abordar cuando estaba yo en un supermercado tratando de elegir barras de muesli. A veces, la gente solo quería hacerme saber que me había visto haciéndome cargo de mis asuntos personales. Un día me quedé en un Kmart mirando en blanco un anaquel con pantalones de maternidad, fue en una etapa muy temprana de mi gestión como primera ministra, poco después de que anuncié mi embarazo. Una joven vestida completamente de negro y con *piercings* se detuvo frente a mí y se me quedó mirando. "Oye, ¡compras en Kmart! —dijo finalmente, en tono de afirmación, más que de pregunta—. Eres una chica *real*".

La mujer del aeropuerto, en cambio, no quería hablar. Solo se paró a mi lado junto al lavabo y se inclinó tanto hacia mí que empecé a sentir su calor en mi mejilla. Entonces me fui un poco de lado sin sacar las manos del chorro de agua.

"Solo quería darte las gracias —dijo y se quedó callada un momento antes de añadir—: Gracias por arruinar el país".

Luego giró sobre los talones y se metió a una cabina y me dejó ahí parada como si fuera una niña de escuela primaria a la que acababan de hacerle una novatada.

Pensé en tocar a la puerta de la cabina y me imaginé preguntándole desde mi lado: *Disculpe, ¿cree que podría ser más específica? Es que "gracias por arruinar el país" es una afirmación muy extensa, tomando en cuenta que la cantidad de formas en que se puede arruinar un país es infinita. ¿Se refiere a la economía o al sistema de salud? Estoy segura de que tiene muchas quejas, pero primero necesito saber a qué se refiere* con exactitud.

Pero no, no hice nada de eso, solo me sequé las manos y salí del baño.

Es obvio que, en todos esos años, no todas mis conversaciones habían sido cordiales y, bueno, no hay problema. Crecí rodeada por el debate y sostuve bastantes discusiones acaloradas con desconocidos que no estaban de acuerdo con mis políticas, y solo en muy raras ocasiones tuve que recurrir a mi oficial de seguridad y sentirme agradecida de que estuviera cerca. Como cuando un hombre mayor me siguió de forma obsesiva mientras compraba ropa interior y brasieres en Farmers, hasta que mi oficial intervino. En realidad, me encantaba no estar encerrada en una especie de burbuja para "jefes de Estado" y, de hecho, siempre que salía a hacer algún recado me daba un poco más de tiempo para poder tener esas conversaciones espontáneas.

El incidente del baño, en cambio, lo percibí como algo nuevo. Tal vez fue el tono de la voz de aquella mujer, el hecho de que se acercara tanto a mí o que su agitada e indefinida furia no solo me pareciera impredecible, sino también incongruente para el momento. Creo que se parecía un poco a lo que sucedió en un centro comercial tiempo atrás, cuando un hombre me pidió que me tomara una fotografía con su hija, una joven en silla de ruedas. Me agaché para estar a la altura de la chica y sonreí de oreja a oreja sin dejar de echarle un vistazo a Neve, que estaba muy cerca de ahí. Luego, una mujer solitaria caminó y se colocó detrás del padre de la chica mientras él levantaba el teléfono para tomar la fotografía. La mujer esperó un instante hasta que volteé a verla y, cuando hicimos contacto visual, levantó las manos para mostrarme los dos dedos medios extendidos hacia arriba, mientras me miraba con una expresión de cólera. Y luego se fue.

¿Qué estaba sucediendo? Fuera lo que fuera, no se limitaba a Nueva Zelanda. Algo se había estado desencadenando en todo el mundo. Empecé a escuchar historias, no solo de políticos, también de funcionarios públicos de alto perfil, en especial de quienes trabajaron para luchar contra el coronavirus. Supe que los seguían en las calles, los acosaban y a veces cosas peores. Algunos meses antes, en Japón, un ciudadano común que creía que el primer ministro estaba vinculado con la iglesia que, según él, era culpable por la indigencia de su familia lo asesinó de un disparo. El primer ministro era Shinzo Abe, aquel reservado pero severo hombre que me dijo que le apenó mucho enterarse de que mi gato, Paddles, había muerto, y que ayudó a cerrar la negociación del Tratado Amplio y Progresista de Asociación Transpacífico, el CPTPP.

La gente que tenía malas opiniones de los políticos siempre había existido y yo lo sabía, pero me parecía que algo había cambiado en tiempos recientes, era como si su capacidad de controlarse se hubiera relajado. O, tal vez, se trataba de la tormenta perfecta, es decir, de un contexto en que el mundo de internet estaba provocando que los líderes se vieran reducidos a ser *solo* "políticos", lo cual era, de alguna manera, distinto a ser humano y, por lo tanto, le permitía a la gente atacarnos con mayor facilidad. También era posible, por supuesto, que mi resiliencia y mi capacidad de enfrentar los problemas se estuvieran consumiendo. O, quizás, era todo al mismo tiempo.

LLEVABA MUCHO TIEMPO DEPENDIENDO DE LA ADRENALINA para funcionar. Todas esas noches sin dormir, todo el cortisol y la respuesta lucha o huida permanente fatigan a cualquiera. Además, no era algo que solo sintiera por dentro, me parecía que también lo externaba. La gente con frecuencia me decía que me veía agotada, demacrada. *Tal vez deberías comer pastel de carne*, me sugirió más de uno. Tenían razón, cuando me estresaba no podía comer y, en ese tiempo, siempre estaba estresada.

Empezar a comprender todo eso justo en ese momento, me pareció curioso. Después de los cinco años que acababan de pasar, nos encontrábamos en un periodo de relativa calma, los días parecían recobrar su estabilidad, pero yo no lograba disfrutar de ellos, no podía relajarme en medio de aquella aparente tranquilidad.

Tal vez me había condicionado a vivir en estado de crisis. Sabía que, fuera el que fuera, el siguiente desafío siempre estaba a la vuelta de la esquina, y que cuando llegara, necesitaría el tanque lleno, necesitaría reservas más que suficientes. Pero no estaba segura de seguir contando con ellas.

Había llegado el momento de decir en voz alta lo que, hasta entonces, había sido solo un pensamiento en mi cabeza.

TREINTA

Lo que yo les diría

TODO ESTABA EN SILENCIO CUANDO POR FIN dije aquellas palabras. Solo estábamos él y yo en mi oficina, la puerta estaba cerrada y era tan tarde que en la oficina de junto no se escuchaba el bullicio y el movimiento de costumbre. Lo que por fin interrumpió el silencio fue el gruñido de Grant.

Acababa de decirle que pensaba irme, estaba sentada tras mi escritorio y él frente a mí, en una silla de cuero negro. Tenía las manos sobre la cabeza y estaba tratando de estirar su adolorida espalda. Cuando dije por vez primera las palabras en voz alta, "Creo que debería irme", cerró los ojos y apretó bien los párpados, como si tratara de bloquear algo que desearía no haber escuchado. Poco después los abrió y respiró hondo.

—Bueno, ya sabes lo que voy a decir —dijo. Yo me mantuve callada—. En el aspecto profesional, quiero que te quedes.

Grant, mi amigo, la persona que había cuidado de mí desde que nos conocimos años atrás en el café de la Colmena, quien se dio cuenta de que me sentía perdida en la oficina de Harry y que no sabía qué vendría a continuación para mí. Quien me trajo al noveno piso y se aseguró de que estuviera por encima de él en la lista del partido.

Lo vi desde mi lado del escritorio, tenía en el rostro la misma expresión de hacía casi seis años antes, cuando entró a la sala del caucus tras muchos años de intentar ser el líder y fracasar, y escuchó que había perdido por un uno por ciento.

Su mirada parecía decir: *Lo lamento mucho*, como si, por alguna razón, me debiera algo. Como si, después de esa amistad tan larga y de tanto tiempo de trabajar juntos, me fuera porque él me había decepcionado.

Después de un largo rato de silencio, miró hacia abajo.

—Pero, en el aspecto personal y como tu amigo… —continuó, levantando la cabeza y mirándome a los ojos— como tu amigo, te apoyaré si quieres irte.

Había muy pocas personas con las que podría hablar sobre una posible partida. Si se llegara a saber que estaba considerando irme, me quitarían la decisión de las manos porque uno no puede dudar de sí mismo como líder, al menos no públicamente. Dudar implica que ya no estás comprometido con el trabajo. Raj, mi jefe de personal, era la otra persona de mi círculo cercano que necesitaba enterarse.

Yo sabía que, para Raj, esta no sería una discusión clínica. La razón por la que me encantaba trabajar con él era porque ponía énfasis tanto en la cabeza como en el corazón. Cuando hablamos, sin embargo, fue como si no encontrara la manera de ser objetivo. Por cada punto que yo presentaba, él respondía con un argumento en contra, lo cual resultaba útil en una situación política, pero en este caso, solo me causaba dolor.

—No importa con qué aspecto de ser primera ministra te esté costando trabajo lidiar, siempre será posible arreglarlo —argumentó—. Que sea año de elecciones es una razón para quedarse, no para irse. El equipo te necesita —dijo, y yo objeté con una lista de las muchas razones por las que creía que el equipo estaría mucho mejor si me iba.

Incluso le dije algo de lo que no hablé con Grant, que creía que me había convertido en un foco de tensión, en un pararrayos político que podría provocar un giro electoral y destruir todo el trabajo que habíamos hecho. Le expliqué que, si al hacerme a un lado lograra quitarle presión a lo político, tal vez evitaría una reacción violenta que destruiría todo lo logrado hasta entonces en cuanto a las relaciones raciales, los derechos de las mujeres y los avances para la comunidad LGBTQ+.

No tenía nada con qué respaldar mi teoría y, en ese momento, incluso las encuestas nos separaban de la oposición por solo unos puntos. Sin embargo, tenía una corazonada y, en cuanto la expresé, me sentí aún más segura de lo que estaba diciendo. Pero Raj no estaba de acuerdo.

Estaba sentado en el mismo sitio en el que Grant estuvo apenas unos días antes, pero, a diferencia de él, abordó la conversación como si fuera posible hacerme cambiar de opinión.

—Pero el hecho de que te vayas no solucionará eso —dijo al final.

Me quedé viéndolo en silencio. En los últimos cinco años, habíamos pasado incontables horas en ese mismo lugar, sentados como estábamos ahora, habíamos debatido y discutido todo, desde los más insignificantes detalles de nuestras políticas de reducción de desechos y del trabajo sobre el cambio climático hasta el orden de los puntos en la agenda del gabinete y los planes de viaje de los ministros. Raj ya no era solamente un colega, se había convertido en uno de mis amigos más cercanos y yo confiaba en su juicio de forma implícita. Por eso sabía que, si solo guardaba silencio, entendería precisamente lo que le estaba diciendo.

Irme ayudaría a que nuestras políticas se percibieran más estables y benignas, a que fueran menos polarizadas. O no. Sin embargo, empezaba a creer que prefería irme y descubrir que estaba equivocada, que quedarme y comprobar que tenía razón.

—No estoy diciendo que no haya un problema —dijo negando con la cabeza—. Solo creo que tú eres quien nos puede guiar en la siguiente elección, quien puede argumentar a favor del Laborista —agregó.

Era innegable que quedaba mucho trabajo por hacer, como arreglar el asunto de la brecha en nuestro sistema tributario, para empezar. Grant, David Parker y yo habíamos empezado a trabajar en una alternativa para el impuesto por ganancias de capital, pero, tal vez, ¿no sería incluso más sencillo implementarlo sin mí?

—El Laborista no me necesita para ganar —le dije y creía firmemente en ello. Nuestras encuestas nos colocaban en un 34 por ciento, apenas tres puntos menos de donde nos encontrábamos cuando nos eligieron en 2017. Tomando en cuenta todo por lo que había pasado Nueva Zelanda —una pandemia, un volcán en erupción, inundaciones, incendios—, no estaba mal, pero podría mejorar y yo estaba convencida de que era posible. Pero con alguien más como líder del partido.

Por otra parte, la decisión no tenía que ver solo con ganar o, incluso, con que yo fuera una especie de foco de tensión. También tenía que ver con si yo podría cumplir cuatro años más con el cargo y con todo lo que exigía. Tenía que ver con si aún contaba con la energía y el entusiasmo necesarios, con la curiosidad y la apertura mental que se requería de un buen líder. Como primer ministro, uno tiene que mantenerse en alerta todo el tiempo porque en cualquier momento puede encontrarse lidiando con una situación que requiere una concentración total, que exige tomar una decisión tras otra. Uno tiene que funcionar habiendo dormido el mínimo de horas y trabajar bajo máxima presión, tiene que estar en su mejor forma. Y yo, ¿todavía le estaba dando lo mejor de mí al papel que desempeñaba? ¿Podría continuar haciéndolo cuatro años más?

Así pues, recibí la retroalimentación de Raj, una persona en quien confiaba por completo y, por primera vez desde que tenía memoria, la descarté.

Después de todo, él me había dicho que también se iría.

EN LAS SIGUIENTES SEMANAS hubo muchas otras tareas en las que tuve que enfocar mi mente. Extendimos nuestro apoyo a Ucrania a través del despliegue de equipos de entrenamiento de infantería adicionales para que entrenaran a su personal en Reino Unido. Implementamos un fondo de prevención de delitos en comercios minoristas para intentar contener el aumento de asaltos, en los que los criminales estrellaban sus automóviles en los locales comerciales para robarlos. Asimismo, durante la Conferencia del Partido Laborista, expuse una significativa extensión de los subsidios de asistencia infantil con la que 54 por ciento de todas las familias neozelandesas con niños serían eligibles para recibir ayuda, así como casi todos los padres y madres que criaban hijos sin una pareja. Continuamos avanzando en el tema del cambio climático y el de la pobreza infantil, y viajé a la APEC y a la Cumbre de Asia Oriental, todo al mismo tiempo que hacíamos planes para iniciar el nuevo año anunciando la fecha de la elección.

Pero en mi interior, el pensamiento perduraba: *¿Debería irme?*

—Tú no quieres que renuncie, ¿verdad? —pregunté.

En ese tiempo, Neve se había acostumbrado a una nueva guardería, y ella y Clarke viajaban conmigo con menos frecuencia. Cerca de mí, recargados en la pared, estaban mi bolso de viaje y un portafolios, listos para que pudiera escabullirme en la mañana y volver a Wellington para otra semana en el Parlamento.

—Quiero que hagas lo que te haga sentir cómoda —dijo Clarke. Ya habíamos tenido esa misma conversación y sus palabras fueron las mismas.

—Pero quiero saber lo que *tú* piensas.

—Creo que, independientemente de lo que decidas, estaremos bien —dijo. Solo pude suspirar y sentirme frustrada en silencio. Quería algún tipo de reacción, algo que me ayudara a inclinar la balanza de mi pensamiento.

Nos quedamos un rato más ahí. Contemplé un rectángulo de luz proyectado desde una de las ventanas. Afuera estaba nuestro descuidado jardín, pero se acercaban las vacaciones, el único momento en que parecíamos tener la oportunidad de hacer el trabajo de jardinería y reflexionar.

Clarke suspiró profundamente.

—Lo que no quiero es que ellos sientan que ganaron —dijo. Ni siquiera tenía que preguntarle a quiénes se refería. Hablaba de quienes nunca se apegaban a las políticas, de quienes tomaban las cosas de forma personal, de los que me catalogaban como vulnerable, estúpida o insulsa, de quienes atacaban a mi familia. Los que pensaban que un rumor era un arma y que las amenazas físicas eran parte del trabajo.

Sabía de qué hablaba Clarke. Yo tampoco quería que "ellos" ganaran, pero ¿acaso no los había vencido ya con el simple hecho de estar ahí por principio de cuentas y de persistir después? La gente me exigía todos los días que probara que podía con el cargo y lo hice. Y no me refería a la forma en que manejé un brote de *M. bovis*, un ataque terrorista, una erupción volcánica, una pandemia y otras cosas más, sino a que, a pesar de todo, no me había vuelto cínica, nunca recurrí a golpes bajos. No había cambiado fundamentalmente quién era ni lo que me importaba.

Probar que podía había llegado a su fin, ahora solo me quedaba algo por responder y no era lo que se preguntaban mis detractores, sino algo que me preguntaba yo misma: *¿Quiero continuar?*

VARIOS MESES DESPUÉS de que abordé con Grant el tema de mi renuncia, me encontré en la habitación de un hotel, frente al vestidor, tratando de decidir qué ponerme. Desde que asumí el puesto de primera ministra, eso siempre lo había decidido yo, era mi primera decisión del día y la había tomado en más de novecientas ocasiones. Ahora, una vez más, debía elegir entre los únicos dos vestidos que llevé para ese viaje.

Era el inicio de un nuevo año político. Como de costumbre, el Partido Laborista celebraría este inicio con un caucus "fuera de casa", con un retiro que nos permitiría planear el año por venir. El retiro fue en Napier, una ciudad importante porque había un electorado indeciso. Clarke, Neve y yo llegamos la noche anterior en avión. Ya era tarde, así que solo comimos bocadillos en lugar de cena y traté de tranquilizar a Neve, una vez más, en la habitación de un hotel.

Clarke estaba en el extremo de la habitación, hundiendo un saco de té en agua caliente. Detrás de él se veía la cama sin hacer, nuestras maletas estaban en el suelo. Escuché a Neve moverse intranquila en el cuarto de al lado, tratando de entretenerse hablando sola. Me quedé mirando las prendas. Un vestido verde. Un vestido azul. *¿Cuál sería mejor?*

Neve se asomó por la puerta.

—Mami, ya puse en su lugar todo lo necesario. Estoy lista para la fiesta de té.

Asentí sin dejar de mirar los vestidos.

—Suena divertido, mi amor —dije y Neve desapareció.

Clarke me dio el té, tomé algunos sorbos y dejé la taza a un lado. Me puse el vestido azul y me miré en el espejo para acomodar mi cabello.

—¿Te sientes bien? —preguntó Clarke.

—Eso creo —dije mientras me ponía los zapatos y tomaba mi bolso. Había tomado mi decisión y estaba a punto de anunciarla, primero al partido y luego al mundo.

—¡Espera, mamá! —dijo Neve colocándose en la puerta—. Pensé que vendrías a mi fiesta de té. ¡Ven, por favoooor!

Eché un vistazo a su cuarto, había abierto todos los paquetes de té, sacó las pequeñas bolsas y las colocó en hileras sobre el escritorio. Amarillo, manzanilla; rojo, English breakfast; verde, menta. También colocó las tazas a un lado de los platos en lugar de encima. Y sobre cada plato puso dos galletas de mantequilla.

—¿Vienes a jugar conmigo? —preguntó.

La envolví con mis brazos y besé su cabello despeinado. *Me encantaría*, murmuré. *Lo haré en cuanto vuelva.*

NUNCA DEJÉ DE VISITAR ESCUELAS cuando asumí el cargo de primera ministra. De hecho, fue una de las cosas que hice de manera más constante. Y cada vez que se presentaba la oportunidad, llevaba a cabo el mismo ejercicio de liderazgo con los estudiantes, en el que les pedía que me dijeran: ¿cómo se ve un político?

A lo largo de los años, hice ese ejercicio decenas de veces. Les pedía que imaginaran y que me dijeran cómo veían a esa persona físicamente y qué escuchaban. A veces, las palabras que decían enseguida me rompían el corazón: Egoísta. Viejo. Indigno de confianza. Mentiroso. Calvo.

Naturalmente, nunca perdí de vista el hecho de que, aunque me encontraba frente a los estudiantes, cuando les pedía que describieran a un político definían a alguien con rasgos que no me parecía que correspondieran con los míos. Pero ese era mi punto justamente. Estaba tratando de explorar nuestras suposiciones subyacentes. Quería demostrar que, a veces, pensamos que los empleos o los puestos te exigen contar con ciertos rasgos o características, o ser de cierta forma, y que tal vez era algo que necesitábamos cuestionar.

En una de esas visitas escolares, el ejercicio se desarrolló en una *marae*: una plataforma polinesia tradicional. Le hice la misma pregunta a un grupo de jóvenes de entre quince y dieciséis años que estaban sentados en el suelo frente a mí. "¿Cómo se ve un político?".

Y, por primera vez, noté algunas diferencias en las respuestas. Para empezar, usaron la palabra *mujer* y no todos los rasgos eran los de la personalidad tipo "A". De pronto vi que una joven sentada al frente levantaba la mano lentamente, titubeando. Le cedí la palabra y bajó la mano hasta su regazo. Se hizo un poco más hacia delante y dijo una palabra que ningún estudiante había utilizado en todos esos años.

—Amable —dijo—. Creo que los políticos pueden ser amables.

—Sí —dije sonriéndole—. Yo también creo que pueden ser amables.

Años antes, llegué a pensar que no podía participar en la política porque daba por sentado que un político que era amable o sensible, o que tal vez dudaba mucho de sí mismo, estaba destinado a fracasar. Me parecía que el paradigma del liderazgo político era demasiado rígido para romperse y, sin embargo, ahora estaba yo ahí, era primera ministra y tenía frente a mí a una chica que estaba diciendo lo que alguna vez pareció imposible. Quizás eso significaba que las cosas serían distintas para ella.

Tal vez, para cuando ella tuviera mi edad, la amabilidad en la política no sería una anomalía, sino la norma. Tal vez tendríamos muchos, muchos líderes que ya no coincidirían con las suposiciones y los paradigmas de antaño. Quizás, incluso, esa joven formaría parte de ese grupo y, de ser así, podría tener dudas en el camino, podría cuestionarse a sí misma y cuestionar su capacidad de estar ahí.

Si eso sucediera, esto es lo que yo le diría. Esto es lo que yo les diría a todos los que no caben en el viejo molde:

Si tienes el síndrome del impostor o si te cuestionas a ti mismo o a ti misma, canaliza tu duda. Eso te ayudará. Leerás más, pedirás consejos y te mostrarás humilde ante las situaciones que exijan humildad para ser superadas. Si te sientes ansioso y piensas demasiado todas las cosas, si siempre puedes imaginar el peor escenario, también canaliza esa inquietud. Eso te ayudará a estar preparado cuando lleguen los tiempos más desafiantes. Y, si eres vulnerable y sensible, si la crítica te quiebra, piensa que no se trata de debilidad, sino de empatía. De hecho, todos los rasgos que consideras fallas se convertirán en tus puntos fuertes. Las cosas que piensas que podrían impedirte actuar, te fortalecerán, te harán mejor persona. Te otorgarán un tipo distinto de poder y te convertirán en el o la líder que este mundo, con toda su confusión, podría necesitar.

Eso es lo que le diría.

Y supongo que, al haber compartido mi historia contigo, es también lo que quiero decirte a ti.

MENOS DE UNA SEMANA DESPUÉS de aquella visita a Napier, ya estaba de vuelta en Wellington, sentada en la parte trasera de un automóvil del ministerio. Clarke iba sentado a mi lado y tenía el brazo recargado en la ventana del pasajero. Acabábamos de dejar a Neve en la guardería. Saqué mi teléfono y abrí la información de contacto de John Campbell, el periodista que me entrevistó aquel diáfano día de octubre, años atrás, cuando me dirigía a prestar juramento para asumir el cargo que nunca creí que aceptaría.

John no contestó, imaginé que estaría ocupado reportando las noticias, así que dejé un mensaje de voz.

Hola, John, dije mientras descendíamos por Featherston Street. *Voy en un automóvil del ministerio, me dirijo a la Casa de Gobierno para presentar mi renuncia oficial.*

Cuando estuvimos en Napier, después de elegir el vestido azul y despedirme de Neve, los dejé, a ella y a Clarke, en la habitación del hotel y me dirigí a una pequeña y escueta sala de conferencias para darle a conocer la noticia al gabinete. Iba a renunciar. Luego fui a un espacio más amplio en el piso de arriba, un lugar desde donde se veía el mar. Ahí se encontraban todos reunidos en el caucus. Les dije que renunciaría. Finalmente, ofrecí una conferencia de prensa y le avisé al país. Ahora me dirigía a la Casa de Gobierno, donde un nuevo primer ministro laborista, Chris Hipkins, prestaría juramento.

Aún no había acabado. No había acabado de tratar de ayudar a la gente, de hacer este mundo un poco más luminoso. Nunca renunciaría a tratar de alcanzar esas metas, la única diferencia era que ya no lo haría como primera ministra.

Continué con la nota de voz para John:

Me pareció que se formaría una agradable simetría si te enviaba un breve mensaje porque, cuando me dirigía a prestar juramento como primera ministra, también hablé contigo en el camino…

Creo que en aquella entrevista me preguntaste qué quería hacer, por qué cosas quería que me recordaran, y estoy casi segura de que te respondí que quería que me recordaran como una persona amable.

La voz se me quebró un poco al decir la última frase.

Espero que así sea.

Pasaron diez segundos antes de que pudiera continuar. Aún recuerdo que, en ese momento, Clarke volteó a verme, sonrió y tomó mi mano.

Para muchos, yo no representaba la primera imagen que alguien tendría de un líder, ni siquiera yo me veía así. Era una persona ordinaria que se encontró de repente en medio de circunstancias extraordinarias. Sin embargo, fui una líder y lo hice bajo mis propios términos.

Eran mis últimos momentos como primera ministra, el automóvil iba pasando por Queens Wharf cuando di fin a mi mensaje para John. *A pesar de cómo sueno*, dije, *estoy sintiéndome muy feliz*.

Sí, entonces me di cuenta. *Estaba* feliz. La felicidad es muchas cosas. Y encontré mucha en este trabajo inesperado que tuve. La felicidad que ahora sentía, sin embargo, era producto de que sabía que di lo mejor de mí. Sin importar el desafío, sin importar lo que viniera, siempre di lo mejor. Y con eso bastaba.

Colgué el teléfono y miré al frente, hacia el camino, hacia instantes que no podía imaginar aún, hacia todo lo que quedaba por venir.

Una nueva era estaba a punto de comenzar.

Epílogo

Tres meses después de que empaqué la última de las cajas en el Parlamento, después de que desensamblamos el trampolín en Premier House, después de que Neve cumplió cinco años y Clark le horneó un pastel en forma de oruga cubierto con chocolates M&M's, metimos nuestra vida en cuatro maletas y nos mudamos a Boston. Ahora tenía una beca de investigación en la Universidad de Harvard, donde me reuniría para hablar con estudiantes de todo el mundo, trabajaría en casos de estudio y respondería decenas de preguntas en foros públicos.

La pregunta más difícil que tendría que responder, sin embargo, me la haría alguien más cercano.

Acababa de recoger a Neve de la guardería cuando me preguntó por qué había renunciado a mi empleo como primera ministra. Ahora era más alta y los dientes de leche habían empezado a caérsele, pero lo que más amaba aún era hacer manualidades. Ya elegía su propia ropa y se peinaba sola, y con frecuencia combinaba coloridos vestidos a rayas con mallas con estampado de leopardo. Ahora estaba frente a mí, caminaba lento y con cuidado sobre el borde de la acera, poniendo un pie y después el otro, como si se balanceara en una barra de gimnasia. Su pregunta no me sorprendió, mucha gente me había preguntado lo mismo, ¿por qué no habría de hacerlo ella?

Se lo expliqué de la misma forma que a los otros, le dije que ser primera ministra requería de mucha energía y que pensaba que había llegado el momento de que alguien más lo hiciera. Y que, además, eso significaba que podría pasar más tiempo con ella, ¿acaso no era maravilloso? Neve tenía los brazos extendidos para equilibrarse mientras se balanceaba sobre la acera, pero de pronto dejó de caminar y levantó la vista.

—Pero, mami —dijo mirándome a los ojos. Vi que algo hacía ruido en su mente—. Nunca deberíamos darnos por vencidos.

Sentí su vocecita como un diminuto arpón que me rasgaba el corazón. Me detuve. Las cortas asas de su pequeña bolsa, que yo llevaba al hombro, se deslizaron por mi brazo hasta casi caer. *¿Mi hija piensa que me di por vencida?* Pasaron unos instantes y luego tuve otro pensamiento. *¿Mi hija cree que debí quedarme?*

Neve pudo decir muchas otras cosas. Cuando le expliqué que quería pasar más tiempo con ella, por ejemplo, pudo decir: "Qué bueno, porque fuiste una madre ausente", o algo similar. Pudo decir eso mismo, de la forma en que lo habría dicho una niña de cinco años. Pero no lo hizo porque estaba bien. Es decir, yo era una madre trabajadora que todo el tiempo lidiaba con la culpa de no estar con mi hija y, a pesar de ello, Neve estaba bien. Solo quería asegurarse de que yo no fuera el tipo de persona que se daba por vencida.

La vi saltar en la acera con sus pequeños zapatos deportivos con cintas de velcro, los que tanto me recordaban a aquellos que usé el primer día que asistí a la escuela en Murupara. Pensé en la larga respuesta que podría darle, en las pruebas que podría presentarle para que supiera que no me había dado por vencida. Podría decirle que seguía haciendo todas las cosas que me importaban, que había iniciado una beca sobre liderazgo basado en la empatía para poder seguir trabajando con otras personas que estaban en política, pero querían hacerlo de manera diferente. Podría decirle que estaba colaborando con el príncipe Guillermo en la importante iniciativa internacional que él mismo propuso para luchar contra el cambio climático: Earthshot Prize. También podría explicarle que estaba tratando de que el universo de internet fuera un lugar más seguro para ella cuando fuera mayor. Podría decirle que estaba escribiendo, dando conferencias y tratando de aprender todavía, porque uno siempre debe ser curioso. Y podría terminar diciéndole que había muchísimo más que hacer, muchísimo más de lo que alguien podía hacer solo, pero que yo no estaba sola porque había muchas otras personas que, como yo, no estaban dispuestas a darse por vencidas.

Sin embargo, no dije nada de eso, tal vez porque no eran conceptos fáciles de explicarle a una pequeña. O, quizá, porque una parte de mí sabía que mi hija no necesitaba pruebas de que continuaría trabajando. Con el tiempo, Neve lo vería por sí misma y, tal vez algún día, muy pronto, me haría una pregunta distinta: *¿Para qué tomarte la molestia?*

¿Por qué mi hija, o cualquier otra persona, debería sentir esperanza en un mundo en el que la gente niega algo como el cambio climático? ¿En el que existe un nuevo universo virtual rebosante de odio, vilipendio y extremismo, al que le entregamos horas y horas de nuestra vida? ¿Y en el que los políticos que elegimos para resolver estos problemas, en vez de solucionarlos, los exacerbaban cada vez más? ¿Para qué tomarme la molestia si, de todas formas, las soluciones que se implementan en un periodo electoral se suspenden en los siguientes? Después de todo lo que yo había visto, ¿podía ofrecerle una razón sólida por la que no deberíamos simplemente darnos todos por vencidos?

Recuerdo que cuando era niña, me preguntaba por qué mi papá era capaz de ver el bien en el mundo, si era testigo de lo peor del mismo. Y cuando fui primera ministra, yo también vi momentos de una oscuridad aterradora. Sin embargo, contemplar al mundo en su forma más brutal suscita un efecto contrario, porque esos son también los instantes en los que la gente muestra su faceta más humana. En mi caso, fueron los momentos en que pude atisbar que era posible que la gente se moviera a sí misma a la acción, respaldada por su humanidad colectiva. A veces, son solo instantes fugaces, pero en otras ocasiones, producen ondas que arrasan y se transmiten a lo largo y ancho de todo un país.

Cuando vi a Neve mirar en otra dirección y retomar su juego de equilibrio, quise decirle que no era necesario que el mundo y sus políticas fueran impecables para que yo continuara trabajando. Que no necesitaba de esa perfección para mantener vivos mi esperanza, mi optimismo y, sobre todo, la creencia que tenía de que todas las cosas podían y deberían ser mejores.

También quise decirle que nada de lo que vi en el tiempo que ocupé el cargo o que trabajé en la política cambió eso, que solo me hizo creer con aún más convicción de la que tenía cuando empecé mi viaje, quince años atrás. Pero no dije nada de eso. Cuando Neve saltó hacia el pavimento y empezó a brincar por encima de las grietas con los brazos extendidos hacia el cielo, solo le sonreí.

—Tienes razón, Neve, nunca deberíamos darnos por vencidos.

Agradecimientos

YO ESCRIBO DISCURSOS. Los he escrito desde que tenía trece años y continué haciéndolo mientras fui primera ministra. Sin embargo, escribir un discurso es muy distinto a escribir un libro. Es por ello que mi primer agradecimiento es para Ali Benjamin. Ali fue todo lo que yo necesitaba, maestra, editora y *coach* en una sola persona. Gracias por ser todo eso, Ali, y por transformar a esta redactora de discursos en autora.

Gracias a Mollie, a Dave y a todas las personas de CAA por ser un equipo formidable y por todo el ánimo que me infundieron. Gracias a Libby y a Gillian, y a todo el equipo de Crown, a las personas que conocí y a las que no, gracias por darle vida a este libro. Gracias a Claire. A Grace, a Holly, a Meredith y al equipo de Penguin Random House en Australia y Nueva Zelanda, a Mike y al equipo en Macmillan, y a Karolina por ayudar a reunirlos a todos. Gracias, Stacey por tu conocimiento y experiencia, *ngā mihi nui, e hoa.*

Gracias a mi madre. Examinaste una cantidad incontable de periódicos, revisaste el manuscrito, reviviste momentos de dolor y de gozo. Este proceso solo hizo más profundo el amor y el aprecio que siento por ti. Gracias, papá, muy pocas personas leyeron estas palabras tantas veces como tú. Tu opinión fue sumamente importante para mí. Gracias por tus lecciones de vida y por permitirme compartir una historia que no es solo mía. Gracias a mi inteligente y hermosa Weeze, estas páginas no le hacen justicia a nuestro lazo como hermanas, tú fuiste y siempre serás la hermana más maravillosa. Gracias a la familia de mi padre, en especial al tío Ian y a tía Marie, por su amor, su apoyo y su comprensión. Gracias a Peri, Tony, Pene, Barney, Briar y Adam. No podría pedir una familia extendida más tolerante y asombrosa. Gracias a la tribu que me ayudó con Neve: Lynn, Craig y sus madrinas, Zoe y Amelia. Dios mío, cómo los amamos. A Holly, qué increíble ser humano eres. Gracias por estar a mi lado cuando fui primera ministra y por echar mano de todo tu cuidado y experiencia como la más sobrecalificada verificadora de información que conozco. Gracias, Le Roy, por cuatro años de amistad y por ayudarme con los viejos diarios y con la investigación. Gracias, Julia, por tu increíble memoria, tu lealtad y tu amor.

Quiero agradecer al Alexander Turnbull Library Political Diary Oral History Project. Gracias por su compromiso al registrar y preservar la historia política de Nueva Zelanda.

Si acaso me arrepiento de algo es de que la historia que se narra en estas páginas no les dio un espacio adecuado a todas las personas que estuvieron a mi lado a lo largo de los años como diputada y como primera ministra.

Gracias a quienes ayudaron a que el país superara la pandemia de coronavirus, a quienes siempre enfocaron su mente y su corazón en mantener a la gente a salvo y sana: doctor Ashley Bloomfield, Brook Barrington, Juliet Gerrard, doctor Ian Town, doctora Caroline McElnay, doctor David Clark, doctora Ayesha Verrall, y a mi amigo de tanto tiempo, Chris Hipkins. A toda la gente del Ministerio de Salud, del PAG, a los funcionarios públicos que trabajaron incansablemente y, por último, a los trabajadores esenciales de Nueva Zelanda.

Mi agradecimiento al equipo del noveno piso: Raj, Holly, Le Roy, Jo C., Chrissy, Rachel, Bridie, Kelly, Andrew, Clare-Louise, Ellen, Julie, Zach, Kathy, Leah, Joy, Gia, Simone, Julia, Rob C., James, Shayne, Tabitha, Alicia, Kurt, Jo P., Philippa e Ian, y a sus equipos; a G.J., Mike M., D.T., Mike J., Dinah, y al equipo: convirtieron un trabajo difícil en algo gozoso. Nueva Zelanda tuvo la bendición de contar con ustedes, y yo también.

Gracias a Therese, Carolyn D., y a Analiese J. Gracias a Barbara por siempre estar a mi lado y por nunca postergar la diversión. Gracias a todos mis colegas del Partido Laborista, a quienes les debo tanto, a Nigel, Rob S., Claire S., Jill, a mis compañeros ministros y a los colegas del caucus, en especial a Grant. Todos ustedes en verdad se convirtieron en mi familia. Gracias, Raj: tienes en mí a una amiga de por vida.

Y, finalmente, gracias a Clarke y a Neve. Los amo. Ustedes son mi siguiente capítulo.

ACERCA DE LA AUTORA

La muy honorable dama Jacinda Ardern fue elegida como cuadragésima primera ministra de Nueva Zelanda a la edad de treinta y siete años, con lo que se convirtió en la primera ministra más joven del país en más de ciento cincuenta años. Desde que dejó el cargo, Ardern ha creado la Beca Field para un liderazgo empático. Es investigadora principal de la Universidad de Harvard, continúa su trabajo en pro de la acción por el cambio climático y como patrocinadora del Christchurch Call to Action para eliminar el contenido terrorista y extremista violento en línea. Ardern también trabaja en diversos proyectos de apoyo a mujeres y niñas, pero considera que sus roles más importantes son los que desempeñará de por vida: ser madre y una neozelandesa orgullosa.

Esta obra se terminó de imprimir
en el mes de agosto de 2025,
en los talleres de Impresora Tauro, S.A. de C.V.
Ciudad de México.